Closter Tegernsee

P. Willibald Mathäser
Chronik von Tegernsee

St. Benedikt von Nursia,
dem Vater des abendländischen Mönchtums
und Schutzheiligen Europas,
zum Gedenken seines 1500. Geburtstages
im Jahre 1980.

P. Willibald Mathäser O.S.B.

Chronik von Tegernsee

Nach alten Dokumenten,
aus neueren Quellen,
mit persönlichen Bemerkungen
zu Vergangenem und über
Gegenwärtiges

Ehrenwirth

CIP-Kurztitelaufnahme der Deutschen Bibliothek

Mathäser, Willibald:
Chronik von Tegernsee : nach alten Dokumenten, aus neueren Quellen, mit persönl. Bemerkungen zu Vergangenem u. über Gegenwärtiges / Willibald Mathäser. – München : Ehrenwirth, 1981.
ISBN 3-431-02349-5

Bildnachweis: Bayerische Staatsbibliothek München (S. 52, 101, 102), / Benny's Buidl Fabrik Atelier Photo-Eisele, Tegernsee (S. 256), / Dr. Sixtus Lampl, Schliersee-Westenhofen (S. 119 unten, 120 oben und unten, 169, 170, 187, 237), / Tegernseer Tal Verlag, Rottach-Egern (S. 33, 34, 51, 119 oben, 188, 238, 255). / Alle übrigen Abbildungen: Verlagsarchiv.

ISBN 3-431-02349-5

Druck Wagner, Nördlingen
Printed in Germany 1981

Inhalt

Monastischer Frühling im Land der Agilolfinger

Ein viel zitierter Spruch glaubt zu wissen, daß die Benediktiner ihre Klöster in Erinnerung an die Gründung ihres Ordensvaters St. Benedikt von Nursia auf Monte Cassino mit Vorliebe auf Bergeshöhen errichteten. Dies scheinen Abteien wie Monte Oliveti und Monte Vergine in Italien, Martinsberg in Ungarn, Georgenberg in Nord- und Marienberg in Südtirol, Heiligenberg (Andechs) im Oberbaierischen, Engelberg in der Schweiz, Montserrat in Spanien, Mont-St.-Michel an der Küste der Normandie in Frankreich und schließlich Keizersberg zu Löwen in Flandern schon durch ihre Namen zu bestätigen. Und doch stimmt das Sprüchlein von der Liebe der Jünger des heiligen Benedikt zu den Gipfeln der Berge nur bedingt, schon gar nicht aber für die ersten Abteien der schwarzen Mönche auf baierischem Boden. Denn nicht auf Bergen entstanden diese Klöster im Siedlungsgebiete der Baiern, sondern vor allem entlang dem Wasserlauf der Donau und in den Niederungen vor den Alpen und in deren Tälern.

Dem Stamm der Baiern ist eine angeborene Religiosität zu eigen, die, gemütsbetont und sinnenfreudig, wie sie ist, sich einzigartig nach außen zu erkennen gibt. Marterl am Weg, Feldkreuze an Äckern und Wiesen, Kapellen am Waldrand oder mitten im Wald, das Wallfahren mit seinen Angebinden wie Kerzen und Votivgaben vielerlei Art geben noch heute davon Zeugnis. Einmalig brach diese naturgegebene Frömmigkeit auf, als die Agilolfinger im Baiernlande noch das Sagen hatten. Während ihrer letzten Zeit wurde Baiern zu einem geistlichen Land wie später so nicht wieder, in dem Ungezählte sich Gott ganz weihten, um ihm als einzelne oder in der Gemeinschaft mit vielen in der Einsamkeit zu dienen. Unwirtliches Land gab es für sie damals noch genug.

Weltenburg an der Donau ist das älteste Kloster in Baiern überhaupt. Es wurde um 610 wohl von den Söhnen des Iren St. Kolumban von dessen Gründung Luxeuil in den Vogesen aus besiedelt und später dann zu einem Benediktinerkloster umgewandelt. Tassilo III. gilt als sein zweiter Stifter. Das Frauenkloster Niedermünster in der Herzogstadt Regensburg stammt ebenfalls aus dem 7. Jahrhundert. Zu Beginn des folgenden Säkulums entstand in der gleichen Stadt das Mönchskloster St. Emmeram. Dazu kam 738 die Nonnenabtei Niedernburg zu Passau. Der Agilolfinger Herzog Odilo (736/37-748) rief im Jahre 739 Osterhofen (Lkr. Vilshofen), 740 Pfaffmünster bei Straubing, 741 Altach (Niederaltaich) am Altwasser der Donau unterhalb von Deggendorf ins Leben. Auf Herzog Tassilo III. (748-788) geht Münchsmünster zwischen Weltenburg und Ingolstadt zurück, auf die seligen Gamelbert und Utto die um 766 anzusetzende Gründung des Klosters Metten, das von Deggendorf donauaufwärts gelegen ist.

Im Herzen Baierns entstanden des weiteren 746 das Huosikloster Ilmmünster bei Pfaffenhofen am Rand der Hallertau, dann mit Hilfe des heiligen Bonifatius 749 Altomünster im Hinterland von Dachau. Dem Lechrain zu und Legenden und alten Überlieferungen nach gründete Herzog Tassilo III. ferner um 750 Polling, 753 Wessobrunn und zwischen 750 und 770 am unteren Lech dazu Thierhaupten. Endlich kam 769 dessen Stiftung zu Innichen im Pustertal und acht Jahre später die von Kremsmünster zwischen Traun und Enns.

Auch diese Klöster alle lagen nicht auf Bergen. Dagegen finden wir auffallend viele benediktinische Klostergründungen im Lande vor dem Hochgebirge der Alpen, zum Teil schon fast von deren Bergen eingeschlossen. Sie lagen an den Ufern eines Sees, wenn nicht gar auf einem Eiland inmitten eines Sees.

Schon vor der Errichtung der baierischen Bistümer im Jahre 739 durch die ordnende Hand des heiligen Bonifatius ist das Inselkloster Wörth im Staffelsee bezeugt. 739/40 gründeten, nur drei Wegstunden davon entfernt, die Brüder Lantfried, Waltram und Eliland aus dem uradeligen Geschlecht der Huosi am Moos des Kochelsees das Kloster Puron (Beuren). Der heilige Bonifatius gab ihm die Weihe. Karl der Große schenkte, als Baiern eine karolingische Provinz geworden war, eine wertvolle Armreliquie des heiligen Ordensvaters Benedikt an das Stift der ihm in seinen Ränken gegen den Agilolfinger Tassilo III. stets ergebenen Huosi. Benediktbeuern heißt es seitdem.

Einer wohl mit Unrecht bestrittenen Überlieferung entsprechend errichteten die adeligen Gebrüder Adalbert und Otkar schon im Jahre 746 ihr Kloster am Tegernsee. 748 stiftete der Agilolfinger Herzog Odilo von Baiern das Michaelskloster am Mondsee. Um 770 wurde Kloster Scharnitz zu Füßen des Karwendels nach Schlehdorf am Kochelsee verlegt. 779 weihte Bischof Arbeo, auch einer aus der Großfamilie der Huosi oder mit dieser versippt, das angeblich von fünf Brüdern aus dem adeligen Geschlecht der Fagana gestiftete Schliersee als Filiale seines

Domklosters in Freising ein. Auf das Jahr 784 geht das von Herzog Tassilo III. gegründete Kloster St. Michael am Mattsee zurück. Auch am Traunsee gab es im 8. Jahrhundert ein herzogliches Kloster.

Weitere Inselklöster rief Tassilo III. mitten im Chiemsee ins Leben, 766 eines für Nonnen auf der kleinen Fraueninsel (Frauenwörth), 782 darauf ein zweites für Mönche auf der größeren Herreninsel (Herrenwörth). Beide Abteien sind wie alle anderen Agilolfinger Klostergründungen nach dem Sturze Tassilos III. und nach seiner Verbannung in ein fränkisches Kloster fernab der baierischen Heimat König Karl, dem späteren Frankenkaiser, anheimgefallen. Diesen Despoten hat die Geschichte aus baierischer Sicht zu Unrecht zum „Großen" gemacht; denn er war ein Unglück für Baiern in nicht nur einer Hinsicht. Schon bald waren Herrenchiemsee und Mondsee in Händen seiner Günstlinge, andere Klöster erlitten schweren Schaden, andere verkümmerten.

Nicht mehr aus der Zeit der Agilolfinger stammen zwei weitere Inselklöster am Alpenrand. 994 stiftete der Pfalzgraf Aribo aus dem mächtigen Geschlecht der Aribonen eine Benediktinerabtei im Seeoner See im Chiemgau, während Erzbischof Konrad I. von Salzburg um 1125 einem Augustiner-Chorherrenstift im Höglwörther See im Rupertiwinkel zum Begründer wurde. Ein gleichnamiger Enkel des Pfalzgrafen Aribo I. hatte schon um 1070 Benediktiner an den Millstätter See gebracht. Sie sollten Kärnten kultivieren helfen.

Von allen diesen vielen Klöstern an Seen und auf Inseln aus dem frühen und auch aus dem hohen Mittelalter hat nur eines die Stürme aller Zeiten überstanden. Es ist dies die Benediktinerinnenabtei Frauenwörth im Chiemsee.

Man mag sich fragen, warum und weshalb die Klostergründer im frühmittelalterlichen Baiern anscheinend mit Vorliebe Plätze an Seen entlang des Alpenrandes und auf Inseln wählten, um da und nicht woanders ihr gottverbundenes Leben zu gestalten. Folgten die Benediktiner und ihre Gönner am Herzogshof und auf den Burgen der Adeligen dem Beispiel St. Pirmins, der schon um 724 die Insel Reichenau im unteren Bodensee (Gnadensee) mit seinen Mönchen besiedelte? Wohl kaum! Denn wenn diese auch schon 741 nach Niederaltaich berufen wurden und in ihrem monastischen Zusammensein zum Beispiel für andere Abteien werden sollten, so entdeckten die Agilolfinger und Huosi wie auch andere Klostergründer ihrer Zeit wohl selber, welche Gründe dafür sprachen, an und in Seen das Klosterleben zu ermöglichen und auch zu beginnen.

Ein Blick auf die Landkarte läßt die früheste Besiedelung des Voralpenlandes durch die Baiern gut erkennen. Überall dort, wo Ing-Orte gehäuft zu finden sind, wie um Ingolstadt (Kösching, Lenting, Zuchering, Manching) oder bei München (Garching, Föhring, Giesing, Sendling, Pasing), ferner im Ammer- und im Würmseegebiet (Inning, Weßling, Söcking, Tutzing), dann im Niederbaierischen (Paring, Dingolfing, Pocking, Füssing), bevölkerten die Baiern das Land zuerst. Die südlichsten Ing-Orte, z. B. Peiting und Uffing, Greiling bei Tölz und Aibling nicht weit von Rosenheim, Chieming und Piding am Chiemsee und vor Reichenhall, weiter Eferding und Hörsching im „Chinesenviertel" des heutigen Oberösterreich bei Linz, grenzten an den den Alpen vorgelagerten dichten Waldgürtel, der den Zugang zur Einsamkeit der wilden Bergwelt stark behinderte.

In diese Einsamkeit ein- und vorzudringen schien vielen Frommen des achten Jahrhunderts in Baiern reizvoll und begehrenswert. Die Ufer großer und kleinerer stehender Gewässer und deren Inseln empfahlen sich zum Bleiben auf die Dauer. Das Wasser gab Schutz vor Unerwünschtem gleich welcher Art. Dann bot es mit seinen Fischen reichlich Ersatz für den Verzicht auf Fleisch vierfüßiger Tiere, das die Regel St. Benedikts nur schwer Erkrankten zum Genuß gestattete. Geflügel, Milch, Eier und Gemüse und Honig waren bald an Ort und Stelle zu erzeugen. Mehl für Brot war anfangs viel schwieriger zu haben. Die ersten Behausungen der Mönche glichen gewiß nicht den Prachtbauten aus den Zeiten des Barocks und Rokokos wie in Ottobeuren oder auch in Melk. Sie waren von Holz und im Winter schlecht, wenn überhaupt, geheizt. Wahrhaftig! Nicht zum Vergnügen gingen jene Frommen in die Abgeschiedenheit der Wälder und der Seen, sondern um ein hartes Klosterleben zu beginnen. Im gemeinsamen Gebet standen sie des öfteren am Tag und auch mitten in der Nacht zum Gotteslob im Chor vereint. Schwere Handarbeit bildete ihr Tagewerk von früh bis spät. Was sie in Gebet und Arbeit schufen, kam bald ihrem Land und Volk zugute. Wälder wurden gerodet, Moore trockengelegt, viel Ödland urbar gemacht. In Land- und Forstwirtschaft, in Viehzucht und im Gartenbau wurden die Benediktiner zu Lehrern aller jener, die sich mehr und mehr um ihre Klöster scharten und in deren Diensten waren.

Doch nicht nur um das zeitliche Wohlergehen ihrer Bauern und Handwerker bekümmerten sie sich, sondern mit viel Eifer auch um den Unterricht im Tun und Lassen eines Christen. Sobald die Zahl der Priester unter ihnen zugenommen hatte, betrachteten sie auch die Seelsorge nicht als ihre letzte Aufgabe und Pflicht, wenn auch die Synode von Neuching im Jahre 772 sich damit nicht sehr einverstanden zeigte. Oft bauten die Klöster den in ihrem näheren und weiteren Umkreis liegenden Siedlungen Kirchen und Kapellen. Ihre Mönche nahmen sich der Armen und der Kranken an, tauften die Kinder und bestatteten die Toten. Ungezählten gaben sie Arbeit und damit Brot zum Unterhalt des Lebens. So trugen die Jünger St. Benedikts viel dazu bei, daß Bischof Arbeo von Freising zur Zeit Tassilos III. auch für das baierische Alpenvorland vom Lech bis an die Ems begeistert sagen konnte:

„*Herrlichstes Land, erstrahlend in Anmut, überreich an Wäldern, fruchtbar an Wein, ergiebig an Eisen, an Gold, Silber und Purpur; die Männer, hochgewachsen und strotzend an Kraft, gegründet in Liebe und Menschlichkeit; das Erdreich gesegnet mit üppig reifenden Saaten; Zugvieh und Herden, so viel, daß sie fast den Boden bedecken; Bienen und Honig in Mengen; in den Seen und Flüssen ein Gewimmel von Fischen; das Land bewässert von klaren Quellen und Bächen; Salz, so viel wie man nur braucht; das Bergland fruchtbar an Obst, voll saftiger Weiden mit viel Gras und heilsamen Kräutern; der Hochwald in den Bergen bevölkert mit wilden Tieren; der Wald im übrigen Land prachtvoll besetzt mit Hirschen, Elchen und Auerochsen, mit Rehen und Steinböcken und mit sonstigem Wild jeglicher Art.*“

Die Gründer des Klosters Tegernsee

Nach dem Volksrecht der Baiern, des aus dem 7. Jahrhundert stammenden Lex Baiovariorum, gehörten neben den Agilolfingern, der herzoglichen Familie, die Huosi, Fagana, Hahilinga, Drozza und Anniona zum Geschlechtsadel des baierischen Stammes. Von diesen hinterließen nur die Huosi und Fagana Spuren in den Quellen zur baierischen Frühgeschichte. Erstere erscheinen wie im Wettstreit mit den Agilolfingern als Klostergründer im baierischen Oberland. Auch die Gebrüder Otkar und Adalbert, die Stifter von Tegernsee, sollen Huosi gewesen oder mit ihnen in enger verwandtschaftlicher Beziehung gestanden sein. Durch ihren Vater Hartwik seien sie als nächste Verwandte des Frankenkönigs Pipin anzusehen und durch ihre Mutter Agnes, eine baierische Herzogstochter, dem Geschlechte der Agilolfinger zuzurechnen. So will es uns die Legende und mit ihr eine uralte Tegernseer Klostertradition im Ernste glaubhaft machen, doch fehlt dafür jeglicher Beweis.

Weiter macht das Sagen über die Gründung von Tegernsee Otkar zum burgundischen Grafen, der am Hof des Frankenkönigs Härtestes erlebte, als sein vierzehnjähriger Sohn Rochus im Streit beim Spiel am Schachbrett durch den gleichaltrigen Sprößling Pipins sein junges Leben lassen mußte. Die Mordtat verlangte nach Sühne und Vergeltung. Der Vater des Mörders suchte einen Ausweg, und er fand auch einen solchen. Er rief Otkar, der vom Sterben seines Sohnes noch nichts wußte, zu sich. Freundlich empfing er ihn. Bald stand er mit ihm in lebhaftem Gespräch. Auf einmal richtete der König wie so nebenbei an Otkar die allgemeine Frage: „Wie muß ein Mann sich in einem unabänderlichen Unglück verhalten und betragen?“ Ohne Arg meinte Otkar: „Er muß es männlich stark und demütig auf sich nehmen und erdulden.“ Unversehens hatte er damit seine Christenpflicht genannt. Und nun erfuhr er das Schicksal seines Sohnes Rochus. Widerstrebend, doch als Christ sich in Gottes Ratschluß fügend, verzichtete er auf Rache und auf Sühne, was ihn freilich wenig in seiner Trauer und in seinem Schmerze tröstete. Müde seines bisherigen Lebens als Großer dieser Welt am fränkischen Königshof fand er Zuflucht in der Nähe Gottes. Mit seinem jüngeren Bruder Adalbert suchte er nach einem Ort, wo sie für sich und andere ein Kloster gründen könnten. Sie wählten schließlich eine Bucht am Tegernsee zu Füßen seiner Berge.

Adalbert, neunfacher Graf genannt, war Herr über den Warngau mit dem Tegernsee und weit ins Tirolerland hinein. Das neue Kloster sollte auf eigenem Grund und Boden erstehen und von den Bauleuten und Handwerkern Adalberts errichtet werden. Während der Bauarbeiten reisten die beiden Klostergründer nach Rom, um die Gräber der Apostel zu besuchen und Reliquien zu erlangen.

Kein Geringerer als der heilige Bonifatius veranlaßte sie zu dieser Pilgerfahrt. Er empfahl sie dem Papst und anderen in Rom. Dort hatten sie Gelegenheit, in kriegerischen Tagen für den Papst sich einzusetzen und sich so um ihn verdient zu machen. Das gab ihnen die Erwartung auf seine Erkenntlichkeit. Doch nicht auf Gold und Silber, nicht auf einen Anteil an der Beute, die sie zu machen halfen, stand ihr Sinn. Sie erbaten sich als Lohn für ihre Hilfe den Leib des heiligen Märtyrers Quirinus für ihre Stiftung am Tegernsee in Baiern.

Dieses Begehren, so erzählt die Legende weiter, brachte den Papst in arge Verlegenheit; denn kein anderer Blutzeuge für den Glauben stand damals in Rom beim Volk um seiner Wunder wegen in höheren Ehren als Quirinus. Der Papst fürchtete Unruhen in der Ewigen Stadt, wenn er diesen Heiligen den Römern nehme. Andererseits wollte er das Anliegen Otkars und Adalberts nicht unbefriedigt lassen. Darum erfüllte er zwar ihren Wunsch, bat sie aber, erst in einiger Zeit heimlich und ohne Aufsehen die Reliquien zu holen. Das geschah denn auch. 744 kam Ejo (Utto), ein Neffe der beiden Tegernseer Klosterstifter, mit fränkischen Edelleuten nach Rom. Er bekam nun die Reliquien St. Quirins und brachte sie nach Tegernsee. Dort wurden sie in der Salvatorkapelle beigesetzt, bis sie 746 in die neugebaute Klosterkirche zu Ehren der beiden Apostelfürsten Petrus und Paulus übertragen werden konnten.

Soweit die Sage und Legende. Bis ins 18. Jahrhundert hinein hielt man ihre Aussagen für wahr und echt. Erst als dem Abt von Tegernsee am 4. Juni 1727 von Kurfürst Karl Albrecht von Baiern der Primat vor allen baierischen Äbten zugesprochen worden war, zog ein unbekannter Kritiker die Gründungsgeschichte Tegernsees in Zweifel. Nach seiner Ansicht erfolgte die Reise Uttos im Herbst 751 oder im Frühjahr 752, die endgültige Beisetzung St. Quirins in der den Aposteln Petrus und Paulus geweihten Klosterkirche erst 756.

Weitere Einwendungen gegen die überkommene Geschichtsschreibung erhob 1776 ein Tegernseer Mönch. Er bestritt aufgrund einer damals erst kürzlich aufgefundenen Handschrift in einem Brief an seinen Mitbruder Angelus März in Scheyern, daß Otkar am Hofe Pipins war und sein Sohn Rochus dort erschlagen worden sei. Er bezeichnet Otkar und seinen jüngeren Bruder Adalbert als Söhne des baierischen Herzogs Grimoald, als tadellose Männer mit großen Besitzungen im östlichen Noricum, vor allem am von Wäldern eingeschlossenen Tegernsee. Dort hätten sie Fischfang betrieben und für den Gottesdienst gesorgt. „Sehen Sie, wie alles ganz natürlich ohne Mord und Schachspiel hergegangen ist", meinte kurz und nüchtern der Briefschreiber von Tegernsee nach Kloster Scheyern.

Im Verlauf der Zeit zupften und rupften gar manche Historiker, darunter recht namhafte, weiter an den Berichten der alten Tradition. Der eine stellte 746 als Gründungsjahr des Klosters Tegernsee in Frage und verlegte dieses in die Zeit zwischen 762 und 765, der andere schob die Übertragung der Quirinusreliquien in die letzten Jahrzehnte des 8. Jahrhunderts, ein dritter behauptete, diese seien gar erst im Jahre 804 von Rom aus nach Baiern und an den Tegernsee gekommen. Alle diese Forscher suchten ihre Ansichten zu begründen und, wo dies nicht recht gelingen wollte, mit Hypothesen und Kombinationen glaubhafter zu machen. Ziemlich sicher scheint zu sein, daß Otkar und Adalbert dem baierischen Uradel mit starker Bindung an die Karolinger angehörten, daß sie vermutlich doch schon 746 am Tegernsee eine Salvatorkirche und ein Kloster bauten, das sie mit zwölf Mönchen aus St. Gallen besiedelten. Der heilige Otmar, der sie sandte, war in jenen Tagen Abt in diesem Kloster unweit des Bodensees.

Seit dem 12. Jahrhundert wird die Identität Otkars mit einem Ogier, der Hauptfigur des französischen Heldenepos „Ogier der Däne", behauptet. Ein Däne ist dieser Ogier ganz sicher nicht gewesen. Unter Karl dem Großen führte er die baierischen Heerhaufen mit viel Tapferkeit und Umsicht. Müßige Spekulationen über Ogier den Dänen und Otkar von Tegernsee haben letzteren zu einem Ahnen der Grafen von Dießen–Andechs zu machen gesucht, wohl ein gewagtes Unterfangen.

Otkar wird gemäß den Ergebnissen neuerer Untersuchungen auch mit dem fränkischen Dux Antcharius gleichgesetzt, der 753 zusammen mit Chrodegang von Metz Papst Stephan II. zur Pfalz Pipins in Quiercy geleitete, der mit Pipins Bruder Romedius sich von Rouen aus nach Italien auf die Reise machte, um römisch-langobardische Differenzen aus der Welt zu schaffen, und der schließlich als Karlmanns Parteigänger beim Langobardenkönig Desiderius Zuflucht suchen mußte.

Im Gegensatz zu alldem kennen die ältesten Quellen zur Geschichte von Tegernsee im Klosterstifter Otkar nur einen Laienmönch, der in seiner Gründung still und zurückgezogen bei Gebet und Handarbeit seinem Herrgott diente, bis er am 26. Februar 771 gottselig aus dem Leben schied.

Sein Bruder Adalbert muß von ganz anderem Holz geschnitzt gewesen sein. Er übernahm als Abt die Leitung der jungen Stiftung am Tegernsee und scheint ein sehr aktiver Mann gewesen zu sein. Bald brachte er sein Kloster zu einer frühen ersten Blüte, was schon die hohe Zahl der Mönche zeigt, die er um sich zu scharen fähig war. Das ist um so bezeichnender für seine starke und anziehende Persönlichkeit, da zu seinen Zeiten nur Freie, sei es adeligen Geblüts, sei es eigenständig bäuerlicher Herkunft, nicht aber Knechte, Hörige und sonst Abhängige, Ordensgelübde ablegen und damit Mönche werden konnten.

Adalbert war nicht allein in seinem Kloster tätig. 770 finden wir ihn auf der Synode von Dingolfing, dann stand er mit Bischof Atto von Freising (784-812) in strittigen Fragen zwischen diesem und seinem Kloster in anscheinend recht schwierigen Verhandlungen. Schon in Jahren, tritt er um 800 mit einem Coadjutor namens Zaccho auf. Um 804 ist Adalbert verstorben. Der 1. November galt stets für dessen Todestag. In Tegernsee stand sein Andenken immer hoch in Ehren. Er wurde nicht nur in seinem Kloster, sondern auch im frommen Volk des Tegernseer Tals als Seliger und Schutzpatron verehrt und ist auch heute noch lange nicht vergessen.

Auf die Frage, wo die beiden Klostergründer von Tegernsee das Licht der Welt erblickten, wo ihre Wiege stand und wo sie herangewachsen sind, gibt vielleicht die Aufzählung der ältesten Besitzungen des Klosters Tegernsee in zwei aus dem frühen 11. Jahrhundert stammenden Verzeichnissen ein ganz klein wenig Auskunft. Sie besagen, daß diese zumeist im Sundergau, dem Gebiet zwischen Isar und Inn und zwar im Süden und Südosten Münchens und hier wiederum vor allem im Land um Wolfratshausen, um Tölz und Miesbach und nördlich der großen Wälder vor den Bergen, lagen. Ortsnamen wie Holzkirchen mit Holzham, Thann, Sufferloh, Hartpenning, Thannkirchen, Lohen und Linden sprechen heute noch von diesen Wäldern. Ing-Orte wie Greiling, Darching, Otterfing, Haching, Thanning, Ascholding und andere lassen die Wohngebiete des 8. Jahrhunderts gut erkennen. In diesen Wohngebieten waren Otkar und Adalbert reich begütert, so in Föggenbeuern bei Rimslrain nicht weit von Wolfratshausen, Warngau am Taubenberg, Reichertshausen bei Otterfing, Arget bei Sauerlach, Egling an der Straße von München nach Bad Tölz, Holzhausen nördlich von Thanning, Kreuzpullach bei Oberbiberg, Otterloh in der Gemeinde Brunnthal am Deisenhofener

Forst, Perlach im heutigen Stadtgebiet von München und in weiteren Ortschaften und Dörfern. Wer anders als die beiden Klosterstifter Otkar und Adalbert sollte diese uralten Besitzungen zum Klostergut von Tegernsee gegeben und gestiftet haben? Sie bildeten von Anfang an die wirtschaftliche Grundlage ihres Klosters.

Ein Kranz von solchen Gütern reihte sich um Thanning, zwei Wegstunden östlich von Wolfratshausen entfernt. Dazu lagen um diesen Ort die Pfarrkirchen Ascholding, Hartpenning, Egling, Thannkirchen, Holzhausen und Roggersdorf, die zu Lebzeiten der beiden Gründer von Tegernsee schon, wenn auch vom Freisinger Bischof angefochten, ihrem Kloster als Eigenkirchen zugehörten. Außerdem war Thanning vermutlich nicht erst um die Jahrtausendwende Dingstätte der Gaugrafen von Wolfratshausen. Könnte da nicht dieses Thanning, wenn nicht die Geburtsstätte, so doch die engere Heimat der beiden Gebrüder Otkar und Adalbert gewesen sein? Denkbar wäre das, doch fehlt der schlüssige Beweis hierfür.

Dieser vermutenden Spekulation steht eine andere und frühere entgegen. Sie hat einiges für sich, wenn sie meint, daß die Gründer von Tegernsee in Warngau beheimatet gewesen seien. Dort war der Sitz eines Hundertgrafen. Er sei wohl von der adeligen Sippe, der auch Otkar und Adalbert entstammten, gestellt worden. Dies sei deshalb wahrscheinlich, weil deren Zustiftungen zur Klostergründung am Tegernsee konzentrisch um Warngau gelegen waren, weil das Kloster Tegernsee später dort seine Gerichtsstätte hatte und weil so viele der Tegernseer Eigenkirchen wie Warngau selbst, dann Hartpenning und Holzkirchen, ferner Waakirchen und Reichersbeuern, Piesenkam und Sachsenkam im Warngau lagen. Auch käme es nicht von ungefähr, daß das Kloster Tegernsee in Warngau einen Offizialen unterhielt und daß dieser Ort zum Sammelplatz der Naturalien aus den Tegernseer Gütern wurde. Hier seien die 55 Ochsen und die Wagen zum Transport des Getreides aus dem Tegernseer Amt Finsing bei Markt Schwaben stationiert gewesen. Und die Hörigen aus Warngau hätten in Tegernsee Frondienst leisten müssen.

Das klingt zwar alles recht plausibel, kann aber im letzten dennoch ebenso wenig befriedigen wie die Vermutung, daß Otkar und Adalbert aus Thanning hervorgegangen sind.

Das Kloster Tegernsee war von Anfang an, wie man in Bayern zu sagen pflegt, „guat ei'gsamt“ (gut eingesäumt, d. i. vermögend). Es entwickelte sich bald zu einer wirtschaftlichen Großmacht. Das ermöglichte die Rodung nicht nur im Tegernseer Tal, sondern auch den Beginn und den Ausbau der Almwirtschaft auf den Hängen und Höhen rings um den Wallberg, in den Blaubergen, um den Hirschberg, Kampen und Foggenstein. Diese wirtschaftliche Stärke konnte auch Ilmmünster, der Tegernseer erste Filiation, und dem Sippenkloster der Huosi bei Pfaffenhofen am Rand der Hallertau zugute kommen und half um das Jahr 800, die Tochtergründung Tegernsees zu St. Pölten im heutigen Niederösterreich zu wagen. Besonders hier und weit ins Tirol hinein wirkten die Mönche im Kampf gegen die Reste heidnischen Götterglaubens als Festiger des Christentums. Die Strahlkraft ihres Klosters ins weite Land hinaus läßt sich auch an der Vielzahl seiner kleineren bäuerlichen Höfe und seiner großen landwirtschaftlichen Güter ablesen und ermessen, die ihm in seiner Frühzeit schon gehörten. 11 866 Huben, das sind ca. 95 bis 100 000 Hektar Grund und Boden, und 22 Salzpfannen entweder in Reichenhall oder in Hallein sind damals im Besitz von Tegernsee gewesen.

Dieser Reichtum verpflichtete. Die Tegernseer Mönche horteten ihn nicht. Er gab ihnen wie sonst keinem anderen baierischen Kloster aus der Zeit der Agilolfinger die Mittel, in dem großen Gebiet, das ihrem Einfluß unterstand, Straßen zu bauen, Märkte wie Rosenheim am Inn zu gründen, Handel und Wandel zu wecken und zu fördern, die Lebensumstände der Bevölkerung günstiger zu gestalten und damit ihre soziale Lage nachhaltig zu verbessern. So war das Kloster am Tegernsee schon in den ersten Zeiten seines Bestehens ein wahrer Segen für Land und Volk in Baiern.

Am Tegernsee aber lernten die Kinder noch vor 30 Jahren:

„Otkar und Bruder Adalbert
Waren zwei edle Fürsten wert.
Die sind im Benediktinerorden
Einstmals fromme Mönche worden
Und haben gegründet Tegernsee.
Gott soll sie bewahren vor der Hölle Weh!“

Der heilige Quirinus von Tegernsee

Das Kloster Tegernsee verdankt seinen raschen Aufstieg gewiß vor allem den reichen Zustiftungen seiner Gründer, doch auch der Verehrung des römischen Blutzeugen Quirinus. Weit mehr als ein Dutzend Heiliger dieses Namens sind bekannt. Die Reliquien jenes Märtyrers, die sich heute noch in Tegernsee befinden, kamen in einer Zeit nach Baiern, da Tassilo III. und andere aus dem baierischen Uradel wie die Bischöfe Arbeo und Atto von Freising sich zur Stärkung der Frömmigkeit des Volkes bemühten, Katakomben- und andere Heilige für ihre Klosterstiftungen vom Papste zu erhalten. So kamen durch Herzog Tassilo III. im Jahre 768 Valentin nach Passau und Candidus an das von ihm 769 reich ausgestattete Innichen im Pustertal, durch Eja aber, dem Neffen der Stifter von Tegernsee, 765 Arsatius nach Ilmmünster. Der Priester Reginbert übertrug Castulus in das 755 gegründete Kloster Moosburg an der Isar und 772 Tertulin nach Schlehdorf am Kochelsee. Über das Kloster Tegernsee kamen die Gebeine Hippolyts in das um 800 entstandene und nach ihm benannte St. Pölten. Endlich sei noch die Übertragung der Reliquien des heiligen Alexander und des Märtyrers Justinus nach Freising genannt, die 834 Bischof Hitto vornehmen ließ. Mag sein, daß diese Reliquientranslationen auch die engen Verbindungen zwischen Rom und Baiern, die der heilige Bonifatius zu knüpfen wußte, noch fester machen sollten.

Wohl keinem der genannten Heiligen widerfuhr so schnell und so nachhaltig eine gleiche Verehrung im breiten baierischen Volk wie Quirin von Tegernsee. Das mag mit den weitgestreuten Besitzungen des Klosters, noch mehr vielleicht mit den vielen Kirchen auf Tegernseer Grund und Boden zusammenhängen, die Quirin zum Patron erhielten. An manchen Orten ist sein Patronat durch die Zeitläufte erloschen, andere Kirchen auf ehemals Tegernseer Gebiet sind Quirin heute noch geweiht, so in Aubing, jetzt ein Stadtteil von München, in Jasberg bei Otterfing, zu Ostermünchen bei Bad Aibling, zu Fürstätt im Landkreis Rosenheim am Inn und in Kranzberg nicht weit von Freising, um nur einige zu nennen.

Aber nicht nur in Baiern sind Kirchen und Kapellen anzutreffen, die St. Quirin zum Schutzheiligen bekommen haben. So gab es bis 1784 eine dem heiligen Quirin geweihte Rundkirche in Quirein an der Talfer im Stadtgebiet von Bozen-Gries. Ursprünglich ein Heidentempel, wurde dieser so um 800 ein Heiligtum zu Ehren des heiligen Quirinus, das jedoch

S. QUIRINUS. M. erster Schuz-Patron des uralten Stift, und Kloster Tegernsee.

1784 „auf höchsten Befehl entwei(c)ht" und in einen Weinkeller verwandelt worden ist. Oberplanitzing bei Kaltern in Südtirol kennt St. Quirin ebenfalls in seiner Kirche. Das Kloster Tegernsee war dort begütert und bekam 1183 von Agnes von Hohenburg einen Hof zu Planitz zum Geschenk, auf daß es ihrer in einem Jahrtag für alle Zeit gedenke. Die Erinnerung an diese edle Schenkung blieb im Kloster Tegernsee bis zu seinem Ende wach. Für gewisse Tage lieferten die Planitzer den Rebensaft, in dem die „Planitzerln", das sind besonders gute Würste, gesotten wurden. Nach der Säkularisation von 1803 gab es in Tegernsee nur mehr die Planitzerln, nicht mehr aber den Klosterwein zum Sieden dieser Leckerbissen.

Auch nach Niederösterreich brachte das Kloster Tegernsee die Verehrung seines Hausheiligen St. Quirin. In Strengberg, auf den Tegernseer Gütern um Pöchlarn, dann in Loiben stand er bald in hohen Ehren. Sein ihm in Strengberg geweihtes Gotteshaus erfuhr, wie alle damals glaubten, sichtlich seinen besonderen Schutz. Es war in den Tagen der Belagerung Wiens im Jahre 1683 durch die Türken, als türkische Plünderer nach Strengberg kamen, um die Kirche auszurauben. Eben hatten sie zum Einstieg ein großes Loch aus der Kirchenmauer gebrochen, als die Turmuhr mit rasselndem Getöse abzulaufen begann, was die Halunken so erschreckte, daß sie Hals über Kopf das Weite suchten.

Eine weitere St. Quirinskirche steht in Loiben. 1782 wurde sie barockisiert und von Martin Schmid mit schönen Bildern ausgestattet. Eines davon zeigt am Hochaltar die Enthauptung des Märtyrers, ein anderes im Presbyterium die Landschaft von Tegernsee mit ihren Bergen im Hintergrund und davor den Ort St. Quirin zwischen Gmund und Tegernsee. Auch so manches Haus zu Loiben wurde mit einem Bild des Heiligen geschmückt. Stark war in alter Zeit in Niederösterreich die St. Quirinsbruderschaft verbreitet, die nach dem Untergang von Kloster Tegernsee erlosch.

Wer war nun St. Quirin von Tegernsee, wo und wann ist er geboren, wie kam er um seines Christenglaubens willen um sein Leben? Mit Cyrinus, einem römischen Märtyrer, personengleich gemacht, erzählt die Legende von Quirin, daß er ein Sohn Kaiser Philippus Arabs (244-249) gewesen, als siebenjähriges Kind während einer Christenverfolgung von seiner Mutter Genoveva Severa in Sicherheit verbracht, jedoch unter Kaiser Claudius II. (268-270) gefangengesetzt und 269 nach grausamer Geißelung enthauptet worden sei. Seinen Leichnam habe man in den Tiber geworfen, der ihn mit sich genommen und an die Insel Bartolomeo gespült habe. Dort sei er von Pilgern gefunden worden, die ihn in den Katakomben des Pontian bestattet hätten.

Dieser nicht haltbaren frommen Legende entsprechend, zeigen schon frühe Darstellungen St. Quirinus von Tegernsee als fürstlich gekleideten Heiligen mit Krone, Reichsapfel und Szepter zum Zeichen seiner hohen Geburt und seines Standes.

Von alledem weiß die älteste Passio S. Quirini, der erste Bericht über Quirin von Tegernsee, in keiner Weise etwas. Dieser stammt aus dem Stift St. Nikolaus in Passau und wird heute von der Bayerischen Staatsbibliothek in München verwahrt (clm 16 106). Verfaßt wurde diese Passio S. Quirini zwischen 880 und 900, also noch in der Karolingerzeit. Sie weiß zu sagen:

„Zu den Zeiten des Claudius kam ein christlicher Mann namens Marius aus den Gegenden Persiens mit seiner Frau Martha und seinen Söhnen Audifax und Abacuc zur Verehrung und Anrufung der Apostelfürsten nach Rom. Kaum angekommen, begannen sie die Leiber der Heiligen in den Kerkern und Grabstätten aufzusuchen. Und während sie mit Eifer forschten, kamen sie in die Lagerregion jenseits des Tibers und fanden da in einem Kerker einen Mann mit Namen Quirinus, der schon viel Mißhandlungen für den Namen Christi erduldet und all seine Habe verloren hatte. Als sie zu ihm kamen, warfen sie sich ihm zu Füßen, Marius, Martha seine Frau, mit den beiden Söhnen Audifax und Abacuc, auf daß er für sie beten möge. Und sie blieben dort acht Tage und fingen an, aus ihren Vorräten dem heiligen Quirinus zu spenden und auch die Füße all jener zu waschen, welche dalagen. Das Wasser aber gossen sie aus auf ihre und ihrer Söhne Häupter ...

Als sie später wieder nach Rom kamen, um den heiligen Quirinus aufzusuchen, und ihn nicht mehr fanden, wurden sie gar sehr betrübt. Sie trafen einen Priester mit Namen Pastor, der ihnen alles erzählte, was geschehen war und wie der heilige Quirinus zur Nachtzeit mit dem Schwert getötet und in den Tiber geworfen und wie sein Leib auf der Insel Lycaonia (d. i. Bartolomeo) zurückgeblieben sei. Dahin wanderten sie zur Nachtzeit mit dem gottseligen Pastor, erhoben den heiligen Leib und begruben ihn auf dem Kirchhof des Pontianus in einem unterirdischen Gang am 25. März.

Bei diesem Ort erlangen göttliche Wohltaten diejenigen, die an unsern Herrn Jesum Christum glauben und hieherzukommen gewürdigt werden. Blinde werden hier sehend, Lahme gehend, Taube erhalten ihr Gehör.

Stumme singen das Lob Gottes, Fieberkranke werden geheilt, Bresthafte wiederhergestellt und die Aussätzigen rein ...“

Von der Übertragung der Gebeine St. Quirins nach Tegernsee war schon kurz die Rede. Der Papst hatte sie sorgfältig in Tücher hüllen und versiegeln lassen und strengstens geboten, die Siegel nicht zu lösen. Kaum aber hatten die Begleiter der Reliquien auf dem Weg nach Baiern Italien verlassen, als sie in dem schon genannten Quirein bei Bozen das Gebot des Papstes übertraten. Die Passio S. Quirini berichtet:

„Als sie ermüdet ausruhen wollten, so fingen sie, ich weiß nicht, ob des Weines voll oder, was ich lieber glaube, auf daß die Heiligkeit des Märtyrers offenbar werde, unter sich an zu streiten und zu fragen: ‚Warum hat uns der Papst befohlen, die Siegel nicht zu brechen? Vielleicht hat er es nur zum Scherz gesagt, damit wir nicht wüßten, was wir so schwer zu tragen hätten.‘ Und sie berieten sich und erbrachen das Siegel. Als sie aber das Verbotene schauen wollten und den Sargdeckel aufzuheben versuchten, wurden allsogleich alle Umstehenden von der Majestät Gottes, die in Weise flammenden Feuers hervorbrach, wie von einem Blitzstrahl getötet.

Die Kapelle von St. Quirin, an der Stelle errichtet, an der die Begleiter der Quirinus-Reliquien ihre letzte Rast machten.

Jene, die im Lager zurückgeblieben waren, sahen dies und verfielen in große Betrübnis, und es kam eine Menge Volkes herbei wie zu einem großen Schauspiel. Nachdem sie beratschlagt hatten, brachten sie den heiligen Leib in großer Trauer zu einer Kirche, stellten Wächter auf und machten den Brüdern Otkar und Adalbert in Tegernsee Meldung hierüber. Als die Brüder dies vernommen hatten, sandten sie sogleich rechtschaffene Männer und Kleriker nebst anderem Gefolge dahin. Nachdem diese dort angekommen, nahmen sie den heiligen Leib von seinem Orte mit aller Verherrlichung und Ehrerbietung und legten ihn auf die Bahre. Dann wurde er von einer großen Menge Andächtiger zu Fuß mit solcher Eile hinweggeführt, daß jene zu Pferd sie kaum einzuholen vermochten. Und so sind sie wohlgemut in ihr Land zurückgekehrt. Es war ihnen eine große Schar von Geistlichen und Laien beiderlei Geschlechts entgegengegangen, und nachdem sie dem heiligen Leib des Mannes Gottes sich genaht, kamen sie unter Absingen von Litaneien und geistlichen Gesängen an den Tegernsee. Dort wollen sie in der Nähe des Ufers ein wenig ausruhen. Und als sie den heiligen Leib wieder aufnahmen, da floß, wo die Bahre niedergesetzt war, eine lichte Quelle hervor, angenehm an Geschmack und heilsam durch Berührung. Aber auch fortan werden viele Heilungen dort durch die Kraft des Herrn bewirkt. Und unter großen Lobpreisungen brachten sie ihn in die Salvator-Basilika, bis ein zu seiner Ehre würdiger Tempel erbaut wurde."

Dort, wo das Geleit des Märtyrers kurz vor Tegernsee noch rastete, steht von alters her St. Quirin zwischen Gmund und Tegernsee. In der Kapelle des Blutzeugen ist eine Quelle gefaßt, deren Wasser schon so vielen nach ihrer Aussage bei Augenleiden wundervoll geholfen hat.

Noch von einem anderen wunderbaren Ereignis berichtet die Passio S. Quirini aus dem 9. Jahrhundert. Als die Klosterkirche von Tegernsee vollendet war, wurde für den 16. Juni 804 ein Gerichtstag in Tegernsee angesagt. Die Bischöfe von Regensburg, Salzburg, Freising und viel Volk waren dazu angereist. Mit flatternden Fahnen, unter lautem Beten und frommem Singen wurde der Leib St. Quirins von der alten Salvatorkirche in das neue große Münster überführt, um dort beigesetzt zu werden. Dabei geschah nach der Legende folgendes:

„*Als St. Quirin da in einen steinernen Sarg gelegt werden sollte, erhob ihn einer der Bischöfe zu den Füßen, ein Priester namens Reginpert aber an den Schultern, und sie legten ihn hinein mit der aus Palmen zusammengeflochtenen, den heiligen Leib umschließenden Hülle, wie diese den Abgesandten, vom Papst versiegelt, anvertraut worden war. Während man ihn in die Tumba niederlassen wollte, fiel ein Teil von seinem Leib durch die Hülle in die Hände des Priesters, und zwar voll frischen Blutes, als ob der Mann erst an diesem Tag den Leib verlassen hätte.*

Als die umstehenden Bischöfe und die anderen Geistlichen dies sahen, lobpriesen sie den Herrn, daß er seine Diener nicht von einem so großen Patron habe ziehen lassen wollen, ohne eine Frucht ihrer Mühe zu erhalten, und daß von nun an seine heiligen Reliquien nach nah und fern verbreitet werden könnten, während niemand bisher davon etwas zu erhalten, ja nicht einmal zu schauen hoffen konnte."

Blutreliquien des heiligen Quirinus wurden nicht nur in Tegernsee, sondern auch zu Loiben in Niederösterreich und andernorts jahrhundertelang verehrt.

Es ist jedem freigestellt, was er von den Legenden über St. Quirin und von den vielen Wundern, die weiterhin noch über diesen Heiligen berichtet werden, halten will. So wie sie zu lesen sind, entsprechen sie, buchstäblich genommen, sicherlich recht oft der Wahrheit nicht. Doch wie in den Sagen eines Volkes, so steckt auch hinter den Legenden der Heiligen irgend etwas von dem, was sich in deren Leben einmal zugetragen hat und was sie bewirkten oder was ihre Eigenschaften liebevoll umschreiben will. Wir sind sehr nüchtern geworden und glauben recht kritisch, Dichtung und Wahrheit allenthalben voneinander trennen zu sollen und zu müssen. Wirklich befriedigen kann das nicht. Wie selig sind doch Kinder, solange sie an den Osterhasen, an St. Nikolaus, den Kinderfreund, und an das Christkind mit seinen Gaben glauben. Waren unsere Ahnen mit ihren Legenden nicht glücklicher und besser daran als wir aufgeklärten Christen heute, die nicht mehr wahrhaben wollen, daß es zwischen Himmel und Erde immer noch Dinge gibt, die unsere Schulweisheit sich nicht träumen lassen will?

Neben dem St. Quirinusbrünnlein mit seinem heilsamen Wasser stand früher einmal das Quirinusöl weit und breit in hohen Ehren. Es war naphthahaltiges Steinöl von grünbrauner oder olivgruner Farbe, von erdharzigem Geruch und leicht entzündbar. Auf der Westseite des Tegernsees, nicht weit vom Finnerhof, sickerte es aus dem Boden einer feuchten Wiese. Abt Kaspar Aindorffer (†1461) ließ es fassen und über seine Fassung eine hölzerne Kapelle bauen, die er St. Quirin weihte. 30 bis

40 Maß von diesem Öl sammelte das Kloster einstens jährlich, um es, wie die Nonnen von Eichstätt das Walburgisöl, in winzigen Fläschchen ganz billig oder auch umsonst an Kranke abzugeben. Nach der Säkularisation von 1803 verkaufte das Königliche Forstamt von Tegernsee noch weiterhin das St. Quirinsöl. Es verlangte sechs Kreuzer für das Gläschen von jedem, der es haben wollte, damit sechsmal mehr als je das Kloster einst und früher. Soll man dem Forstamt und mit ihm dem Staat, der damals allüberall gegen religiöse Bräuche, gegen Reliquienkult und biedere Volksfrömmigkeit im Interesse der „wahren und reinen Religion" zu Felde zog, daraus einen Vorwurf machen? Der staatlich baierische Beamte in Tegernsee dachte wohl über das Geld für dieses anrüchige Geschäft mit dem St. Quirinusöl wie einst ein römischer Kaiser in ganz anderem Zusammenhang – non olet.

Am Ende des heutigen Golfplatzes von Wiessee, dort, wo im 15. Jahrhundert das St. Quirinusöl entdeckt wurde, steht zur Erinnerung daran noch heute eine kleine Kapelle aus Stein. 1828 ist sie an der Stelle einer früheren errichtet worden. Zehn Jahre später begannen daneben Bohrungen nach Öl. Doch schon 1840 war der Traum vom Reichtum, den es hätte bringen sollen, ausgeträumt. Zu Beginn unseres Jahrhunderts suchte der niederländische, in Indonesien einschlägig geschulte Bauingenieur Adrian Stoop am Tegernsee erneut nach Erdöl. 1907 waren 60 Bohrmeister und Arbeiter an seinem Westufer am Werk. Und sie wurden fündig. Schon fürchtete der Natur- und Heimatfreund für die Erhaltung der einmalig schönen Landschaft um den Tegernsee, schon sah er diese durch häßliche Industrieanlagen zerstört für immer, da zeigte sich, daß alle Hoffnung, am schwarzen Golde reich zu werden, wiederum vergeblich war. Es sprudelte je länger, desto weniger rentabel aus dem Boden.

Dagegen erwies sich etwas nicht Erwartetes als großes Glück. In 700 Meter Tiefe waren die Ölsucher, ohne es zu ahnen, auf Wasser gestoßen, auf ein ganz besonderes Wasser. Sie hatten Deutschlands stärkste Jod-Schwefeltherme entdeckt. Es entstand das Heilbad Wiessee. Die Tegernseer Landschaft blieb erhalten, ohne den Gewinn aus dem Fund für ungezählte Menschen zu gefährden.

Das St. Quirinusöl war bei so manchen körperlichen Nöten in Gebrauch. Es wurde bei Verbrennungen angewendet, bei Gicht und Podagra, gegen chronischen Husten, recht schmerzhafte Beulen und Geschwüre, bei erfrorenen Gliedern, Zahnschmerzen, Ohrenweh und Halsbeschwerden, ferner bei Frauenleiden so mancher Art. Auch als

Geheimmittel gegen „Ölschenkel“ (Geschwüre mit Ekzemen) fand es seine Freunde. In unseren Tagen kennt man das St. Quirinsöl nur mehr dem Namen nach.

Nicht weit von dort, wo das Quirinusöl einmal aus dem Boden trat, suchen viele heute in Bad Wiessee Heilung von allerlei Gebrechen. Sein jod- und schwefelhaltiges Wasser aus großer Tiefe hilft bei Herz- und Kreislaufstörungen, bei Erkrankungen der Atemwege, der Muskeln und Gewebe, bei Frauenleiden, bei Augen-, Nerven- und Hautkrankheiten und anderm mehr. Nach Bad Kissingen, Bad Wörishofen und Bad Reichenhall ist Bad Wiessee der meist aufgesuchte Kurort in ganz Bayern.

Die alte und die neue Zeit suchte und sucht gerne Heilung durch die Gaben aus der Erde. Manchmal wandte und wendet sie ähnliche und gleiche Mittel gegen gleiche und ähnliche menschliche Nöte und Gebrechen an. Die frommen Leute längstvergangener Tage schrieben die Hilfe durch das St. Quirinusöl der Fürbitte eines Heiligen im Himmel zu. Die Menschen unserer Zeit vertrauen immer mehr allein auf die helfenden Kräfte der Natur. Doch, was vermöchten diese Kräfte, kämen sie nicht zuletzt aus der Allmacht Gottes?

Ein altes Gebet zum heiligen Quirin nennt drei Ereignisse um seinetwillen am Tegernsee, den Ursprung des St. Quirinusbrünnleins, das Blutwunder bei der Übertragung seiner Gebeine in die Klosterkirche im Jahre 804 und das Fließen des St. Quirinusöls. Der Zeit des Barocks und Rokokos entsprechend, stellt dieses Gebet eine Beziehung dieser Vorgänge mit dem Beter selber her, indem es ihn bitten läßt:

„*Heiliger Quirinus, der du wegen Verachtung zeitlicher Hoheit von Gott durch das wundersame* WASSER, *welches unter deinem Leib entsprungen, durch dein heiliges* BLUT, *so aus deinem über 400 Jahr unverwesenen heiligen Leib miraculoser Weise geflossen und durch das heilsame* ÖL, *so durch eine Fürbitte erfunden, und noch fließt, herrlich und glorreich auf der Welt gemacht zu werden verdienest, erwirb uns das* WASSER *reumüthiger Bußzähren, und so festen Vorsatz, daß wir eher Leib und Leben, Gut und* BLUT *aufsetzen, als Gott mit einer einzigen freiwilligen Sünde beleidigen, und erlange uns hiedurch das* ÖL *des Heils, damit wir Gott in dir, und dich in Gott loben, ehren und preisen mögen in alle Ewigkeit. Amen.*“

Unter den Nachfolgern des Stifterabtes Adalbert

Schon im Jahre 772 sehen wir an der Seite des Gründerabtes Adalbert den Priester *Zaccho* als dessen Sekretär und Coadjutor in der Leitung des Klosters am Tegernsee. Ob dieser Zaccho von 800 bis 804 Adalberts Nachfolger im Amt des Abtes war, ist schwer zu sagen. Adalbert starb kurz vor 804. Um die gleiche Zeit wird Zaccho schon „ehemaliger Abt" genannt. Sein Todesjahr und Todestag sind unbekannt. Es heißt, Zaccho sei ein gar strenger und derber Mann gewesen, muß aber als rechte Hand Adalberts in einer Auseinandersetzung mit Bischof Atto von Freising 795 auf einem Tag zu Regensburg die Rechte seines Klosters recht gut verteidigt haben. Atto verlangte damals 22 Pfarrkirchen, die dem Kloster Tegernsee gehörten, für den Diözesanbischof als Eigentum, konnte aber seine Forderungen nur recht schlecht begründen, so daß er zunächst nicht auf seine Rechnung kam. Erst später wurde ein Vergleich geschlossen. Tegernsee verzichtete auf den Besitz der 22 Eigenkirchen, behielt aber das Präsentationsrecht, d. h. das Recht, dem Bischof die Pfarrherren für diese Kirchen zu benennen. Man sieht, schon damals gab es Händel zwischen Diözesanbischof und Kloster. Die Liebe der Bischöfe zu den Ordensleuten war auch künftig nur zu oft nicht sehr selbstlos und frei von Eigennutz. Auch Bischöfe sind Menschen.

Die Vermögensverhältnisse des Klosters Tegernsee entwickelten sich unter seinen Äbten *Meginhart* (ca. 802-823) und *Isker* (826-829) so gut, daß es im Jahre 817 bereits zu den 14 begütertsten Abteien des Karolingerreiches zählte und damit nicht wie andere Klöster für den Kaiser bloß zu beten oder ihn nur mit Geld zu versorgen hatte, sondern Kriegsdienste zu leisten verpflichtet war. Es hatte seine Mannen mit Bekleidung und Verpflegung, mit Waffen und Kriegsgerät zu versorgen und jeden Reiter mit Schild und Speer, Schwert und Halbschwert, mit Köcher, Pfeil und Bogen auszustatten und für den Troß Beile, Mauerhämmer, Mauerbrecher, Äxte, Grabenschaufeln und eiserne, zweizinkige Erdhacken sowie andere Utensilien zu stellen. Diese Verpflichtung durch den fränkischen Kaiser war nur sinnvoll, wenn im Kloster selbst und in den Behausungen der Klosterhörigen ein hochentwickeltes Handwerk heimisch war. Und in der Tat, Orte wie Draxlham (= Heim der Drechsler) und Schmidham (= Heim der Schmiede), beide im Warngau gelegen, weisen darauf hin, daß sich hier Tegernseer Werkstätten befanden.

Ob und wann Tegernsee zu Kriegsdiensten herangezogen worden ist, steht nirgendwo geschrieben. Die Werkstätten der klösterlichen Schmiede, Schreiner, Sattler in und nicht allzu weit von Tegernsee entfernt hatten sicher nicht in erster Linie Rüstungszwecken zu entsprechen. Sie mußten vielmehr friedlicheren Aufgaben dienstbar sein. Vor allem stellten sie mit ihrer Arbeit das Handwerkszeug für die Rodung, die mit Hilfe von Knechten, Leibeigenen, Kriegsgefangenen und sonst Unfreien zunächst rund um den Tegernsee, später dann in weiterem Umkreis vor allem Aibling und dem Inntal zu erfolgte, zur Verfügung und verfertigten die Fahrzeuge und das Geschirr für Roß und Reiter zum Transport von Korn und Salz, Wein und allem anderen aus den oft weit entfernten Tegernseer Gütern. Bis hinunter nach St. Pölten in Niederösterreich und über die Berge zu klostereigenen Reben nach Bozen in Südtirol rollten Tegernseer Wagen.

Doch nicht allein in wirtschaftlicher und ökonomischer Hinsicht, sondern auch als Mittelpunkt geistigen, monastischen und aszetischen Lebens war Tegernsee schon bald nach seiner Gründung von nicht zu unterschätzender Bedeutung. Unter Abt Isker sollen 150 Mönche in drei Abteilungen »ununterbrochen bei Tag und Nacht« zum Gotteslob im Chor vereint gewesen sein. Ferner haben nach einer Schrift zur Rechtfertigung der Tegernseer Mönche vor Angriffen auf ihre Ehre „die ersten vier Äbte das Kloster hervorragend geführt und alles getan, um den Gottesdienst, die Disziplin und das klösterliche Leben im Interesse der Frömmigkeit ihres Hauses zu fördern und zu sichern".

Auch hat das Kloster Tegernsee schon früh mit dem Unterricht in einer Schule angefangen. Es mußte nicht erst auf den Frankenkaiser Karl warten, der den königlichen Klöstern, wie es auch Tegernsee nach der Vertreibung Herzog Tassilos III. aus seinem Land und Volk geworden war, zur Aufgabe machte, sich der Jugendbildung anzunehmen. Denn Tegernsee brauchte nicht nur gut geschulte Mönche in Latein, sondern auch in vielem versierte Leute, die als Ministerialen des Klosters, als Gutsverwalter, als Beamte in den vielen Tegernseer Ämtern draußen nötig waren. Sollte das große Räderwerk in der Verwaltung eines in gewissem Sinn autarken klösterlichen Herrschaftsgebietes in Gang gehalten werden, mußte es für alle jene, die als Mönche oder auch als Weltleute im Dienst des Klosters standen, eine und zwar eine gute Klosterschule geben. Wo wären sie denn sonst herangebildet worden?

Man ist für die Zeit um die Wende des 9. zum 10. Jahrhundert über Baierns Klöster recht wenig unterrichtet. Es stand nicht gut um sie. Nicht zuletzt durch die Verwandlung so mancher ursprünglich adeliger Sippen- in bischöfliche Eigenklöster verloren sie ihre monastische Freiheit so sehr, daß es bereits vor dem Jahr 900 bei uns in Baiern in kaum mehr einem in bischöfliche Hand übergegangenen Kloster noch einen Abt gegeben hat. Mit dem Verlust der klösterlichen Eigenständigkeit und Unabhängigkeit von der bischöflichen Gewalt, mit dem Fehlen eines Abtes, der Mönch wie seine Mönche war, sank die Disziplin, wurde Mißständen Tür und Tor geöffnet. Ein solcher Niedergang trat in Tegernsee zunächst nicht ein. Denn unter den Agilolfingern wie unter den Karolingern in Baiern war und blieb es ein herzogliches, dann ein königliches Kloster und damit dem Zugriff des Diözesanbischofs in Freising zu dessen Leid entzogen. Dagegen kam die Tochtergründung Tegernsees, St. Pölten weit im Osten Baierns, an den Bischof von Passau. Er zog dessen Vermögen ein, das Kloster selbst verkam.

Doch auch mit Tegernsee ging es bald abwärts. Das hing mit den Einfällen der Ungarn – rund ein Dutzend sind es gewesen – auf baierisches Gebiet zusammen. Zum ersten Mal erschienen im Jahre 900 ungarische Scharen im Traungau oberhalb der Enns. Sie verschwanden größtenteils von selber wieder. Mit ihren Resten fertig zu werden war nicht schwer. 901 konnten die Ungarn auf der Rückkehr von einem Beutezug nach Karantanien an der Fischa, östlich von Wien, geschlagen werden. 903 gab es eine Schlacht zwischen den Baiern und den Ungarn mit nicht bekanntem Ausgang. 904 metzelten Baiern eine ungarische Gesandtschaft auf einem Gastmahl, gegeben zu ihren Ehren, hinterhältig nieder. Dafür erfuhr der baierische Markgraf Luitpold am 4. Juli 907 bei Preßburg der Ungarn wilde Rache. Nicht nur er verlor an diesem Tag in einer mörderischen Schlacht das Leben, sondern auch der Erzbischof Thietmar von Salzburg, die Bischöfe Udo von Freising und Zacharias von Säben in Südtirol sowie die Blüte des baierischen Adels. Preßburg ist die schmählichste Niederlage der Baiern, die sie je erlitten haben. „Der baierische Stamm ist beinahe vernichtet worden“ und „Gewaltige Schlacht der Baiern mit den Ungarn, und Herzog Luitpold und ihr abergläubischer Hochmut ist zerstört worden“ vermelden die Annalen.

Trotzdem gelang es Herzog Arnulf, dem Sohne Luitpolds, schon am 11. August 909, die bis nach Schwaben vorgedrungenen Ungarn auf ihrem Rückzug über Freising im Rottal zu stellen und zu schlagen. Ferner glückte ihm ein Sieg im Juni 910 bei Neuching (Lkr. Erding), ein weiterer 913 am Inn, als sie eben wieder blitzartig einen Raubzug nach Schwaben unternommen hatten. Daß so manche Tegernseer Güter nah und weit vom Kloster vor den Bergen in diesen kriegerischen Jahren und mit dem Kommen und Gehen der brennenden und sengenden ungarischen Horden recht in Mitleidenschaft gezogen worden sind, läßt sich denken. Viel schlimmer aber waren die Säkularisationsmaßnahmen Herzog Arnulfs, die dieser wohl nicht schon 907 oder 914, sondern erst um das Jahr 925 ergriff. Es wurde und wird immer wieder behauptet, daß Herzog Arnulf, der einem König gleich in Baiern herrschte und die Bischöfe seines Landes auf recht zweifelhafte Weise sich gefügig machte, durch die Abwehr der Ungarngefahr gezwungen gewesen sei, das Kirchengut, d. h. lediglich das Klostergut, für kriegerische Zwecke heranzuziehen. Diese Ansicht ist aus den Quellen der baierischen Geschichte nicht belegbar. Es scheint, daß Arnulf aus ganz anderen Beweggründen Klöster wie Schäftlarn, Schlehdorf und Ilmmünster, die Tochtergründung von Tegernsee, völlig säkularisierte oder wie Benediktbeuern und Tegernsee so schröpfte, daß sie schwersten Schaden leiden mußten und ihren kulturellen Aufgaben nicht mehr dienen konnten wie bisher.

Herzog Arnulf war ein harter, rücksichtsloser Mann, ein roher Haudegen von Natur, dem das Mönchswesen schon deshalb zuwider war, weil es weltabgewandt und doch weltnah neben der weltlichen und geistlichen Gewalt im Land sich als eigene Kraft behauptete und in seinem Selbstverständnis wie in seinen religiösen und kulturellen Bestrebungen von andern nicht binden lassen konnte und auch nicht wollte. Als Tyrann wie die Tyrannen aller Zeiten und in allen Ländern anerkannte Herzog Arnulf neben sich nichts Eigenständiges, vor allem auch nichts unabhängig Geistiges und Intellektuelles, in der Furcht, dadurch in Gefahr zu kommen. Wie alle Gewaltmenschen hatte auch Arnulf ein gestörtes Verhältnis zu Recht und Gerechtigkeit. Diese Tatsache erleichterte seine Schritte gegen die ersten und erfolgreichsten Kulturträger seines Landes und die skrupellose Art und Weise, wie er sie tat.

Die Verdienste Herzog Arnulfs in der Abwehr der ungarischen Aggressoren seien nicht bestritten. Doch vermochte er die Ungarn nicht auf die Dauer von Baiern wegzuhalten und für immer hinter deren eigene Landesgrenzen zu verweisen. Das gelang erst Kaiser Otto dem Großen und St. Ulrich von Augsburg am Laurentiustag (10. August) des Jahres 955 auf dem Lechfeld. Bis dorthin konnte nicht verhindert werden, daß die Ungarn als Gottesgeißel immer wieder mit Raub und Mord und Brand

Grabplatte der Stifter Adalbert und Otkar aus dem 15. Jahrhundert, heute am Westportal der Klosterkirche.

Die Gründung von Tegernsee. Nach einem Fresko von Hans Georg Asam in der Klosterkirche (Ende 17. Jahrhundert).

durch Baiern fegten. In jener Zeit wurden die Benediktinerabteien Ebersberg und Benediktbeuern zerstört, Weihenstephan und St. Veit verwüstet und zuletzt in Wessobrunn Abt Tiento mit sechs seiner Mönche grausam umgebracht. Die Kreuzbergkapelle an der Straße nach Landsberg zeugt heute noch davon.

Was nun Tegernsee betrifft, so nahm Herzog Arnulf diesem Kloster all seinen reichen Besitz mit Ausnahme von 114 Huben (ca. 1100 ha), die für den Unterhalt von damals 34 Mönchen, 10 Klosterschülern, 95 Armen und Pfründnern zu genügen hatten. Die Säkularisation des Herzogs „vernichtete einen hochentwickelten wirtschaftlichen Organismus und muß für den Südteil des Sundergaues wie eine agrarische Katastrophe gewirkt haben" und das um so mehr, da das Kloster Tegernsee und sein weiteres Umland nicht vor allzu langer Zeit (907 oder 912) der Raublust der Ungarn ausgeliefert gewesen waren. Es ist ein betrübliches Zeichen für den Tiefstand der Moral an der Spitze des Kirchenregiments damals in Baiern, wenn sich die Bischöfe des Landes dem Beginnen Arnulfs nicht entgegensetzten, ja wenn Bischof Dracholf von Freising (907-926) die Maßnahmen des Herzogs gegen Tegernsee nicht nur billigte, sondern auch begünstigte und als Räuber klösterlichen Hab und Guts noch schlechter war als Herzog Arnulf selbst. Man mag sich fragen, mit welchem Recht dieser baierische Regent so rigoros zu Werke gehen konnte. 921 hatte ihm der deutsche König Heinrich I. die Kirchenhoheit in Baiern überlassen und ihm damit auch die ehemals agilolfingisch herzoglichen und später karolingisch königlichen, zuletzt kaiserlichen Reichsklöster in Baiern zugesprochen. Sein Vorgehen war sonach ohne weiteres rechtens. Wie oft in der Geschichte haben Mächtige im juristischen Sinn völlig „rechtens" gehandelt und doch dabei Unmenschlichstes begangen. So leider auch in Baiern nicht nur einmal.

Vielleicht nirgends sonst zeigt es sich so deutlich wie in Tegernsee, daß Herzog Arnulf zu seinen umfangreichen Säkularisationen von Klöstern, wenn überhaupt, so doch nicht einzig und allein um der bösen Ungarn willen veranlaßt war. Ein großer Teil der eingezogenen Tegernseer Güter ging an drei ihm befreundete adelige Familien, an die Ebersberger, Eppensteiner und an die Welfen. Alles andere steckte sich der Herzog für sich selbst und für seine Kinder in die Tasche. Von Kriegern, die er zum Dank für ihre Treue in den Ungarnkämpfen mit Klostergut bedachte, wissen die Annalen der Geschichte nichts.

Wie ging es weiter mit Tegernsee? Seiner meisten Güter beraubt, scheint es langsam, aber sicher verfallen zu sein. Schließlich bezogen

Dienstmannen des Herzogs den Klosterbau. In den früheren Zellen der Mönche hausten Weiber, die Klosterkirche besudelten die Hunde und die Schweine. Bald erinnerte nichts mehr an das Kloster Tegernsee als Pflegestätte von Gebet und klösterlicher Arbeit, an einstige Tage der Blüte geistigen und kulturellen Lebens. Zuletzt vernichtete 975 ein Brand das ganze Kloster mit der Kirche, mit allen Kirchengeräten, Urkunden und auch allen Büchern. Strafe des Himmels nennt vier Jahre später ein Augenzeugenbericht zu einer Kaiserurkunde Ottos II. den Untergang von Tegernsee in Schutt und Asche.

Man mag sagen, daß das Ende von Tegernsee nicht ganz von ungefähr gekommen sei, daß zur Zeit Herzog Arnulfs das Mönchtum in Baiern sich in einer Krise befand, daß mancherorts die Klosterdisziplin recht gelockert war. Für Tegernsee haben wir keine Zeugen und Belege für einen solchen Niedergang.

Der Hauptschuldige an allem Unheil war Herzog Arnulf einzig und allein, weswegen ihm die Geschichtsschreiber den Beinamen „der Böse" gaben. Daß er vom Satan jedoch für seine Untaten gegen die Klöster in den „Teufelsweiher" bei Scheyern gestoßen worden sei, daß er unbußfertig die Ermahnungen des heiligen Ulrich zurückgewiesen hätte, bei einem Trinkgelage sterbend umgesunken sei und seine Saufgenossen die rechte Hand des Toten erhoben hätten, um zum letzten Mal daraus Klostergut als Lehen zu erhalten, all das ist Sage. Keine Sage ist jedoch, daß Herzog Arnulf der Böse im 10. Jahrhundert seinem Land und Volk durch seine Klosterstürmerei unendlich viel genommen und geschadet hat, ähnlich wie Montgelas und sein Kurfürst Maximilian IV. Joseph mit ihren Klosteraufhebungen in den Jahren um 1803.

Die zweite Gründung Tegernsees

Neuer Anfang

Viele der von Herzog Arnulf dem Bösen säkularisierten Benediktinerklöster in Baiern wie Ilmmünster, Engelbrechtsmünster, Altötting, Otting, Wasentegernbach und Staffelsee verschwanden für immer aus den Annalen der baierischen Geschichte. Weitere Klöster aus der früheren Zeit des Mittelalters wie Schäftlarn, Schlehdorf, Polling, Gars und Au am Inn, Raitenhaslach und Herrenchiemsee gingen zu einer späteren Zeit an andere, neuere Orden über. Für Tegernsee aber galt nach fünfzig Jahren seit seinem Untergang das Wort „Succisa virescit – Aus Abgehauenem sprießt frisches Grün". Es wurde im Jahr 978 zu neuem Leben auferweckt.

Sicherlich wäre das nicht möglich geworden, hätte Herzog Arnulf das Kloster Tegernsee mit den dazugehörenden Ländereien zum großen Teil sich nicht selber und seinen Kindern zugesprochen und es damit zum Herzogsgut geschlagen. Dieses Herzogsgut kam jedoch im Jahre 976 mit der Einsetzung des Ludolfingers Herzog Otto II. von Schwaben auch zum Herzog von Baiern in die Hände eines Mannes, der anders dachte als der Klosterstürmer Herzog Arnulf. Mag sein, daß ihn die eigene Kinderlosigkeit, mag sein, daß ihn der Gedanke an eine mögliche Wiederkehr des früheren Herzogs Heinrich des Zänkers nach Baiern veranlaßte, das Unrecht Arnulfs des Bösen wiedergutzumachen. 978 gab er die ehemaligen Tegernseer Klostergüter, soweit sie ihm noch zur Verfügung standen, an die Benediktiner zurück und machte dadurch die Neubegründung der Stiftung Adalberts und Otkars möglich. Kloster und Kirche von Tegernsee erstanden aus Schutt und Asche wieder.

In allem sollte Tegernsee ein Musterkloster im Sinne einer Bewegung werden, die im 10. Jahrhundert von Gorze, einem Kloster in Lothringen, ausging. Anno 749 von Bischof Chrodegang von Metz nahe bei seinem Bischofssitz begründet, wurde diese Abtei nach Jahren des Verfalls vom Metzer Bischof Adalbero I. (†962) im Jahre 933 restituiert. Bald war es Ausgangspunkt einer klösterlichen Erneuerungsbewegung, die neben, ja zum Teil gegensätzlich zur berühmten Klosterreform von Cluny sich entwickelte. Über St. Maximin in Trier, das sich Gorze schon 934 angeschlossen hatte, breiteten sich dessen Reformideen mehr und mehr vor allem nach dem Osten des deutschen Kaiserreiches aus. Auf Jahrhunderte hinaus blieben sie hier wirksam, in 160 Klöstern bestimmten sie kürzer oder länger den Alltag Tausender von Mönchen und auch

Nonnen. Mittelpunkte der Görzer Erneuerung in Süddeutschland wurden ab 964 Einsiedeln (heute Schweiz), seit 974 St. Emmeram in Regensburg und von 988 an auch Niederaltaich. Besonderer Förderer der Neubelebung des benediktinischen Mönchtums war St. Wolfgang, Bischof von Regensburg (†994). Dieser Bischof kannte die Gorzer Reform über St. Maximin zu Trier durch seinen langjährigen Aufenthalt als Vorsteher der Domschule in dieser Stadt. Er wurde Mönch in Einsiedeln, wo die Gorzer Gewohnheiten soeben Eingang gefunden hatten, war dann als Missionär in Ungarn tätig, um schließlich als Bischof von Regensburg seit 972 alles daranzusetzen, nicht nur St. Emmeram in seiner Bischofsstadt, sondern auch andere Abteien mit Hilfe der Gorzer Bewegung mit neuem Leben zu erfüllen. Kaiser Otto II. (†983) unterstützte ihn dabei. Wolfgangs Schüler, Kaiser Heinrich II. (†1024), setzte die Bemühungen seines Erziehers um die Klöster tatkräftig und manchmal recht eigenwillig fort.

Vom heiligen Wolfgang vermittelt und aus St. Maximin berufen, zog der Mönch *Hartwig* mit zwölf Mitbrüdern unter dem Geleit des Grafen Poppo von Warngau am 4. März 978 in Tegernsee ein. Bischof Abraham von Freising weihte ihn zum ersten Abt des neuerstandenen Klosters. Kaiser Otto II. brauchte in seiner Urkunde vom 11. Juni 979 nur noch abzusegnen, was bereits geschehen war. Der Kaiser beendete ausdrücklich die Laienherrschaft in Tegernsee, stellte das restaurierte Kloster unter seinen Schutz und gewährte ihm neben allen früheren Privilegien die Reichsunmittelbarkeit, das Recht auf freie Abtwahl und die Zollfreiheit. Dem Abte wurde das uneingeschränkte Verfügungsrecht über alles Klostergut zugestanden und für alle Zeiten eingeräumt. Dazu genehmigte der Kaiser schon im voraus alle Neuerwerbungen an Wiesen und Wäldern, Almen und Gewässern, an Fisch-, Wasser- und an Wegerechten sowie an allem Land, das noch aus weiteren Rodungen gewonnen werden sollte.

Der aus St. Maximin zu Trier berufene Abt Hartwig bemühte sich, so gut er es vermochte, das klösterliche Leben im neuen Tegernsee im Sinn der Gorzer Ideen zu gestalten. „Allen alles geworden“, wie seine Grabschrift vermeldet, schied er jedoch schon am 8. August 982 aus dieser Welt. Die Quirinalia des Metell von Tegernsee aus dem 12. Jahrhundert nennen Hartwig ehrend und teilen ein recht merkwürdiges Wunder an seinem Grabe mit. Hatten sich da an einem Festtag mit viel Volk und recht langem Gottesdienst ein paar Mädchen gelangweilt auf seinen Sarkophag gesetzt. Bald schwatzten sie vergnügt. Das war nicht sehr pietätvoll und recht wenig passend. Und siehe da! Der Tote entsandte aus seinem Sarg himmlische Feuerstrahlen, die die Ahnungslosen schwer versengten. Wie wirksam kann man doch mit einem solchen Wunder Unbedachte mahnen, sich im Gotteshaus geziemend zu benehmen!

Tegernsee war als adeliges Stift neu begründet worden. Nur Adelige konnten dort ins Kloster gehen und Profeß ablegen. Selbstredend mußte auch sein Abt von Adel sein. St. Wolfgang und sein Freund Abt Ramwold von St. Emmeram († 1001) wußten keinen Geeigneteren für Tegernsee als *Gozbert,* einen St. Emmeramer Mönch aus baierischem Adel, dessen Familie um Essing bei Kelheim begütert war. Und die Tegernseer wählten ihn zu ihrem Abt. Gozbert war an der Augsburger Domschule aufgewachsen und Kanoniker von St. Emmeram in Regensburg gewesen, dann aber dort Mönch geworden, als der hl. Wolfgang St. Emmeram in ein Benediktinerkloster umgewandelt, Ramwold aus St. Maximin zum Abt berufen und damit der Gorzer Erneuerungsbewegung in Regensburg Eingang verschafft hatte.

Der neue Abt von Tegernsee, hochgewachsen, hager, frei von allem Schmuck der Haare, war recht gebildet und sehr fromm. Er weihte den Tag dem Studium, die Nacht dem Gebet. Man kann ihn den Neubegründer der Tegernseer Klosterschule nennen und den ersten der gelehrten Handschriftenschreiber seines wiedererrichteten Klosters. Noch heute sind uns manche Werke seines Bienenfleißes erhalten.

Der tüchtige Lehrer Wigo († nach 1004) wie sein Bruder, der hochbegabte Froumund († um 1008), und andere waren getreue Helfer ihres Abtes in der Klosterschule. Es kam zwischen Tegernsee und den Abteien St. Emmeram in Regensburg, St. Mang in Füssen, St. Pantaleon zu Köln und St. Burkhard in Würzburg zu mannigfachen wissenschaftlichen und klösterlichen Verbindungen, die wie nicht leicht etwas anderes besagen, wie schnell Tegernsee unter dem Einfluß der Gorzer Reform einer neuen Blütezeit entgegenging.

Aber auch in anderer Hinsicht betätigten sich Wigo und mit ihm Froumund im Auftrag ihres Abtes Gozbert. Tegernsee war unter diesem Mann bereits so erstarkt, seine Bedeutung als Reformkloster so groß geworden, daß es 993 in der Lage war, Wigo, dann Froumund und weitere Mönche nach Feuchtwangen zu entsenden, um dieses Augsburger bischöfliche Eigenkloster mit neuem benediktinischen Leben zu erfüllen.

Über Feuchtwangen, aber auch über so mancherlei zu jener Zeit in Tegernsee gibt die „Tegernseer Briefsammlung“ Froumunds, die er in

Feuchtwangen begann, Aufschlüsse, die für die baierische Kulturgeschichte äußerst wertvoll sind. Aus dieser Sammlung von Briefen erfahren wir vom Glockenguß in Tegernsee, von den neuen farbigen Fenstern seiner Klosterkirche, von Nahrungs- und anderen Sorgen und von Bettelbriefen, die zu schreiben Abt Gozbert sich gezwungen sah.

Wigo berichtet in bewegten Worten von den Nöten bei seinen ersten Bemühungen, das recht verfallene Kloster Feuchtwangen wieder zu beleben. Er hatte es ziemlich schwer dabei. Die Kirche dort hat statt Fenster nur Öffnungen, so daß Schwärme von Vögeln sie durchflattern und mit ihrem Geschrei das Chorgebet der Mönche übertönen und empfindlich stören. Das Kirchendach ist so beschädigt, daß der Schnee den Kirchenboden und den Altar bedeckt. Die Winde wehen an manchen Tagen so sehr durch den ungeschützten Kirchenraum, daß die Kerzen beim Gottesdienst verlöschen, die Armut blickt aus allen Enden und aus allen Ecken.

Froumund war selbst unter solch harten Bedingungen in Feuchtwangen wissenschaftlich tätig. Nach seiner Rückkehr an den Tegernsee bittet er um Bücher und Pergament zum Abschreiben von Büchern. Er verwahrt sich gegen den Vorwurf, ein Bücherdieb zu sein, und beklagt sich bitter über Beschädigungen an entliehenen Codices aus der Tegernseer Klosterbibliothek. Immer wieder fordert er Handschriften aus anderen Klöstern an, um sie zu kopieren. Sie enthielten Werke von Cicero bis Cassiodor und waren ihm für den Unterricht in der Klosterschule wichtig und vonnöten.

Doch nicht nur Briefe enthält die Sammlung Froumunds, sondern auch von ihm verfaßte Verse und Gedichte. Er ist ein begabter, von der damaligen Schulpoeterei unabhängiger Lyriker, schwärmt von der Schönheit der Natur am Tegernsee, kann aber dem Winter in den Bergen wenig abgewinnen und zeigt sich sogar echt baierisch ungehalten und verärgert, wenn er, gewiß recht hart mitgenommen von der Winterkälte, einem Ungenannten wünscht, daß er zu einer Sau verwandelt werde, damit er sich von deren Haut ein Paar schweinslederne Handschuhe machen lassen und das Fett der Sau zum Einreiben der kalten Glieder nutzbringend verwenden könne. Vielleicht war dieser Ungenannte der Verantwortliche im Kloster, der für das Wohl und Wehe der Mönche Sorge tragen sollte.

Früher hat man Froumund den „Ruodlieb“, einen bedeutenden deutschen Ritterroman in lateinischen Versen, zugeschrieben. Stilkritische Erkenntnisse und andere innere Gründe lassen den Verfasser nicht mehr in Tegernsee, ja überhaupt nicht in Klosterkreisen suchen. Wer der Dichter war und wo er seine Zeilen schrieb, bleibt vermutlich unbekannt für immer.

Neben der Buchmalerei und Dichtkunst war unter Abt Gozbert noch etwas ganz anderes zu Hause. Das Kloster erhielt unter ihm eine Glashütte beim „Bauer in der Au" südwestlich des Sees und begann mit der Glasmalerei. Graf Arnold von Vohburg oder auch von Kelheim, ein Jugendfreund und einmal Gutsnachbar des Abtes Gozbert, brachte sie ins Kloster am Tegernsee. Er verfertigte nicht bloß farbige Glasgemälde für die Kirchenfenster von Tegernsee, die bislang mit alten Lumpen verhängt waren, um vor Wind und Wetter zu bewahren, sondern bildete auch mehrere Mönche als Glasmaler aus. In der Folgezeit entstanden ungezählte Glasgemälde durch sie. Unter Abt Beringer (1004-1013) konnten die Aufträge aus nah und fern kaum befriedigt werden. Einmal gingen 200 Glastafeln auf einmal an Bischof Gottschalk von Freising (†1005) ab. Von allen diesen bunten Schöpfungen aus Glas sind nur mehr ganze fünf bis heute erhalten geblieben. Sie befinden sich im Dom zu Augsburg und zeigen die alttestamentlichen Gestalten Moses, David, Josue, Daniel und Jonas. Man hat diese Kunstwerke aus den Zeiten Kaiser Heinrichs II. die Inkunabeln der Glasmalerei genannt. Sie sind die ältesten bunten Fenster auf der ganzen Welt.

Neben der Glasmalerei begann Abt Gozbert auch mit der Erzgießerei. Ein von Bischof Gottschalk gesandter Mönch Udalrik aus Freising goß in Tegernsee die erste große Glocke für das Münster dort. Froumund befaßte sich theoretisch mit dem Erzguß, Werinher Wecil verfertigte später als Praktiker eine eherne Brunnenschale für den Klosterkreuzgang, dann Goldschmiedearbeiten für die Kirche, weiter für sie fünf Fenster aus buntem Glas. Vermutlich war dieser Mönch so etwas wie der Meister aller jener, die mit ihm als Glasmaler, Gold- und Silberschmiede und als Erzgießer in der ersten Hälfte des 11. Jahrhunderts im Kloster Tegernsee unermüdlich tätig waren.

Bei allem Aufschwung des Klosters Tegernsee unter Abt Gozbert blieben diesem, je länger er im Amte war, immer drückendere schwere Sorgen und viel Ärger nicht erspart. Manche seiner Mönche hielten es nicht immer sehr genau mit ihrer Verpflichtung zur Bedürfnislosigkeit und zur klösterlichen Armut. Sie gaben ihr Privatvermögen nicht auf und verfügten selbst über Klostergüter, als wären sie ihr persönliches Eigentum. Gozbert tat schließlich nicht das Allerklügste. Er wandte sich um Hilfe an Herzog Heinrich IV. von Baiern, den nachmaligen Kaiser

Heinrich II. den Heiligen und interessierten Förderer der Gorzer Erneuerung in den baierischen Klöstern.

Über allem starb Abt Gozbert am 21. Januar des Jahres 1001. Und nun berief Herzog Heinrich unter Umgehung der von Kaiser Otto II. zugestandenen freien Abtwahl von sich aus Abt *Godehard* von Niederaltaich, der damals auch Administrator der Abtei Hersfeld an der Fulda und vielleicht auch noch von Kremsmünster war, zum nächsten Abt in Tegernsee.

Godehard war mit Herzog Heinrich eng befreundet und wie dieser voll Eifer für Zucht und Ordnung in den Klöstern, doch als Sohn eines Niederaltaicher Dienstmannen nicht von Adel. Weil er dazu unter Verletzung mit Brief und Siegel gegebenen kaiserlichen Rechts kurzerhand vom baierischen Herzog zum Abt von Tegernsee ernannt worden war und weil er als Verfechter eines regulären Ordenslebens auf die Einhaltung des Armutsgelübdes bei seinen Mönchen dringen mußte, wurden die Gegner Abt Gozberts bald auch seine Gegner. Sie verbanden sich mit Bischof Gottschalk von Freising, der schon deshalb gegen Godehard zu gewinnen war, da dieser es verabsäumt hatte, sich von ihm die oberhirtliche Erlaubnis zur Übernahme seines Amtes zu erbitten und dann auf die bischöfliche Bestätigung als Abt von Tegernsee in aller Ehrfurcht und Bescheidenheit zu warten. Der Bischof lehnte Godehard ab. Er berief sich auf das Recht, nach dem es nicht gestattet war, daß der Abt eines Klosters auch der Abt eines zweiten, ja eines dritten und gar noch eines vierten sein könnte. Das sei unerlaubte Ämterhäufung, die er nicht dulde und zu dulden schon vom Recht her nicht in der Lage sei. Godehard versicherte dem Bischof, er sei nicht „aus ehrgeizigem Verlangen", sondern „in schuldigem Gehorsam" gegen seinen Herzog an den Tegernsee gekommen, doch verharrte Gottschalk unnachgiebig auf den Bestimmungen der kirchlichen Gesetze, so daß Herzog Heinrich und der von ihm eingesetzte Abt Godehard von Tegernsee die Segel streichen mußten. Das war im Jahre 1002.

Heinrich und Godehard sind Heilige der Kirche. Auch Heilige und deren bestes Wollen und Beginnen finden nur allzu oft ihre Grenzen am Paragraphenwald des starren Rechts. Es wäre ein Glück für Tegernsee gewesen, wäre Godehard sein Abt geblieben. Er schied von ihm, verblieb dem Kloster aber in Rat und Tat selbst dann noch treu verbunden, als er längst Bischof von Hildesheim geworden war. 1038 ist er nicht weit davon gestorben. Er gilt als großer deutscher Heiliger und ist Schutzpatron von Hildesheim. Der St. Gotthard in der Schweiz ist nach ihm benannt. Der gewissenhafte Gesetzeshüter Bischof Gottschalk dagegen, gewiß verdient um Wissenschaft und Bildung in Freising auf dem Domberg, ist nur mehr Historikern bekannt, im allgemeinen sonst vergessen.

Das Eingreifen des baierischen Herzogs und späteren Kaisers Heinrich des Heiligen in Tegernsee, die Ernennung Godehards zu dessen Abt und die Weigerung Bischof Gottschalks, ihn als solchen zu bestätigen, gingen wie ein Wetterleuchten vor Gewittern der kommenden Auseinandersetzung zwischen Papst und Kaiser im Streit um das Recht der Amtseinsetzung von Bischöfen und Äbten als Reichsprälaten (Investiturstreit) unheilträchtig voran. Kaiser Heinrich II. leitete diesen Streit mit ein, Kaiser Heinrich IV. trug 1077 in Canossa schwer unter seiner Last, Kaiser Heinrich V. und Papst Calixtus II. beendeten ihn am 23. September 1122 im Konkordat von Worms.

Vor und in der Zeit des Abtes Ellinger

Abt Godehard sollte nach dem Willen Herzog Heinrichs in Tegernsee nach dem Rechten sehen und bei allen seinen Mönchen die Beachtung der klösterlichen Armut wiederum zur Geltung bringen. Daß ihm das in 14 Monaten nicht gelingen konnte, ist nicht schwer zu glauben. Heinrich, nun deutscher König, war über Godehards Geschick in Tegernsee recht ungehalten. Er verweigerte den Mönchen von neuem ihr Recht auf freie Abtwahl und berief den Mönch *Eberhard* aus St. Gallen von sich aus zum neuen Abt von Tegernsee. „Ich schäme mich, offen zu bekennen, wie sehr die Brüder Mangel leiden", mußte dieser in einem Briefe schreiben, weil unbefugte Hände nach Klostergütern Tegernsees gegriffen hatten. Es gelang ihm jedoch, auf Vermittlung Godehards, von Heinrich II. einen Hof bei Regensburg gestiftet zu erhalten. Ferner bekam er zu Loiben in Niederösterreich von seinem königlichen Gönner zwei weitere Güter zum Geschenk, die dort zum Grundstock für spätere und größere Besitzungen seines Klosters werden sollten.

Abt Eberhard war, seinen Briefen nach zu schließen, sehr fromm, liebenswürdig und treu besorgt um seine Mönche. Er stand, so gut er immer konnte, für die Rechte seines Klosters ein. Doch zerbrach er unter den Lasten seines Amtes. Krank vor Kummer, dankte er ab, um schon am 9. Juli 1003 auf einer Pilgerfahrt ins Heilige Land zu sterben.

Nun gestattete Heinrich II. dem Konvent von Tegernsee, ihren neuen Abt sich selbst zu wählen. Am 22. Juli 1004 erkoren sie sich *Beringer* (Berengar) zum Vater ihres Klosters. Auch er hatte es anfangs recht schwer; denn sowohl der „Schutzvogt" Tegernsees, Graf Poppo von Warngau, als auch Graf Thiemo in Tirol, der das Eigentum des Klosters in Hall vor Schaden zu bewahren hatte, erwiesen sich nicht als Freunde und als Förderer, sondern waren rücksichtslos auf ihren Eigennutz bedacht. Dazu wurde Beringer mit seinen Mönchen bei Bischöfen und bei Fürsten angeschwärzt und in schlechtes Licht gestellt. Die Armut im Hause war groß, die Mönche und ihre Hausgenossen darbten. Kirche und Kloster waren vom Dachfirst bis zum Keller dem Verfall preisgegeben. Das alles war nicht schön für Abt Beringer, doch gelang es seiner Energie und Umsicht, nicht daran zu scheitern.

Zuerst glückten ihm wirtschaftliche Maßnahmen, dann wuchs der Besitz Tegernsees beträchtlich durch große königliche Schenkungen an Grund und Boden im Ennswald bei Kroisbach in Niederösterreich sowie an bäuerlichen Höfen. Der wirtschaftliche Aufschwung erlaubte es Abt Beringer, dort anzuknüpfen, wo Abt Gozbert geendet hatte. Der Kirchenbau wurde wieder aufgenommen und erhielt zwei Türme, deren Unterbau noch in unseren Tagen steht. Die Apsis hinter dem Hochaltar erstrahlte bald in wundervollen Farben. Neue Glocken riefen an Sonn- und Feiertagen zum feierlichen Gottesdienst. In der Gold- und Silberschmiede entstanden kunstvolle Geräte für die Kirche, und die Glasmaler des Klosters bekamen so viele Aufträge von auswärts, daß sie um Verständnis für lange Lieferfristen bitten mußten. Bischof Gottschalk von Freising bezahlte seine Glasgemälde aus Tegernsee mit Brotgetreide, das im Kloster Mangelware war. Nonnen mußten länger auf ihre bestellten Glasbilder warten, weil sie wohl nicht mit Naturalien als Zahlungsmittel dienen konnten.

Auch um die Klosterbibliothek, um die Schreibschule und das Archiv von Tegernsee machte sich Abt Beringer verdient. Die Bücherei bekam neben neuen Räumen durch Zukauf und durch so manche in der wieder aufblühenden klösterlichen Schreibschule hergestellte Abschriften viele, in Tegernsee noch nicht vorhandene Werke der lateinischen Klassiker und der Kirchenväter. Dem Archiv und der Sammlung von Urkunden und Belegen als Beweismittel in Rechtsgeschäften maß Beringer große Bedeutung zu, was sein Gespür für das in der Praxis einer Klostergutsverwaltung Wichtige ebenso bestätigt wie sein Verständnis für all das, was einmal war.

Wohl wie die meisten Äbte von Tegernsee bisher und wie der größte Teil der Tegernseer Mönche war Abt Beringer nicht Priester. Auf sein Drängen ließ sich der grundgelehrte Mönch Froumund erst gegen Ende seines Lebens die Priesterweihe geben. Da die wenigen Priester im Kloster anscheinend schon recht betagt waren und zur Seelsorge nicht mehr fähig, sandte Abt Beringer, in Sorge um den Priesternachwuchs in seinem Haus, einige seiner jungen Mönche nach Freising, damit der Bischof ihnen die Hand auflege und sie zu Priestern weihe. Das zeigt, daß Tegernsee wie die meisten Abteien um die Jahrtausendwende noch recht einem Kloster aus den Zeiten St. Benedikts ähnelte, in dem es ebenfalls nur ganz wenige Priestermönche gab, was seiner Regel mehr entsprach als einer späteren Entwicklung.

Noch anderes galt um das Jahr 1000 wie eh und je in einer Benediktinerabtei wie Tegernsee. Darunter war Fasten bis 12 Uhr mittags, im Advent und in der Zeit von 40 Tagen vor dem Osterfest sogar bis 3 Uhr am Nachmittag, der gänzliche Verzicht der gesunden Mönche auf das Fleisch von Säugetieren, stundenlanges gemeinsames Gebet mitten in der Nacht und die Befolgung eingehender Anweisungen St. Benedikts für das ganze klösterliche Chorgebet. Der Verzicht auf Fleisch, das Beten und Singen um Mitternacht, das strenge Fasten bis in die Mittagsstunden ist in den Klöstern der schwarzen Mönche St. Benedikts aus begreiflichen Gründen längst nicht mehr in Übung. Die Anordnungen des Ordensstifters über die Auswahl der Psalmen beim Chorgebet dagegen wurden bis in unsere Tage herein genau befolgt. Erst den Neuerungen in Verbindung mit dem Zweiten Vatikanischen Konzil blieb es vorbehalten, St. Benedikts uralte Psalmenordnung für das Chorgebet in seinen Klöstern ohne Not zu ändern, sie in vielen Benediktinerabteien völlig abzuschaffen und an ihre Stelle etwas zu setzen, was einem 1500jährigen Herkommen in keiner Weise Rechnung trägt. Wie sich das mit der Forderung, auf das Ursprüngliche in der Liturgie – wo es nur immer geht – zurückzukehren, verträgt und in Einklang zu bringen ist, bleibt das Geheimnis moderner Geschichtsverächter unserer Zeit.

Auf Abt Beringer, der am 3. Februar 1013 verstorben war, folgte Abt *Burkart*. Auf Anraten Godehards beriefen ihn die Tegernseer Mönche aus dem fernen Hersfeld. Seine freundliche Liebenswürdigkeit und verständnisvolle Rücksichtnahme auf die Eigenheiten seiner, wie man sagt, 150 oder gar 200 Mönche trugen alles dazu bei, daß unter seiner Führung jegliche disziplinären Schwierigkeiten wie von selbst verschwanden, so daß im ganzen Kloster „die größte Einigkeit der Brüder" herrschte wie noch nie.

Hatte vermutlich schon zu Lebzeiten Abt Beringers der Augsburger Bischof Bruno, ein Bruder Kaiser Heinrichs II. und ein mächtiger Mann im Reich, in Tegernsee um Mönche für Augsburg gebeten, so kamen diese wohl erst unter Abt Burkart in diese Stadt am Lech. Sie sollten das Kollegiatsstift St. Afra übernehmen und es als Benediktinerabtei dann weiterführen. So wissen es frühere Augsburger Historiker wie noch P. Placidus Braun (†1829). Neuere Forscher zweifeln diese überkommene Ansicht mit guten Gründen an. Nicht von Tegernsee seien St. Ulrich und Afra in Augsburg der Gorzer Reform erschlossen worden, sondern von St. Gallen. Doch schenkte Tegernsee, um die Reform zu sichern, dem neuen Stift am Lech bald drei Äbte aus der Reihe seiner Mönche.

Viel zu früh und tief betrauert nahm der Tod Abt Burkart am 30. Oktober 1017 aus seinem segensreichen Wirken. Sein Nachfolger war Abt *Ellinger*. Die Tegernseer Mönche wählten ihn nicht ohne Geheiß Kaiser Heinrichs des Heiligen. Dieser, seine Gattin, die heilige Kunigunde, und St. Godehard waren ihm seit Jahren freundschaftlich verbunden. Er stammte aus adeligem Haus und kam schon früh nach Tegernsee. Zeitlebens stand er mit seinem Lehrer Froumund auf vertrautem Fuß. Beide waren Dichter, beide nicht arm an künstlerischen Talenten. Im Kopieren von Handschriften brachte er es zur Meisterschaft, wie seine von ihm geschriebenen und heute noch erhaltenen Codices beweisen. Einige Jahre finden wir ihn in Augsburg, von 1012 bis 1016 ist er in Würzburg und in Bamberg tätig, als neuer Abt von Tegernsee zeigt er bald viel Geschick in wirtschaftlichen Fragen. Von ihm stammt das erste Salbuch seines Klosters, das, von 27 Schreibern bis zum Jahr 1242 weitergeführt, alle Besitzungen Tegernsees in Baiern, Österreich und in Tirol aufzählt und behandelt.

Über die Beziehungen Kaiser Heinrichs II. zu Tegernsee weiß eine fromme Sage, die uns P. Alphons Hueber (†1734) überliefert hat, lebendig zu berichten:
„*Abt Ellinger wurde sowol von dem H. Henrico als Kunigunde seiner heiligen Ehegemahlin ineclich geliebt, welche ihn öffters heimbgesucht und sich gegen unsern H. Quirinum sehr eifrig und andechtig erzeigten. Und als einstmals dieser grosse heilige Monarch Henricus sich reisend von Bamberg neher Tegernsee begeben und vor dem Crucifixbild (welches noch bis heutigentag in unserm Closster auf dem Bruederfestaltar des allerheiligsten Rosencranzes aufgesetztes zu sehen) bey nechtlicher weile dem gebett und betrachtung oblage, hat er dem Seligen Abbte Ellingero betheuert und in hechster Stille offenbart, daß als er den Gekreuzigten Heillandt instendigst für das Closster Tegernsee gebethen, welches aniczo mit so grosser müh und Uncosten in einen bessern standt gebracht worden, seye ihm von Gott geoffenbart worden, dass dieses Closster Tegernsee zwar sehr vil durch Brünste, Ausblindherung, Krieg und Verfolgung, denen so sie beschützen sollen, werdt leiden und ausstehen müssen, aber Gott, erzelte weiter der H. Keyser, wirdt sehr vortreffliche und mechtige Männer schickhen, welche mit ihrer Hilfe und protection das Verlohrene widerum ergenzen und das Hauss Gottes in guetem erwünschtem flor erhalten werden, in welchem bis auf den jüngsten tag Geistreiche menner undher der regel des H. Benedict gott dienen werden. Und wer sich unterstehen werde disen orth ihrer Güetter zu berauben, der solle wissen, das er wegen der Verdienste des H. St. Quirini einstens Gott darum die grossiste Rechenschafft werdte geben müssen und dieser absturz von Gott schwerlich werde gestrafft werden. Welch offenbarung wahr zu sein sich baldt hernach in Rogerio einem Grafen und des Clossters Tegernsee*

Advocaten genugsam erzeigt hat. Diser wollte mit gewalt etliche Güetter des Clossters an sich ziehen, wurdt aber anstatt dessen von Gott mit einem jähen und raschen todt gestrafft . . .“

Alles wäre recht und gut in Tegernsee gewesen, wenn nicht, wie diese Sage zeigt, auch schon zu Zeiten Ellingers das Wort gegolten hätte: „Es kann der Frömmste nicht in Frieden leben, wenn es dem bösen Nachbarn nicht gefällt.“ Böse Nachbarn hatte Tegernsee nicht erst unter seinem Abt Ellinger. Sie konnten anscheinend nicht verwinden, daß Heinrich II. im Jahre 1009 dem Tegernseer Abt Beringer den Besitz des Hofes Warngau bestätigte und Konrad II. diese Bestätigung am 6. Mai 1025 auf Bitten Ellingers erneuerte. Vermutlich wollte die Familie des Klostervogts Poppo und sein adeliger Anhang rings um den Tegernsee an Abt Ellinger Rache dafür nehmen. Während Konrad II. in Italien weilte, scheinen diese Kreise seine Absetzung als Abt betrieben und durchgesetzt zu haben. Daß er innerhalb seiner Mönchsgemeinde Feinde hatte, die auf seine Entfernung drängten, ist nicht anzunehmen und durch nichts erwiesen. 1026 mußte er dem landfremden *Albinus* aus Kloster Hersfeld weichen. Es trifft nicht zu, daß der abgesetzte Abt eine „Strafhaft“ in Niederaltaich anzutreten hatte. Er blieb in Tegernsee und war in der Schreibschule des Klosters als gewandter Kopist, als ausgezeichneter Illustrator und als Lehrer vieler junger Kräfte unermüdlich tätig.

Ob Albinus in Tegernsee je als selbständiger Abt regierte, ist nicht sicher, da er in zeitgenössischen Briefen lediglich „unser Senior“ genannt wird, der sein „Priorat“ gegen Ende seines Lebens wegen schwerer Krankheit niederlegte. Am 23. Juni 1031 ist er verstorben.

Schon bald nach Albins Resignation im Frühjahr 1031 wurde *Ellinger* zum zweiten Mal Abt von Tegernsee. Seine Mitbrüder erkoren ihn von sich aus in freier Wahl. Bischof Egilbert von Freising (1005-1039) war einverstanden mit dem Wunsch der Tegernseer Mönche, und auch Kaiser Konrad II. zeigte sich mit ihm zufrieden. Hinter allem Geschehen aber stand Bischof Godehard von Hildesheim und sein hoher Einfluß im Reich. Er verstand die Bitte Ellingers an ihn, sich seines Klosters beim Kaiser anzunehmen und dafür zu sorgen, daß es nicht wieder einer landfremden Leitung ausgeliefert und sein Hab und Gut nicht neuerdings an Unwürdige verschleudert werde. Und Godehard ließ „sein“ Kloster

Udalschalk, 19. Abt von Tegernsee (1091 bis 1102), Gründer von Dietramszell.

IHS
XPS
.BVRGVNDIA .BAVARIA.
.TEGER NSEE.
.ADALBERT9.ABBAS.OCKARI9.DVS9.FVDATORES

am Tegernsee, so gut er es vermochte, auch diesmal wieder nicht im Stich.

Doch hatte Ellinger es anfangs nicht ganz leicht. Am Tage seines Neubeginns als Abt herrschte in den Vorratsräumen und in den Werkstätten des Klosters eine beängstigende, anscheinend mit Absicht herbeigeführte Leere. Ganze 15 kleine Käse, die eigentlich für Fremde am Klostertor bestimmt gewesen wären, fanden sich als Verpflegung für 150 hungrige Mäuler vor. An Wein war nur so viel vorhanden, daß man die Sitte, am Samstag den Brüdern die Füße zu waschen und sie darauf mit Wein zu stärken, nicht aufzugeben brauchte. Davon berichtet Ellinger Bischof Egilbert zugleich mit dem Ersuchen, beim Kaiser dafür einzutreten, daß er „das bedauernswerte Elend" zu beenden helfe.

Um die klösterliche Ordnung war es in der Zeit der Wiedereinsetzung Ellingers nicht schlecht bestellt. Sonst wäre dieser nicht schon im Herbst 1031 beauftragt worden, mit zwölf seiner Mönche nach Benediktbeuern zu gehen. Dort war im Verlauf der Ungarneinfälle und durch die Säkularisationsmaßnahmen Herzog Arnulfs des Bösen jegliches Klosterleben beendet worden. Ein einziger Geistlicher, der sich Propst benennen ließ, hauste noch in den alten klösterlichen Räumen. Er wurde abgefunden. Die herabgekommenen Gebäulichkeiten erstanden wieder, der Nachwuchs an Novizen blieb nicht aus, und schon nach keinem ganzen Jahr war die Neugründung im Gebiet des Kochelsees ein Reformkloster der Gorzer Observanz geworden und in seinem äußeren und inneren Bestande so gesichert, daß Ellinger mit den meisten seiner Leute die Heimkehr an den Tegernsee ins Auge fassen konnte. Sein Mönch Gothelm blieb in Benediktbeuern und wurde dessen Abt. Damit begann die wechselvolle Geschichte einer restituierten Benediktinerabtei, die erst 1803 ihr Ende finden sollte.

Am 30. September 1032 nach Tegernsee zurückgekehrt, nahm Abt Ellinger mit großer Energie die Arbeit als Vater seines Klosters zum zweiten Male auf. Im wirtschaftlichen Interesse seines Hauses legte er noch vor 1035 ein erstes Verzeichnis aller Tegernseer, von Herzog Arnulf dem Bösen entfremdeten Güter an, um den Gedanken an eine Wiedergutmachung dieser Frevel wachzuhalten. Aus den Jahren zwischen 1034 und 1040/41 stammt das schon genannte Sal- oder Traditionsbuch Ellingers, das alle Tauschhandlungen und Besitzveränderungen Tegernsees unter Abt Beringer und unter ihm selbst enthält und dem Verfasser

Das Wappen von Tegernsee. (1514 von Jörg Guotknecht)

ein gutes Zeugnis für eine wirtschaftliche Begabung und viel Umsicht ausstellt. Wir hören da von Schenkungen Adeliger und freier Leute an Gütern und an Hörigen, von Zuwendungen in Feilnbach bei Aibling, in Sachsenkam nicht weit von Tölz, in Ambach am Starnberger See, zu Deining bei Schäftlarn im Isartal und auch von der Mehrung des Tegernseer Besitzes in der Umgegend der heutigen Landeshauptstadt München. Auch von kleineren und größeren Käufen ist die Rede, ebenso von den österreichischen Gütern Tegernsees und von ihrem Zuwachs durch Kauf und Schenkung, ein Zeichen der zunehmenden Finanzkraft des Klosters unter seinem Abt Ellinger.

Das alles spricht von gesunden wirtschaftlichen Verhältnissen, von Aufschwung und wachsendem Vermögen. Die 35 Mönche, 10 Klosterschüler, dazu 95 sonstige Kostgänger in Tegernsee litten keine Not. Es gab für alle, die in der Bibliothek, in der Schreibstube, in den Werkstätten, den Ställen und in Wald und Flur tätig waren, Arbeit und viel Brot.

Da trafen Tegernsee gar harte Schläge. 1035 brannte die Klosterkirche ab, 1036 plünderte nach der Äbtechronik eine Diebesbande den geretteten Kirchenschatz. Von dieser Zeit an schwand die frühere Einigkeit im Kloster. Unzufriedene ältere Mönche gaben Abt Ellinger die Schuld an allem Unglück. Obwohl er sich nach Kräften Mühe gab, die erlittenen Schäden wieder zu beheben, und sich sogar nicht scheute, als Reichsprälat Bettelbriefe zu versenden, klagten sie ihn beim Kaiser und beim neuen Bischof Nitker von Freising (1039-1052) der untätigen Nachlässigkeit an, dazu hochmütiger Selbstgefälligkeit und Schroffheit gegen seine Untergebenen. Doch nicht deshalb und nicht anderer gehässiger Beschuldigungen wegen sollte Ellinger büßen und sein Amt verlieren müssen. Bischof Nitker gefielen die Freiheit und die relative Unabhängigkeit der Klöster vom Bischof nicht, vor allem nicht die zunehmende Eigenständigkeit von Tegernsee, das unter seinem Abt Ellinger zu einem der bedeutendsten Klöster im ganzen Kaiserreich zu werden auf dem besten Wege war. Am 3. Oktober 1041 setzte er den verdienstvollen Abt von Tegernsee ohne Rücksicht auf die Folgen für das Kloster unbarmherzig ab. Dieser legte Berufung an den Erzbischof von Salzburg ein, wurde aber abgewiesen. Es war zum zweiten Mal im Leben Ellingers, daß man ihm den Abtstab nahm. Bitter war es für den Abgesetzten, daß ihn das Urteil seines ihm in disziplinären Fragen vorgesetzten Bischofs zu einer Zeit erreichte, da er eben den Bau einer neuen Krypta und die Restauration der Klosterkirche beenden hatte können. Säulenreste von dieser Krypta sind heute noch erhalten.

Auch nach seiner zweiten Absetzung blieb Ellinger in Tegernsee. Er fand mehr Zeit für seine Bücher als bisher, er stand unverdrossen als Lehrer künftiger Kopisten und Illustratoren von Handschriften in der Schreibstube und in der Schule seines Klosters. Dazu hat er als Berater seiner Nachfolger die Geschicke Tegernsees wahrscheinlich mehr beeinflußt, als man mitunter geneigt war anzunehmen. Am 5. Februar 1056 schied Abt Ellinger aus unserer Welt. Zuerst an einem Ehrenplatz im Kapitelsaal beigesetzt, fand er 1236 vor dem späteren St. Veitsaltar der Klosterkirche seine letzte Ruhestätte. Tegernsee hat ihn stets als Seligen verehrt. Er war groß seiner Leistung nach, größer noch im Erdulden von Haß und Neid und von demütigender Ungerechtigkeit.

Mancherlei Gefahren

Die Querulanten unter Abt Ellinger, wie es solche in Klöstern immer gab und immer geben wird, hatten mit seinem Sturze ihr Ziel erreicht, doch ihrem Hause keinen Dienst erwiesen. Denn wenn auch Bischof Nitkers Wunsch, Tegernsee gänzlich seiner bischöflichen Gewalt zu unterwerfen, nicht in Erfüllung ging, weil Kaiser Heinrich III. (1039-1056) ihm Einhalt gebot, so folgten doch jetzt Jahre, die für das Kloster wenig glücklich und erfreulich waren.

Am 3. Oktober 1041 wurde Abt *Altmann* von Ebersberg, ein Reformabt, wie es Abt Ellinger gewesen war, Administrator von Tegernsee. Nur sechs Wochen blieb er dort. Sah er sich außerstande, seinem Auftrag gerecht zu werden, oder scheiterte er am Widerstand der Mönche? Wir können es nicht wissen.

Nun befahl der Kaiser Abt *Ulrich* von St. Emmeram in Regensburg, an den Tegernsee zu gehen. Auch sein Bleiben dauerte nicht lang. Er war ein ganz vom Gorzer Reformgeist erfüllter und auf die moralische Erneuerung in der Kirche bedachter Mann. Darum konnte er es nicht dulden, daß ein sittenloser Priester, Raherius mit Namen, in einer Tegernseer Pfarrgemeinde zum allgemeinen Ärgernis geworden war. Er war verheiratet wie viele seinesgleichen in jener Zeit, brach seine Ehe, vernachlässigte die Predigt und den Gottesdienst, ließ Kranke ohne Sakramente sterben und Kinder ohne Taufe. Abt Ulrich wandte sich an Bischof Nitker und sein Domkapitel und verlangte die Maßregelung des pflichtvergessenen Pfarrers. Doch dieser wußte sich gerissen zu verteidigen und verstand es schlau, Abt Ulrich der üblen Nachrede zu bezichtigen. Der Bischof schritt nicht ein. Nach einer solchen Erfahrung mit Nitker, der die angeblichen Vergehen des unbescholtenen Abtes Ellinger mit dessen Absetzung geahndet hatte, nun aber gegen einen seines Amtes offensichtlich unwürdigen Pfarrer vorzugehen nicht gesonnen oder fähig war, sah sich Abt Ulrich wohl auf dem falschen Platz. Anscheinend nicht zuletzt deshalb resignierte er und verzichtete auf Amt und Würde eines Abtes von Tegernsee. Schon am 27. Mai 1042 kehrte er nach St. Emmeram zurück.

Kaiser Heinrich III. schickte darauf seinen Freund, den gelehrten *Hernand* von Hersfeld als Abt nach Tegernsee. Nach vier Jahren verlor dieser die Gunst des Kaisers. Er war bei ihm verleumderisch verschiedener Exzesse angeschuldigt worden, die dem Abt nicht nachgewiesen werden konnten. Trotzdem abgesetzt, starb er verbittert und vergrämt am 6. Mai des Jahres 1046.

Der nächste Abt von Tegernsee kam wiederum aus dem Kloster Hersfeld. *Eckbert* war sein Name. Er blieb im Kloster Tegernsee ein Fremder. Als „Nordlicht", wie man heute sagen würde, stand er unter baierischen Adeligen, auch wenn sie Mönche waren, auf verlorenem Posten. Sie verkannten seine hohe Bildung und sein wahres Wesen. Für sie war er ein „ungeschlachter und zugleich hoffärtiger Gesell", ein Mann ohne Selbstdisziplin und ohne Herzensgüte. Er habe seine Mönche im Zorn sogar „Lotterbuben" und „Mörder der Äbte" genannt. Schließlich beendete Kaiser Heinrich III. die Widerwärtigkeiten in Tegernsee zur Freude bei den Mönchen und zum Glück für deren Abt, indem er Eckbert 1048 die Abtei Fulda übertrug. Dort wirkte der in Baiern so schmählich Abgelehnte unter gleichartigen Landsleuten noch recht erfolg- und segensreich. Am 17. November 1058 ist er verstorben.

Nach der Berufung Abt Eckberts nach Fulda gab es in Tegernsee von neuem keine freie Abtwahl durch die Mönche. Kaiser Heinrich III. machte 1048 *Sigfrid* aus Hersfeld zum neuen Abt. Diese Herkunft empfahl ihn nach den bisherigen Erfahrungen von vorneherein recht wenig. Doch gelang es ihm, in Baiern bald festen Fuß zu fassen und Gefahren, die der vergangene rasche Wechsel in der Führung des Klosters mit sich brachte, in nicht allzu langer Zeit zu bannen. Es gab Gefahren vor allem im wirtschaftlichen und ökonomischen Bereich, viel weniger solche, die sich aus disziplinären Schwierigkeiten ergeben hätten können. Hagelschlag und Dürre und in deren Folge Hunger und Not an allen Enden, im Kloster selbst wie bei den Untertanen im weiten Umland, erschwerten Abt Sigfrid das Regieren anfangs recht empfindlich. Aber seine fromme Zuversicht verließ ihn nicht und lohnte sich. In den zwanzig Jahren seiner abteilichen Verwaltung wurde er nach Ellinger der zweite bedeutende Abt des 11. Jahrhunderts in Tegernsee.

Wenn auch keine Zeugnisse aus der Hand Abt Sigfrids – einige Briefe ausgenommen, die er vielleicht gar nicht selber schrieb – von seinem Wirken sprechen, so setzte während seiner Amtszeit doch ein großes Erwachen der Tegernseer Kalligraphie und Malkunst ein. Der Ruf der Tegernseer Schreibschule wurde immer besser. Sie stand unter Abt Sigfrid nicht nur mit seinem Heimatkloster Hersfeld, sondern auch mit dem königlichen Hof, mit Lüttich und mit Mainz, mit Bamberg und seinem Kloster auf dem Michelsberg, mit kulturbeflissenen Bischöfen und Abteien in nah und fern in engem Kontakt. Wie früher einmal Abt

Beringer den Freisinger Bischof Gottschalk hatte bitten müssen, eine Stockung in der Lieferung von Glasgemälden zu entschuldigen, so sah sich jetzt Abt Sigfrid gezwungen, einen ungenannten Bischof zu ersuchen, Nachsicht mit seinen Kopisten zu haben, weil sie den vielen Aufträgen nicht mehr nachzukommen in der Lage waren.

Auch mit dem Süden unterhielt Tegernsee in den Tagen seines Abtes Sigfrid wirtschaftliche und kulturelle Beziehungen. Zu den bisherigen Weingärten bei Bozen in Südtirol konnten weitere und dazu ein Weinkeller erworben werden. Ferner glaubt die Gelehrtenwelt, in einem aus Oberitalien stammenden Sakramentar des 11. Jahrhunderts, das heute in der Bayerischen Staatsbibliothek zu München verwahrt wird (clm 29 164), Spuren einer baierischen Hand vermuten zu können. Es wird nicht ausgeschlossen, daß diese zur Zeit des Abtes Sigfrid in Tegernsee das Schreiben und das Malen lernte. Ebenso weisen spätere Tegernseer Handschriften auf kulturelle Verbindungen zwischen Verona und dem Quirinuskloster in Baiern im 11. Jahrhundert hin. Sicher trat Abt Sigfrid an den aus Benediktbeuern stammenden Abt Engelbero von S. Maria zu Organo bei Verona mit einem Wunsch heran. Er bat ihn in einem von Ellinger geschriebenen Brief um die Überlassung von Reliquien der beiden Märtyrer Chrysogonus und Castorius. Sie kamen im Februar 1054 über Benediktbeuern nach Tegernsee, wo sie als Nebenpatrone des Klosters fortan in Verehrung blieben. Der Benediktbeurer Mönch Gottschalk hatte die Gebeine der beiden Blutzeugen wohl das Jahr zuvor mit Teilen des Hauptes der heiligen Anastasia, die Benediktbeuern erhielt, aus der Veroneser Abtei in seine Heimat mitgebracht. Böse Zungen lästerten, er habe dabei so viele Reliquien nach Baiern überführt, wie er in Verona heimlich mit sich nehmen und unter seiner Kutte verbergen hätte können. Noch im 19. Jahrhundert tischte ein Büchlein über Tegernsee seinen Lesern dieses Märlein auf.

Inzwischen begann von allerhöchster Seite im Reich der Salier eine Gefahr zu drohen, die für den Fortbestand von Tegernsee von schicksalhafter Bedeutung war. König Heinrich IV. (1056-1106), 1050 geboren und 1065 für volljährig erklärt, ging mit dem Gedanken um, ja war vielleicht schon fest entschlossen, die Reichsabtei am Tegernsee einem weltlichen Kommentatarabt zu verleihen. Ein solcher war zu keinerlei klösterlichem Leben verpflichtet, kam in den Genuß eines mitunter recht beträchtlichen Vermögens und hatte das Recht, die Erträgnisse seiner Kommende für seine und für seiner Familie Zwecke zu verwenden. Da er nicht in „seinem“ Kloster leben mußte und sich nicht um die Disziplin unter „seinen" Mönchen zu bekümmern hatte, bedeutete ein solcher „Abt" für so manches Kloster den Verfall von Zucht und Ordnung und zuletzt den Untergang.

Abt Sigfrid befand sich in seiner pflichtgemäßen Sorge um die Unabhängigkeit und Freiheit Tegernsees in keiner beneidenswerten Lage. Einer seiner Mönche intrigierte gegen ihn bei König Heinrich, der Prior seines Klosters ließ sich mit Geld bestechen, dem Abt nicht helfend beizustehen. Trotzdem gelang es Abt Sigfrid, den König umzustimmen und zu bewegen, von seinen Plänen abzustehen. Freilich kostete das dem Abt nicht wenig Mühe. Als Argument gegen die Einsetzung eines weltlichen Klosterherren verfing bei König Heinrich endlich eines: Abt Sigfrid verwies darauf, daß die Beseitigung eines selbständigen, regelgemäßen Abtes in Tegernsee vor allem die Schreibschule und das Kunsthandwerk des Klosters hart betreffen müßte. Wo kein regulärer Abt die Aufrechterhaltung des monastischen Lebens garantieren könne, höre die Freude an der klösterlichen Gemeinschaft auf. Wo aber diese Freude erloschen sei, ende auch die Lust zur wissenschaftlichen Betätigung, zum Bücherschreiben und zur Bebilderung der Codices. Eine seit einem halben Jahrhundert ausgeübte, in der ganzen Welt bekannte und geschätzte kulturelle Tätigkeit des Klosters Tegernsee sei damit mit Sicherheit vorüber und vorbei.

Heinrich IV. ließ sich bereden. Doch kam Abt Sigfrid nicht ganz billig bei ihm weg. Drei Pfund Gold, fast den ganzen Schatz des Klosters, ließ sich der König für den Fortbestand der Freiheit der Reichsabtei am Tegernsee zu eigen geben. Er brauchte Geld.

Abt Sigfrid starb am 6. März 1068. Er war ein Mann von liebevoller Güte und von tiefer Frömmigkeit. Sein großes Verdienst war die Rettung seines Klosters aus der Gefahr, die ihm von König Heinrich IV. drohte. Damit machte er den Weg frei zum weiteren Aufstieg des Klosters Tegernsee.

Günstige Entwicklung

Nach dem Tod Abt Sigfrids sandte Heinrich IV. *Eberhard* aus dem Geschlecht der Grafen von Eppenstein in der Steiermark als Abt an den Tegernsee. Er war kein Neuling in der Führung eines Klosters. Zuerst Mönch in Kempten, wo er aufgewachsen war, bestellte ihn Bischof Heinrich II. von Augsburg (1047-1063), der Vormund Kaiser Heinrichs IV., zum Abt von Füssen, darauf zum Abt von Ottobeuren. Da er sich von Bischof Heinrich in seinem Gewissen bedrängt sah, verzichtete er auf Amt und Würden, um nach Kempten heimzukehren. Doch schon nach einem Jahr berief ihn Bischof Gebhard III. von Regensburg (1036-1060) zum Abt von St. Emmeram in seiner Bischofsstadt. Dort hatte er ein durch Brand zerstörtes Kloster wieder aufzubauen, eine Aufgabe, die er binnen kurzem löste. Das empfahl ihn bei König Heinrich IV. für Tegernsee. Dort war ein baukundiger Abt nicht fehl am Platz.

Abt Eberhard II. hatte bei dem baulichen Zustand seines neuen Klosters bald recht viel zu tun. Als eines Tages im Jahr 1082 dessen Südtrakt mit der südlichen Kirchenmauer eingestürzt war, behob er nicht nur diesen Schaden, sondern reparierte in nicht ganz fünf Jahren auch die ganze Klosterkirche. An die Ostseite des neuen Konventflügels kam eine Muttergotteskapelle zu stehen, die Abteikirche erhielt einen prächtigen Mosaikboden gelegt, neue bunte Fenster eingesetzt und eine Decke von bemaltem Holz. Hinter dem Kirchenbau entstanden unter Abt Eberhard II. noch eine St. Michaelskapelle und darüber ein Raum für das Archiv des Klosters. Der Mönch Werinher von Aufhofen (†1199) schuf dann im 12. Jahrhundert für das Münster einen Hochaltar aus Gold und Silber, den er überdies reich mit Edelsteinen schmückte. Als schließlich ein ganzer Kranz von Kapellen die Stiftskirche umgab, war eine andere Klosterkirche im Lande vor den baierischen Bergen nicht gleich so schön wie die von Tegernsee.

Zum Schutz vor bösen Nachbarn und vor so manchen Feinden aus der Ferne umgab Abt Eberhard II. sein Kloster mit Wachttürmen und mit festen Mauern. Er bewahrte damit Tegernsee noch für eine Zeit längst nach seinem Tode vor so manchem Überfall und so mancher Plünderung. Ferner zeigte sich der Abt auch außerhalb des Klosters als Bauherr. Gmund, der Urpfarrei im Tegernseer Winkel, und zwei anderen Orten schenkte er neue Kirchen. Sie waren aus Stein, nicht wie bisher aus Holz.

Aus der Baufreudigkeit Abt Eberhards darf nicht geschlossen werden, daß diese auch dort, wo heute die bayerische Landeshauptstadt München steht, zum Zuge kam, auch wenn versierte Architekten und kunstverständige Historiker uns glauben machen wollen, daß die erste Kirche auf Münchener Boden um die Mitte des 11. Jahrhunderts, wenn nicht schon in der Zeit des Abtes Gozbert (982-1001), von Tegernsee aus errichtet worden sei. Gewiß, rings um München gab es damals eine Reihe von Tegernseer Besitzungen, doch ob die Mönche, von denen München seinen Namen und sein Wappen hat, Tegernseer oder solche aus einem Eigenkloster einer nicht mehr feststellbaren Sippe waren, läßt sich aus den Quellen um die Jahrtausendwende nicht erschließen.

Sicher stand schon längst, bevor München von Heinrich dem Löwen 1158 gegründet wurde, auf dem „Petersbergl" eine romanische Basilika. Sie war dem Apostelfürsten Petrus, und zwar ihm allein, geweiht. Aus diesem Patrozinium abzuleiten, diese Kirche sei mit dem Kloster Tegernsee in Zusammenhang zu bringen und als dessen Tochterkirche zu betrachten, heißt, sich vielleicht einen stillen Wunsch erfüllen, entspricht jedoch kaum letzter Akribie des Forschens. Denn Tegernsee war nicht nur St. Petrus geweiht, sondern ebenso auch dem zweiten Apostelfürsten Paulus. Außerdem war es in Tegernsee stets üblich, die Eigen- oder Tochterkirchen nicht unter den Schutz von St. Peter und St. Paul zu stellen, sondern unter das Patronat des Hausheiligen St. Quirin. Wo das wie in Ostermünchen nicht möglich war, finden wir nicht die Apostel Petrus und Paulus, sondern St. Quirin als „Zupatron". Der „Alte Peter" in München kennt aber bis ins 14. Jahrhundert herein keine Spur einer Quirinusverehrung in seinen Mauern. Das alles sagt, wie abwegig es ist, den Erbauer der ersten Münchener Peterskirche in Tegernsee zu suchen.

Mit dem Gesagten ist auch dargetan, daß der Mönch im Wappen der Stadt München zwar einen Benediktiner zeigt, der aber noch lange nicht ein Tegernseer sein muß. Man kennt diesen Mönch in aller Welt als „Münchner Kindl", wogegen heraldisch und auch sonst nichts einzuwenden ist. Daß aber dieses Münchner Kindl immer dann, wenn es in Bayern oder auch im Ausland bei historischen Umzügen, bei Bierfesten und bei anderen Feiern, in Gedenkstunden und bei Ehrungen, ja selbst im Münchener Rathaus personifiziert sich zeigt, als Mädchen in Erscheinung tritt, ist völlig unverständlich und ohne allen Sinn. München geht auf Mönche zurück und nicht auf Nonnen. Nichts gegen Nonnen, nichts gegen Mädchen, doch mit dem Wappen der bayerischen Landeshauptstadt, dem Münchner Kindl, haben sie nichts zu tun.

Hochverdient um die Wirtschaft des Klosters, um die wissenschaftliche Bedeutung und Geltung und um die Kunstwerkstätten von Tegernsee starb Abt Eberhard II. am 22. Mai 1091 nach 23 Jahren hingebender Sorge für sein Haus.

Den Nachfolger Eberhards nahm Kaiser Heinrich IV. aus den Reihen der Tegernseer Mönche selber. *Udalschalk* hieß er und war ein Graf von Hohenburg. Am Ende seines Lebens rief er 1102 auf Tegernseer Grund und Boden das Augustiner-Chorherrenstift Dietramszell ins Dasein. Sein Andenken blieb hier und in Tegernsee lebendig. Dietramszell stand bis zur Säkularisation von 1803 unter der Oberhoheit von Tegernsee. Die Zugehörigkeit der beiden Stifte zu verschiedenen Prälatenorden gab nicht zuletzt und immer wieder Anlaß zu Streitigkeiten über den Besitz von Gütern und über Rechte und Verpflichtungen mannigfacher Art. Ein Gedenkstein an Abt Udalschalk aus der Zeit der Gotik ist heute noch in der früheren Klosterkirche von Tegernsee erhalten.

Dem Abte Udalschalk, der am 12. November 1102 verstorben war, folgte sein Vetter *Aribo* aus dem Grafengeschlecht von Neuburg-Falkenstein. Er war aus Tegernsee als Mönch hervorgegangen und seiner Tüchtigkeit halber Abt von St. Ulrich und Afra in Augsburg geworden, als ihn seine Mitbrüder von dort als Abt zu sich nach Hause holten. 33 Jahre blieb er ihr Abt. Anno 1111 baute er in Egern eine Kirche zu Ehren des hl. Laurentius.

Zu Beginn der Amtszeit Abt Aribos war der wilde Machtkampf zwischen Papst und Kaiser, der unter dem Namen Investiturstreit in die Geschichte eingegangen ist, noch immer nicht zu Ende. Der Papst wollte nicht zugestehen, daß der Kaiser und wie dieser auch kleinere Größen im weiten Reich der Salier kirchliche Ämter von sich aus besetzten und geistliche Würden aus eigener Machtvollkommenheit verliehen. Der Kaiser dagegen glaubte, als Beschützer der Kirche dazu berechtigt und befugt zu sein. Der Streit zwischen Papst und Kaiser währte Jahre und Jahrzehnte lang. Die Bischöfe von Regensburg und Freising standen wie viele deutsche Bischöfe auf der Seite des Kaisers, der Erzbischof von Salzburg und der Bischof von Passau auf der des Papstes. Damit war der baierische Episkopat gespalten. Das Kloster Tegernsee unterstand als Reichsabtei dem Kaiser und war, wie wir schon sahen, auf dessen Wohlwollen auf Gedeih und Verderb angewiesen. In geistlichen und monastischen Belangen unterstand der Abt von Tegernsee wiederum seinem Diözesanbischof in Freising, der ihn, wie im Falle Ellinger, von den Pflichten seines Amtes auch ohne viele Begründungen entbinden konnte. Der Bischof aber war für den Kaiser. Was konnte und was wollte der Abt eines Reichsklosters, wie Tegernsee es war, da tun? Die Existenz seiner Abtei hing vom Kaiser ab, er selbst in seinem Amt als geistlicher Betreuer seiner Mönche von der Gnade seines Bischofs. Vermutlich hielten die Äbte von Tegernsee zum mindesten nach außen hin zum Kaiser. Wie sehr das vom Salzburger Erzbischof Konrad I. (1106-1147) verübelt wurde, erlebte Abt Aribo bei einem Besuch des Kirchenfürsten in Tegernsee recht augenfällig. Der Erzbischof besichtigte die Klosterkirche und erfuhr dabei, daß die Altäre von dem kaisertreuen Freisinger Bischof Heinrich I. von Tengling konsekriert worden waren. Rasend vor Wut riß der dem Papst ergebene Erzbischof die Weihesiegel der Altäre ab und erklärte diese für entheiligt. Wie kleinlich und erbärmlich ließ der Streit der Mächtigen in der Kirche und am Kaiserhof so manchen Kleineren in seinem Tun und Lassen werden. Die Heftigkeit der Kämpfe zwischen Papst und Kaiser machte selbst fern von ihren Residenzen nicht halt vor den Toren einer stillen Klosterkirche.

Als Aribo am 21. Dezember 1135 verstorben war, wurde *Konrad I.* Abt von Tegernsee. Seine Amtszeit fiel in die Jahre, da Otto der Große als Bischof von Freising (1138-1158) unermüdlich tätig war. Dieser Bischof, Zisterzienser und auf die Disziplin in den Klöstern seiner Diözese sehr bedacht, hielt die Reformen, die von Cluny aus über Hirsau im Schwarzwald ostwärts drangen, auch für die Reichsabtei am Tegernsee empfehlenswert. Er war gesinnt, sie dort im Kloster einzuführen. Doch wehrten sich Abt Konrad und sein Konvent gegen diese Absicht ganz energisch. Das geht aus einem Bericht Bischof Ottos aus den Jahren 1145/46 an Papst Eugen III., der ebenfalls Zisterzienser war, mit Deutlichkeit hervor. Die „Neuerer" lehne man in Tegernsee rundweg ab, man wolle dort bei den „alten Statuten" der Gorzer Reform bleiben, da eine Veränderung der Observanz nicht nur im Konvent Verwirrung stiften müsse, sondern auch bei den Ministerialen des Klosters innerhalb und außerhalb von Tegernsee. Bischof Otto sah das ein und schlug dem Papst vor, alles beim alten zu belassen, zumal das Kloster und seine Mönche sich des besten Rufs erfreuten.

Was aber stand hinter dem Widerstand Abt Konrads und seines Konvents gegen die „Neuerer" in Wirklichkeit? Tegernsee war bei seiner Neugründung durch Kaiser Otto II. über St. Maximin zu Trier der Reform von Gorze in Lothringen verpflichtet worden. Es gab diese

Reform nach Feuchtwangen, Benediktbeuern und in mancher Hinsicht auch nach St. Ulrich und Afra in Augsburg weiter. In St. Emmeram und Niederaltaich, in Ebersberg und anderwärts kam es zu Eigenheiten in der Befolgung der Gorzer Statuten, die in Tegernsee als deutsch empfunden und bezeichnet wurden. Die Clunyazenser Reformen dagegen galten Abt Konrad und seinen Mönchen als französisch. Sie kamen deshalb in Tegernsee nicht an. Der Baier und auch der baierische Mönch stand importiertem Fremdwuchs aus Frankreich in der ersten Hälfte des 12. Jahrhunderts recht skeptisch gegenüber. Er wollte deutsch sein und nicht welsch.

Das ist aus den lateinischen, um 1150 von Metellus von Tegernsee verfaßten Versen der „Quirinalia" unschwer zu entnehmen. Wer dieser Metellus war, ob er mit dem Tegernseer Dichter und Schulmann Werinher († nach 1180) oder mit dem späteren Abt Erbo II. von Prüfening (1168-1187), der längere Zeit als Mönch in Tegernsee verbrachte, gleichzusetzen sei, mag Fachleute der mittelalterlichen Forschung beschäftigen. Ungleich wichtiger ist, daß Metellus in seinen 106 Gedichten in antiken Versmaßen die Legenden über St. Quirin erzählt, über die Geschichte von Tegernsee berichtet, von den Plackereien mit den Klostervögten schreibt und von anderen Dingen einiges zu sagen hat. Das macht ihn zu einem der wenigen, denen als Zeugen ihrer Zeit die Schilderung des Kulturgeschehens mehr am Herzen lag als die der kriegerischen Ereignisse in der weiten Welt. Die Quirinalia sind kirchenhistorisch und kulturgeschichtlich von allergrößtem Wert.

Neben ihnen hat noch ein anderes Werk der mittelalterlichen Literatur des 12. Jahrhunderts mit Tegernsee zu tun. Es ist der „Ludus de Antichristo – Das Spiel vom Antichrist". Dieses Spiel ist eines der ältesten lateinisch verfaßten und auf deutschem Boden entstandenen liturgischen Dramen. Es spricht vom abendländischen Kaiser, der Herr ist über die ganze Welt und seine Krone Christus zu Füßen legt, und vom Antichrist, dem Feind des Kaisers, der ihm Volk für Volk wegnimmt und Land um Land entreißt, ja zuletzt auch ihn selbst für sich gewinnt. Eben empfängt er die Huldigung des Kaisers und des ganzen Erdkreises, als ein Donnerschlag ihn niederstreckt und tötet. Das ganze Spiel ist von Musik begleitet und ungemein dramatisch. Die Lust des baierischen Menschenschlages zum Theaterspielen, seine lebendige Vorstellungskraft und Musikalität, sein Sinnieren, ja auch Spintisieren kommt, in diesem Drama schon ebenso zum Ausdruck wie in den geistlichen Spielen des Barocks und Rokokos in Baiern, die zumeist in Kirchen und hier wieder nicht selten auf Bühnen über dem Hochaltar zu sehen und andächtig zu erleben waren. Das Tegernseer Spiel vom Antichrist und das Oberammergauer Passionsspiel sind beide in den baierischen Bergen heimisch. Ihre Entstehungszeit liegt Jahrhunderte auseinander. Trotzdem spricht aus jedem dieser beiden für das Volk geschaffenen Dramen die gleiche baierische Mentalität, das gleiche baierische Wesen.

Wie bei den Quirinalia ist auch beim Spiel vom Antichrist der Verfasser nicht bekannt. Nahm man früher an, daß beide Werke nach der ersten Hälfte des 12. Jahrhunderts geschrieben worden seien, glaubte man deren Autor in dem schon genannten Werinher von Tegernsee sehen zu können, so wurde in jüngerer Zeit die Entstehung des Spieles vom Antichrist um gut 50 Jahre früher angesetzt und keinem Geringeren als dem Historiker Ekkehard von Aura zugeschrieben. Dieser soll vom Rhein gekommen sein und war wohl schon vor seiner Kreuzfahrt im Jahre 1101 ins Heilige Land Mönch von Tegernsee. Als Anhänger der Hirsauer klösterlichen Lebensform im eigenen Kloster abgelehnt, begab er sich 1105 in die Abtei Michelsberg zu Bamberg, die mit Tegernsee besonders verbunden war. Dort setzte er im Auftrag des heiligen Bamberger Bischofs Otto I. (1102-1139) die Weltchronik des Michelsberger Priors Frutolf (†1103) fort. Als Bischof Otto, ein überzeugter Beförderer der Hirsauer Bestrebungen, im unterfränkischen Aura an der Saale 1108 ein Benediktinerkloster gegründet hatte, berief er Mönche aus Hirsau dorthin und gab diesen seinen Freund Ekkehard zum Abt. 1125 ist Abt Ekkehard verstorben. Sein Werdegang, besonders seine Kreuzfahrt nach Jerusalem, dazu stilkritische Erwägungen und Textvergleiche lassen die Autorschaft des Auracher Abtes am Spiel vom Antichrist nicht ohne Grund vermuten. Wie jedoch in letzter Zeit angenommen wird, ist überhaupt kein Mönch von Tegernsee der Verfasser dieses Spiels. Er sei am staufischen Hof zu suchen. Dem Kloster Tegernsee komme lediglich das Verdienst zu, den Ludus de Antichristo immer wieder aufgeführt und schließlich der Nachwelt aufbewahrt zu haben. Vielleicht gibt es auch auf die Frage nach der Autorschaft des berühmten mittelalterlichen Dramas für alle Zeit nur die kurze baierische Antwort: „Nix Gwiß' woaß ma' drüber net."

Nicht nur mit dem Bischof von Freising, sondern vorher schon auch mit dem König bekam es Abt Konrad I. von Tegernsee zu tun. Er schlug sich zwar in den Streitigkeiten zwischen den Staufern und Welfen um die Herrschaft in Baiern auf die Seite des Stauferkönigs Konrad III. (1135-1155), kam aber anscheinend zusammen mit den Tegernseer Ministerialen seinen Verpflichtungen diesem gegenüber nicht so nach, wie es von ihm erwartet worden war. Auf einen Fürstentag an Johanni (24. Juni) 1138 nach Regensburg zitiert, konnte er sich verteidigen und zugleich auch gegen die Ungerechtigkeiten der Klostervögte in Baiern, Niederösterreich und in Tirol vor allen Fürsten klagen. Zu Beschwerden über diese Vögte hatten die Äbte von Tegernsee und ihre Mönche immer wieder Anlaß. Aufgabe der Klostervögte war es, die Gerichtsbarkeit des Klosters über seine Untertanen auszuüben, vor allem aber das Kloster vor Übergriffen und Gewalttaten, gleich von welcher Seite, zu bewahren und zu schützen. Statt dessen waren die Vögte von Tegernsee nicht selten die schlimmsten Bedränger ihres Klosters und das drei Jahrhunderte hindurch. Dafür zwei Beispiele:

In den Jahren des Abtes Beringer (1004-1012) kaperte Thiemo, Graf an der Mangfall und von Reichenhall (†1010), der „Schutzvogt" der Tegernseer Besitzungen im Tiroler Inntal war, nach Raubritterart ein Klosterschiff. Es hatte Wein und Gemüse, Saatgut und Schlachtvieh geladen. Das alles raubten die Helfershelfer des Grafen und dazu auch die Habseligkeiten der Tegernseer Klosterknechte. Ein Brief des Abtes an den baierischen Herzog bittet Heinrich V. (1004-1009), er möge dafür Sorge tragen, daß Graf Thiemo das geraubte Tegernseer Zufuhrschiff mit seiner Ladung retourniere. Ob das geschah, wer weiß das heute schon!

Der Klostervogt Otto III. von Wolfratshausen, einer aus dem Andechser Grafengeschlecht, war ein Schrecken für Abt Aribo (1102-1135). Nicht nur, daß er den Erzbischof Konrad I. von Salzburg in seiner feindseligen Haltung gegen Tegernsee bestärkte, er erzwang sich mit Gewalt auch die Erlaubnis, seine Schwester Adelheid (†1126) im Sanctuarium der Tegernseer Klosterkirche zu bestatten. Als seine Gattin Lauritta am Osterfest des nächsten Jahres mitten während des feierlichen Gottesdienstes verlangt hatte, mit Speis und Trank bedient zu werden, und mit dieser anmaßenden Forderung nicht zum Ziel gekommen war, schwor sie die Rache ihres Gatten. Mit Furcht und Zittern harrte das Kloster der Dinge, die da kommen sollten, doch, Gott sei Dank, zum Glück vergebens; denn Graf Otto verstarb bald darauf am 28. März 1127 eines raschen Todes.

Wie fragwürdig der Schutz des Klostervogts mitunter war, zeigt das Vorgehen des Pfalzgrafen Otto IV. von Wittelsbach (†1156) gegen das Kloster Tegernsee und seinen Abt Konrad I. Er beschlagnahmte die Reisegelder des Abtes, weshalb dieser eine Romfahrt unterlassen mußte. Ferner eignete er sich die Zehentgelder und die Erträgnisse der Tegernseer Weingüter in Südtirol widerrechtlich an. Deshalb von Bischof Otto I. von

Freising scharf verurteilt, ließ er den Kirchenmann in seinem Dom beim Gottesdienste überfallen und mißhandeln, so daß der Papst mit dem Kirchenbanne drohen mußte, um den Pfalzgrafen zur Raison zu bringen.

Trotz allen diesen unerfreulichen Dingen ging es unter Abt Konrad I. in dessen Kloster aufwärts. Wirtschaftlich wurde es durch zahlreiche Schenkungen und Rückerstattungen einmal entfremdeter Güter sehr gestärkt. Die Schreibschule und die klösterlichen Kunstwerkstätten hatten viel zu tun, und die Mönche erfüllten gewissenhaft die Pflichten ihres Dienstes. So konnte Abt Konrad I. am 29. Juni 1155 getrost verscheiden.

In voller Blüte

Unter Abt *Rupert I.*, Graf von Neuburg-Falkenstein, erreichte das Kloster am Tegernsee seine höchste Blüte. Noch 1155 wurde er gewählt. Graf Heinrich II. von Wolfratshausen, der seinem Vater Otto III. als Vogt von Tegernsee gefolgt war, hatte zwar versucht, diese Wahl – wer weiß aus welchen Gründen – zu hintertreiben, doch wurde sie von Kaiser Friedrich Barbarossa (1152-1190) ohne weiteres bestätigt. Auf dem Fürstentag von 1156 in Nürnberg überreichte der Kaiser dem Neugewählten Ring und Stab als Zeichen seiner Würde. Dies und eine kaiserliche Rüge, die sich Graf Heinrich zugezogen hatte, weil er Tegernseer Weinfuhren aus Südtirol weggenommen hatte, ergrimmten den Klostervogt so sehr, daß er den Abt auf dem Heimweg nach Tegernsee in seine Gewalt zu bringen suchte. In Hartpenning wollte er ihn überfallen und entführen. Um Mitternacht konnte Abt Rupert gerade noch Hals über Kopf entkommen, um allerdings bald darauf recht Arges zu erfahren. Graf Heinrich ließ sein Kloster stürmen, die Abteikirche besudeln und entweihen. Andere Gewalttaten des „Schutzvogtes" folgten. Weil zu befürchten stand, daß er in seinem Groll wilde Drohungen gegen Tegernsee zu Taten werden lasse, wandte sich der bedrängte Abt vertrauensvoll an Barbarossa. Auf dem Fürstentag zu Würzburg im Jahre 1157 brachte er seine Beschwerden persönlich vor. Er erreichte, daß die Pflichten und Befugnisse des Klostervogts genau umschrieben, die Rechte des Abtes klar festgelegt und die Privilegien von Tegernsee sowie dessen Grundbesitz neuerdings bestätigt wurden. Barbarossa nahm Abt Rupert I. und sein Stift unter kaiserlichen Schutz und steuerte zur baulichen Erneuerung von Kirche und Kloster sein Scherflein bei. Der Vogt Graf Heinrich II. von Wolfratshausen erlebte seine Niederlage beim höchsten Herrn des Stauferreiches wohl nicht mehr. Mit seinem Tod am 2. Mai 1157 starb die Wolfratshauser Seitenlinie der mächtigen Dießen-Andechser Grafen aus. In Tegernsee beweinte man Graf Heinrich nicht.

Kaiser Friedrich Barbarossa schätzte Abt Rupert sehr, so sehr, daß er ihm seine Stellungnahme in den Auseinandersetzungen zwischen Papst und Kaiser zugunsten des Oberhauptes der Kirche nicht verübelte. Und auch Papst Alexander III. (1159-1181) nahm es seinerseits nicht krumm, daß der Abt von Tegernsee nicht alle Beziehungen zum Kaiser löste. So weiß die Sage zu berichten, Barbarossa sei 1189 kurz vor seinem Kreuzzug noch nach Tegernsee gekommen, um das Spiel vom Antichrist, das ganz seiner Mentalität entsprach, sich anzusehen, das unter der Neureuth zwischen dem Lieber- und dem Westerhof immer wieder zur Aufführung kam. Eine Urkunde Kaiser Heinrichs VI. (1190-1197) aus dem Jahre 1193 scheint die Freundschaft zwischen Abt Rupert und Barbarossa zu belegen und bestätigt nur, was eine Fälschung von 1163 aussagt und was seit langem stillschweigend rechtens war:

„Alles, was auf den baierischen Gütern Tegernsees über und unter der Erde erzeugt wird, Salz, Eisen, Silber oder anderes Metall gehört dem Kloster zu eigen. Um der durch die Säkularisation Arnulfs [des Bösen] der Kirche in Tegernsee entrissenen und nicht mehr zurückgegebenen Kirchen willen wird Tegernsee von aller Dienstbarkeit gegen das Reich befreit, unmittelbar unter den Schutz des Kaisers gestellt, als königliche Abtei von fremder Unterstellung und Abhängigkeit gelöst. Kein Bischof, kein Herzog, kein Graf oder sonst jemand soll der Abtei Schaden zufügen oder ihre Rechte verkürzen dürfen. Das Eigentum jener Ministerialen, die ohne Zustimmung des Konventes heiraten, geht nach ihrem Tode an das Kloster. Kündigt ein Ministeriale dem Abt den Gehorsam auf, hat er sich in Warngau dem Gericht zu stellen. Dort werden auch die Lehensstreitigkeiten ausgetragen ...“

Auch noch anderes, was schon unter Barbarossa in Übung war, legte die Urkunde Kaiser Heinrichs VI. aus dem Jahre 1193 fest. So sollte der Abt Recht sprechen können, doch freilich nur über seine Ministerialen und über die Leute im engeren Klosterbereich. Als Konventualen einer reichsunmittelbaren Abtei wurde den Mönchen feierlich das Recht der freien Abtwahl zugesprochen, was die Einsetzung des Abtes durch den Kaiser nach Jahrzehnten beendete. Eines aber verlieh dem Kloster Tegernsee kein König und kein Kaiser. Das war der Titel „Sacri Romani Imperii Princeps – des heiligen Römischen Reiches Fürst“ für seinen Abt, wie ihn die reichsunmittelbaren Äbte sonst führen durften. Vielleicht erhielt Tegernsee wie Benediktbeuern und Niederaltaich nie einen Fürstabt, weil das ausgeprägte Streben der baierischen Wittelsbacher Herzöge nach Stärkung und Bewahrung ihrer Territorialhoheit einen solchen nicht erlaubte.

Abt Rupert I. von Tegernsee war zwar nicht Fürstabt dem Titel nach, konnte aber als reichsunmittelbarer Herr die vier Erbämter einer Fürstabtei vergeben. Das klösterliche Truchseßamt bekamen 1169 die Ritter von Reichersbeuern verliehen. Das Erbkämmereramt lag seit 1222 bei den Grafen von Warngau, später bei den Rittern von Pienzenau. Das Amt des Mundschenken ging an die Ritter von Egling, nach ihnen an die Eichstetter von Sauerlach. Das Marschallamt hatten zuerst Wichnand und Otto von Eurasburg inne, dann die Ritter von Thor. Die Inhaber dieser Ämter taten ihren Dienst nicht um Gotteslohn, sondern um so manchen naturalwirtschaftlichen Vorteil. So kamen sie in den Genuß lukrativer klösterlicher Lehen und mancher Erzeugnisse der Arbeit Tegernseer Handwerker und Knechte. Andererseits verpflichtete sich das Kloster diese Honoratioren aus dem Landadel zu Gewogenheit und freundschaftlichem Dienst. Eine Hand wäscht die andere, das galt auch für die adeligen Mönche von Tegernsee und für ihre adeligen Nachbarn.

Gelang es Abt Rupert, beim Kaiser für Tegernsee Beachtliches zu erreichen, so suchte er auch beim Papst, Vorteile für sein Kloster zu erwirken. Er wußte recht gut, bei wem je nachdem sein Haus in besseren Händen war. 1164 erhielt er auf Ansuchen von Papst Alexander III. für seine Abteikirche einen Ablaß bewilligt, der in der Kirchweihwoche und am St. Quirinustag (16. Juni) gewonnen werden konnte. Abt Ruperts Bruder Otto I. von Neuburg-Falkenstein (†1182 oder 1183) war Propst des Augustiner-Chorherrenstiftes Rottenbuch, der diese Propstei zu ihrer ersten Blüte brachte. Papst Alexander III. sehr verbunden, nahm er 1176 an einer Synode in Ravenna teil. 1177 vermittelte er Abt Rupert von diesem Papst das Recht der Pontifikalien, d. h. des Gebrauches der Mitra und der bischöflichen Gewänder (noch nicht des Stabes) beim feierlichen Gottesdienst in Tegernsee, bei Prozessionen seines Klosters und auf Bischofssynoden.

Doch Abt Rupert wünschte sich vom Papst noch mehr. Er bat um die Exemtion für sich und seine Abtei. Das ist die kirchenrechtliche Befreiung eines Klosters und seiner Pfarreien aus der Abhängigkeit von einem Diözesanbischof und die direkte Unterstellung unter den Papst in Rom. Die Exemtion wäre für Tegernsee sehr vorteilhaft gewesen; denn das Kloster hatte es durch seine Besitzungen in verschiedenen Diözesen mit mehreren Bischöfen zu tun. Wie durch die Verleihung der Reichsunmittelbarkeit der Abt von Tegernsee dem baierischen Herzog im letzten entzogen und ihm als Reichsabt in mancher Hinsicht gleichgestellt worden war, so wäre er durch die Exemtion aus der Jurisdiktion der Diözesanbischöfe befreit und ihnen rechtlich, freilich nicht der Weihe nach, gleichgestellt gewesen.

In bewegten Klagen über die Diözesanbischöfe hatte sich Abt Rupert an Papst Alexander III. nach Rom gewandt. Er hatte von deren Schikanen gegen ihnen kirchenrechtlich unterstehende Klöster zu schreiben gewußt, von Schwierigkeiten bei der Errichtung von Pfarreien auf klösterlichem Gebiet und bei deren Besetzung mit den dem Bischof vom Abt vorgeschlagenen Priestern, von bischöflichem Verlangen nach Dienstleistungen, die ein Kloster entwürdigen mußten und die nicht selten unter Androhung strenger Kirchenstrafen erzwungen worden seien. Auch schützten die Diözesanbischöfe nicht oder viel zu wenig vor den Übergriffen klosterfeindlicher Elemente auf klösterliches Kirchengut. Das alles behindere die Entwicklung eines Klosters, sein Eigenleben und seine Wirkkraft nach außen hin. Das konnte nicht bestritten, widerlegt schon gar nicht werden.

Propst Otto I. von Rottenbuch, der Patriarch Ulrich von Aquileja und andere mächtige Prälaten unterstützten das berechtigte Anliegen des Tegernseer Abtes beim Papst. Auch Graf Berthold V. von Andechs (†1188), seit 1173 Markgraf von Istrien, half dem Abt als Vogt von Tegernsee, so weit er immer konnte. Auch die Treue Tegernsees und aller seiner Mönche zum rechtmäßigen Papst unter so vielen Alexander III. feindlich gesinnten Diözesanbischöfen wurde dem Papst in Erinnerung gebracht.

Auf all dies kam von Rom 1178 ein päpstliches Privileg. Es sicherte Tegernsee kirchlicherseits die freie Abtwahl ohne Einflußnahme des Diözesanbischofes zu und bestätigte Abt Rupert und seinem Kloster den ganzen Grundbesitz zusammen mit den wohlerworbenen Rechten an den 26 Kirchen, die Tegernsee in jener Zeit zu eigen hatte. Außerdem räumte der Papst dem Abt von Tegernsee ausdrücklich das Präsentationsrecht auf die seinem Kloster gehörenden Seelsorgsstellen und das Recht auf deren Einkünfte ein, während die Aufsicht über die Arbeit der Seelsorger dem Diözesanbischof verblieb. Sollte über das Land das Interdikt, das heißt ein päpstliches Verbot der Messefeier und der Spendung der Sakramente verhängt werden, dann sollten die Mönche von Tegernsee in ihrer Stiftskirche gleichwohl sich zur Konventmesse versammeln können, freilich bei verschlossenen Türen, ohne Glockengeläut und Orgelspiel, ohne Kirchenvolk, also ganz im stillen. Dem Diözesanbischof Albert von Harthausen (1158-1184) wurde streng verboten, ohne ganz triftige Gründe über Tegernsee und seinen Abt die Strafen des Bannes und des Interdiktes zu verhängen.

Der Bischof hielt sich an das päpstliche Verbot, obwohl er vermutlich nicht ungern gegen Abt Rupert mit solchen Strafen vorgegangen wäre, als dieser auf seine Rechte in den Tegernseer Pfarreien Gmund und Warngau,

Walchstadt und Icking pochte. Er nahm in dieser Auseinandersetzung wohl auch Rücksicht auf Kaiser Barbarossa, der, wie er wußte, mit Abt Rupert trotz der strittigen Fragen in der hohen Politik sehr befreundet war. Der Abt gab dem Kaiser, was des Kaisers, und dem Papst Alexander, was dessen war. Es ist erstaunlich, mit welchem Geschick und klugem Feingefühl er es verstand, mit beiden großen Gegnern auf gutem Fuß zu stehen und Erweise ihrer beider Gunst zum Nutzen seines Klosters zu erlangen.

Und doch! Wie der Kaiser, so versagte sich Papst Alexander III. den letzten Wünschen Abt Ruperts von Tegernsee. Der Kaiser gewährte ihm den Fürstentitel nicht und der Papst nicht die Exemtion. Die Zeit für Exemtionen von Abteien aus der bischöflichen Jurisdiktion war in Baiern noch lange nicht gekommen. Vernünftig wären sie in den Tagen Abt Ruperts sicher schon gewesen. Aber das starre Beharren auf dem hergebrachten Recht ist oft stärker als die Kraft stillen Waltens einsichtiger Vernunft. Das gilt auch für die Vergangenheit und für die Gegenwart in der Kirche Gottes.

Neben dem Streben nach möglichst freier Entfaltung Tegernsees vergaß Abt Rupert nicht, auch auf anderes in seinem Haus zu sehen. Der Fleiß seiner Bücherschreiber und Künstler in den Werkstätten des Klosters war ungebrochen. Hatte Rupert schon als junger Sakristan den Kirchenschatz um viele Paramente, um einen wertvollen Kelch, eine eucharistische Taube, zwei goldene Kruzifixe und kunstvolle Altartafeln vermehrt, so ließ er als Abt durch seinen Camerarius und Custos Werinher (†1199) an der Nordseite der Stiftskirche eine Benediktuskapelle bauen. Ein Jahr vor seinem Tod errichtete er 1184 in Kreuth noch eine Kirche, die erste zu Ehren des heiligen Leonhard in Baiern. Dieser im Landvolk stark verehrte Heilige gilt als Patron nicht nur der Pferde, sondern auch der Fuhrleute und der Paßstraßen in den Bergen. Kreuth liegt an der Paßstraße hinüber zum Achensee und hinein ins Tiroler Land. Es war das letzte Dorf auf baierischer Seite und deshalb Rastplatz für Reisende, Fuhrleute und deren Pferde. Die Kreuther Leonhardifahrt mit ihren „Leonharditruhen“ ist der einheimischen Bevölkerung heute noch religiöses Bedürfnis und nicht Folklore für die Fremden.

Unter den Mönchen Ruperts I. befand sich noch ein zweiter Werinher († nach 1180). Scholasticus war er genannt, erteilte also Unterricht. Er leitete die Schule in Tegernsee, war bei seinen Schülern peinlich auf ein klassisches Latein bedacht und kopierte Handschriften, die zum Teil heute noch erhalten sind. Auch die Briefsammlung des Klosters führte er fort. Mitten darein hinein hat sich das wohl schönste und innigste Minnelied verirrt, das uns aus dem deutschen Mittelalter überkommen ist:

> „*Dû bist min, ich bin dîn:*
> *des solt dû gewis sîn.*
> *dû bist beslozzen*
> *in mînem herzen:*
> *verlorn ist das slüzzelîn*
> *dû muost immer drinne sîn.*"

Haben diese Verse Werinher, dem Schulmeister, so gut gefallen, daß er sie der Nachwelt in seiner Briefsammlung überliefern wollte, hat er sie vielleicht gar selbst verfaßt? Wer weiß! Auch Mönche sind nicht selten Lyriker, immer aber Menschen.

Werinher war Dichter. Was ihm freilich zuzuschreiben ist, was nicht, die „Quirinalia", „Das Spiel vom Antichrist", ein „Loblied auf die seligste Jungfrau Maria", ist heute, wie wir sahen, nicht mehr mit letzter Sicherheit zu sagen. In der alten Tegernseer Tradition galt er als Autor dieser Werke.

Doch nicht allein mit dem Pauken von Latein und mit dem Kopieren alter Handschriften gab sich der gelehrte Schulmann, Sammler von Briefen zur Geschichte seines Klosters und Verseschmied Werinher zufrieden. Auch für die Erdbeschreibung und für das Reich der Pflanzen interessierte er sich. Er entwarf eine Weltkarte für die Schule und legte einen großen Kräuter- und Beerengarten an, der anscheinend so imponierte, daß Benediktbeuern sich ihn zum Muster nahm und seinen Schöpfer in manchen Fragen konsultierte. Dieser Garten mit seinen Kräutern und Beeren diente wohl der Klosterapotheke zur Herstellung von heilsamen Pülverchen und so manchem Wässerlein für Kranke, aber auch Gesunde in und außerhalb des Klosters, dann für die Wallfahrer zum Grab St. Quirins und für die vielen Gäste, die dem Kloster niemals fehlten.

Abt Rupert war hochgeachtet weitum im ganzen Land. Verschiedene Äbte holten sich bei ihm geschätzten Rat. Der Propst Heinrich von St. Pölten bat ihn um Vermittlung eines Malers zur Ausstattung seiner Kirche. Der Prior von Schäftlarn pries ihn als „Quelle aller Weisheit". Nicht bloß einmal stiftete er Frieden, wozu in einer Zeit der tiefen Kluft zwischen Papst und Kaiser, des Schismas, des Kampfes zwischen Welfen und Staufern immer wieder Gelegenheit sich bot. Dabei konnte es passieren, daß in Tegernsee Mönche überfallen, ihrer Habseligkeiten beraubt, weggeführt und eingekerkert wurden, während ihr Abt Rupert woanders war, um in Streitigkeiten zu vermitteln.

Die Gastfreundschaft Abt Ruperts war groß. Einmal suchten fremde Mönche Tegernsee auf, um sich von schwerer Krankheit zu erholen, ein andermal wollte ein Scholastiker aus Brixen dort Zuflucht suchen, um der wilden Bergwelt seiner Heimat zu entrinnen und in einer anmutigeren Gegend ruhige Tage zu verbringen. Auch Abt Ruperts Bruder, Propst Otto I. von Rottenbuch, und Graf Otto II. von Andechs, ein Bruder des Tegernseer Klostervogts Graf Berthold V., verbrachten erholsame Wochen in Tegernsee. Otto II. war seit 1165 Bischof von Brixen, ab 1177 Bischof von Bamberg (†1196). Ihm verdankt Andechs seine Heiligen Drei Hostien, die dort heute noch in hohen Ehren stehen.

Unter Abt Rupert I. kam Tegernsee zur vollen Blüte. Die Mönche erfüllten gewissenhaft ihre klösterlichen Pflichten, pflegten mit viel Eifer Chorgebet und Chorgesang, waren literarisch und kunstgewerblich unermüdlich tätig, führend auf dem Gebiet der Land-, Alm- und Waldwirtschaft, im Gartenbau und in der Viehzucht. Ein gerütteltes Maß an Verantwortung und Arbeit lastete auf den Schultern des immer etwas kränklichen Abtes Rupert. Einer seiner Mönche soll nach einem Tegernseer Chronisten zu ihm geäußert haben: „Ihr seid der Mann, dessen Mutter die Bescheidenheit, dessen Schwester die Weisheit, dessen Freundin die Klugheit, dessen Amme die Gerechtigkeit ist, ein Mann, ganz tugendvoll, seid Ihr."

Abt Rupert starb am 22. Mai 1186. Um ihn trauerten nicht nur seine Mönche, Kaiser Friedrich Barbarossa und viele Leute von Rang und Stand, sondern vor allem auch ungezählte Arme. Er war ihnen stets ein bereiter Helfer. In Tegernsee galt der große Abt fortan als Seliger des Himmels.

Schwere Heimsuchungen

Abt Ruperts I. Nachfolger *Albin II.* war kaum Abt, als ihn der Tod ereilte. Noch 1186 wählten die Tegernseer Mönche *Konrad II.* zu ihrem Abt. Unter ihm wurden Tegernsee und Egern von der Urpfarrei Gmund gelöst und eigene Pfarreien. Schweres Unglück – welcher Art, ist nicht bekannt – ließ Abt Konrad 1187 beim Freisinger Bischof Otto II. von Berg (1184–1220) um Hilfe bitten. Schon am 16. Dezember 1189 ist er verstorben.

Nun folgte *Mangold,* Graf von Berg, als Abt. Väterlicherseits nahe verwandt mit den Stauferkaisern, war seine Mutter Gisela eine geborene Gräfin von Andechs, der Andechser Graf Otto II., Bischof von Bamberg, sein Onkel, der Tegernseer Klostervogt Berthold VI. von Andechs, Herzog von Meranien (†1204), sein Vetter. Drei seiner Brüder saßen auf Bischofsstühlen, Heinrich (†1197) in Würzburg, Diepold (†1190 auf dem Kreuzzug Kaiser Barbarossas) in Passau und Otto II. (†1220) in Freising. Er selber war Abt von Kremsmünster gewesen, bis sich der Papst veranlaßt gesehen hatte, ihn wegen Verschleuderung von Kirchengut und groben Gewalttätigkeiten abzusetzen. Die Tegernseer wählten ihn trotzdem zum Abt. Sie hofften sich von ihm und seiner mächtigen Verwandtschaft im Reich und in der Kirche Gutes, vor allem Schutz in den Wirren einer schlimmen Zeit. Sie sollten sich nicht täuschen. Das Chorherrnstift Dietramszell wurde seiner Gründerin Tegernsee für immer unterstellt. Ferner ist Abt Mangold das Privileg Kaiser Heinrichs VI. von 1193 zu verdanken, von dem bereits die Rede war. Als dieser Kaiser 1197 verstorben war, nahm Abt Mangold an der Wahl Philipps von Schwaben zum deutschen König teil. 1199 und 1204 konnte er es freilich nicht verhindern, daß auch Tegernsee unter den Kriegsgeschehnissen in Baiern schwer zu leiden hatte. Vielleicht bekam Walther von der Vogelweide ihretwegen bei einem Besuch in Tegernsee statt Wein Wasser vorgesetzt, so daß er in Erinnerung daran die Verse schrieb:

„ich nam dâ wazzer:
alsô nazzer
muoste ich von des münches tische scheiden.“

1206 wurde Abt Mangold Bischof von Passau. Als solcher schied er am 9. Juni 1215 aus seinem recht bewegten Leben.

Unter Abt Mangolds Nachfolger *Berthold I.* brachen böse Tage an für Tegernsee. Das Kloster stand um das Jahr 1200 wie nicht leicht eine zweite Reichsabtei durch seinen Abt und dessen verwandtschaftliche Beziehungen mitten im Spannungsfeld der politischen Ereignisse. Besonders gut hatte sich die Verbindung des Klosters mit der Familie der mächtigen Grafen von Andechs entwickelt und bewährt. Als Erben der gewalttätigen letzten Grafen von Wolfratshausen stellten sie Generationen hindurch den Vogt von Tegernsee. Auf Graf Berthold V. (†1188) und Berthold VI. (†1204) war Heinrich IV. gefolgt. Dieser war noch keine vier Jahre in seinem Amt, als am 21. Juni 1208 der Mord an König Philipp von Schwaben geschah. Heinrichs Bruder Otto I., Herzog von Meranien und Pfalzgraf von Burgund, heiratete an diesem Tag in Bamberg Beatrix von Burgund, die Nichte König Philipps. Ein anderer Bruder Graf Heinrichs, Bischof Eckbert von Bamberg, hielt die Trauung. Nachmittags beging Pfalzgraf Otto von Wittelsbach (†1209) die feige Missetat an seinem König. Der Mitwisserschaft am Mord verdächtigt und beschuldigt, wurde über Bischof Eckbert und Graf Heinrich IV. von Andechs die Reichsacht verhängt. Das gab dem baierischen Herzog Ludwig I. dem Kelheimer, ein Wittelsbacher wie der Königsmörder, die Möglichkeit, über das Stammland Heinrichs IV. links und rechts der oberen Isar herzufallen, es mit Graf Otto III. von Valley (†1268) mit Sengen und Brennen zu verwüsten, auszurauben und endlich bis 1227 zu behalten. Die Burg von Wolfratshausen wurde zerstört, das Kloster Dietramszell auf dem Weg nach Tegernsee überfallen und geplündert. Gut, daß Tegernsee vom Wasser her nicht so leicht zu nehmen und zu Lande wegen seiner starken Ringmauern schwer zu erobern war. Zehn Wochen belagerten die herzoglichen Horden das Kloster, bis sie weiterzogen. Der Schaden, den sie in den Besitzungen des Klosters im weiten Umkreis angerichtet hatten, war riesengroß. Über allem war der Herbst 1208 ins Land gegangen, ein harter Winter stand bevor.

Und noch einmal traf Abt Berhold und sein Kloster schweres Unheil. Tegernsee wurde in die Streitigkeiten zwischen Bischof Mangold von Passau (†1215), seinem früheren Abt, und zwischen dem Grafen Rapoto II. von Ortenburg (†1231) hineingezogen und 1214 in Brand gesteckt. Wer je ein großes Schadenfeuer miterlebte, weiß um ein solches Unglück. Wenige Jahre später, am 15. Februar 1217, legte sich der schwergeprüfte Abt zum Sterben nieder.

Das Erbe, das Abt *Heinrich I.* anzutreten hatte, war recht betrüblich. Wie mitgenommen war doch sein Kloster durch eine friedlose Zeit, durch

Zank und Streit zwischen Papst und Kaiser, zwischen Staufern und Welfen, zwischen den mächtigen und weniger mächtigen Adelsgeschlechtern in Baiern. Der Kaiser hatte Tegernsee Schutzbriefe ausgestellt, der Papst Privilegien erteilt. Beide hatten sich zu Hilfe und Beistand feierlich verpflichtet, keiner von ihnen war imstande, das vor kurzem noch so blühende Kloster im Ernstfalle vor Schaden zu bewahren. Hatte man in Tegernsee den familiären Verbindungen mit dem Hochadel und den Bindungen an die Großen in Land und Reich und in der Kirche mit viel Zuversicht vertraut, so waren gerade diese am wenigsten geeignet, ein ungestörtes klösterliches Leben auf Dauer zuzulassen. Die Klostervögte aus dem Andechser Grafengeschlecht wie auch Bischof Mangold von Passau mit all seiner vielvermögenden adeligen Verwandtschaft waren wohl von Nutzen für Tegernsee, sind aber schließlich doch zum schweren Schaden für das Reichskloster geworden. Abt Heinrich erkannte das. In Erinnerung an den Schutzbrief Kaiser Heinrichs VI. aus dem Jahre 1193, in dem Tegernsee die freie Wahl seines Vogtes zugesichert worden war, bat er nach den schlimmen Erfahrungen mit den Andechser Schutzvögten nach dem Königsmord von Bamberg Kaiser Friedrich II. (1212-1250), die Schirmvogtei selbst zu übernehmen. Nach dem Tod Herzog Ottos I. von Meranien im Jahre 1234, des letzten Vogtes aus dem Hause Andechs, erfüllte Kaiser Friedrich II. diesen Wunsch. Doch kam Abt Heinrich mit seinen Mönchen damit vom Regen in die Traufe. Kaiser Friedrich verfiel dem Kirchenbann. Die Exkommunikationsbulle Papst Gregors IX. (1227-1241) vom 20. März 1239 veröffentlichten die baierischen Bischöfe aus Treue zu ihrem Kaiser nicht. Deshalb traf auch sie und ihre Diözesen, damit auch das Kloster Tegernsee, Papst Gregors Bann und Interdikt. Es blieb dem Abte nicht erspart, sich mit seinem Freisinger Diözesanbischof Konrad von Tölz (1230-1258) in Straßburg einfinden zu müssen, um vor dem Bischof dort Rechenschaft abzulegen für die Treue gegen seinen kaiserlichen Herrn. Der ganze Wirrwarr im kirchlichen wie im öffentlichen Leben ging Abt Heinrich allmählich so zu Herzen, daß er 1242 den Abtstab niederlegte. In völliger Zurückgezogenheit verlebte er im Zisterzienserkloster Salem unweit vom Bodensee die letzten Jahre seines Lebens. Wann er verstarb, ist nicht bekannt.

Mit Abt Heinrich I. ist die Geschichte des Hospitals (infirmaria) in Tegernsee untrennbar verbunden. 1229 erhielt er die Einkünfte der adeligen Frau Perichta als Stiftung für die Krankenpflege übereignet. Der Abt baute damit den Kranken eine Zufluchtsstätte.

Nach der Resignation Abt Heinrichs im Jahre 1242 kam heute

Unglaubliches über die Reichsabtei am Tegernsee. Nicht nur die adeligen Mönche des Klosters, sondern mit ihnen auch Laien aus dem Adelsstand wählten den neuen Abt. *Berthold II.* war sein Name, genannt wurde er der Schneck. Der Freisinger Diözesanbischof Konrad von Tölz versagte dem Neugewählten wohl aus guten Gründen die Bestätigung und Weihe. Dagegen gewährte dessen übergeordneter Erzbischof Eberhard II. († 1246) von Salzburg beides. Daraufhin erteilte König Konrad IV. († 1254) die Investitur. Bischof Konrad erhob dagegen feierlichen Einspruch, was den Schneck in rasende Wut versetzte. Er vertrieb die ihm nicht ergebenen Mönche aus dem Kloster und rief bewaffnete Parteigänger ins Haus. Diese entlohnte er mit Klostergut. Klösterlichen Grundbesitz verschleuderte er an seine Freunde, Kirchengeräte und Paramente wie Kelche und Weihrauchfässer, Meßkleider und Rauchmäntel verschacherte oder versetzte er bei Juden und bei Christen. Mit Quälereien, ja körperlichen Torturen zwang der unwürdige Abt seine von ihm Abhängigen, die Untertanen, Beamten, Bauern und Hörigen, zu schweren Diensten und zu hohen Zahlungen. Nicht gefügige Mönche und Priester auf den Klosterpfarreien stellte er gegen alles Recht vor ein weltliches Gericht. Laien warf er kurzerhand ohne Urteil ins Gefängnis. Vor den verhängten Maßnahmen seines Bischofs schützten ihn sein Anhang und dessen brachiale Gewalt.

Da wurde der Abt schwer krank. Er gelobte Besserung, brach aber bald sein Wort. Nun rief ihn Bischof Konrad vor sein Gericht. Abt Berthold erschien nicht zur Verhandlung. Die Untersuchungen ergaben eine noch viel größere Schuld des Abtes, als angenommen worden war. Der gerechte Lohn für dessen Taten war die Absetzung als Abt. Im Jahre 1248 erfolgte sie.

Jetzt holten sich die Tegernseer Mönche einen Fremden. Der bisherige Abt von Seeon, *Ulrich II.* Portenhauser, sollte ihrem Kloster in seinen Nöten helfen. Das war nicht leicht in einer Zeit, da Kaiser Friedrich II. und Papst Innozenz IV. (1243-1254) sich bis aufs Blut bekämpften. Der Papst hatte den Kaiser 1245 durch das Allgemeine Konzil von Lyon wegen Häresie und anderer Delikte verurteilen und absetzen lassen, der Kaiser hatte das päpstliche Verfahren gegen sich als unverschämte Anmaßung zurückgewiesen und versucht, gegen den Papst in Lyon zu Felde zu ziehen. Der Versuch mißlang. Zu gleicher Zeit wandten sich alle baierischen Bischöfe mit Ausnahme des Erzbischofs Eberhard II. von Salzburg vom Kaiser ab und unterwarfen sich dem Papst. Der baierische Herzog Otto II. der Erlauchte († 1253) dagegen hielt seinem Kaiser

Friedrich unerschütterlich die Treue. Das trug ihm den Bann Innozenz IV. ein und die Verhängung des päpstlichen Interdikts über sein unschuldiges baierisches Volk. Herzog und Bischöfe bekämpften sich in gleicher Weise. So vertrieb Otto der Erlauchte den Regensburger Bischof Albert von Pietengau (1246-1259) aus seiner Bischofsstadt. Als dieser sich die Rückkehr nach Regensburg erzwungen hatte und mit strengen Strafen gegen seine Widersacher vorgegangen war, besetzten herzogliche Kriegsknechte die Donaustadt. Der papstfreundliche Bischof wurde neuerdings vertrieben, die Güter seiner Kanoniker wurden gebrandschatzt, St. Emmeram und der Dom entheiligt und zum Stall und Heulager erniedrigt. Im Jahre 1250 versuchte ein bischöflicher Ministeriale in St. Emmeram, König Konrad IV. († 1254), den Sohn Kaiser Friedrichs II., in einem Mordanschlage zu beseitigen. Zwei der Begleiter des Königs mußten dabei sterben, Konrad selbst konnte gerade noch sein Leben retten. Darauf wurde Abt Ulrich III. von St. Emmeram, der Mitwisserschaft beschuldigt, in Ketten gelegt, sein Kloster in blinder Wut zum Teil zerstört. Nur mit Mühe gelang es St. Emmeramer Mönchen, die Schuldlosigkeit ihres Abtes nachzuweisen und Schlimmeres zu verhüten. In jener Zeit der Gewalttat gegen Gewalttat erlitt auch Tegernsee einen räuberischen Überfall herzoglicher Söldner mit allem Drum und Dran bei einem solchen Unternehmen.

Trotz aller Widerwärtigkeiten gelang es Abt Ulrich II., seinem Kloster aufzuhelfen. Von seinem Vorgänger veräußertes Klostergut kaufte er mit der Zeit zurück, Verpfändetes löste er aus, mit Umsicht erwarb er Neues. Obwohl er besonders anfangs mit reichen Mitteln nicht gesegnet war, kannte seine Gastfreundschaft und Liebe zu den Armen keine Grenzen. Wer gibt, dem wird gegeben. Stiftungen und Schenkungen bereicherten den Kirchenschatz, vermehrten den Grundbesitz des Klosters, ließen Abt Ulrich 1256 ein Calendarium anlegen, das die Wohltäter Tegernsees anführt. Deren Namen und deren Spenden sind in dem Buch am jeweiligen Sterbetag der einzelnen verzeichnet. Deshalb trägt es den Titel Mortylogium, d. h. Totenbuch. Aus diesem las man in Tegernsee Tag für Tag, um gemahnt zu werden, der toten Stifter an ihrem Sterbetag im Gebete zu gedenken.

Am 27. Juli 1261 ist Abt Ulrich II. reich an Verdiensten um Tegernsee gestorben.

Im Wandel der Zeiten

Es ist kaum zu glauben, wie sehr das einstens kulturell in Baiern so bestimmende und führende benediktinische Mönchtum im 13. und 14. Jahrhundert in Bedeutungslosigkeit versank. Ursachen dafür gab es viele. So wurden die Klostervögte, die eigentlich ihre Abteien vor Schaden zu bewahren hatten, nur zu oft zu Nutznießern, wenn nicht zur Plage für ihre Schützlinge. Tegernsee konnte ein Liedlein davon singen. Dann litten die Klöster immer wieder als »Gastgeber« der Mächtigen im Land. Darüber heißt es in einem Bericht der Salzburger Äbtekonferenz des Jahres 1338 an Papst Benedikt XII. (1334-1342) unter anderem: „Vielfach kommen vornehme Herren ins Kloster, bringen 200 Pferde mit und bleiben zwei und drei Tage. Ihre Leute nehmen dann alles weg, was sie vorfinden. Auf diese Weise wird in wenigen Tagen aufgezehrt, was das Kloster im Laufe langer Monate an Vorräten gesammelt hat."

Auch Bischöfe waren zuweilen schuld an der Verarmung eines Klosters. Der Passauer Bischof Wolfker von Erla (1191-1204) zum Beispiel hatte schon 1193 die Reichsabtei Niedernburg unter dem Vorwand einer klösterlichen Erneuerung ihres riesigen Besitzes, „Land der Abtei" genannt, beraubt und, weil die Nonnen sich dagegen wehrten, die Äbtissin abgesetzt. Nur mehr eine Dechantin blieb dem Kloster.

Nicht selten gerieten manche Klöster durch die Unfähigkeit ihrer Äbte in wirtschaftliche Schwierigkeiten und in disziplinäre Nöte. Davon spricht, daß in dem einmal so blühenden Prüfening zwischen 1232 und 1306 sechs Äbte von sich aus oder von anderen gezwungen ihr Amt aufgaben, daß in Reichenbach innerhalb von 60 Jahren (1239-1301) von zwölf Äbten die meisten, in Scheyern von 1203 bis 1300 sieben, in Seeon im 13. Jahrhundert vier, in Asbach in 30 Jahren fünf und in Weihenstephan von 1150 bis 1300 zehn mehr oder weniger freiwillig resignierten. 1277 geriet das völlig verarmte Weltenburg in die Hand des Regensburger Bischofs Heinrich von Rotteneck (1277-1296). „Verfluchte Äbte" des Donauklosters, nicht zuletzt einer, der sich gezwungen sah, gottesdienstliche Gewänder an Regensburger Juden zu verpfänden, trugen die Schuld daran. Der gleiche Bischof verpflichtete sich die Abteien Reichenbach, Münchsmünster, Geisenfeld, Oberaltaich und Prüfening durch seine finanziellen Hilfen. Sie alle waren wirtschaftlich recht schlecht daran. Unter Bischof Nikolaus von Ybbs (1330-1340) sah es in den Abteien des Bistums Regensburg in ökonomischer Hinsicht vielfach traurig aus.

Besonders schlimm wirkte sich der Umstand aus, daß sehr viele Abteien, darunter auch Tegernsee, ausschließlich Adelige in die Reihen ihrer Mönche nahmen. Die Aussicht auf lebenslängliche Versorgung, oft viel weniger ein Ruf Gottes, führte sie ins Kloster. Dies und anderes förderte ein großes Übel, den Eigenbesitz des einzelnen im Kloster, von dem es in der Regel St. Benedikts heißt, daß er mit der Wurzel auszureißen sei. Dieser Eigenbesitz hatte seine Ursache in der Aufteilung des klösterlichen Vermögens zwischen Abt und Konvent nach Art von Pfründen. Damit wurden die Mönche Rentner ihres Klosters mit festem Einkommen, das zu ihrer freien Verfügung stand. Solcher Eigenbesitz war Jahre und Jahrzehnte lang selbstverständliche Gewohnheit. Er schmälerte wiederum naturgemäß die wirtschaftliche Kraft eines Klosters als Gesamtheit seiner Mönche. Nur zu oft verarmte es. Damit verfielen Kirche und Gebäude, die Bautätigkeit erlahmte, der Nachholbedarf in Haus und Hof, in Stall und Speicher wurde immer größer.

Eine weitere Ursache für die zunehmenden Schwierigkeiten in den alten Abteien lag im allmählichen Wechsel von der Natural- zur Geldwirtschaft. Er behinderte das Wirtschaften in den Klöstern, störte das rechte Verhältnis zwischen Einnahmen und Ausgaben, führte zu Schulden und noch mal Schulden, untergrub schließlich die klösterliche Disziplin.

Ferner veranlaßten die Veränderungen im mittelalterlichen Denken und Empfinden den frommen Gottessucher mehr und mehr zur Abwendung von den überkommenen Grundauffassungen des alten Möchtums. Der Vorstellung St. Benedikts vom Kloster als Familie Christi, der ein Abt als Pater familias vorsteht und die in Gebet und Arbeit Christus dient, trat ein anderer Gedanke kraftvoll entgegen, wie er in den Heiligen Franziskus von Assisi und Dominikus aus Spanien verkörpert war. Es war deren Armutsideal, das einen Ordensmann nicht nur auf persönliches Hab und Gut, sondern ebenso auch auf Geld-, Haus- und Grundbesitz seiner klösterlichen Gemeinschaft verzichten ließ. Er fand im Armutsideal einen neuen Weg zur Nachfolge Christi, der freilich auch wieder uralt war. Diesen Weg hielten viele für den richtigen. Er war modern, sie folgten ihm. Es war viel im Umbruch zu jener Zeit, vieles reif zur Änderung, manches auch zum Untergang.

Auch in Tegernsee gingen die Zeitläufte des ausgehenden Mittelalters nicht ohne Spuren vorüber. Im Jahre 1261 traf dort die Wahl eines neuen Abtes auf den Tegernseer Mönch *Rudolph*. Bald gab es mit ihm Ärger, da er Klostergut und Kirchengeräte versetzte oder auch verkaufte. Abt und

Mönche zerstritten sich deshalb. Bischof Wildgraf Konrad von Freising (1258-1279) wurde um Hilfe angegangen. In einer Visitation zusammen mit den Äbten Ulrich II. von Attel und Ludwig I. von Graisbach aus Scheyern sah dieser nach dem Rechten. Dem Abte und den Mönchen wurde strengstens untersagt, sich gegenseitig vor ein weltliches Gericht zu ziehen. Ferner legten die drei Visitatoren Abt Rudolph die pünktliche Versorgung seiner Mönche mit dem Nötigsten recht sehr ans Herz, den Mönchen aber eindringlich das Tragen des Mönchsgewandes inner- und außerhalb des Klosters. Alle größeren Käufe und Verkäufe sollten in Zukunft der Genehmigung des Bischofs unterliegen. Drei Mönche erhielten verschiedene Schlüssel zum Kirchen- und zum Klosterschatz. Nur gemeinsam war es ihnen möglich, die Verschlüsse aufzutun. Der Abt hatte sich deren Rat zu fügen, d. h., er wurde dem Gehorsam anderer unterstellt. Das kam seiner Absetzung praktisch gleich, eine Erniedrigung, die er nicht lange überlebte. Am 27. Mai 1266 schied Abt Rudolph aus dem Leben.

Heinrich II. war von 1266 bis 1273 Abt von Tegernsee. Durch die Erweiterung der Spitalstiftung seines Klosters zum Wohl der Kranken hat er sich verdient gemacht.

Auf seinen Nachfolger *Ludwig Graf von Graisbach* wartete ein schweres Erbe. Ursprünglich Mönch in Scheyern, wurde er 1256 Abt von Weihenstephan. Da er von den beiden baierischen Herzögen Ludwig II. dem Strengen († 1294) und seinem ebenso gewalttätigen Bruder Heinrich XIII. († 1290), die sehr zerstritten waren, sich aufs schlechteste behandelt sah, verzichtete er 1260 auf Weihenstephan. Er wurde dafür Abt in seinem Heimatkloster Scheyern. Als solcher nahm er an der Visitation Tegernsees unter Abt Rudolph teil. Daher glaubte er wohl, die dortigen Verhältnisse bereits zu kennen, als ihn die Tegernseer Mönche zu ihrem Abte holten. Wohl hatte Abt Heinrich II. inzwischen einiges zum Besseren gewendet, doch was Abt Ludwig als neuer Mann zu übernehmen hatte, war alles weniger als gut. Das Kloster war in schwerster Not. Die Verantwortlichen in der Klostergutsverwaltung stellten Amt und Schlüssel zur Verfügung, da sie sich außerstande sahen, das Kloster mit dem Nötigsten zu versorgen. Die Schuldenlast war riesengroß und die Lage so verzweifelt, daß Bischof Konrad von Freising dem Kloster 1274 die Pfarrei Gmund inkorporierte, um durch deren Einkünfte die finanzielle Lage des neuen Abtes zu erleichtern. Trotz aller Geldverlegenheit erwarb dieser im gleichen Jahr für Tegernsee ein Haus in München inmitten eines großen Grundstücks. Es lag in der Tegernseer-, heute Klosterhofstraße im

Angerviertel nicht weit vom Jakobsplatz. In diesem Münchener Stadthaus des Klosters Tegernsee wurden bis 1803 dessen wichtigste Geschäfte abgewickelt. Dort hatten seine Äbte und auch seine Mönche ihr Quartier, wenn sie für kürzer oder länger in die baierische Haupt- und Residenzstadt kamen. Abt Ludwig war von starker Willenskraft, dabei eines sonnigen Gemüts. Sorgen waren für ihn da, um sie zu ertragen. Am 9. Februar 1286 ereilte ihn ein rascher Tod. Sein Nachfolger im Amt des Abtes von Tegernsee, *Heinrich III.*, starb schon das Jahr darauf.

Nun kam für fast 36 lange Jahre Abt *Marquard* von Vöring zur Regierung. 1291 kaufte er Otto von Eurasburg die Burg Eberzhausen ab. Um 300 Pfund erwarb er dazu das ganze Westufer des Tegernsees von Gmund bis hinauf nach Abwinkel für sein Kloster. Es war früher schon dessen Eigentum gewesen, aber irgendwann einmal weggegeben worden. Nach dem Rückkauf war das Kloster von neuem alleiniger Grundherr am Tegernsee. Das sicherte nicht zuletzt die klösterliche Fischerei und Fischzucht vor anderer Leute Nutzung. So wichtig schien Abt Marquard der Neuerwerb zu sein, daß er sich zusammen mit seinen Mönchen unter Eid verpflichtete, nicht das geringste davon je mehr zu veräußern. Hinfort sollte jeder Abt vor seinem Amtsantritt und jeder Mönch vor seiner Profeß das nämliche beeiden. Schon die Absicht oder die Beantragung eines Verkaufes sollte den Verlust der klösterlichen Rechte und den Entzug des Unterhaltes (der Präbende) nach sich ziehen. Dem Bischof von Freising wurde verbindlich aufgetragen, stets auf die Einhaltung dieser Verpflichtung von Abt und Mönchen gewissenhaft bedacht zu sein. Die Tegernseer schworen ihre Eide in der allerbesten Absicht. Wußten sie wirklich nicht, daß alle Schwüre ihren Wert verlieren, wenn Unrecht zum „Rechte“ wird und „höhere“ Gewalt sie unbarmherzig zunichte macht?

Abt Marquard war in seiner Unternehmungslust nicht aufzuhalten. Er kaufte dies und kaufte das und war am Ende so verschuldet, daß er bei seinem Onkel, dem gewaltigen Bischof Emicho von Freising (1283-1311), kleinlaut Zuflucht suchen mußte. Dieser half, indem er 1297 die Pfarrei Warngau dem Kloster inkorporierte, entzog aber dem unberechenbaren Neffen auf vier Jahre die Verwaltung seines Klosters. Ulrich Perchtinger, der spätere Abt von Scheyern (1297-1313), erhielt sie übertragen. So schlecht stand es durch das Verschulden Marquards um die Finanzen Tegernsees, daß nur mehr sechs Mönche unterhalten werden konnten.

Abt Marquard ging oft auf Reisen und weilte viel am Hof Kaiser Ludwigs des Baiern (1314-1347). Er erhielt so manche Vergünstigung, so manches Privileg in einer Zeit, da die einmal so stolze Reichsabtei am Tegernsee mehr und mehr zu einem baierischen landständischen Kloster sich wandelte. 1321 gewährte ihm Kaiser Ludwig der Baier volle Steuerfreiheit und die niedere Gerichtsbarkeit im Tegernseer Tal. Er gestand dies zu, um die Schäden an Gut und Blut wiedergutzumachen, die er selbst, sein Bruder Herzog Rudolph († 1319) und die kriegerischen Ereignisse im Verlauf des Kampfes gegen Friedrich den Schönen († 1330) in den Tegernseer Besitzungen hinterlassen hatten. Sengen und Brennen, Rauben und Morden, das Leuteschinden und Gewaltantun, das Erpressen von Lösegeld oft unter argen Schmerzen und sonstige Torturen waren jahrelang in Baiern an der Tagesordnung. Erst die Schlacht auf der Gickelfehenwiese vor Mühldorf am Inn am 28. September 1322, der letzte große Waffengang ohne Pulver und ohne Blei auf deutscher Erde, und die Gefangennahme Friedrichs beendeten das grausame Spiel mit einer schuldlosen Bevölkerung.

Die niedere Gerichtsbarkeit umschloß alle Straf-, Zivil- und Polizeisachen mit Ausnahme jener Verbrechen „so zum Tode ziehen" und aller Prozesse, die Urteile in Streitigkeiten um Grund und Boden zu erbringen hatten. Bis zum Jahre 1803 sprach der Klosterrichter von Tegernsee im Namen seines Abtes Recht.

So bedrohlich die finanzielle Lage Tegernsees unter Abt Marquard auch einmal gewesen war, so segensreich wirkten sich dessen wirtschaftliche Reformen am Ende seiner langen Amtsperiode schließlich aus. Der große Schuldenmacher von einst verstand die Zeichen im Wirtschaftsleben seiner Zeit und wußte sie zu deuten. Als er am 23. April des Jahres 1323 das Zeitliche gesegnet hatte, war Tegernsee aus aller Not.

Nun konnte der neue Abt *Heinrich IV. von Rain* an Dinge gehen, die längst geschehen hätten müssen. Er erneuerte die verfallenen Gebäulichkeiten seines Klosters, baute mehrere Kapellen aus, wölbte den Kreuzgang ein, errichtete ein neues Refektorium (Speiseraum) und ein neues Dormitorium (Schlafsaal) für seine Mönche. Ferner erhielt die Klosterkirche eine Reihe kunstvoll gearbeiteter Geräte für den Gottesdienst, darunter einen kostbaren, aus Silber getriebenen Abtsstab. Wie doch bei geordneten Finanzen Kunst und Gewerbe gleich zum Leben kommen!

Mag sein, daß anderes im Haus, Mißstände disziplinärer Natur, Unverträglichkeit und Ungehorsam den ausgezeichneten Abt nach 15 Jahren seiner Aufbauarbeit veranlaßt haben, auf die Führung seines Klosters zu verzichten. Er zog sich 1339 in das stille Kreuth zurück, wo er am 21. November 1345 unsere Welt im Tod verließ.

Traurige hundert Jahre

Aus den letzten hundert Jahren vor der grundlegenden Erneuerung klösterlichen Lebens in Tegernsee gibt es recht wenig Erfreuliches zu berichten. Nach der Resignation Abt Heinrichs von Rain wählten sich seine Mitbrüder 1335 Konrad von Katzbeck zum Abt, doch zwang sie der Adel und mit ihm der baierische Landesherr, sich statt seiner mit *Sigibrand Geltinger* abzufinden. Dieser Abt fand am 21. Juli 1347 ein gar schlimmes Ende. Auf der Rückkehr aus Niederösterreich, wo er die Tegernseer Besitzungen in Strengberg und in Loiben in Augenschein genommen hatte, lauerte ihm Otto, der Bruder Konrad von Katzbecks, „auf dem Grabweg" in der Pfarrei Pang bei Rosenheim auf, um ihn zu ermorden. Daß sein Bruder Konrad, daß Mönche von Tegernsee um diesen Anschlag wußten, ihn sogar veranlaßt haben, lag zu vermuten nahe, konnte aber keinesfalls bewiesen werden.

Nach Abt Sigibrand wurde *Carl der Hauzendorfer* Abt von Tegernsee. Er war schon Abt, und zwar in Münchsmünster, gewesen und stammte ursprünglich aus St. Emmeram in Regensburg. Schon am 2. Oktober 1349 ist er verstorben.

Jetzt war der Weg frei für *Konrad III. von Katzbeck*, der seine Wähler wohl nicht sehr zufriedenstellte, da er mit großer Härte, wie man sagt, seine Aufgaben zu erfüllen suchte. Und das 14 Jahre lang. Am 25. Juni 1363 schied er aus dem Leben.

Die beiden folgenden Äbte *Konrad IV. Eglinger* und *Gebhard von Taufkirchen* hinterließen in den Tegernseer Annalen herzlich wenig Spuren. Ersterer erhielt die alten Rechte seiner Abtei neuerdings bestätigt und verbrieft, letzterer bekam vom baierischen Herzog Stephan II. mit der Hafte (†1375) ein Privileg, nach dem die auf den Tegernseer Höfen geborenen unehelichen Kinder Eigentum des Klosters werden sollten. Konrad IV. starb am 19. März 1372 nach fast elfjähriger abteilicher Amtszeit, sein Nachfolger Gebhard am 13. März 1393 nach 21 Jahren seines Waltens als Abt von Tegernsee.

Der nächste Abt hieß *Oswald Ritter vom Thor*. Sein Vater war der Tegernseer Marschall Thor zu Eurasburg, also dem Kloster Tegernsee von Jugend auf verbunden. Von 1393 bis zu seinem Tod am 15. April 1418 schenkte der tüchtige Mann alle Kräfte seinem Kloster. Doch ging es über sein Vermögen, die Zukunft Tegernsees zu sichern und es vor den ihm nahenden Gefahren zu bewahren.

Nur mehr zehn Mönche zählte Tegernsee bei der Wahl von *Georg Türndl* zum Abt. Sein Los steht im Zusammenhang mit den kriegerischen Verwicklungen in den baierischen Landen. Baiern war seit 1392 in drei Teilherzogtümer aufgespalten. In den Tagen Abt Georgs herrschte in Baiern-Ingolstadt Herzog Ludwig VII. im Bart, in Baiern-Landshut Heinrich XVI. der Reiche, während in Baiern-München die Gebrüder Ernst und Wilhelm III. gemeinsam ihr Land und Volk regierten. Das Verhältnis der Herzöge zueinander war alles andere als herzlich. Besonders Ludwig im Bart sorgte für Mißverständnisse und Krach. Ein Mann von hohem Wuchs, geschmückt mit einem schönen Bart, prunksüchtig, freigebig und galant, war er beliebt bei Rittern und Hahn im Korb bei schönen Frauen. Doch plagten ihn auch alle Teufel der Fürsten seiner Zeit wie das Streben nach Ruhm und Geltung, die Randaliersucht und die Hinterhältigkeit im Kampf mit jedem Gegner, ein nicht stillbarer Hunger nach Land, das anderen gehörte. Er fühlte sich nach den Bestimmungen der Wittelsbacher Landesteilung von 1392 zurückgesetzt und forderte von Heinrich dem Reichen von Baiern-Landshut die Herausgabe von Teilen seines Landes. In beider Vettern Adern rollte südländisch heißes Viscontiblut. Hatte der eine Jähzorn, Impulsivität und Unberechenbarkeit im Gepäck seiner Erbschaft, so der andere, „der kleine, braune, jähe, frische Herr“ in Landshut, Härte und kalte Überlegung, Mißachtung des Rechts und maßlose Gier nach Geld und Gut. Schon als junger Herzog hatte er in der Karfreitagsnacht des Jahres 1410 im Röcklturm zu Landshut unter aufmuckenden Bürgern ein schauerliches Blutbad angerichtet. Mit ihm war wahrhaftig nicht zu spaßen.

Das bekam auch sein Vetter Ludwig im Bart einmal recht hart zu spüren. Es war am 20. Oktober 1417 auf dem heiligen Konzil zu Konstanz. Um Mitternacht überfiel ihn dort Heinrich der Reiche meuchlings mit einigen Kumpanen, die sich Ritter nannten. Dabei wurde der Bärtige siebenfach verletzt. Ein Schädelknochen über dem linken Ohr zersplitterte, die Wirbelsäule kam gleichfalls schwer zu Schaden.

Die beiden Vettern fielen sich gegenseitig ins Land. Sengen und Brennen zog wie unter Kaiser Ludwig dem Baiern vor hundert Jahren durch die baierischen Gaue, ja in der fernen Wiener Universität kamen sich Baiern-Ingolstädter und Baiern-Landshuter Studenten buchstäblich in die Haare. Auch gegen die Herzöge von Baiern-München Ernst und Wilhelm III. zog Ludwig im Bart zu Feld. 1422 wurde er in einem Gefecht bei Alling (Lkr. Fürstenfeldbruck) geschlagen. Nach dieser Niederlage des Ingolstädter Herzogs war das Hin und Her im Wittelsbacher

Bruderzwist noch lange nicht beendet. Ludwig im Bart hielt zäh fest an seinem Recht, wie er es sah, und endete als über 80jähriger Greis und Gefangener Heinrichs des Reichen von Landshut 1445, unversöhnlich und in seiner Haltung in gewisser Weise groß, hinter Kerkermauern auf Burghausen. Heinrich folgte ihm fünf Jahre später im Tode nach. Was hatten beide nun von Zank und Streit, wie hatten sie in jahrelanger Fehde sich und dem Baiernland genützt?

Auch das Kloster Tegernsee wurde durch den Bruderzwist der Wittelsbacher Streithähne hart in Mitleidenschaft gezogen. Kaum war Georg Türndl Abt, als es von herzoglichen Banditen 1419 überfallen wurde und einem verheerenden Brand zum Opfer fiel. Um es gleich wieder aufzubauen, fehlten dem Abt die Mittel. Unter großen allgemeinen Nöten verarmen auch die Reichen.

Zu aller äußeren Bedrängnis gesellte sich in Tegernsee ein völliger Verfall der klösterlichen Ordnung. Der um die 35 Jahre alte Abt war persönlich ein gelehrter, in seiner Lebensführung integerer Mann, doch gegen den Zeitgeist und die disziplinären Mißstände in seinem Hause völlig machtlos. Mißbräuche, wie vor allem der Eigenbesitz der Mönche, dann die Vernachlässigung der rudimentärsten Pflichten im Gemeinschaftsleben eines Klosters, ferner Ausschweifungen so mancher Art, waren keine Einzelerscheinungen zu jener Zeit in den baierischen Abteien. Immer noch litten die Stifte unter den Nachwirkungen des Kirchenstreites unter Kaiser Ludwig dem Baiern. Mehr und mehr war der klösterliche Eifer erkaltet, das kulturelle Streben zurückgegangen, der Sinn für alles Höhere geschwunden. Das nicht nur in Altbaiern. In Nürnberg versetzten die Schottenmönche von St. Ägid die Meßkelche bei den Juden, den Festtagsornat zum Gottesdienst mußten sie zu leihen nehmen. Sie „führten ein gar böses Leben, schenkten Wein, atzten Gäste, ließen Weiber zu sich ins Kloster gehen, so daß ein Sprichwort daraus wurde, wer sein Weib verloren hätte, soll sie im Schottenkloster suchen". Selbst vor Mord und Totschlag war im Kloster keiner sicher. 1395 wurde in Wülzburg, hoch über Weißenburg am Sand, Abt Heinrich III. von seinem Prior mit dem Beil umgebracht, worauf ein herbeigeeilter Mönch den Prior wiederum erschlug. Ein paar Adelige ermordeten 1416 Abt Eggo Schwab von Ottobeuren, und 1456 mußte Abt Friedrich von Thierhaupten noch am Tage seiner Wahl durch Mörderhand sein Leben lassen.

Wie die Mönche, so auch die Prälaten. Abt Heinrich von Gabelbach von St. Ulrich und Afra zu Augsburg trieb es so schlimm „mit schönen

Weibern", daß er 1396 seines Amtes verlustig ging. Weil in Weltenburg Abt Andreas (1395-1411) völlig abgewirtschaftet hatte, mußten seine Mönche am Bettelstabe durch die Lande ziehen.

Dem am 17. Januar 1423 jungverstorbenen Georg Türndl folgte *Hildebrand Kastner* als Abt. Ohne seine Schuld sank in seiner kurzen Amtszeit die Ordenszucht in Tegernsee auf ihren tiefsten Stand, kletterten die Schulden des Klosters auf 13 000 Gulden, war ein Drittel des Klosterguts in fremden Händen. „Außer der schwarzen Kutte", sagt ein zeitgenössischer Chronist, „war an den Mönchen nichts Geistliches mehr, am Ende legten sie auch diese und selbst den Namen Mönch ab und verpraßten in Gesellschaft mit benachbarten Rittern, die sie mit ihren Frauen und Kindern fast täglich besuchten, das Klostergut."

War es ein Vorzeichen für ein verdientes nahes Ende für Tegernsee, daß 1424 der Chor der Klosterkirche teilweise zum Einsturz kam und den Altar mit dem Reliquienschrein des heiligen Chrysogonus zerstörte? Durfte man nicht doch auf eine Wende hoffen? Abt Hildebrand leitete sie mit seiner Resignation im Jahre 1426 ein. Der 5. Juni 1446 wurde ihm zum Sterbetag.

Und Tegernsee erhob sich zu neuem Leben wie der Vogel Phönix in der Sage aus der Asche.

Seit der Reform von 1426

Auferstehung

Es war gewiß nicht so, als hätte die Kirche nicht versucht, dem Verfall ihres ältesten Ordens im 13. und 14. Jahrhundert Einhalt zu gebieten. Papst Innozenz III. (1198-1216) verordnete zur Besserung der Dinge für die einzelnen Länder regelmäßige Äbtekonferenzen und Visitationen der Klöster, die seine Nachfolger immer wieder einschärfend ins Gedächtnis riefen. Benedikt XII. (1334-1342) erließ am 20. Juni 1336 die Bulle Summi Magistri dignatio, kurz Benedictina genannt, die grundlegend für alle künftigen Reformversuche werden sollte. Sie gliederte den Orden in 36 Regionen, deren vierte 45 Abteien der Salzburger Kirchenprovinz (Baiern und Österreich) umschloß. Die Äbte von Niederaltaich und der Schotten in Wien beriefen schon für den 15. Juni 1338 ein Äbtekapitel nach Salzburg ein, auf dem die päpstlichen Anweisungen der Benedictina besprochen und Maßnahmen zu ihrer Durchführung beschlossen werden sollten. Doch hatten die reformfreudigen Kräfte in Baiern ihre Rechnung ohne den Wirt gemacht. Denn Kaiser Ludwig der Baier (1314-1347) verbot bei Verlust des Klosterbesitzes die Teilnahme an der Konferenz, so daß der größte Teil der baierischen Abteien, darunter Tegernsee, in Salzburg nicht vertreten war.

Warum tat dies der persönlich fromme Kaiser, der 1330 ein Madonnenbild aus Italien nach Baiern brachte und um seinetwillen die Benediktinerabtei Ettal stiftete, der Begründer vieler Hospitäler war und als glühender Marienverehrer noch versterbend hauchte: »Süzze künigin, unser fraue, bis pei meiner schidung«? Kaiser Ludwig befand sich mit Papst Benedikt XII. im Streit und war von ihm gebannt. Alle seine Versuche, sich mit dem Papst, der Südfranzose war und in Avignon residierte, zu versöhnen, vereitelte der Franzosenkönig Philipp VI. von Valois. Die Selbstachtung verbot es dem Kaiser, der Benedictina in seinem Machtbereich Eingang zu gewähren. Daraus, nicht aus anderen Gründen, ist das Verhalten Ludwigs zu verstehen. Leider aber trug vor allem dieses dazu bei, daß der Ausführung der Benedictina in Baiern kein Erfolg beschieden war.

Auch die Konzilien und örtlichen Synoden suchten den Niedergang der alten Mönchsklöster St. Benedikts zu steuern. Wie schon das 4. Laterankonzil (1215), so bemühte sich zuletzt auch das Konzil von Konstanz (1414-1418), Mittel und Wege zur Besserung der Verhältnisse in den so tief gesunkenen Abteien zu suchen und zu finden. Es beraumte für den Sonntag, den 28. Februar 1417, eine Synode im Stifte Petershausen bei Konstanz an. 131 Äbte wie Mönche, die eigens an den Bodensee geladen worden waren, tagten fast drei Wochen lang mit viel Ernst und Eifer. Sie orientierten sich in ihren Erwägungen an der Regel St. Benedikts und an den päpstlichen Erlassen seit zwei Jahrhunderten, so sie das Ordenswesen anbetrafen, vor allem an der Benedictina Papst Benedikts XII., ohne neue Statuten zu beschließen. Die Petershausener Konferenz drang auf die Einhaltung der Gelübde und auf das gemeinschaftliche Leben in den Klöstern, das sehr im argen lag, verurteilte scharf jeden Privatbesitz, das „große Laster" der Mönche seit langer Zeit, verbot den Fleischgenuß zum mindesten beim gemeinschaftlichen Tisch und den Gebrauch von Leib- und Bettwäsche aus Linnen. Weitere Beschlüsse betrafen die einheitliche Art der Kleidung und der Mönchstonsur, ferner die Liturgie beim Chorgebet und bei der heiligen Messe, den Sakramentenempfang in kranken und gesunden Tagen, das Studium auf den Universitäten und nicht zu allerletzt die Vermögensverwaltung und das Rechnungswesen eines Klosters. Ganz energisch wandten sich die Teilnehmer an der Synode gegen die „äußerst schlechte Gewohnheit" vieler Abteien, ausschließlich Adelige aufzunehmen. Neben diesen sollten in Zukunft in allen Klöstern des Ordens auch Bürgerliche Mönche werden können. Ein Unterschied nach Herkunft, Stand und Rang dürfe in keiner Abtei mehr künftig herrschen, nach der Regel St. Benedikts eigentlich eine Selbstverständlichkeit.

Wenn auch dem Petershausener Kapitel von 1417 kein voller Erfolg beschieden war, so wurde sein Geist doch für Tegernsee von ausschlaggebender Bedeutung. In Konstanz weilten der junge Herzog Albrecht V. von Österreich, der spätere deutsche König Albrecht II. († 1439), der Rektor der Wiener Universität Nikolaus Prunzlein von Dinkelsbühl († 1433)und mit ihnen die deutschen Benediktiner Nikolaus Seyringer aus Matzen in Niederösterreich († 1425), Petrus Wiechs von Rosenheim am baierischen Inn († 1433) und andere, die in Subjaco, also im allerältesten Kloster St. Benedikts, Mönche geworden waren und ein regelgetreues Klosterleben führten. Ursprünglich hatte Herzog Albrecht V. im Sinne, in seinen österreichischen Landen eine neue Benediktinerabtei zu gründen, was neben seinem Kanzler Andreas Plank und anderen auch Nikolaus von Dinkelsbühl mißfiel. Der Herzog solle, so meinte vor allem letzterer, kein neues Kloster stiften, sondern lieber die alten zu neuem Leben zu erwecken suchen. Dazu seien Visitationen allerorten durchzuführen und gewissenhafte Mönche, am besten gleich deutsche aus

Subjaco, zu berufen. Von ihren Studien in Wien her kenne er sie gut. Der Herzog stimmte zu. Die Reform begann in Melk. Schon 1418 wurde Nikolaus Seyringer dort Abt. Sein jahrelanger Gefährte Petrus von Rosenheim sollte ihm als Prior helfen. Dieser war ein hochgebildeter Mann und Theologe, Klosterschüler einst in Tegernsee, dann Student an der Universität zu Wien, Professe von Subjaco und schließlich seit 1413 Prior von Rocco di Mondragone. Er war bald die treibende Kraft einer großen monastischen Reformbewegung, die unter dem Namen Melker Reform in die Geschichte eingegangen ist. 1426 brachte Petrus von Rosenheim die „Melker Observanz", wie man die Reform auch nannte, nach Baiern und da zuerst nach Tegernsee.

Der Freisinger Bischof Nikodemus della Scala (1422-1443) hatte im Auftrag Papst Martins V. (1417-1431) schon am 24. Juli 1424 seinen Generalvikar Johannes Grünwalder und mit einigen anderen auch Petrus von Rosenheim zu Visitatoren der Klöster in seiner Diözese bestimmt. Grünwalder kam als natürlicher Sohn des sehr der Jagd verbundenen Herzogs Johann II. von Baiern und der Jägermeisterstochter Anna Pirßer auf der Burg Grünwald bei München – daher sein Name – zur Welt, hatte die Herzöge Ernst und Wilhelm III. zu Halbbrüdern und sollte einmal mit letzterem auf dem Konzil von Basel (1431-1437) keine kleine Rolle spielen. 1440 ernannte ihn der Gegenpapst Felix V. († 1451) zum Kardinal von Baiern. Er war eine zielbewußte Persönlichkeit und eifrigst darauf aus, in den Klöstern des Bistums Freising, und zwar nicht nur in jenen der Benediktiner, zu reformieren, was reformierungsbedürftig erschien. Von 1443-1452 Bischof von Freising, verzichtete er 1448 auf sein Kardinalat, um als Bischof von Papst Eugen IV. anerkannt zu werden. Am 2. Dezember 1452 ist Grünwalder zu Wien verstorben.

Mit Johannes Grünwalder, dem von seinem Bischof Nikodemus und von Herzog Wilhelm III. beauftragten „Generalvisitator und Reformator", kamen Johannes von Ochsenhausen, der spätere Schottenabt in Wien, Johannes, der Dekan des Augustiner-Chorherrenstiftes Indersdorf, und als vierter bischöflich Bevollmächtigter Petrus von Rosenheim nach Tegernsee. Es war wohl im Juli 1426.

Warum begann die Reformtätigkeit Johannes Grünwalders mit seinen Mitvisitatoren gerade in Tegernsee? War es deshalb, weil dieses Kloster das älteste und gewiß einmal das bedeutendste der Freisinger Diözese, weil es am leichtesten zu reformieren, weil Petrus von Rosenheim dort als junger Mensch einmal zu Hause war? Wir wissen es nicht. Vermutlich kannte Johannes Grünwalder, der von 1416-1445 neben seinem Amt in

Freising Pfarrherr von St. Peter in München war, einen aus dieser Pfarrei stammenden jungen Tegernseer Mönch, den er für fähig und den er auch für willens hielt, in seinem Kloster als Abt die Melker Reform ein- und durchzuführen. Er gehörte der Münchener Patrizierfamilie Ayndorffer an, war in der Tegernseer Klosterschule groß geworden und mit seinen 24 Jahren der jüngste unter den 14 Mönchen, die die klösterliche Gemeinschaft von Tegernsee 1426 noch zählte.

Nachdem der bisherige Abt Hildebrand Kastner, ein religiöser, aber den Verhältnissen in seinem Hause nicht gewachsener Herr, zur Resignation auf seine Abtei veranlaßt worden war, wurde *Kaspar Ayndorffer* zu seinem Nachfolger gewählt. Das geschah wie manchmal heute noch bei einer „freien" Abtwahl unter dem Wissen aller Wähler, daß nur ein bestimmter und kein anderer die Gnade der Bestätigung als Abt erhalten werde. Doch gereichte in diesem Fall eine solche „Wahl" zum Segen eines Klosters. Darauf schritten die Visitatoren zur Vernehmung aller Mönche. Mißstände wurden festgestellt, aber auch Gutes anerkannt. Zuletzt kam es zu Weisungen, die in Zukunft genauestens eingehalten werden sollten. Vor allem verlangten diese ein wirkliches Gemeinschaftsleben des Abtes mit seinen Mönchen und dieser untereinander, die gewissenhafte Erfüllung der Ordensgelübde (Gehorsam, Enthaltsamkeit und Armut), die würdige Feier des Chorgebetes und der hl. Messe, den Verzicht auf jeden Besitz des einzelnen, dafür dessen gesicherte und ausreichende Versorgung durch das Kloster, das Verbot des Fleischgenusses beim gemeinschaftlichen Tisch, die regelmäßige Beichte, das tägliche Schuldkapitel, auf dem Verstöße gegen die klösterliche Ordnung öffentlich zu bekennen und durch den Abt zu ahnden waren. Streng verboten wurden das Würfelspiel und das Halten von Hunden.

Ferner wurden die geistliche Lesung und das Studium der Hl. Schrift zur strengen Pflicht gemacht, ebenso das Stillschweigen im Kloster, besonders das bei Nacht, die Ordnung im Schlafsaal, die Einhaltung der Klausur, das Tragen der Mönchskleidung und der Tonsur, die Sorge für die Gäste und für deren Hunde zur Jagd. Außerdem erließen die Visitatoren Bestimmungen über das Maß der Reisen eines Mönches, dann Richtlinien für die Seelsorger und deren Sakramentenspendung an das Volk. Frauen sollten nur von Sonnenaufgang bis zur letzten Messe Zutritt zur Klosterkirche haben. Auch die Kranken und ihre Versorgung wurden nicht vergessen, ebenso nicht die Aufgaben der Amtsinhaber im Kloster wie die des Priors und Subpriors, des Vermögensverwalters und des Novizenmeisters. Dem Abt wurde zur Pflicht gemacht, jährlich eine

Abrechnung dem Konvente vorzulegen und ihm Rechenschaft über seine Tätigkeit zu geben.

Ein besonderes Anliegen der Reformatoren war der Nachwuchs an jungen Mönchen. Das „Verderbnis", nur Adelige in die Gemeinschaft des Klosters aufzunehmen, wurde scharf verurteilt und dessen Beseitigung auf das bestimmteste gefordert. Wie tief dieses Übel saß, ist daraus zu ersehen, daß Abt Ayndorffer erst 1442 in die Lage kam, den ersten Bürgerlichen in sein Kloster aufzunehmen.

In Tegernsee gab es neben Kaspar Ayndorffer noch andere Mönche, die 1426 einer Reform gegenüber recht aufgeschlossen waren, wie der spätere Abt Ulrich von Wessobrunn (†1443) und die beiden Kleriker Johannes Sundersdorffer und Sebastian Grafenreutter, die 1429 und 1430 je ein Jahr in Melk verbrachten, um dann daheim Garanten für dessen Observanz zu werden. So kann man nicht sagen, daß für die Mönche von Tegernsee in ihrer Gesamtheit das bittere Wort Walthers von der Vogelweide gegolten hätte:

„*Sie sünd'gen ohne Scheu, drum heget Gott zu ihnen Haß.*
Uns weisen sie zu Gott und fahren selbst zur Hölle."

Doch war auch Tegernsee vom Zeitgeist angesteckt. Um das zu ändern und zu bessern, um die Abtei zum Ausgangspunkt einer durchgreifenden Reform des klösterlichen Lebens in Baiern zu machen, war Kaspar Ayndorffer der rechte Mann.

Der rechte Mann

Abt Ayndorffer leitete fast 35 Jahre das Kloster Tegernsee. Was er geleistet, was er seiner Nachwelt hinterlassen hat, ist unglaublich viel. Gewiß, er schuf es nicht allein. Die baierischen Herzöge Wilhelm III. und Albrecht III., Johannes Grünwalder, Petrus von Rosenheim, Ulrich Stöckl, Bernhard von Waging, Johannes Keck und andere halfen ihm dabei mit Rat und Tat, doch trug er im letzten die ganze Last des wirtschaftlichen, monastischen und kulturellen Wiederaufbaus von Tegernsee allein. Bernhard von Waging († 1472) nennt ihn Licht seiner Augen, seinen Führer, ja Vater, Mutter, Schwester, Bruder zugleich, einen gütigen Hirten und Leiter, einen in allem wohlwollenden Gönner und besten Tröster. Dem Abt von Melk schrieb er in seiner Mitteilung vom Hinscheiden Ayndorffers unter anderem:

„*Er war ein guter Christ, im Rate klug und vorsichtig, im Handeln energisch und ausdauernd, gehorsam gegen Gott, eifrig im Glauben, hervorragend sittlich, ohne Menschenfurcht, voll Gottesfurcht, niemals müßig, füllte er seine Zeit mit Beten, Lesen oder mit der Sorge für die Angelegenheiten des Klosters oder der Brüder. Er verachtete leibliche Bequemlichkeit, gönnte sich kaum das Notwendige, war strenger gegen sich, als die Ordensregel es verlangte. Im Umgang war er freundlich, gegen den Gehorsamen mild, gegen die Ungehorsamen unerbittlich.*“

Zu Bischof Johannes Tulbeck von Freising (1453-1473) meinte Bernhard:

„*Der beste Hirte schied von uns, von unserem Haupte fiel die Krone, die Richtschnur unseres Lebens, ein Tugend- und Sittenmuster ging dahin. Unser würdiger Führer und Leiter, der unser Kloster nach innen und außen wiederherstellte, ja richtiger gesagt neu gründete, ließ uns als trostlose Waisen zurück und ging nach Sonnenuntergang zu einer Sonne hinüber, die keinen Untergang kennt.*“

Das alles mag etwas überschwenglich klingen, entspricht jedoch dem Bild, das auch andere von Abt Ayndorffer entwarfen.

Zu allererst mußte Abt Kaspar die Voraussetzungen schaffen für ein Klosterleben nach den Vorstellungen der neuen Observanz aus Melk.

Noch war der 1424 eingefallene Chor der Klosterkirche nicht wieder aufgebaut. Auf ökonomischem und finanziellem Gebiet gab es unendlich viel zu tun, sollte der Eigenbesitz der einzelnen Mönche verschwinden und ihr Unterhalt dafür durch die Wirtschaftskraft des Klosters selbst ermöglicht und gesichert werden. In verhältnismäßig kurzer Zeit wurden zunächst die Fundamente des eingestürzten Chores verstärkt und er selber wieder hochgeführt. 1429 weihte Weihbischof Adalbert von Freising das Neugebaute ein. Und Abt Kaspar blieb am Bauen. Es folgte die Errichtung einer doppelgeschossigen gotischen Sakristei, 1445 dann die Restauration der schon im 9. Jahrhundert erwähnten Andreaskapelle und des Mönchschores. 1455-1560 unterzog Abt Kaspar die Gevierte seines Klosters mit der Abtei, den Wohn- und Schlafräumen der Mönche, dem Refektorium, mit den Gäste- und Krankenzimmern und den Räumen der Verwaltung einem Umbau. Auch die Werkstätten der Schreiner und Schlosser, Schmiede und Sattler, Schneider und Schuster, Bäcker und Metzger wurden baulich überholt. Dazu erhielt das Kloster starke Umfassungsmauern und innerhalb davon eine Stampf- und eine Mahlmühle mit einer kunstvollen Einleitung des Wassers, ferner die Erweiterung der Ställe für das Vieh.

Neben den baulichen Erneuerungen im Kloster selbst richtete Ayndorffer sein besonderes Augenmerk auf die weitverstreuten Besitzungen von Tegernsee. Sie waren zum guten Teil in fremde Hände geraten, die sie mitunter sogar als ihr Eigentum betrachteten. Oft recht schwierige Verhandlungen, ja lästige Prozesse waren nötig, um klare Verhältnisse zu schaffen und im Tegernseer Winkel wie in den acht übrigen Ämtern des Klosters auf baierischem Boden wieder sozusagen Herr im eignen Haus zu werden. Diese Ämter, geleitet von Pröpsten, hatten die Bewirtschaftung der klostereigenen, oft als Lehen vergebenen oder verpachteten Güter zu überwachen und die Bar- und Naturalreichnisse aus diesen einzuholen und dem Kloster zuzubringen.

Das Tegernseer Amt umfaßte 36 Höfe, 158 Lehen und vier Mühlen in Kreuth, Rottach, Tegernsee, Wiessee und Ostin.

Das Amt von Holzkirchen zählte 48 Hofstätten und 11 Lehen. In Holzkirchen befand sich auch der Markt des Klosters Tegernsee. Ein Marktamtmann hatte die Verantwortung für Käufe und Verkäufe von Vieh, Korn und Mehl, von sonstigen Viktualien und anderem mehr.

Im Amt von Warngau gab es 200 Tegernseer Güter in den Orten Groß- und Kleinhartpenning, Wall, Schmidham, Reitham, Sachsenkam, Piesenkam, Oster- und Westerwarngau.

Das Gevilderamt umschloß die Ortschaften Schattenhofen, Moosach, Zorneding, Pframmern, Egmating, Feldkirchen bei Aibling, Sauerlach, Haching, Potzham, Brunnthal, Höhenkirchen, Aying, Dürrnhaar und Faistenhaar mit etwa 150 Gütern.

Das Neuburger Amt war für die Höfe im Isarwinkel, so in Greiling, Reichersbeuern, Dürnbach, Rain, Finsterwald, Schaftlach, Waakirchen und Krottenthal, zuständig. Der Name dieses Amtes geht auf den Burgstall Neuburg bei Lenggries zurück.

Das Amt Linden betreute etwa 100 Güter in Bachhausen, Walchstatt, Ergertshausen, Otterfing, Föggenbeuern, Lochham, Holzham, Neufahrn, Icking und Altkirchen.

Mehrere Dutzend Tegernseer Besitzungen lagen im Amt Gesseltshausen bei Freising. Um Ebersberg gab es an die 80 Tegernseer Höfe, die vom Amt Finsing bei Markt Schwaben aus betreut wurden, um den Irschenberg etwa deren 40, die zum Wellenkamer Amt gehörten.

Zu diesen baierischen Ämtern Tegernsees kamen noch drei in Niederösterreich. Dort kümmerten sich die Ämter Strengberg, unterhalb der Enns und auf der rechten Donauseite gelegen, Loiben links der Donau am Ausgang der Wachau bei Krems, und Joching in der Wachau selbst um die Tegernseer Besitzungen, die das Kloster mit Wein und Korn versorgten. Kaiser Heinrich II. († 1024) stiftete sie einmal aus edler Gunst.

Auch in Tirol gehörten Tegernsee große Weingüter in Planitzing bei Bozen und in Bozen selbst. Ebenso war es um Wilten bei Innsbruck und um Amras, nicht weit von dieser Stadt, begütert.

Alle Besitzungen ließ der wirtschaftlich recht begabte und bald sehr erfahrene Abt 1454 in einem Saalbuch verzeichnen, das uns noch erhalten ist. Dieses Buch sicherte für alle Zukunft die Übersicht über alles Hab und Gut Tegernsees an Grund und Boden und half jedem Abt und allen Klostergutsverwaltern fürderhin in der Erfüllung ihrer oft recht unbedankten Mühe, die zeitlichen Belange ihres Hauses zu wahren und zu mehren.

Wie im engeren Klosterbereich betätigte sich Ayndorffer auch außerhalb davon als recht baufreudiger Abt. In St. Quirin ersetzte er 1450 die hölzerne Kapelle durch eine aus Stein. In Holzkirchen ließ er gegen viel Geld einen 65 Klafter tiefen Brunnen graben und ein Haus aus Stein für den Marktamtmann, dazu ein Lagerhaus für die Naturalien errichten. Auch der Marktbrunnen von Holzkirchen geht auf Abt Ayndorffer zurück. Ebenso erstellte dieser im fernen Achleiten (Amt Strengberg in

Niederösterreich) um 300 Pfund Pfennige einen Herrenhof. In München restaurierte er das Tegernseer Haus am Anger, das Abt Marquard einst erworben hatte, um 200 Pfund Pfennige. Er machte es zum Sammel- und Umschlagplatz für das Getreide aus den umliegenden Ämtern seines Klosters. Viel Mühe und Mittel verwendete der Abt ferner auf die Anlage von Fischteichen, so bei Reutberg und Georgenried und auch bei Wiessee, doch hatte er nicht sehr viel Glück dabei. Man mag sich fragen, woraus der baufreudige Abt seine Werke finanzierte. Er hatte als Grundherr die billige Arbeitskraft seiner Untertanen, vor allem der Schutz- und Grundhörigen, der Zinspflichtigen und Leibeigenen rings um den Tegernsee. Ayndorffer nutzte als Kind seiner Zeit die pflichtgemäße Dienstbarkeit dieser Leute recht kräftig aus. Sosehr der Abt mit seinen Leistungen auf baulichem und ökonomischem Gebiet sich die Bewunderung von Außenstehenden erringen konnte, sowenig glücklich und zufrieden machte er die Scharwerk und Frondienst leistende Bevölkerung seiner Herrschaft mit den Lasten, die sie um seinetwillen und seines Klosters wegen auf sich nehmen mußten. Sie murrten wohl und wünschten sich nicht ohne Anlaß einen Grundherrn von weniger gestrenger Art. Abt Ayndorffer trug ein Panzerhemd. War es zum Schutz gegen unzufrieden gewordene Untertanen, war es, um vor mißgünstigen Adeligen sicherer zu sein, oder war es gar, weil er mit einem Attentat aus den Reihen seiner Mönche rechnen mußte? All das wurde schon vermutet. Vielleicht trug er das Panzerhemd jedoch aus Buße und zur Sühne für die Sünden seiner Zeit, wie auch andere Aszeten im 15. Jahrhundert es taten.

Abt Kaspar Ayndorffer sollte die monastische Ordnung in seinem Hause neu beleben. Das war ihm Aufgabe und Pflicht und eigenes Bedürfnis. Mit Recht kümmerte er sich zu allererst um die zeitlichen Bedürfnisse im Kloster Tegernsee. Denn „primum vivere, deinde philosophari", frei übersetzt mit: „Zuerst für das Leben sorgen, dann sich über anderes Gedanken machen", war das einzig Richtige, das ihn zum Erfolge führen konnte. Darum ging er in den ersten Jahren seiner Amtszeit mit der Reform der klösterlichen Gewohnheiten recht langsam und vorsichtig zu Werke, so vorsichtig und langsam, daß die Visitatoren von 1426 sich veranlaßt sahen, ihn zu mahnen, „die Beobachtung der Ordensregel, das Stillschweigen und das Fasten, den Gehorsam und den Chordienst zu überwachen, Fehler der Brüder nicht ungestraft hingehen zu lassen, sich ernst und gemessen zu betragen, nicht oft aus dem Kloster zu gehen und üppige Zusammenkünfte zu vermeiden." Hauptsächlich möge er sich als gütiger geistlicher Vater bei allen erweisen zu Gottes und zu seiner Ehre. Auch Herzog Wilhelm III. von Baiern glaubte Abt Kaspar ermuntern zu müssen, die Reform in Tegernsee zügig zu betreiben.

Ermuntern ist nicht schwer, schwer auch nicht Ermahnen. Es läßt sich denken, daß es für einen Abt von 25 Jahren nicht leicht sein konnte, als jüngster unter seinen Mitbrüdern Reformen durchzuführen, die wohl einige von ihnen, aber lang nicht alle von vorneherein begrüßten. Sicher gab es Einwendungen gegen so manches Neue, gegen Beschränkungen im gewohnten Alltag, gegen Anordnungen, die dort um so schwerer fallen mußten, wo man bisher frei war und sein eigener Herr. Es gab Mönche, die seit Jahren in Tegernsee im Kloster waren und sich hier recht und schlecht durch ein bequemes Ordensleben geschlagen hatten. Ihnen nun im Alter mit ungewohnten, manchmal auch beschwerlichen Neuerungen beim Chorgebet und in der Kirche, beim Essen und beim Schlafen, im ganzen Tagesablauf und noch für die Nacht zu kommen, empfanden sicher manche begreiflicherweise als Zumutung und wenig angebracht. Mußten sie nicht widerborstig werden, konnten sie nicht, von ihrem Standpunkt aus gesehen, mit Recht zu vielem Neuen sagen: „Auf das habe ich nicht Profeß gemacht", d. h. „dazu habe ich mich bei meinem Eintritt ins Kloster nicht verpflichtet"?

Eine besondere Eigenschaft Abt Ayndorffers trug sehr zu seinem Erfolg in der inneren Führung und Erneuerung seines Klosters bei. Er konnte warten und sich bescheiden, ohne seine Ziele aus den Augen zu verlieren, bis er sie verwirklicht sah. Dabei half ihm die Zeit. Mit jedem Sterben eines alten, mit dem Neuen nicht sehr einverstandenen Mönches und mit jedem Verpflichten eines jungen Menschen auf die Melker Observanz tat er sich leichter. Nach 25 Jahren zähen, konsequenten Mühens stellte ihm eine neue Visitation für sein Kloster das allerbeste Zeugnis aus. Die Äbte Martin vom Schottenstift in Wien und Laurentius von Mariazell im Wiener Wald (Klein-Mariazell) führten sie mit Johannes Schlitpacher aus Melk am 14. April 1452 durch. Sie fanden Tegernsee in seiner wirtschaftlichen Lage vorbildlich und in monastischer Hinsicht in lobenswerter Blüte.

Freilich hat es kaum eine Visitation, ganz gleich welcher Art und Gattung, je gegeben, die nicht eine Mängelrüge ausgesprochen hätte. Auch die Tegernseer des Jahres 1452 mußte etwas auszusetzen haben. Sie

Dieses Evangeliar mit seinen prachtvollen Initialen und Miniaturmalereien wurde von Abt Ellinger (1017 bis 1026, 1031 bis 1041) geschrieben.

EVANGELIVM

ad Mandatū in Cena do
mini. Johis .13.

ANTE diem festū
pasche. sci
ens Jesus
qz venit
eius hora vt transeat ex
hoc mūdo ad patrem. cū
dilexisset suos qui erant
in mūdo. in fine dilexit
eos. Et cena facta. cū dia
bolus iam misisset in cor
vt traderet eū Judas Symo
nis Scariothis. sciens qz
omnia dedit ei pater in ma
nus. et qz a deo exiuit et
ad deū vadit. surgit a ce
na et ponit vestimenta
sua. Et cū accepisset lin
teū. precinxit se. Deinde
misit aquā in peluim.
et cepit lauare pedes disci
pulorū. et extergere linteo
quo erat precinctus. Venit
ergo ad Symonē Petrū.
et dixit ei Petrus. Dn̄e. tū
mihi lauas pedes? Re
spondit Jhus. et dixit ei.
Quod ego facio tu nescis
modo. scies autē postea. Di
cit ei Petrus. Non lauabis
michi pedes in eternū.
Respondit ei Jesus. Si nō
lauero te. non habebis
partem mecū. Dicit ei
Symon Petrus. Dn̄e nō
tantū pedes meos. sed et
manus et caput. Dicit
ei Jesus. Qui lotus est.
non indiget nisi vt pedes
lauet. sed est mūdus totus.
Et vos mūdi estis. sed non
omnes. Sciebat enim. quisnam
esset qui traderet eū. pro
pterea dixit. nō estis mū
di omnes. Postquam ergo la
uit pedes eorū et accepit
vestimenta sua. cū recu
buisset. iterū dixit eis. Sci
tis quid fecerim vobis?
Vos vocatis me magister

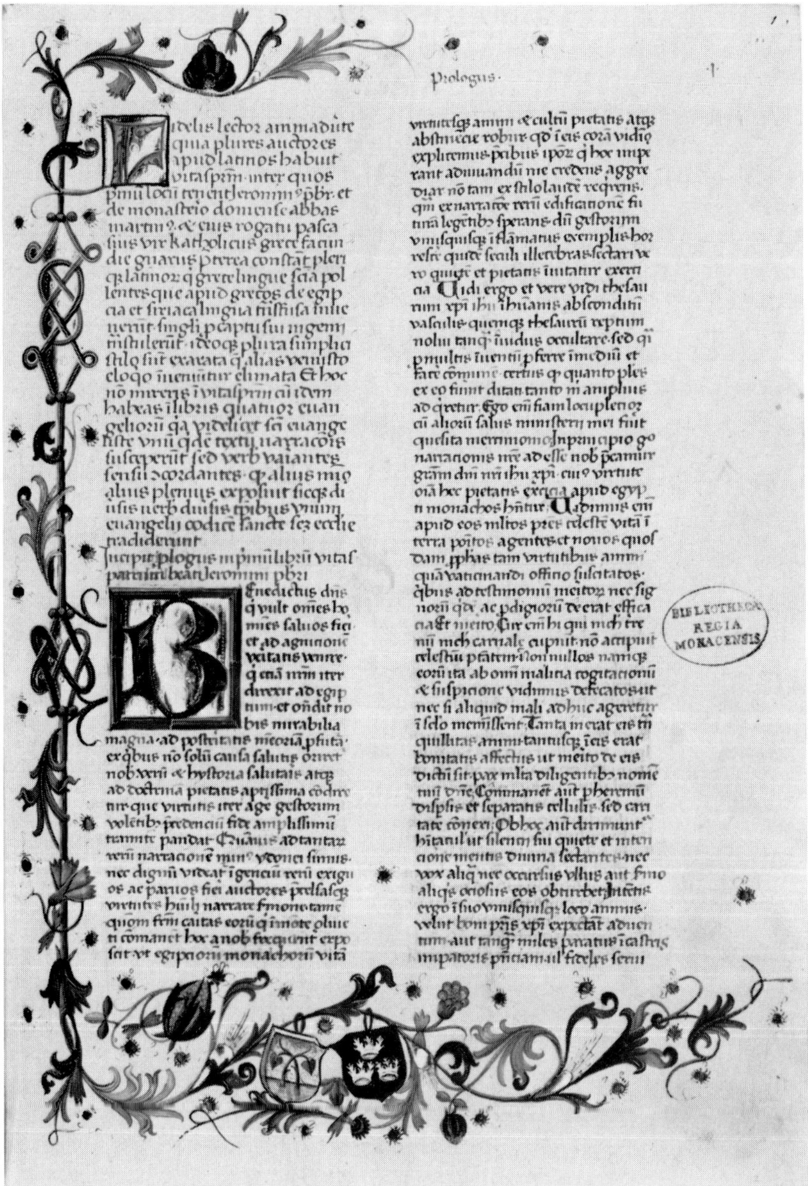

Fidelis lector animadu[er]te quia plures auctores apud latinos habuit vitas p[at]r[u]m · inter quos primu[m] locu[m] tenent Ieronimus p[res]b[ite]r et de monasterio domiense abbas martinus & eius rogatu pascasius vir katholicus grece latinitatis gnarus preterea constat pleri[que] tam latinor[um] q[uam] grece lingue scia pollentes que apud grecos de egipciaca et siriaca lingua translata fuerit · singuli p[ro] captu sui ingenii transtulerunt · ideoq[ue] plura simplici stilo sunt exarata q[uam] alias venusto eloquio inveniuntur elimata Et hoc no[n] mireris in vitas patrum cum idem habeas in libris quatuor euangeliorum qua videlicet sancti euangeliste unum q[ui]de[m] textum narracionis susceperunt sed verbis variantes sensu concordantes · q[uod] alius minus alius plenius exposuit sicq[ue] diversis verbis diversis temporibus unum euangelii codicem sancte s[cilicet] ecclesie tradiderunt

Incipit prologus in primum librum vitas patrum beati Ieronimi p[res]b[ite]ri

Benedictus d[omi]n[u]s q[ui] vult omnes homines salvos fieri et ad agnicionem veritatis venire · q[ui] etiam nu[n]c iter direxit ad egiptum · et ostendit nobis mirabilia magna · ad posteritatis memoriam p[er]scripta · ex quibus non solum causa salutis oritur nobis verum & hystoria salutaris atq[ue] ad doctrinam pietatis aptissima conceditur · que virtutis iter agere gestorum volentibus precedencium fide amplissimum tramitem pandat · Cum autem ad tantarum rerum narracionem minus ydonei simus · nec dignum videatur ingenium tenuum exiguos ac parvos fieri auctores predas[?] virtutes huius narrare sermone tamen quoniam fratrum caritas eorum qui in monte oliveti commanent hoc a nobis frequenter exposcit · ut egipciorum monachorum vitam virtutesq[ue] animi et cultum pietatis atq[ue] abstinencie robur quod in eis coram vidimus expliceremus p[ro] precibus ipsor[um] qui hoc imperant adnitendum mihi credens aggrediar non tam ex stilo laudem requirens · quam ex narrat[ion]e rerum edificacionem futuram legentibus sperans · dum gestorum unusquisq[ue] inflammatus exemplis horrescere quidem seculi illecebras sectari vero quietem et pietatis imitatur exercicia. Vidi ergo et vere vidi thesaurum xpi ihu in humanis absconditum vasculis · quem eg[o] thesaurum repertum nolui tanquam invidus occultare · sed quam plurimis inventum p[ro]ferre in medium et facere commune · certus quod quanto plures ex eo fiunt ditati · tanto mihi amplius adcrescitur · Ego enim fiam locuplecior cum aliorum salus ministerii mei fuit quesita mercimonio · In principio ergo narracionis mee adesse nobis precamur graciam d[omi]ni n[ost]ri ihu xpi · cuius virtute omnia hec pietatis exercicia apud egyptii monachos habentur. Vidimus enim apud eos multos patres celestem vitam in terra positos agentes et novos quosdam p[ro]phetas tam virtutibus animi quam vaticinandi officio suscitatos · quibus ad testimonium meritorum nec signorum quidem ac prodigiorum deerat efficacia Et merito · Cur enim hi qui nichil terrenum nichil carnale cupiunt non accipiunt celestium potestatem · Nonnullos namq[ue] eorum ita ab omni malicia cogitacionum & suspicione vidimus defecatos ut nec si aliquid mali adhuc ageretur in seculo meminissent. Tanta in erat eis tranquillitas animi tantusq[ue] in eis erat bonitatis affectus ut merito de eis dictum sit pax multa diligentibus nomen tuum d[omi]ne. Commanent aut[em] p[lu]rimum dispersi et separatis cellulis · sed caritate connexi · Ob hoc aut[em] dirimuntur habitacul[is] ut silencium sui quiete et intencione mentis divina sectantes · nec vox aliqua nec occursus ullus aut sermo aliquis ociosus eos obtineret · Intentus ergo in suo unusquisq[ue] loco animus · velut boni patris xpi expectat adventum aut tanquam miles paratus in castris imperatoris p[rese]nciam vel fideles servi

rügte die allzugroße Sparsamkeit des Abtes und verlangte mehr Sorgfalt in der Küche, eine abwechslungsreichere Verköstigung und weniger Knauserigkeit in der sonstigen Versorgung des Konvents. Einerseits wurde den Mönchen über die Kost zu murren streng untersagt, andererseits Abt Kaspar dringend angeraten, sich beim Unterhalt der Mönche des Rates erfahrener Leute zu bedienen und in der Sorge für Kleidung, Speise und Trank nach der Art und Weise anderer vorbildlicher Klöster zu verfahren.

Auch in anderem brauchte Ayndorffer ein starkes Wollen und recht gute Nerven. So dann, wenn Leute, mit denen er sich im allgemeinen gut verstand und die auch ihm gewogen waren, bisweilen Dinge von Tegernsee verlangten, die sie von Rechts wegen nicht hätten fordern dürfen. „Er war ein gar scharfer und heftiger Beschützer und Bestreiter gewesen wider die Gewaltigen und Mächtigen", schreibt ein Tegernseer Chronist. Damit sind auch der baierische Herzog und der Bischof von Freising gemeint. Herzog Albrecht III., auch der Fromme genannt und sowohl der Hussitenbekämpfung wegen als auch aus anderen Gründen in arger Geldverlegenheit, verlangte am Georgstag 1430 auf dem Verordnungsweg von Tegernsee viel bare Mittel, wogegen Abt Ayndorffer sich auf das entschiedenste verwahrte. Der Tegernseer Winkel sei steuerfrei, das habe der Herzog doch vor kurzem erst bestätigt. Und als Albrecht III. 1441 der Hussitenkriege halber wiederum, und zwar dieses Mal recht höflich und bescheiden um Geld in Tegernsee vorgesprochen hatte, erhielt er von Abt Kaspar von neuem keinen Kreuzer. Klugerweise hatte der Abt alte Privilegien seines Klosters längst wieder erbeten und auch zugesagt bekommen, so daß er auf sie pochen konnte. 1446 versuchte Albrecht III. zum dritten Male, Geld aus Tegernsee zu holen. Auch jetzt verwies ihn der Abt Ayndorffer auf das verbriefte Recht.

Mit dem Bischof von Freising bekam es der Tegernseer Abt ebenfalls zu tun. 1430 verlangte Bischof Nikodemus della Scala von Ayndorffer die Hälfte des jährlichen „Nutzens seiner Abtei", was gegen alles Recht verstieß. Wollte der Bischof eine nachträgliche Vergütung für seine Rolle, die er bei der Wahl Ayndorffers zum Abt gespielt hatte, veranlaßten ihn die schlimmen Folgen des Unglücksjahres 1428 mit argen Überschwemmungen, mit Hungersnot und Pest in seinem Bistum zu dieser anmaßenden Forderung? Es sei, wie dem auch immer war, Abt Kaspar er-

Heiligenleben. Geschrieben von dem Augsburger Künstler Heinrich Molitor 1474 in Tegernsee.

hob energische Beschwerde bei Erzbischof Johannes II. von Reisberg (1429-1441) in Salzburg, der seinen Amtskollegen an der Isar zur Güte mahnte und zum Verhandeln riet. Es scheint, der Tegernseer Abt blieb ungeschoren. Als dann 1432 Johannes Tulbeck, Propst von St. Veit in Freising, im Auftrage des Bischofs von den Prälaturen in dessen Bistum unter Androhung des Kirchenbannes die Abgabe einer harten Steuer verlangt hatte, war es Ayndorfer, der die Benediktineräbte von Scheyern, Weihenstephan, Ettal, Ebersberg und Rott am Inn und die Augustinerpröpste von Indersdorf, Rottenbuch, Zell, Beyharting, Weyarn, Beuerberg und Schlehdorf aufforderte, mit ihm sich an das Konzil von Basel zu wenden, um dort Schutz vor bischöflichen Übergriffen zu erhalten, was auch gelang.

Sobald und solang ein Kloster disziplinär in gutem Zustand ist, gedeihen hinter seinen Mauern Wissenschaft, Musik und künstlerisches Schaffen. So war es auch in Tegernsee seit der Reform im Jahre 1426. Abt Ayndorffer legte großen Wert auf die Ausbildung seiner jungen Leute. Die grundlegende erhielten sie in der Klosterschule von Tegernsee, die höhere auf der Universität Wien, die durch Petrus von Rosenheim und andere in guter Beziehung zu vielen Tegernseer Mönchen stand.

Abt Kaspar wurde „Wirtschafts- und Bauabt" schon aus dem Zwang der gegebenen Verhältnisse in Tegernsee. Er war aber ebenso ein Förderer der Wissenschaft und kultureller Werte in seinem Haus. Viel tat er für den Ausbau der Klosterbibliothek, so manchen harten Gulden verwendete er auf die Anschaffung von handgeschriebenen Büchern. Wie sehr ihm Bücher am Herzen lagen, zeigt, daß er solche, die ein Buch mit Randbemerkungen versahen oder durch Radierungen beschädigten, sich selber zur Bestrafung vorbehielt, ferner, daß ein Buch nur mit ausdrücklicher Genehmigung des Priors und nicht ohne Pfand nach auswärts ausgeliehen werden durfte. Die einst so berühmte Schreibschule von Tegernsee blühte unter Abt Ayndorffer so schnell wieder auf, daß, da die eigenen Leute zum Bücherschreiben nicht genügten, fremde Kräfte im Scriptorium des Klosters helfen mußten. Heute noch legen viele Codices in München, Wien, Melk und anderswo, die zur Zeit Ayndorffers in Tegernsee geschrieben worden sind, Zeugnis ab vom Bienenfleiße ihrer Schreiber. Darunter waren die Mönche Sigmund Schrottinger († 1481), Anton Pelchinger († 1465), ein einfallsreicher Illustrator und, wie die beiden tüchtigen Kopisten Oswald Nott († 1499) und Michael Saxl († 1510), ein vortrefflicher Sänger im Mönchschor von Tegernsee. Auch der später in Andechs wirkende Leonhard Eggerer († 1459) sei hier nicht vergessen. Literarisch waren tätig Ulrich Stöckl und Johannes Keck. Ersterer tat sich als äußerst fruchtbarer Hymnendichter des ausgehenden Mittelalters hervor und wurde 1438 Abt von Wessobrunn († 1443). Letzterer war Beichtvater von Herzog Albrecht III. von Baiern, Gesandter Johannes Grünwalders auf dem Basler Reformkonzil (1431-1437), schließlich Pönitentiar in Rom, wo er 1450 an der Pest verstarb. Als vielseitige Autoren zeigten sich Konrad von Geisenfeld († 1460), Bernhard von Waging († 1472) und Ulrich von Landau († 1505). Ihre Predigten, philosophischen und theologischen, kanonistischen und mystischen Traktate bestätigen den hohen Stand der wissenschaftlichen Betätigung zur Zeit Ayndorffers in Tegernsee. Die Prioren unter diesem Abt waren alle aus der Schule der Wiener Universität hervorgegangen, so manche Tegernseer Mönche hatten an ihr studiert, bevor sie ins Kloster gingen. Eng blieben deren Beziehungen zur Wiener Gelehrtenwelt, gab es ja in Baiern noch keine Universität.

Abt Ayndorffer muß persönlich etwas an sich gehabt haben, das nicht nur junge Menschen und eine Anzahl von Weltpriestern veranlaßte, Mönch, und zwar in seiner Abtei zu werden, sondern auch „alte Hasen" im Klosterleben aus anderen Klöstern und Orden dazu bestimmte, in Tegernsee um Aufnahme zu bitten. Zehn von den 52 Professen unter Abt Kaspar stammen aus anderen Klöstern. Aus dem Augustiner-Chorherrenstift Indersdorf traten Wilhelm Kienberger († 1467), Bernhard von Waging und Oswald Nott, aus dem von Beyharting Johannes von Beyharting († 1460) nach Tegernsee über. Birgittiner war früher der Schneiderbruder Georg von Ingolstadt († 1469). Diepold Westendorffer († 1433) kam von Ettal, Konrad von Geisenfeld († 1460) von Melk, Michael Saxl († 1510) und Johannes Hausmann († 1475) aus Benediktbeuern und Bruder Johannes Khistler († 1455) aus Reichenbach in der Oberpfalz, der seines Zeichens Kunstschreiner gewesen ist.

Wie für die Pflege der Wissenschaft hatte Abt Kaspar viel auch übrig für die Kunst. Leider ist von den vielen unter ihm für die Kirche von Tegernsee beschafften kultischen Geräten nur mehr eine Monstranz und ein Vortragkreuz erhalten. Erstere fand man 1824 in einem alten Schrank versteckt, sonst wäre auch sie kein sichtbarer Zeuge mehr für all das Schöne, das zum Kirchenschatz von Tegernsee im 15. Jahrhundert gehörte. 22 neue Meßkelche, silbergetriebene Tafeln und Reliquiare, Rauchfässer und Leuchter, Meßkännchen mit ihren Tellerchen, wertvolle Paramente und viel Kirchenwäsche bargen die Kasten und Laden der Sakristei. Die Monstranz ist von hohem Kunstwert, aus Weißkupfer, stark vergoldet, 1,27 Meter hoch und hat ein Gewicht von 28 Pfund. Der Goldschmied Johannes aus Landsberg am Lech, der sich Kistler, wenn nicht Beringer schrieb, fertigte sie im Jahre 1448 an. Eine zweite kunstvolle Arbeit dieses Meisters war schon zwischen 1445 und 1447 entstanden. Es war ein Brustreliquiar, das Gebeine des Klosterheiligen Quirin in sich barg. Wann und wohin es verschwand, weiß heute keiner mehr. Am Vortragkreuz haben mehrere gearbeitet. Während der Christus dem ersten Drittel des 15. Jahrhunderts angehört, sind die Assistenzfiguren Maria und Johannes seinem zweiten, die Gravuren auf dem Kreuz gar erst seinem dritten zuzurechnen.

Eine Meisterleistung gotischer Kunst war einmal das Hochgrab der beiden Klosterstifter Adalbert und Otkar, deren Gebeine 1445 aus der Andreaskapelle in die Mitte der Abteikirche übertragen wurden. Geschaffen hat dieses Hochgrab der Münchner Steinmetz Hans Halder. „110 Pfund umb der Stifter Grab zu machen", hat er als Honorar bekommen. Das Hochgrab sollte ganz im Sinne des heraufkommenden geschichtsbewußten Humanismus ein unübersehbares Zeichen der Erinnerung an längstvergangene Zeiten in der Klosterkirche sein, wurde jedoch bei deren Barockisierung wieder entfernt. Der Sarkophag mit den Gebeinen der Stifter kam 1693 unter die Mensa des Hochaltars, die Deckplatte des Hochgrabes dagegen an die Außenwand über dem Westportal des Tegernseer Gotteshauses, wo sie heute noch zu sehen ist. Der Münchener Steinmetz hat sich 1455-1460 auch als Baumeister in Tegernsee betätigt, und zwar anscheinend so zur Zufriedenheit Ayndorffers, daß ihn dieser als Leiter der Bauarbeiten an der Münchener Frauenkirche dankbar empfohlen hat.

1445/46 entstand für Tegernsee ein neuer, prächtiger Hochaltar mit dem Tafelwerk des unbekannten „Meisters des Tegernseer Passionsaltars«. Er wurde 1446 von Bischof Johannes Grünwalder zu Ehren der Apostelfürsten und des Hauspatrons St. Quirinus geweiht. Die Säkularisation von 1803 hat die äußerst eindrucksvollen Tafelbilder mit der Darstellung der Passion des Herrn und mit Szenen aus der Legende St. Quirins in den Besitz des baierischen Staates gebracht. Sie sind heute auf verschiedene Gemäldesammlungen verteilt. Das widerfuhr einem ausdrucksstarken Werk, das einstens ein gläubig frommer Maler geschaffen hat, um viele in einem Gotteshaus zuinnerst anzusprechen, nicht, um in einem Museum einmal Kunstbetrachtern von dem malerischen Können seiner Zeit zu sagen. Nicht nur das geschriebene Wort im Buch, sondern auch das gemalte auf Holz und Leinwand hat sein Geschick.

Von 1450 bis 1453 arbeitete der Laienbruder Johannes Khistler († 1455) an einem Chorgestühl für Tegernsee. Davon sind fünf Stallen im Bayerischen Nationalmuseum und zwei im Tegernseer Heimatmuseum noch zu bewundern. Sie sind Zeugen von dem hohen Stand gotischen Kunsthandwerks im Kloster Ayndorffers, aber auch vom frommen Beten der Tegernseer Mönche durch Hunderte von Jahren.

Bruder Johannes Khistler war ein etwas unruhiger Kopf. Ursprünglich gehörte er der oberpfälzischen Abtei Reichenbach an. Nach seiner Arbeit am Tegernseer Chorgestühl sollte er wieder dorthin zurückkehren, wollte es aber nicht mehr. Abt Johannes von Falkenstein (1436-1461) in Reichenbach bestand jedoch darauf, da er die Arbeitskraft des Bruders wohl nicht entbehren mochte. Trotzdem behielt ihn Abt Kaspar in Tegernsee kraft eines Privilegs Papst Nikolaus V. vom 13. September 1449, nach dem er berechtigt war, Mönche eines anderen Klosters, die nach Tegernsee überzutreten wünschten, ohne weiteres in sein Haus aufzunehmen. Warum Abt Kaspar dies tat, zeigt der Brief, den er nach dem Tode Khistlers an Abt Johannes nach Reichenbach geschrieben hat. Er könnte nicht schöner sagen, wie sehr Ayndorffer die seiner Sorge Anvertrauten am Herzen lagen. Es heißt in diesem Brief:

„*Jetzt aber reden wir zu Euch selbst, weil wir schon lange und zwar mit Schmerzen gehört haben, daß Ihr, ehrwürdiger Vater, und auch Euere Brüder wegen des eben Verstorbenen sehr ungehalten über uns waret. Doch haben wir uns um das Heil des Bruders immer gesorgt. Aber wir mußten viel und Unangenehmes aushalten, nur deshalb, damit seine Seele gerettet und ihm die Möglichkeit des Vagabundentums genommen werde. Er war niemals im Geiste völlig beständig; häufig erfüllt von dem Gedanken, nach Rom oder in andere Länder zu reisen, hat er uns oft gedrängt, verwirrt, beunruhigt . . . Vor seinem Geist und Herzen stand der Gedanke, den päpstlichen und kaiserlichen Palast mit neuen Kunstwerken zu schmücken. Vieles und Vielfältiges nahm er sich täglich vor, doch konnte er es nicht ausführen, da wir ihm Widerstand leisteten. Nun hat Gott alles gut gemacht.*“

Wie im Mittelalter, so hat man es zu allen Zeiten in Klöstern nicht immer leicht gehabt mit Künstlern und mit solchen, die sich dafür hielten.

Den Bau einer neuen Stiftskirche erlebte Ayndorffer nicht mehr. Seit Jahren wohl wegen seiner harten Lebensweise kränklich, lag er am 17. Januar 1461 im Sterben. Seine letzten Worte waren: „Ich habe nicht umsonst gelebt.“

Starke Ausstrahlung

Wie sich Tegernsee um die Wende des zehnten zum elften Jahrhundert um Feuchtwangen, Benediktbeuern und St. Afra in Augsburg verdient gemacht hat, so verdankt ihm im ausgehenden Mittelalter eine Reihe von baierischen Klöstern recht viel in der Erneuerung ihres monastischen Lebens. Es wurde zum Ausgangs- und Mittelpunkt der Melker Reform in Baiern und das nicht bloß für eine kurze Spanne Zeit. Der Geist dieser Erneuerung blieb lebendig in der Bayerischen Benediktinerkongregation von den heiligen Schutzengeln aus dem Jahre 1684, ja bis zum Tod des letzten Tegernseer Mönchs am 16. Juli 1861.

Kaum hatte die Melker Reform in Tegernsee Fuß gefaßt, kaum waren dort für sie die Anfangsschwierigkeiten überwunden, als sein Abt Kaspar Ayndorffer berufen wurde, auch in anderen Klöstern Baierns mitzuwirken, sie mit neuem Leben zu erfüllen.

Im Januar 1435 finden wir ihn zusammen mit Herzog Wilhelm III. von Baiern und Johannes Grünwalder bei einer Visitation zur Reform des Augustinerstiftes Weyarn. Propst Jakob Slypfhaimer wurde zur Resignation veranlaßt, Konrad Sleyer zum neuen Oberen bestellt.

Im gleichen Jahre 1435 beauftragte das Reformkonzil von Basel Abt Kaspar zusammen mit Propst Johannes Tulbeck von St. Veit in Freising, die Abtei Scheyern zu vitisieren und zu reformieren. Das war so einfach jedoch nicht, da Abt Konrad VI. von Weickmann (1427-1436) floh und, freilich ohne Erfolg, an das Konzil in Basel appellierte und sein Nachfolger Johannes von Tegernbach (1436-1449) anscheinend zu schwach gewesen ist, die angeordneten Reformen durchzuführen. Erst die 1449 erfolgte Berufung Wilhelms von Kienberg aus Tegernsee zum Abt brachte Scheyern die notwendige Erneuerung. Kienberger, ursprünglich Chorherr von Indersdorf, war 1446 in Tegernsee Benediktiner geworden und als Bibliothekar tätig, als ihn die Scheyerner Mönche zum Abte postulierten. Er erfüllte ihr Vertrauen, führte nicht nur die Tegernseer monastischen Gewohnheiten ein, sondern brachte auch durch Heinrich Molitor und andere die Miniaturmalerei der Scheyerner Schreibschule zu neuer Geltung. Auch an der Reform anderer Klöster war er beteiligt, so in Indersdorf und Augsburg. 1467 ist er verstorben, und zwar, wie Aventin behauptet, auf einer Visitation hinterrücks an Gift.

1438 machte sich Abt Ayndorffer um Wessobrunn verdient. Er gab seinen vertrauten Mitarbeiter in der Reform von Tegernsee, Ulrich Stöckl (trunculus), an dieses Kloster. Mit Abt Kaspar war er schon Mönch in Tegernsee, bevor es 1426 erneuert worden war. Von 1432 vertrat er für fünf Jahre die Benediktiner des Bistums Freising und namentlich seinen Abt auf dem Konzil von Basel, über das er 46 anschauliche Berichte nach Hause schickte. Als fruchtbarster Hymnendichter des ausgehenden Mittelalters hat er einen guten Namen. In Wessobrunn befreite er die Mönche von bitterer Armut, indem er ihre wirtschaftlichen Verhältnisse in Ordnung brachte. Auch die Pflege der Wissenschaften in Wessobrunn lag ihm am Herzen. Schon nach fünf Jahren seiner Aufbauarbeit schied er am 6. Mai 1443 aus dem Leben.

1440 hatte Abt Ayndorffer im Auftrag Herzog Albrechts III. die Wahl eines Propstes in Dietramszell zu leiten. Sie fiel auf Johann Freinpüchler, der bis 1462 seines Amtes walten sollte.

Im gleichen Jahr 1440 entsandte Tegernsee seinen Prior Wilhelm Diepolzkircher als Abt nach Benediktbeuern. Mit ihm erhielt dieses Kloster einen fähigen Mann, der nicht nur die Tegernseer Gewohnheiten einführte und sie 1447 durch Johannes Keck und 1456 durch Abt Ayndorffer in Visitationen einschärfen ließ, sondern auch in den 43 Jahren seiner abteilichen Amtszeit die Schreibschule von Benediktbeuern in einzigartiger Weise förderte. Am 29. November 1483 ist er gestorben.

Besonderes Interesse an der von Melk ausgegangenen, in Tegernsee eingeführten Klosterreform hatten die baierischen Herzöge Wilhelm III. und dessen Neffe Albrecht III. Letzterer war „von jugent wolgenaygt besunder zn geistlicher zwcht und ordnung in den klostern dye selben wider pringen in den ersten anfanckh". Noch ist eine Urkunde aus dem Jahre 1441 erhalten, nach der Abt Kaspar Ayndorffer mit dem Propst Petrus Fries von Rohr (†1455) und dem Dekan Johannes Schön von Indersdorf (†1474 als Propst von Dießen) im Namen des Basler Konzils beauftragt und bevollmächtigt ist, alle Klöster im Herzogtum Albrechts III., gleich welchen Ordens, gleich welcher Diözese, zu visitieren und, so es nötig sei, zu reformieren. Sie hatten das Recht, an Haupt und Gliedern, in zeitlichen und geistlichen Dingen zu erneuern, Widersetzliche mit Kirchenstrafen zu belegen, ja im Notfall die weltliche Gewalt um Hilfe anzugehen. Auch waren sie befugt, Obere ab- und einzusetzen, für alle bindende Anordnungen zu treffen, mit einem Wort, sie sollten jegliche Mißstände in den Klöstern beseitigen und diese „zu rechts ordnung und gutem wesen wider pringen". Zunächst wurden die Augustiner-Chorherrenstifte Dießen, Polling und Rottenbuch, dann die Benediktinerabteien Ettal, Ebersberg und Scheyern visitiert. In welchen

Klöstern Abt Kaspar als Visitator tätig wurde, läßt sich nicht sagen. Er verließ sein Kloster nur sehr ungern. Es zu tun sei nicht Sache der Mönche und erst recht nicht seine, schrieb er einmal an Kardinal Nikolaus von Cues. Er war von anderer Natur wie Petrus von Rosenheim (†1433), den Papst Martin V. (1417-1431) auf dem Konzil von Konstanz umarmte, weil er seine ganze Hoffnung auf ihn setzte, und Johannes Schlitpacher von Weilheim (†1482 an der Pest), der 52 Benediktinerklöster visitierte und reformierte. Diese beiden Vorkämpfer der Melker Reformbewegung reisten – gewiß in höherem Auftrag – rast- und ruhelos von einem Kloster zum anderen, um das Klosterwesen zu erneuern, während Tegernsee und sein Abt Ayndorffer in anderer Weise der Melker Klosterreform nicht nur im kleinen Baiern, sondern auch darüber hinaus sich schenkten. Tegernsee wurde durch seinen Abt und durch dessen reformeifrige Mitbrüder zum leuchtenden Vorbild klösterlichen Lebens, was nachhaltiger von Nutzen war als alles sonstige reformatorische Bemühen. Mehr oder weniger überstürzte Visitationen, vor allem Übereifer polternder, manchmal recht selbstgerechter Weltverbesserer haben noch immer weniger erreicht als ein vorgelebtes Beispiel.

Ende Mai 1452 kam Kardinal Nikolaus von Cues, Bischof von Brixen, nach Tegernsee. Er blieb drei Tage und machte das klösterliche Leben der Mönche mit, stand im Chor mit ihnen, saß mit den Brüdern zu Tisch im Refektorium, wohnte dem Schuldkapitel bei. Mit Abt Kaspar und mit seinem Prior Bernhard von Waging verstand er sich aufs beste. Er war wie diese bestrebt, einer äußeren, juristischen Reform eine wahrhaft innere, religiöse entsprechen zu lassen. Nur über die Mittel, zum gewünschten Ziel zu kommen, war man sich nicht immer einig. War in Tegernsee Abt Ayndorffer das Herz der monastischen Erneuerung, so war Bernhard von Waging deren Seele. Nikolaus von Cues holte sich bei beiden Rat und Mut zu eigenem Tun in seiner Tiroler Diözese. Er bat sie, ihm in seinen klosterreformatorischen Bemühungen tatkräftig zu helfen. Abt Ayndorffer und Bernhard von Waging waren bereit dazu. 1454 finden wir sie und ihren Mitbruder Eberhard Stöcklin, den späteren Abt von Andechs (†1462), an der Visitation der Benediktinerinnenabtei Sonnenburg an der Rienz beteiligt. Von Kardinal Nikolaus von Cues und Herzog Sigismund von Tirol (†1496) gebeten, im gleichen Jahr noch in das 1448 durch einen Brand heimgesuchte Georgenberg bei Schwaz zu kommen, um dort nach dem Rechten zu sehen, ließ sich Abt Kaspar krankheitshalber von Prior Bernhard vertreten. Sowohl in Sonnenburg wie auch in Georgenberg blieben die gut gemeinten, aber schlecht bedankten Erneuerungsabsichten vergeblich. Neben anderem verdroß dieser Mißerfolg den in Tirol landfremden Kardinal aus Cues an der Mosel so sehr, daß er ernstlich mit dem Gedanken spielte, auf alle seine Würden zu verzichten und in Tegernsee als Mönch sein weiteres Leben zu verbringen. Doch kam es nicht dazu. 1458 wurde er zu höheren Aufgaben nach Rom berufen, die der große Eiferer für Reformen in der Kirche getreulich zu erfüllen suchte, bis ihn am 11. August 1464 zu Todi in Umbrien der Tod ereilte.

Auch in St. Ulrich und Afra zu Augsburg wurde Tegernsee unter seinem Abte Kaspar reformatorisch tätig. Dort hatten 1441 die Melker Mönche Konrad von Geisenfeld, Johannes Schlitpacher von Weilheim und Johannes von Ulm eine Erneuerung des monastischen Lebens versucht, der jedoch auf die Dauer kein Erfolg beschieden war. Es blieb dem Augsburger Bischof Kardinal Petrus I. von Schaumberg (1424-1469) vorbehalten, eine Entwicklung einzuleiten, die von großem Segen werden sollte. Er wandte sich an Abt Ayndorffer in Tegernsee um Hilfe. Da dieser nicht nach Augsburg kommen konnte, weil er von Herzog Albrecht III. in Anspruch genommen war, begab sich Bernhard von Waging in die Wertachtstadt. Das ganze Jahr 1457 zogen sich dessen Reformbemühungen hin, bis endlich Abt Johannes Hohenstein (1438-1458) resignierte und Melchior von Stamheim (1458-1474) neuer Abt geworden war. Unter diesem wurde St. Ulrich für die Diözese Augsburg zu einem zweiten Tegernsee. Nach dem Nonnenkloster St. Nikolaus in Augsburg wurden die Benediktinerinnenabteien Kloster Holzen 1460 und Kühbach 1467, das Männerkloster Thierhaupten 1468 reformiert. 1471 folgten Fultenbach und Ottobeuren. Daß die Bemühungen Abt Melchiors nicht immer willkommen waren, zeigt sein Erlebnis im Kloster Deggingen im Ries. Dort hatte er manchen Widerstand erfahren, doch nicht geruht, bis sich die Mönche die Tonsur wieder hatten schneiden lassen. Die aufs neue so Geschorenen rächten sich dafür nach dem Studentenspruch: „Durum durum contra durum dixit maleus ad incudem (Hartes, Hartes gegen Hartes sagte der Hammer zum Ambos)." Kaum hatte Abt Melchior den Reisewagen zur Abfahrt bestiegen und dem Kutscher zugerufen: „Bocz plater far hin, man hant unser genug", kaum war dieser mit „In nomine Domini huat, hott, hain, fuchs, räplin" losgefahren, als die Räder vom Wagen flogen und der Abt am Boden saß, weil von den aufsässigen Mönchen die Nägel von den Rädern ausgezogen worden waren.

1456, im gleichen Jahre, da der bedeutende, heiligmäßige Eichstätter Reformbischof Johannes III. von Eych (1445-1464) die zu einem

Versorgungsinstitut für adelige Damen herabgesunkene Benediktinerinnenabtei St. Walburg in Eichstätt reformierte, wobei ihm einige widerspenstige Nonnen durch eine Hintertüre ihres Klosters entwichen waren, kam die Melker Reform über Tegernsee und St. Nikolaus in Augsburg nach Bergen, einer uralten Nonnenabtei bei Neuburg an der Donau, und damit auch in die Eichstätter Diözese. Auf Bitten Bischof von Eychs gab Bernhard von Waging aus Tegernsee sein Bestes, um dem Kloster wieder aufzuhelfen. Aus St. Nikolaus wurde Barbara Egger als Äbtissin berufen. Bischof Eych und Bernhard waren sich freundschaftlich verbunden und wie wenig andere so intensiv und tiefinnerlich kirchlichen Reformen zugetan. Als der große Bischof verstorben war, vergaß Bernhard von Waging dessen Kloster Bergen nicht. Er verbrachte dort die letzten Jahre seines erfüllten Lebens als Seelsorger der Nonnen. Mit seinem Sterben am 2. August 1472 in Bergen schied einer der verdienstvollsten Vorkämpfer der Melker Erneuerung in Wort und Schrift, aber auch ein bedeutender Mystiker des 15. Jahrhunderts im Lande zwischen Lech und Enns aus unserer Welt. Am 4. November des gleichen Jahres folgte ihm Äbtissin Egger im Tode nach.

Eines haben Bernhard von Waging und sein Abt Kaspar Ayndorffer nicht erreicht, so groß ihr Einfluß auch gewesen sein mag, so angesehen sie auch waren, wie sehr sie sich darum bemühten. Es war der Zusammenschluß der verschiedenen benediktinischen Reformbewegungen von Kastl, Bursfeld und Melk. Wie sehr Abt Ayndorffer eine wenn auch nur lose Vereinigung der Benediktinerabteien auf deutschem Boden am Herzen lag, geht aus einem Brief hervor, den er am 13. Mai 1460 in Todesahnungen an Abt Johannes IV. Hausheimer von Welming nach Melk geschrieben hat. Es heißt darin: „O könnte ich mich doch, wornach ich glühend verlange, einmal an der Vollendung erfreuen und sehen, daß das so gut angefangene Werk vollendet sei. Wer weiß, ob ich während meines elenden Daseins noch schauen darf, was meine Seele so oft und so heiß verlangt und ersehnt. Ich fürchte sehr, daß der grausame und unerbittliche Tod mich nicht so lange verschont."

Auch dem besten Wollen eines Menschen sind Grenzen gesetzt und sei es durch sein Sterben erst. Die Zeit für Zusammenschlüsse von Benediktinerabteien war noch nicht gekommen, ebenso noch nicht die ihrer Befreiung aus der Abhängigkeit von einem Diözesanbischof. Wie sehr hätte Abt Ayndorffer auch sie gewünscht.

Die Tochtergründung Andechs

Kurz vor der Tätigkeit Bernhards von Waging in St. Ulrich und in weiteren Klöstern der Augsburger Diözese kam etwas anderes unter Abt Kaspar Ayndorffer zum Abschluß. Es war die Gründung einer völlig neuen Abtei auf dem Heiligen Berg von Andechs. Dort hatte man 1388 die von den Grafen von Andechs-Meranien gesammelten und bei ihrem Untergang vergrabenen Reliquien wieder aufgefunden. Dort hatte Herzog Ernst von Baiern 1438 ein Chorherrenstift aus Weltpriestern zur Betreuung der stark auflebenden Wallfahrt zu den Heiligen Drei Hostien gegründet. Da die Chorherren die Erwartungen ihres Stifters nicht erfüllten, wandte sich dessen Sohn Albrecht III. zuerst an die Augustiner-Chorherren in Indersdorf und, als diese nicht helfen konnten oder wollten, an die Benediktiner in Tegernsee, um geeignete Kräfte für Andechs zu erhalten. Und das, obwohl er deren Orden für weniger „füglich" hielt, wie er einmal meinte. Das Ersuchen des Herzogs ging um das Jahr 1450 an das Kloster Tegernsee.

Aus Briefen von Abt Ayndorffer und von Berhard von Waging geht hervor, daß der Abt von Tegernsee wie seine Mönche recht wenig Freude an den Wünschen ihres Landesherrn empfanden. Doch riet manche Überlegung, vor allem aber die freundschaftliche Empfehlung des Kardinals Nikolaus von Cues den Tegernseern, Herzog Albrecht III. keine Absage zu erteilen. Nikolaus kannte die Verhältnisse in Andechs und den berechtigten Wunsch des Herzogs, das Kollegiatsstift seines Vaters in ein Prälatenkloster umzuwandeln. Denn er war mit ihm zusammen im März 1451 auf den Heiligen Berg gekommen, um sich über die Heiligen Drei Hostien ein Urteil zu bilden und sich „alles andere" an Ort und Stelle anzusehen. Dieses „Alles-andere" betraf die baulichen und andere Voraussetzungen für ein Kloster nach den Normen der Melker Reform. Nach längeren Verhandlungen zwischen Herzog Albrecht III., Rom und Tegernsee kam es am Georgstag 1455 zur Ankunft der ersten sieben Benediktiner aus Tegernsee auf dem Heiligen Berg und am Weißen Sonntag 1458 zur Übergabe der Stiftungsurkunde der neuen Abtei in der Wallfahrtskirche Andechs durch den Herzog in eigener Person. Anwesend bei diesem Akt waren neben Abt Kaspar Ayndorffer und seinem Prior Bernhard von Waging Propst Johannes I. Prunner (Rothuet) von Indersdorf (†1470), der Seelsorger und geistliche Berater des herzoglichen Stifters. Am 20. Juli 1458 erfolgte dann die Wahl des ersten Abtes von

Andechs. Sie fiel auf Eberhard Stöcklin (†1462), einen unter jenen Tegernseer Mönchen, die 1455 in Andechs eingezogen waren.

Was Abt Ayndorffer in Andechs bezwecken wollte, läßt sich unschwer an der Zusammensetzung der ersten Andechser Mönche aus Tegernsee erkennen. Unter ihnen waren Leonhard Eggerer aus München, ein tüchtiger Handschriftenkopist, der freilich schon 1459 verstarb, ferner Matthias Preittenwieser aus Dorfen (†1491), der ebenfalls ein gewandter Bücherschreiber war und unter anderem eine deutsche Benediktinerregel mit Erklärungen für Laienbrüder hinterließ, dann der Münchener Ambrosius Schwerzenbeck (†1508). Er kehrte später mit Freuden wieder an den Tegernsee zurück, wo er für die Bibliotheksgeschichte seines Klosters von Bedeutung werden sollte. Auch der äußerst fruchtbare Tegernseer Schreiber Oswald Nott aus Tittmoning (†1499) kam schon bald für einige Zeit auf den Heiligen Berg am Ammersee. Ferner schickte Abt Ayndorffer Anton Pelchinger aus Hofen (†1465), den besten Buchmaler, den sein Kloster im 15. Jahrhundert hatte, nach Andechs. Dort stattete er zwei prachtvolle Handschriften für den Grafen Sigismund von Tirol (†1496) und eine dritte für den jungen Herzog Sigmund von Baiern (†1501) mit Initialen und Miniaturen aus, um freilich schon 1460 nach Tegernsee heimzukehren, weil man dort keinen Illustrator seinesgleichen für länger zu entbehren hatte.

Abt Kaspar Ayndorffer dachte also, in Andechs ein zweites Tegernsee ins Leben zu rufen. Wie dieses sollte es der Weltflucht dienen und eine Heimstätte benediktinischen Betens und Arbeitens werden, wie es ihm vor Augen schwebte. Die Beschäftigung mit Büchern hielt der Tegernseer Abt für geeigneter für Mönche als eine durch die Wallfahrt bedingte seelsorgerliche Tätigkeit. Aber gerade diese war in Andechs von Anfang an gefordert. Das zeigte sich schon recht augenfällig am Christi-Himmelfahrtstag 1455, dem Gründungsjahr des Klosters Andechs, da 40 000 Wallfahrer zum Heiligen Berge pilgerten.

An der neuen Abtei auf dem Heiligen Berg hatte Abt Ayndorffer bald manches auszusetzen. 1459 kam er, um sie zu visitieren. Das Ergebnis seiner „Nachschau" legte er in der „Charta" vom 9. Dezember 1459 nieder. Darin wurde zwar das klösterliche Leben in Andechs lobend anerkannt, aber an den Gebäulichkeiten der jungen Abtei harte Kritik geübt. Sie seien für ein Kloster nicht nur ungeeignet, sondern zum Teil „schädlich" und „gefährlich", Ja sogar „verdächtig". Einige Gebäude seien neu aufzuführen, einige niederzulegen, einige umzubauen. Abt Eberhard von Andechs widersetzte sich den Forderungen aus Tegernsee, und zwar nicht zuletzt, weil er den Klosteruntertanen, die seit Jahr und Tag zum Kirchen- und zum Klosterbau Hand- und Spanndienste hatten leisten müssen, nicht neue Lasten auferlegen wollte. Diese Haltung ahndete Abt Kaspar mit der Suspension des Andechser Prälaten, die dieser jedoch ignorierte, da Andechs nicht seinem Gründerabt, sondern dem Bischof von Augsburg unterstand.

Die Forderungen Abt Ayndorffers muten um so merkwürdiger an, als der tüchtige Reformabt Wilhelm Diepolzkircher von Benediktbeuern, sein eigener Schüler, vor der römischen Bestätigung des Klosters Andechs ein anderes Urteil fällte. Er versicherte, die Gebäulichkeiten auf dem Heiligen Berg genügten vollauf den Vorschriften der kirchlichen Behörden für ein Kloster im Sinn der von Tegernsee getragenen Reform aus Melk.

Abt Kaspar Ayndorffers Verhalten zeigt, wie sich doch ein Eiferer für seine Ideale verrennen kann. Schließlich kommt es in einem Kloster nicht in allererster Linie auf Äußeres an, wie es Gebäulichkeiten sind, sondern auf den Geist, der in seinen Mauern herrscht. Was sind die baulich idealsten Psallierchöre, was bedeuten noch so sehr der Armut und Bedürfnislosigkeit eines Mönches entsprechende Klosterzellen und Gemeinschaftsräume in einem Kloster, wenn in ihm alles im Formalen steckenbleibt, innerer Eifer, Gott zu dienen, und brüderliche Liebe jedoch weithin fehlen! Diese lassen sich nicht durch Reformdekrete, durch Gebote und Verbote verordnen und verpassen. Befohlenes Recht gebiert noch lange keine innere Erneuerung, noch lange nicht wahre Zucht und Ordnung, Glück und Zufriedenheit im klösterlichen Alltagsleben. Das zu wenig zu bedenken war vielfach eine Schwäche der Reformer in den baierischen Klöstern des 15. Jahrhunderts. Petrus von Rosenheim und Johannes Grünwalder, Kardinal Nikolaus von Cues und Johannes Schlitpacher, Abt Kaspar Ayndorffer und Bernhard von Waging blieben nicht frei von dieser Schwäche. Die ganze Klosterreform in Baiern mußte Stückwerk bleiben und ihre Wirkkraft auf die Dauer weithin verlieren, weil der äußeren Reform eine innere Erneuerung oft nicht zur Seite ging und folgte.

Trotz der Beanstandungen, die Abt Ayndorffer in seiner Charta vom 9. November 1459 vorzubringen sich veranlaßt sah, und obwohl ihnen nicht entsprochen wurde, herrschte im neuen Kloster Andechs für lange Jahre der Geist von Tegernsee. Dafür sorgten die beiden Nachfolger Abt Eberhards, der Landsberger Johannes Hausmann (†1472) und der Tölzer Andreas Örtl (†1492). Beide waren unter Abt Kaspar Mönche in

Tegernsee gewesen. Auch bei anscheinend äußerlich nicht idealen Verhältnissen kann monastisches Leben sich entfalten. Es hängt von Persönlichkeiten ab, ob es in einem Kloster auf- oder abwärtsgeht.

Herzog Albrecht III. von Baiern war bei seiner Gründung von Andechs von anderen Erwägungen beseelt als der Tegernseer Abt. Gewiß, auch er wollte dort ein Kloster im Sinn des Baseler Reformkonzils, doch sollte dieses ihm persönlich und seiner Familie dienlich und verbunden sein. Zu seinem Freund und Berater, dem Arzt Hans Hartlieb (†1468), äußerte er einmal: „Ich han mir vestiklich für genommen, das meine Sün auf dem Heiligen perg Andächss süllen gezogen vnd vnt'weist werden, pis sy kömen zu ihren v'nünftigen jaren." Bildungs- und Erziehungsstätte für baierische Herzöge sollte also Andechs werden. Dazu wünschte sich Albrecht III. das Kloster auf dem Heiligen Berg als Grablege für sich und seine Familie. Nachdem er schon am 29. Februar 1460 aus dem Leben geschieden war, erfüllte seine Witwe Anna von Braunschweig (†1474) den einen Wunsch ihres Gatten nicht. Herzog Albrechts III. unmündige Söhne, der spätere Herzog Albrecht IV. der Weise (1447-1508), Herzog Christoph, der künftige Athlet und ritterliche Abenteurer (1449-1493), und Herzog Wolfgang (1451-1514) kamen nicht auf den Heiligen Berg zur Erziehung und zur Bildung. Dagegen fanden der Stifter des Klosters Andechs wunschgemäß, dann seine Gemahlin Anna und die beiden Söhne Herzog Johann IV. (1437-1463), der an der Pest verstarb, und Herzog Wolfgang ihre letzte Ruhestätte in der Fürstengruft der Kloster- und Wallfahrtskirche Andechs. Am 7. Juli 1803 öffnete der Aufhebungskommissär von Göhl, der im Auftrag Minister Montgelas und Kurfürst Max IV. Joseph die Säkularisation in Andechs durchzuführen hatte, in leichenschänderischer Absicht die Särge dieser und anderer Toten. Dabei riß man dem Klosterstifter Herzog Albrecht III. eine goldene Kette mit solcher Gewalt vom Hals, daß sein Schädel abgetrennt und er nach Hunderten von Jahren noch enthauptet wurde. Pietät, Geschmack und Taktgefühl war nie Sache der Vollstrecker von Willkür und von Unrecht.

Papst Nikolaus V. (1447-1455) verlieh Herzog Albrecht III. von Baiern als Anerkennung seiner Verdienste um die Kirche die „Goldene Rose", eine Auszeichnung für Fürsten. Von den Geschichtsschreibern bekam er den Beinamen „der Fromme" zuerkannt. Und das mit vollem Recht. Denn er zeigte eine wahrhaft tiefe Gottverbundenheit und Seelengröße, als ihm sein Vater Ernst die ihm rechtmäßig angetraute Gattin Agnes Bernauer am 12. Oktober 1435 als Hexe bei Straubing in der

Donau hatte ertränken lassen, weil sie als Baderstochter von Augsburg nicht blauen Blutes und einem Herzog nicht ebenbürtig war. Auch seine hingebenden Bemühungen um die Klosterreform auf dem Konzil von Basel und im Anschluß daran endlich die Stiftung des Klosters Andechs rechtfertigen diese ehrende Bezeichnung bei Albrecht III. sicherlich viel mehr als bei einigen Gewaltmenschen und Übeltätern der Geschichte das „Der Große“ hinter deren Namen.

Wenn auch der erste Abt von Andechs Eberhard Stücklin 1455 nur widerstrebend nach Andechs gegangen war und viel lieber in der Einsamkeit seines Klosters am Tegernsee geblieben wäre, um dort wie andere seiner Mitbrüder Bücher zu schreiben, so fand er sich doch in die Aufgaben, die ihm das Wittelsbacher Hauskloster und die Begegnung mit vielen Menschen, die als Wallfahrer nach Andechs kamen, stellten. Er erkannte bald, daß die Abtei auf dem Heiligen Berg bei aller Beibehaltung der Tegernseer klösterlichen Gewohnheiten die geistigen und geistlichen Ziele ihres Mutterklosters nicht anstreben, geschweige denn erreichen konnte. Während die Mönche von Tegernsee in ihrem stillen Winkel im Lande vor den hohen Bergen in die Höhen der theologischen Weltbetrachtung und der mystischen Beschauung aufsteigen konnten, mußten die Benediktiner auf dem Heiligen Berg in die Täler der menschlichen Nöte niedersteigen, um nach Gott Suchenden, Trost Heischenden, Hilfe mannigfacher Art Bedürftigen, aber auch Begnadeten und Gottseligen in der Spendung der Sakramente, in Predigt und Gottesdienst, auf dem weiten Gebiet der Seelsorge nahe zu kommen und nahe zu sein. Das schloß nicht aus, daß die Mönche von Andechs sich nicht auch wissenschaftlich betätigten und vor allem am Anfang unter ihren drei Äbten aus Tegernsee manche noch erhaltene Handschriften kopierten, doch war ihr Platz als Hüter hochverehrter Heiligtümer, vor allem der Heiligen Drei Hostien, als Betreuer einer großen Wallfahrt mitten in der Welt.

Während Tegernsee sehr der stillen Pflege kultureller Werte in Gelehrsamkeit und Wissenschaft verschrieben blieb, wirkte Andechs mehr nach außen. Es stand damit dem breiten Volk stets näher und war ihm immer mehr verbunden als das weltabgewandte Tegernsee. Mutter- und Tochterkloster konnten sich von der Aufgabe her nicht gleichen. Doch haben beide durch Hunderte von Jahren sich um Kirche und Vaterland verdient gemacht.

Ein würdiger Nachfolger

Nach dem Tode Abt Kaspar Ayndorffers am 17. Januar 1461 schien manchen das Geschick von Tegernsee und seine Reformtätigkeit gefährdet. Der schon am 26. Januar 1461 gewählte *Konrad V. Ayrinschmalz* aus Weilheim enttäuschte jedoch seine Wähler nicht. Für 31 volle Jahre sollte er das Werk seines Vorgängers nach innen und nach außen fortsetzen, ausbauen und festigen. Ein gutes Jahr nach seiner Amtsübernahme schrieb der bedeutende Prior von Mondsee Hieronymus de Werdea seinem Freunde Christian Tesenpacher († 1502 als Abt von Oberaltaich) zum Klostereintritt in Tegernsee: „Du bist nicht in irgendein Kloster eingetreten, sondern in das vortrefflichste unseres Ordens, sicher in das bedeutendste innerhalb der regulären Observanz. In alle Welt geht sein Ruhm hinaus . . ."

Dieses Lob für Tegernsee hätte einer auch am Ende der Amtszeit Abt Konrads V. einem Tegernseer Novizen schreiben können. Dieser Abt war vor allem ein kunstsinniger Bauherr. Daneben vergaß er die Schreibschule in seinem Hause nicht, war er doch selber einmal an ihr tätig. Hier arbeiteten mit ihm als Mönch und dann unter ihm als Abt der aus Salzburg stammende Wolfgang Kiderer († 1487), Stephan Kager aus Landau a. d. Isar († 1506), der ein leiblicher Bruder des gelehrten Mönches Ulrich von Tegernsee († 1505) war, dann Augustin Holzapfler von St. Veit († 1526), Doktor der Universität Wien und Verfasser von zwölf Werken dogmatischer und moraltheologischer Natur, ferner Konrad Sartori aus Monheim († 1531), ein „ausgezeichneter Schreiber und Illustrator". Zusammen mit Abt Melchior von Stamheim von St. Ulrich in Augsburg und anderen Reformäbten, mit Bernhard von Waging und Johannes Schlitpacher, seinem Weilheimer Landsmann, bemühte er sich mit großem Eifer um das Zustandekommen einer Union der deutschen Benediktinerabteien zur Sicherung ihres regulären Lebens im Geiste St. Benedikts. Diese Union ist nicht gelungen.

Abt Kaspar hatte die Klostergebäulichkeiten Tegernsees von 1456 bis 1459 im gotischen Stil zum Teil renoviert, zum Teil völlig neu errichtet,

Oben: *Das Kloster Tegernsee im Jahre 1645 (Ausschnitt) mit der Wasserleitung über die Klostermauer zur Mühle.*
Unten: *Tegernsee um 1750 mit den geplanten Kirchtürmen (Kupferstich von Anton Zimmermann).*

Mon. Boic. Vol. VI. pag
Jos. Ant. Zimermann sc. Monachij.

1460 jedoch „gefeyrt und nit gepawt". Zum Beginn des nächsten Jahres war er verstorben. Abt Konrad V. hatte nun fortzusetzen, was Abt Ayndorffer begonnen, und auszuführen, was sein Vorgänger vermutlich schon in Plänen hatte vorbereiten lassen. Schon 1461 verlegte er die Pfarrkirche von Tegernsee vom Klosterhof weg zwischen die beiden Außentore der Abtei, weshalb das neue Johannes Baptist geweihte Gotteshaus den Namen „Burgtorkirche" erhielt. Sie war ein Werk des Baumeisters Heinrich Gugler von Tegernsee. 1463 wurde sie geweiht, ein Jahr nach der Klosteraufhebung von 1803 unbarmherzig abgerissen. Von 1471 bis 1478 baute Abt Konrad Ayrinschmalz die Stiftskirche um. Das romanische Langhaus wurde verbreitert und zur spätgotischen dreischiffigen Basilika mit angebauten Kapellen umgestaltet. Auf die Innenausstattung seiner Klosterkirche legte Abt Konrad besonderen Wert. Willkommene Hilfe leistete ihm dabei der Mann seiner Schwester Anna, der recht angesehene Meister Gabriel Mächleskircher, der von 1461 an wiederholt „Vierer" der Malerzunft in München war und 1469 als gewähltes Mitglied in den Äußeren Rat der baierischen Hauptstadt aufgenommen wurde. Von 1474 bis 1477 arbeitete er an Tafelbildern für 14 Altäre im Tegernseer Münster. 1474 entstanden solche Bilder für den St. Quirinus-, 1476 für den Vitus- und Jungfrauenaltar, 1477 für den Allerheiligen-, den 4 Kirchenväteraltar und den der Heiligen Johannes und Paulus. 1478 folgten Gemälde für den Sebastians-, den 4 Evangelisten-, den Dreikönigs- und den Heiliggeistaltar, 1479 zwei kleinere für den Armenseelen- und für den St. Heinrichsaltar. Schon 1474 hatte Mächleskircher ein Altarbild für die Kapelle in St. Quirin gemalt. 1280 rheinische Gulden erhielt er für alle diese seine Werke ausbezahlt. Die barbarische Klosteraufhebung von 1803 hat diese in alle Winde zerstreut. Nur weniges davon ist in den Bayerischen Gemäldesammlungen, im Germanischen Museum und in Privatbesitz auf unsere Zeit gekommen. Auch das wenige gibt Zeugnis vom großen Können eines Münchener Meisters der späten Gotik, aber auch vom Kunstsinn und Mäzenatentum Abt Konrads V. von Tegernsee im 15. Jahrhundert.

Man mag sich heute nach dem Sinn und Zweck so vieler Altäre in ein und derselben Kirche fragen. In Tegernsee waren es 1528 nicht weniger als 24. Dem „Liturgieverständnis" unserer Tage ist eine solche Vielzahl völlig

Oben: *Das Kloster Tegernsee zwischen 1818 und 1824.*
Unten: *Blick von Norden auf die Klosterbefestigung mit Torbau (rechts) und der Burgtor-Pfarrkirche (Mitte) 1728. (Fresko im Recreationssaal)*

fremd. Dagegen wäre ein einziger Altar inmitten kahler Wände eines Gotteshauses im 15. Jahrhundert undenkbar gewesen. Denn damals stand der gläubige Christ in einem ganz anderen Verhältnis zu Gott und seinen Heiligen wie der weniger vom lebendigen Glauben des Herzens als viel mehr von den kühlen Überlegungen des Verstandes her bestimmte moderne Katholik. Dem Christen des ausgehenden Mittelalters waren die Heiligen des Himmels Hausgenossen, mit denen er sozusagen Tür an Tür und Wand an Wand durchs Leben ging. Der Glaube an die Realität des Fortlebens nach dem Tode, das Wissen um die Gemeinschaft mit den Heiligen im Himmel und im Fegefeuer, das felsenfeste Vertrauen auf deren hilfreichen Schutz ließen den einzelnen Christen früher vor allem jene seligen Verewigten verehren, die ihm persönlich durch den Beruf, durch die Gefahr für Leib und Leben, durch die Umstände seines Alltags nahezustehen schienen. So fühlte sich eine Hausfrau und Mutter von der heiligen Mutter Anna verstanden und geschützt, der so oft von Blitz und Unwetter Bedrohte bei den Märtyrern Johannes und Paulus in guter Obhut. Die gelehrten Tegernseer Mönche sahen in den vier großen Kirchenlehrern ihre Vorbilder und Beschützer, in St. Heinrich, dem großen Wohltäter ihres Klosters, einen fürsprechenden Freund auch in der andern Welt. Der Pestpatron Sebastian, die Heiligen Drei Könige als Schützer der Reisenden und Pilger, die Armen Seelen im Fegfeuer als Fürsprecher bei Gott und zugleich als durch unser Beten für sie Beschenkte und Getröstete, der Heilige Geist mit seiner Kraft und Stärke standen dem Volk des ausgehenden Mittelalters wie sichtbar nahe. Bei dieser innigen Verbundenheit kann es nicht verwundern, daß die Christenheit der Gotik in ihren Kirchen so viele Altäre errichtet hat. Der moderne Katholik fühlt sich oft recht erhaben über die volksfromme Heiligenverehrung früherer Tage. Er kennt in der Namengebung seiner Kinder vielfach keine Heiligen als schützende Begleiter und Vorbilder durch ihr Leben und feiert in Erinnerung an heilige Patrone in seiner Familie keine Namenstage mehr.

Abt Konrad gab vielen Künstlern und Kunsthandwerkern zu verdienen. So dem Münchener Goldschmied Johannes Winshaimer, der um 1475 für Tegernsee eine Silbertafel der Heiligen Quirinus, Chrysogonus und Castorius, dazu ein Chrysogonus-Brustbild anfertigte. Vermutlich stammen auch die Brustbilder der Heiligen Benedikt und Scholastica von diesem Künstler. Ferner gab der Abt zwei silberne Armreliquiare der Apostelfürsten, eine Colomanmonstranz, eine Tafelmonstranz der Heiligen Heinrich und Kunigunde in Auftrag, dazu eine Eimonstranz des heiligen Stephanus, eine Marienmonstranz, ein Silberbild der sonnenumkleideten Madonna, schließlich ein Pektorale und eine Abtstabschnecke.

Ähnlich wie Abt Ayndorffer die Gebeine der beiden Stifter Tegernsees 1446 in ein Hochgrab inmitten seiner Stiftskirche hatte übertragen lassen, errichtete 1474 Abt Konrad V. den Patronen seiner Abtei, den Märtyrern Quirin, Chrysogonus und Castorius, nahe dem Hochaltar Zeichen des Gedenkens und der Verehrung. Sie kamen wie das Hochgrab der Klostergründer Adalbert und Otkar aus der Werkstatt Hans Halders in München, doch waren sie künstlerisch nicht von solchem Wert wie dieses. Im 17. Jahrhundert wurden sie beseitigt, um in die Stufen des Hochaltars und des Abtthrones eingebaut zu werden. Die Zeit der Gotik war auch in Tegernsee vorüber. Man hatte auch dort für deren künstlerische Leistung nichts mehr übrig. Doch hat ein Zeugnis für die einmal gotische Ausstattung der Kirche von Tegernsee alle Wandlungen der Zeiten und des Kunstempfindens überstanden. Es ist der von Abt Konrad V. beschaffte Gedenkstein an Abt Udalschalk von Tegernsee († 1102), den Gründer von Dietramszell. Er ist im nördlichen Seitenschiff der Kirche angebracht und zeigt den Abt als Greis, das Pedum in der Hand.

Auch die Sakristei und Paramentenkammer bedachte Abt Konrad sehr reich. Eigene „Seidennater“, Weißnäher und Stickerinnen sorgten für starken Zuwachs an Meßkleidern, Rauchmänteln, an Alben, Chorröcken und an Kirchenwäsche aller Art.

Wie das Tegernseer Münster erhielten auch der Kreuzgang, der Kapitelsaal und das Refektorium des Klosters künstlerischen Schmuck. Dabei konnte sich Abt Konrad auch über manchen Gönner freuen. So stiftete der aus Augsburg stammende, in München schaffende Glasmaler Georg Amann verschiedene bunte Scheiben, darunter eine besonders wertvolle vor dem Kapitelsaal. Sein Sohn Gabriel war seit 1458 Mönch und Maler in Tegernsee († 1498). Ob dieser ebenfalls Glasmaler gewesen ist, ob Tafel- oder Buchmaler, läßt sich heute nicht mehr sagen.

Sehr viel Geld ließ sich Abt Konrad Ayrinschmalz die Sicherheit seines Klosters kosten. Bare 10 000 Pfund Pfennige verwendete er auf die Ausführung der Pläne seines Baumeisters Georg Feuermühler (Feurnmüller) zur Befestigung von Tegernsee. Das ist recht viel, wenn man die billig kommende Mitarbeit der Bevölkerung der Grundherrschaft von Tegernsee bedenkt. Tausende von Stunden hatte sie jahrelang im Fron- und Scharwerksdienst um Gottes Lohn zu leisten. Nur Kost und

Verpflegung wurde ihr gewährt. Von 1477 bis 1485, also in neun Jahren, wandelte sich Tegernsee zu einer klösterlichen Wasserburg. Im Süden und Westen reichte der See an sie heran, im Norden und Osten führte ein künstlich angelegter breiter Wassergraben, der „tiefe Schanzengraben", um das Kloster, der sein Wasser aus einem Bergbach zugeleitet erhielt. Dahinter umgaben dicke Mauern, verstärkt durch kleinere Türme und teilweise mit einem Wehrgang ausgestattet, das ganze Geviert des Klosters. An den drei Ecken des Wassergrabens standen größere Rundtürme, die den Willen zur Verteidigung recht anschaulich zum Ausdruck brachten. Auch ein Arsenal mit Rüstzeug und Waffen für den Ernstfall gab es im Kloster Tegernsee des 15. Jahrhunderts. Zugänge zu der so entstandenen, vom Wasser umgebenen Klosterburg gab es nur zwei. Der eine führte an der Nordwestseite des Klosters über einen Steg, der den Wassergraben überquerte, zu einem Torbau mit Satteldach, der ursprünglich wohl für eine Zugbrücke vorgesehen war. Der zweite Eingang zum Kloster befand sich am Schiffslandeplatz auf der Südseite der Abtei. Er war ebenfalls durch einen Torturm und durch starkes Mauerwerk gesichert.

Die Bauarbeiten zur Befestigung des Klosters Tegernsee verliefen nicht ohne alle Störungen. Sie waren kaum begonnen, als sie unterbrochen wurden. Die Angst vor den Türken hatte eine „wunderliche flucht weit und praitt" ausgelöst. „dye mawrer vud tagbercher im großen graben fluhen alle davon", meldet der Chronist für das Jahr 1478. Neben anderem war gerade diese Furcht vor den vom Balkan heraufdrängenden und zur See die Venezianer hart bedrängenden Türken der Anlaß für den Abt von Tegernsee, sein Kloster zu befestigen. Der Versuch, in einem letzten Kreuzzug die Türken aus dem Balkan zu vertreiben, war 1444 bei Warna gescheitert, der ungarische Reichsverweser Hunyadi am 19. Oktober 1448 auf dem Amselfeld geschlagen, das Ende des byzantinischen Kaiserreiches mit der Einnahme Konstantinopels durch die Osmanen am 29. Mai 1453 besiegelt worden. Wie heute Westeuropa eine russische Invasion, die ihm über Nacht den Sowjetstern beschert, befürchten muß, so hatte das Abendland im 15. Jahrhundert allen Anlaß, sich zu ängstigen, daß über kurz oder lang die Türken kommen könnten, um statt des Christenkreuzes den Halbmond aufzurichten.

Gegen Ende der Befestigung von Tegernsee spielte noch das Wetter einen bösen Streich: „ein nasser summer ist gewesen, es ist vast alles eingefallen", jammert ein Mönch von Tegernsee. Doch nach neun Jahren Schanz- und Bauarbeit galt für das vollbrachte Werk: „got zu lob vnd eren, dem gotzhaws zu behuet, den arm laeuten in kriegslauffn ze zuflucht."

Außer einem Bibliotheksbau in Tegernsee für 500 handgeschriebene Bücher, die Abt Konrad erworben hatte, entstanden unter dessen Regierung drei Kirchen außerhalb von Tegernsee. Schon 1466 begannen der Maurermeister Alex Gugler und sein Bruder Heinrich den Neubau der Laurentiuskirche mit ihrem spitzen Turm in Egern, zu dem Abt Konrad 50 rheinische Gulden und zwei Glocken beisteuerte, 1489 zwang ein Brand in Holzkirchen zum Bau einer neuen Marktkirche, der auf 200 Pfund Pfennige zu stehen kam. 1490 und 1491 bauten die Gebrüder Hans und Martin Vörchl an einer neuen Leonhardikirche in Kreuth. Sie kostete dem Kloster 700 Pfund Pfennige. Daß Abt Konrad auch eine erste steinerne Brücke über die Mangfall bei Gmund errichtete, sei nebenbei bemerkt.

Von dem vielen, das Abt Ayrinschmalz in Tegernsee an Bauten hinterließ, existiert das meiste heute nicht mehr. Nicht nur, daß manches davon späterem Bauen weichen mußte, die Zeit nach der Säkularisation von 1803 hat noch gründlicher mit allem aufgeräumt. Auch das, was der kunstsinnige Abt zum Schmuck des Tegernseer Münsters und für den Gottesdienst beschaffte, ist bis auf weniges vernichtet und verloren. Man kann das nur bedauern.

Am 24. Januar 1492 ist Abt Konrad Ayrinschmalz gestorben. Einer seiner Mönche rühmte ihm nach: „Er war ein erhabener Unternehmer großartiger Werke, ein Freund seiner Mitbrüder, Tröster der Armen, Anwalt der Unmündigen und gütiger Berater der Waisen."

Fortschritte, aber auch Krisen

Am 7. Februar 1492 wählten sich die Tegernseer Mönche *Quirin I. Regler* zum Abt. Er stammte aus Mittelfranken, war in Windsheim geboren und erst 33 Jahre alt. Hochgewachsen, „bildsauber", voll Kraft und Leutseligkeit, geschäftstüchtig und gewandt im Umgang mit allen, aufgeschlossen für jedes Anliegen der Zeit, schien er geeignet, im Sinne seiner beiden Vorgänger sowohl die monastische Disziplin aufrechtzuerhalten als auch die zeitlichen Belange des Klosters Tegernsee zu wahren. 1494 erreichte er bei Kaiser Maximilian I. († 1519) die Bestätigung aller alten Privilegien für sein Kloster. Jahr um Jahr mehrte er dessen Einnahmen beträchtlich, minderte er dessen Schulden um gar vieles. Die Anlage eines aufschlußreichen Leibzinsbuches im Jahre 1498 durch seinen Cellerar Chrysogonus Krapf († 1518) hat er veranlaßt. Große Summen Geldes verlieh er an Herzog Albrecht IV. den Weisen von Baiern († 1508) und an dessen unruhigen Bruder Herzog Christoph († 1493). Ersterer erhielt in Tegernsee ein prunkvolles Zimmer mit Seidenkissen und prächtigen Teppichen eingerichtet, da er oft und gern zu seinem „geliebten Abt Quirin" in so manchen Fragen kam. Doch nicht nur der Landesherr, nicht nur Prälaten und andere Leute von Rang und Stand sahen in Abt Quirin einen guten Freund, sondern gleichermaßen auch die Klosteruntertanen, die Bauern und kleinen Leute der Tegernseer Grundherrschaft. Für sie richtete er eine Art Sparkasse ein, die manchen Nutzen stiftete. Außerordentlich freigebig, nicht zuletzt an Weihnachten, half er, wo er helfen konnte. 1497 nahm er Abt Christian Tesenpacher von Oberaltaich mit dessen Konvent in seinem Hause auf, bis die Pest in Niederbaiern erloschen war.

Wie die Äbte Ayndorffer und Ayrinschmalz war Abt Regler gewissenhaft auf die Beobachtung der Melker Observanz in Tegernsee bedacht. Das geht schon daraus hervor, daß Herzog Albrecht IV. wie andere in Fragen der Klosterreform bei verschiedenen Abteien sich an Abt Quirin um Rat und Hilfe wandten. So ging 1493 Petrus Göbl von Tegernsee († 1524) zur Sicherung der Reform als Abt nach Wessobrunn, dem noch zwei andere Tegernseer Mönche als Prioren zum gleichen Zwecke folgen sollten. 1494 kam auf Veranlassung Albrechts IV. Abt Quirins gelehrter Prior Augustin Holzapfler († 1526) zur Visitation nach Andechs. Dem Abt von Göttweig in Niederösterreich sandte Abt Regler 1499 zwei seiner Mönche als Prior und Subprior, um dem wirtschaftlich in Bedrängnis geratenen und in der monastischen Entwicklung behinderten Kloster aufzuhelfen. In Ebersberg sah der tüchtige Chrysogonus Krapf im Auftrag seines Abtes Quirin als Reformator und Wirtschaftsberater nach dem Rechten. Aus St. Ulrich in Augsburg und aus Münchsmünster kam vorher schon nach Tegernsee die Bitte, Mönche aus diesen Abteien auf einige Zeit als Gäste aufzunehmen. Sie sollten dort die Tegernseer monastischen Gewohnheiten durch eigenes Erleben näher kennenlernen und sie dann ihren Heimatklöstern wieder oder neu vermitteln. Abt Narzissus Pauman von Benediktbeuern († 1504) holte sich nach dem verheerenden Brand in seinem Kloster im Jahre 1490, dem auch die Kirche zum Opfer fiel, den gern gewährten Rat und die tatkräftige Hilfe Tegernsees und seines Abtes Quirin Regler, um das Zerstörte so wieder aufzubauen, daß es den Anforderungen der Tegernseer Observanz entsprach. Und schließlich kamen 1500 zwei Mönche aus dem fernen Fulda. Sie wollten an Ort und Stelle das Geheimnis der hohen Blüte Tegernsees ergründen und erkunden, was es mit der Spiritualität dieses Klosters auf sich habe. Sie vermochten viel zu sehen und konnten viel an Erkenntnissen zu sich nach Hause nehmen.

Neben dem Eifer für ein gesundes klösterliches Leben nach den Grundsätzen St. Benedikts ist in Tegernsee nach der Reform von 1426 stets der Sinn für Kulturelles, für Wissenschaft und Kunst daheim gewesen. Bei Abt Regler war das nicht anders. Seine Persönlichkeit trug sicher viel dazu bei, daß in seiner Amtszeit Tegernsee nicht über einen Mangel an Neuprofessen klagen mußte. Unter ihnen waren die Bücherschreiber Paulus Wick aus Deggingen († 1544), der „in seiner Schönschreibkunst keinen Nachfolger hatte", und Matthäus Bruckbeck aus Ellenbach († 1538), der „mehr als alle anderen als Schreiber sich bemühte" und „mit einzigartigem Fleiß ein Breviarium anfertigte". Trotz der Erfindung des Buchdrucks durch Gutenberg († 1468) war die Schreibschule von Tegernsee auf lange hinaus nicht ohne Arbeit. Sie belieferte immer noch die Klosterbibliothek mit kunstvollen Handschriften vorab theologischer Natur. Um 1500 zählte diese Bibliothek über 2000 Handschriften und mehrere tausend Wiegendrucke, das sind Druckwerke aus dem 15. Jahrhundert. Mit diesem Bestand war die Stiftsbibliothek Tegernsee größer als alle süddeutschen Klosterbüchereien, größer als die Bibliothek der Medici in Florenz, ja selbst die des Papstes im Vatikan zu Rom. Abt Quirin I. hatte viel für Bücher übrig, so viel, daß sein Nachfolger neue Räume für sie schaffen mußte. Man kannte die Vorliebe des Abtes. Darum tilgte Herzog Georg der Reiche von Niederbaiern († 1503) seine Schulden an Tegernsee um 1493 zum Teil mit wertvollen

Büchern, sieben an der Zahl. Thomas Leitner von Schliersee stiftete dem Kloster seine Bibliothek mit 39 meist handgeschriebenen Bänden, damals ein Zugang wie nicht alle Tage.

Gelehrte Bücher sind nicht für ihre Regale da. Auch sie wollen gelesen sein. Abt Quirin sorgte für Leser und Benützer. Er schickte um 1496 mit Magister Leonhard Estermann aus Wasserburg († 1515) Heinrich Kintzner von Kufstein († 1544), der ihm als Abt bald folgen sollte, Raphael Hubelin von Deggingen († 1524), Jakob Tanziecher aus Schärding († 1534) und den aus Tegernsee selbst stammenden P. Benedikt († 1532) zum Studium nach Ingolstadt. Von letzterem haben wir noch ein Verzeichnis der theologischen Thesen seiner Lehrer.

In Ingolstadt wehte der Geist des Humanismus, wie ihn dort Konrad Celtis († 1508), Johannes Aventin († 1534), Johannes Reuchlin († 1522) und andere vertraten. Was bisher die Universität Wien für Tegernsee gewesen war, wurde nun die 1472 von Ludwig dem Reichen († 1479) gegründete baierische Universität Ingolstadt, freilich lange nicht von gleich umfassender Bedeutung. Immerhin trat der Ingolstädter Magister Matthias Reuchlin (Reichl) aus Wemding in Tegernsee ein. Er legte 1497 Profeß ab, war 16 Jahre Prior und wurde 1521 ein „vorzüglicher Abt" in Benediktbeuern, wo er 1538 verstarb. Das Geistesleben in Tegernsee zu Beginn des 16. Jahrhunderts verdankte ihm sehr viel. Man studierte dort nun nicht mehr nur die Bibel, die lateinischen Kirchenväter und Thomas von Aquin, sondern las auch mit zunehmender Begeisterung Petrarca, Boccaccio und die Klassiker Terenz, Ovid, Catull. Wie sehr humanistische Mode im Kloster Tegernsee zur Geltung kam, zeigt die Mahnung einer Kapitelansprache aus jener Zeit. Sie forderte, die Mönche sollten sich in ihrer Freizeit (Rekreation) im klassischen Latein der alten Römer unterhalten, nicht in ihrem groben baierischen Dialekt. Man kann schließlich alles übertreiben.

Die Zier des Hauses Gottes lag Abt Quirin Regler sehr am Herzen. 1493 ließ er im Chor der Klosterkirche einen Marmorboden legen. Sein Kunstsinn veranlaßte 1494 die Bestellung von sechs Baldachintabernakeln an den Säulen des Münsters, die der Steinmetz Peter Fröhlich anfertigte. 1496 folgten ein Tafelbild für den Schutzengelaltar und eine Reihe von Bildern für die Sakristei. Im Jahre 1497 erhielt die Kirche um 22 Gulden einen „Predigtstuel". Die Freude des Abtes an prunkvollen Gottesdiensten stand hinter dem Kauf von vier Infuln und vieler kostbarer Ornate. Sechs kunstvolle Silberkelche, drei wertvolle Abtstäbe, 28 Messing- und vier Kristalleuchter, Reliquiare aus Gold und Silber kosteten Abt Quirin sehr viel Geld, ebenso das von ihm beschaffte Silbergeschirr für die Abtei und die Gold- und Silberbecher für die Gäste im Tegernseer Haus zu München und auch in dem des klösterlichen Marktamtmannes zu Holzkirchen.

Abt Quirin Regler glich in vielem einem Barockabt späterer Zeiten, was bei der Verwandtschaft von Spätgotik und Spätbarock nicht verwundern mag. Er war geachtet in den höchsten Kreisen seines Landes und beliebt bei den kleinen Leuten im Tegernseer Winkel. Wie seine beiden Vorgänger sah er als Reformabt sehr auf Zucht und Ordnung unter seinen Mönchen. Er bot in seiner Frömmigkeit und Lebensführung keinen Anlaß zu berechtigter Kritik. Und doch fand er unter seinen Hausgenossen Stänkerer, die der Chronist „Die von der Geygen“ nennt und die kein gutes Haar an ihrem Abte ließen. Noch sind uns die Anschuldigungen im einzelnen bekannt, die engstirnige und haßerfüllte Zeloten schriftlich und mündlich gegen Abt Regler vorzubringen wußten. Ihm, dem anerkannten Reformabt, wurde Vernachlässigung der Disziplin im eigenen Hause nachgesagt. Die Länge und der Schnitt seiner Kleidung erregte ebenso das Mißfallen bei seinen engstirnigen Nörglern wie das Maß von Speise und Trank, das er sich gönnte, wie seine Freigebigkeit gegen Bedürftige und Arme. Kleine Chorversäumnisse des Abtes, sein angeblich viel zu häufiges Verweilen zu Geschäften in München und seine Besuche am herzoglichen Hofe wurden angekreidet, als wären sie Verbrechen. Der joviale Umgang mit den Gästen des Klosters und der freundliche Verkehr des Abtes mit den Leuten aus dem Volk, ferner sein ungezwungenes Verhalten gegen Frauen gefährdeten nach den Patentmönchen von Tegernsee das Ansehen und den guten Ruf des Klosters. Steter Tropfen höhlt den Stein, stete bösartige und alberne Kritik macht mürbe. Gegen den Rat des baierischen Herzogs und ohne Billigung des Bischofs von Freising legte Abt Quirin Regler schließlich das Amt des Abtes von Tegernsee am 31. Juli 1500 nieder. Er zog sich in das Tegernsee befreundete Kloster Mondsee zurück. Eine von vielen erwartete Berufung in ein höheres Amt der Kirche Gottes verhinderte sein am 8. Juli 1510 erfolgtes Sterben. Als Toter kehrte er an den Tegernsee zurück. Nur 51 Jahre war er alt geworden.

Ob Abt Quirin scheiterte, weil er, wie da und dort vermutet worden ist, als Franke den Mönchen in Tegernsee im letzten doch ein fremder blieb, sei dahingestellt, wenn es auch richtig ist, daß fränkische Art und Weise dem Altbaiern wie damals so auch heute in vielem nicht gefallen kann. Der Chronist von Tegernsee meint mit Bedauern: „O wie viele gleichgeartete Hasser der Äbte gibt es leider immer noch in unsern Tagen!" Wer im 20. Jahrhundert das Klosterleben aus eigener Erfahrung kennt, weiß, daß sich in dieser Hinsicht nichts geändert hat. Manche Äbte unseres Jahrhunderts mußten resignieren, weil ihre Konvente es nicht ertrugen, daß ein bedeutender Mann an ihrer Spitze stand.

Die Feinde Abt Quirins I. triumphierten nach dessen Rücktritt, doch nur für einen Tag. Denn schon am 1. August 1510 ging der Kufsteiner *Heinrich V. Kintzner* aus der Wahlurne als nächster Abt von Tegernsee hervor. Dieser war Abt Regler sehr verbunden und gab dessen und bald auch seinen Gegnern Anlaß zu Klagen entgegengesetzter Natur. Der tieffromme neue Abt war ihnen nach kurzer Zeit zu rigoros. Er kümmere sich viel zu sehr um die Disziplin im Hause und um ihr Seelenheil und viel zu wenig um die zeitlichen Belange seines Klosters. Nur heimlich konnte er mit dem früheren Abt Quirin in Verbindung bleiben. Wie der ehemalige Subprior Petrus Rueger († 1510), der Bibliothekar Konrad Sartori, Raphael Hubelin und der Maler Michael Saxl mußte er sich vor den Tegernseer „Juden und Pharisäern" und ihren Machenschaften hüten. Kein Wunder, daß auch er mit der Zeit seines Amtes müde wurde und unter dem Vorwand, krank zu sein, am 1. Februar 1512 resignierte. Auch sein am 4. Februar dieses Jahres gewählter Nachfolger *Maurus Leyrer* aus Landsberg a. L., bisher 20 Jahre Cellerar (Wirtschaftsführer) von Tegernsee, verzichtete „nach löblicher Regierung" Ende 1528 auf seine Abtei († 1534), um *Heinrich V. Kintzner* wieder Platz zu machen, der dann nach weiteren 15 Jahren Amtszeit am 25. November 1543 den Tegernseer Abtstab ein zweites Mal an einen anderen weitergab († 1544).

Tegernsee galt zu Zeiten dieser Äbte als die bedeutendste Reformabtei in Baiern. Zudem war es dazumal wie kein zweites baierisches Kloster angesehener Mittelpunkt höherer Geistigkeit und kultureller Leistung. Warum dann die aus den Verzichtleistungen seiner Äbte abzulesenden inneren Schwierigkeiten und Krisen, die auf die Dauer nicht ohne Schaden bleiben konnten? Die Reform von Tegernsee hatte 1426 mit viel Schwung begonnen. Die starken Persönlichkeiten der Äbte Kaspar Ayndorffer und Konrad V. Ayrinschmalz, die beide hintereinander je ein Menschenalter die Geschicke ihres Klosters leiteten, gewährleisteten einen lebendigen Fortbestand der Melker Observanz in Tegernsee. Daraus ergab sich eine äußere Geschlossenheit der Tegernseer Mönche, wie sie selten anderswo und auf so lange Zeit zu finden war.

Gegen einen geistlosen Mechanismus in der Beobachtung der besten

Ordens- und der klügsten Lebensregeln gibt es auf die Dauer wenig Schutz. Wo in einem Kloster der erste von innen kommende Eifer zu erkalten droht, wo die bloße Gewohnheit Herr zu werden beginnt, kommt es nur zu leicht zu einem nur äußerlichen, wenn auch noch so genauen Erfüllen monastischer Aufgabe und Verpflichtung. Das fördert hinter der Fassade auch eines streng observanten und kulturell hochstehenden Klosters die Feinde jeglichen menschlichen Gemeinschaftslebens, die da sind: streitbare Rechthaberei, gewolltes Mißverstehen, böses Besserwissen auch auf Gebieten, die die Sache anderer wären, selbstgerechtes Korrigieren und schmerzendes Traktieren der Mitbrüder im Reden, aber auch in einem erniedrigenden tagelangen Schweigen gegen einen oder viele. Das alles führt zu Spannungen und Krisen. In Tegernsee war das nicht anders, wenn auch die Annalen der Geschichte es nur ahnen lassen.

Tegernsees großer Humanist

Die Häufigkeit der Resignationen von Tegernseer Äbten zu Beginn der Neuzeit läßt auf gewisse Hemmungen in der inneren Entwicklung ihres Klosters schließen. Doch blieb dieses auch im 16. Jahrhundert die baierische Reformabtei schlechthin. Während anderwärts in Deutschland viele Klöster durch die Bauernkriege schwer in Mitleidenschaft gezogen wurden oder in der Zeit der Glaubensspaltung ihren Untergang erleben mußten, blieb Tegernsee von beidem verschont. Die Bauernkriege machten am Peißenberge halt und drangen nicht nach Baiern vor. Die Glaubensspalter fanden im Kloster keine Freunde. Der hohe Bildungsstand der Tegernseer Mönche, die feste Bindung an ihre monastischen und landsmannschaftlichen Traditionen, ihr gesundes Werturteil Neuem und Fremdem gegenüber schützten sie davor, den althergebrachten Väterglauben aufzugeben. Es bedurfte in Tegernsee beileibe nicht erst des Zwanges durch einen Landesfürsten, um sich in Glaubensfragen zu entscheiden. Man blieb sich selber treu und damit unbeirrt katholisch.

Das befähigte Tegernsee das ganze 16. Jahrhundert hindurch, überall dorthin Mönche als Administratoren und als Äbte zu entsenden, wo die klösterliche Disziplin gefährdet schien oder andere mißliche Verhältnisse bedrängten. 1521 wurde Matthias Reuchlin Abt von Benediktbeuern. 1541 erhielt Oberaltaich Andreas Wild aus Tegernsee zum Abt († 1551) und Sebastian Hofmann als Prior, der dann 1551 selber Abt in diesem Kloster werden sollte (†1564). Im Jahre 1556 ging Job von Lauterbach als Administrator nach St. Veit bei Neumarkt in Oberbaiern und 1565 Georg Gensdorfer in gleicher Eigenschaft nach Andechs. Ersterer wurde 1561 Abt von St. Veit († 1563), letzterer versagte auf dem Heiligen Berge kläglich, wurde von Herzog Albrecht V. († 1579) nach Seeon verbannt und starb zwei Jahre später als Seelsorger der Deutschen im fernen Rom. 1576 holte man Martin Kötterlin als Abt nach Seeon. Er wurde dieses Inselklosters zweiter Gründer († 1590). Die Mönche von Rott am Inn bekamen 1590 den Tegernseer Mönch Georg Weckerlein zum Abt († 1595). Als weitere Äbte aus Tegernsee wanderten 1595 Godehard Stark nach Georgenberg in Tirol und Andreas Eckler nach Metten an der Donau. Der eine resignierte freilich schon 1602 auf sein Amt, um nach Tegernsee zurückzukehren und 1617 dort zu sterben, der andere schied in Metten bereits wenige Monate nach seiner Berufung zum Abte aus dem Leben. 1599 schließlich wurde Raphael Kratz Abt von

St. Veit, wo er schon seit 1594 Administrator gewesen war († 1602). Doch aus Tegernsee kamen auch einfache Mönche, die da und dort neues klösterliches Leben wecken sollten. Der baierische Herzog Albrecht V. († 1579) ersuchte 1561 um Pater Gregor aus Tegernsee für Prüfening bei Regensburg. 1582 folgten die Mönche Wolfgang und Gotthard einem Ruf zur Reform nach St. Zeno in Verona. Zwei Jahre später sollte Tegernsee auf Wunsch Herzog Wilhelms V. des Frommen gleich eine ganze Abtei in Italien übernehmen und mit seinen Mönchen neu besiedeln, doch wurde nichts daraus. Dagegen mußte es den Tegernseern eine Herzenssache sein, im Jahre 1590 zwei Mitbrüder nach Melk zu senden. Von dort hatte ihr Kloster 1426 die Melker Reform erhalten und damit viel Gutes. Nun war die Melker Observanz an ihrem Ausgangspunkte am Verlöschen. Auch in das Wiener Schottenstift ging auf Ansuchen ein Tegernseer, der dort als Reformprior die gesunkene Disziplin zu heben helfen sollte.

Tegernsee hat sich im 16. Jahrhundert um viele Klöster verdient gemacht. Sein größtes Verdienst erwarb es sich jedoch woanders, und zwar durch einen seiner Mönche, der von all seinen Klosterjahren die meisten nicht in Tegernsee verbrachte. Es ist Wolfgang Seidel, der nach Humanistenart Sedelius zu nennen sich beliebte. Als Kind armer Eltern 1492 in Mauerkirchen bei Braunau im niederbaierischen Innviertel (seit 1779 zu Oberösterreich gehörig) geboren, hatte er es dem Zisterzienser Wolfgang Mayer (Mario) von Aldersbach zu danken, daß er zum Studium kam. Dieser war Pfarrer von Rotthalmünster und wurde 1514 zum Abt seines Klosters gewählt. Auf der Heidelberger Universität gründlich gebildet, dem Humanismus, den Naturwissenschaften, der Dichtkunst aufgeschlossen, war dieser bedeutsamste Abt von Aldersbach ein kritischer Beobachter seiner Zeit und ihrer Probleme in Kirche und Gesellschaft. Er wurde für Wolfgang Seidel bestimmend für sein ganzes Leben. Dessen Tun und Lassen hat man nicht mit Unrecht „Spiegelbild, Frucht und Gegenspiel" zu Abt Wolfgang Mayers Sein und Wesen genannt. So sehr blieb der Schüler auf den Spuren seines ersten Lehrers.

Nach dem Besuch der ausgezeichneten Lateinschule in Landshut, an der Seidel bereits eine kleine lateinische Grammatik verfaßte, folgte 1516 im Frühjahr die Immatrikulation zum Studium an der Universität zu Ingolstadt, doch nur auf kurze Zeit. Denn schon im Herbst dieses Jahres trat Wolfgang Seidel in Tegernsee ein. Vermutlich aus dem Noviziat stammt ein Brief an seine Eltern, in dem es heißt: „Wißt von mir, mein herzlieber Vater und meine herzliebe Mutter, ich laß Enk wissen, daß ich frisch und gesund bin von den Gnaden Gottes, desselbigen gleichen höret ich auch gern von Enk." Was steckt nicht alles an Kindesliebe, aber auch an Gottseligkeit eines jungen Mönches hinter diesen Worten!

Nach der Profeß am 29. Juni 1517, vor und nach der Priesterweihe im Jahre 1521 oder 1522 oblag Wolfgang Seidel mit größter Hingabe dem Studium, und zwar nicht auf einer Universität, sondern in seinem Kloster am Tegernsee. Vor allem lernte er Griechisch, das er schließlich so beherrschte, daß seine Mitbrüder 1527 eine griechische Grammatik von ihm erhielten und er griechische Gedichte und Briefe an manche seiner Freunde schreiben konnte. Gefördert wurde Seidels Liebe zum Griechischen durch Abt Maurus Leyrer, der die Tegernseer Klosterbibliothek bewußt mit griechischen Werken bereicherte und sie auch sonst so ausbaute, daß sie räumlich bald erweitert werden mußte.

Naturgemäß stand aber bei Wolfgang Seidel das theologische Studium an erster Stelle. Gründliche Kenntnisse und sein Leben für immer bestimmende Erkenntnisse erwarb er sich aus der Heiligen Schrift, aus den Kirchenvätern Hieronymus, Ambrosius, vor allem Augustinus, dann aus den griechischen Kirchenlehrern Johannes Chrysostomus, Basilius, Gregor von Nazianz und anderen. Die Scholastiker Albertus Magnus († 1280), Thomas von Aquin (†1274), ihre Schüler und Interpreten, ferner die großen Mystiker und Prediger Bernhard von Clairvaux († 1153) und Rupert von Deutz († 1129), dazu die Seherinnen Birgitte von Schweden († 1373) und Mechthild von Hackeborn († 1299), um nur einige zu nennen, kannte Wolfgang aus den Jahren seiner Studienzeit ebenso wie die Kanzelredner Nikolaus von Tolentino († 1305), Kaspar Schatzgeyer († 1527) und die Prediger von Tegernsee selber, vor allem Johannes Keck († 1450), Bernhard von Waging († 1472) und Wolfgang Kiderer († 1487), von dem er für seine spätere eigene Praxis manches übernahm. Neben den pflichtgemäßen Studien in den theologischen Disziplinen befaßte sich Sedelius mit Mathematik und Astronomie, Alchemie und Medizin, mit handwerklichen Künsten, mit Musik und Poesie. Aus diesen Studien und aus praktischer Erfahrung gingen im Lauf der Zeit zahlreiche astronomische Abhandlungen, ein an Albrecht Dürer anknüpfender Traktat über die Proportionen des menschlichen Körpers, ferner zwei Werke über kunstgewerbliche Verfahrensweisen hervor. Letztere befassen sich mit der Färbung von Metallen, der Ätzung auf Eisen, Holz und anderem Material und sagen, wie man malen, färben, mit Gold und Silber schreiben kann. Auch vom Glockenguß, vom Glasschmelzen und von der Anfertigung von Gipsabdrücken weiß Sedelius eine ganze Menge.

Bereitwillig gab Wolfgang Seidel sein reiches Wissen an Mitbrüder und als Lehrer an der Klosterschule von Tegernsee an Schüler weiter, bald war er geschätzter Prediger. Doch mag es auch nicht lange gedauert haben, bis ihn der und jener um seines Wissens willen beneidete und ihn als Tausendsassa betrachtete und wie einen Hansdampf in allen Gassen im Reich der Wissenschaften nicht gerade schätzte. In Tegernsee hatte wissenschaftliches Bestreben seit eh und je stets Hausrecht. Es war neben der Pflege der Frömmigkeit und monastischer Aszese der Hauptinhalt des klösterlichen Lebens. Dem Humanismus verschloß man sich keineswegs. Doch ließ das Beginnen Wolfgang Seidels bei den Hütern bewährter althergebrachter Traditionen die Furcht aufkommen, die neuen humanistischen Ideen, die so verlockend waren, aber vor der Glaubensspaltung nicht bewahren konnten, ja ihr Vorschub geleistet zu haben schienen, müßten im letzten von argem Übel sein. Seidel bekam Gegner. Er nennt sie „falsche Brüder", denen nicht nur seine naturwissenschaftlichen Arbeiten, sondern auch seine Vorliebe für das Predigen ein Dorn im Auge war. Je länger, desto beengender empfand er die Klostermauern von Tegernsee. Die stickige Luft dahinter nahm ihm die Atmosphäre, die er vonnöten hatte, um zu leisten, was er zu leisten fähig und auch willens war. Er suchte bei dem Humanisten Nikolaus Ellenbog, dem Prior von Ottobeuren († 1543), Rat, er wollte in dessen Kloster übersiedeln. Wolfgang Seidels Tegernseer Abt Maurus Leyrer, selbst dem Humanismus zugetan, suchte ihn in seinem Kloster zu halten. Er machte ihn zum Subprior und für kurze Zeit auch noch zum Prior. Bald darauf aber – es war im Jahre 1528 – trat er als Abt zurück. Am 13. Juli 1534 ist er verstorben.

Wolfgang Seidel verlor in Maurus Leyrer einen verständnisvollen Förderer. Er war ein Abt, der sowohl als Wirtschafter seinem Kloster von großem Nutzen gewesen ist als auch die Rechte Tegernsees geschickt zu wahren und zu mehren wußte. Von Papst Leo X. (1513-1521) erhielt er die Pfarrei Ostermünchen inkorporiert und die Vollmacht, seinen Klerikern die Niederen Weihen zu erteilen. Als kunstverständiger Bauherr errichtete er die Anna- bzw. die spätere Armenseelenkapelle im Friedhof der Tegernseer Bevölkerung an der Burgtorkirche und noch 1528 einen Altar zu Ehren der Todesangst Christi inmitten seiner Klosterkirche. Zu dessen Weihe hielt Wolfgang Seidel eine lange Predigt, sein Freund, der geniale Tonsetzer Ludwig Senfl, komponierte eine Messe.

Stand nach dem Verzicht Abt Leyrers auf sein Amt neben anderen auch Wolfgang Seidel in engerer Wahl zum Abt? Verweigerte sich Bernhard Siberer, „ein Vorbild für fast alle“ († 1560), dem Konvent als solcher? Wir wissen es nicht. Schließlich wurde *Heinrich V. Kintzner* am 3. Dezember 1528 das zweite Mal zum Abt von Tegernsee gewählt, der gleiche, der 1512 wegen seiner Strenge zurückzutreten sich gezwungen sah. Anscheinend erhoffte sich die Mehrzahl der 32 wahlberechtigten Tegernseer Mönche, daß er, durch Erfahrung und die Jahre klug geworden, für sie geeigneter sei als ein anderer, vor allem als ein erst 36 Jahre alter Wolfgang Seidel.

Mit der Wiederwahl Heinrichs V. Kintzner zum Abt mußte Wolfgang Seidel wohl erkennen, daß sein weiteres Verbleiben in Tegernsee aus Gründen der Selbstachtung nicht mehr gut möglich war. Kurz nach Beginn des Jahres 1529 finden wir ihn im Kloster Andechs. Schon früher hatte er zur Beobachtung der Vorgänge am Himmel Quadranten, Sternmeßgeräte, Himmelsgloben angefertigt, dazu für Tegernsee, aber auch für hochgestellte Persönlichkeiten „Horologien“ und „Noctilabien“ (zur Feststellung der nächtlichen Uhrzeit), Sonnenuhren und sonstige „gehende Werke“ konstruiert und hergestellt. In Andechs entstand eine seiner „Vierstundenuhren“, vor allem aber ein Astrolabium, ein raffiniertes Instrument zur Beobachtung der Sterne und zur Wiedergabe ihres Laufes. Es hatte seinen Platz im Turm der Wallfahrtskirche auf dem Heiligen Berg und ging wohl im großen Kirchenbrand des Jahres 1669 verloren. Eine von Seidels Hand stammende Beschreibung ist uns noch erhalten. Daneben hatte er in dem zu seiner Zeit noch recht stillen Andechs viel Muße für Arbeiten auch anderer Art. Sie betrafen Dinge der Kosmographie ebenso wie die schon erwähnte Ergänzung zu Albrecht Dürers „Vier Bücher von menschlicher Proportion“, ferner eine Übersetzung der Schrift des hl. Johannes Chrysostomus „Comparatio regis cum monacho“ (Vergleich zwischen König und Mönch) vom Griechischen ins Lateinische und zahlreiche Erzeugnisse der Dichtkunst, die oft Biographisches zum Inhalt haben. Auch Predigten, die der begeisterte Kanzelredner Sedelius in Andechs hielt, sind uns überliefert.

Auf die Dauer war das kleine Kloster Andechs keine Wirkungsstätte für einen Wolfgang Seidel. Immer noch wäre er zu gern nach Ottobeuren zu seinem Freunde Ellenbog gezogen. Doch kam es anders. Ein anderer seiner guten Freunde, der baierische Kanzler Augustin von Lösch († 1535), brachte ihn nach München. Dort war die Hofpredigerstelle an der Augustinerklosterkirche in der Neuhauser Straße (heute Jagdmuseum) frei geworden. Lösch kannte die hohe Auffassung Seidels vom

Tegernsee um 1568.

Predigtamt und seinen Traktat „De arte praedicandi“ (Die Kunst zu predigen). Dazu hatte er 1527 von ihm eine „Anleitung zum geistlichen Leben“ gewidmet und geschenkt bekommen. Der Kanzler schlug Seidel bei Herzog Wilhelm IV. dem Standhaften (1508-1550) für die offene „Prädicatur“ in München vor. Unter Befreiung von der Pflicht, sich als Benediktinermönch in einem Kloster seines Ordens aufzuhalten, wurde Wolfgang Seidel zum Hofprediger ernannt. Am 3. März 1532 stand er als solcher erstmals in der Augustinerkirche auf der Kanzel, die für fast 30 Jahre die „seine“ werden sollte. An allen Sonn- und Feiertagen, in der Advent- und Fastenzeit tagtäglich, an Weihnachten drei-, an Karfreitagen viermal am Tag sprach er zu den Münchnern. Seine Predigten wurden lateinisch geschrieben und auf deutsch gehalten. Viele davon arbeitete Seidel dann zu theologischen Abhandlungen aus.

Wolfgang Seidel zeigte sich in seiner Predigttätigkeit als grundgebildeter Theologe, der über alles sprach, was seine durch die Glaubensspaltung aufgewühlte Zeit bewegte. Er suchte zu widerlegen, was die Neuerer für wahr verkaufen wollten, verteidigte die katholischen Glaubenslehren, griff polemisch an, wo es ihm tunlich schien. Doch war er kein Polterer auf seiner Kanzel und kein Hascher nach billigen Effekten, kein Johannes Geiler von Kaysersberg († 1510), kein Johannes Eck († 1543) und auch kein Kaspar Schatzgeyer, der streitbare Franziskaner († 1527). Fanatismus lag Wolfgang Seidel nicht, bei aller Klarheit und Bestimmtheit seiner Sprache. Er war Jünger seines Ordensvaters St. Benedikt, haßte den Irrtum, nicht jedoch den Irrenden. Bitter empfand der Ireniker die Zerreißung Deutschlands durch die Glaubensspaltung. „Die lieben

Teutschen, die frommen Teutschen" bat er „herzinniglich", um des drohenden Unterganges des Vaterlandes willen mit Streit und Hader des Glaubens wegen aufzuhören. Um so härter traf es ihn, daß am 19. Juni 1558 unreife Burschen und Mädchen, „unachtsames Handwerkervolk, unverheiratete Leute", wie in den Akten steht, vor, während und nach seiner Predigt den Gottesdienst in der Augustinerkirche trotz Augsburger Religionsfriedens mit lutherischen Kampfliedern störten und ihn am Reden behinderten.

Der eifrige Prediger begnügte sich mit seinen vielen Kanzelreden in München und an anderen Orten nicht. In den langen Jahren seiner Münchener Zeit entstand eine Reihe seiner naturwissenschaftlichen Schriften, aber auch so manche Arbeit aszetischer, liturgischer und kirchenhistorischer Natur. Besonders erwähnt sei das Trostbüchlein, das sich mit der Frage befaßt, ob die „abgestorbenen Seelen, so bei Gott sind, eigentlich einander erkennen, darneben auch noch unser der hier lebenden gedenken, wahrnehmen und Wohlfahrt ihrer Gebühr nach fördern". Gewidmet ist das Büchlein „allen denen, so um ihre Verstorbenen sehr trauern, heulen und weinen, dazu auch denen, die den Tod sehr fürchten und sich nicht gern in das Sterben ergeben". Um 1540 entstand das kleine Werk, 1551 kam es im Druck heraus.

Dem baierischen Herzogshaus war Sedelius sehr verbunden. Er wußte von der Jagdleidenschaft seines Landesherrn, von seinem hohen Aufwand am Hof, von den wachsenden Schulden Herzog Wilhelms IV. und von dessen Sorgen religiöser und politischer Natur, die ihn sehr bedrückten, von seinen Vorzügen und von seinen Schwächen. Seidel war zum Hofprediger für das Volk bestellt, sollte es im christkatholischen Glauben bewahren und bestärken, war aber auch dem Herzog als Ratgeber verpflichtet. Seidel nahm beide Aufgaben sehr ernst. Wie Christian Tesenpacher, Mönch von Tegernsee und Abt von Oberaltaich († 1502), für Herzog Albrecht IV. Verhaltensweisen beim Regieren gegeben hat, so verfaßte Wolfgang Seidel für Wilhelm IV. von Baiern mehrere Schriften, die sich mit dessen Aufgaben als Landesvater eingehend befaßten.

Von 1541 bis 1545 arbeitete er an einem umfangreichen Werk, dem er den merkwürdigen Titel „Vom geistlichen Hirschgejaid" gegeben hat. Es handelt von der sozialen Wohlfahrt des Volkes und von dem Verhältnis zwischen Regent und seinen Untertanen. Daneben entstanden vier Fürstenspiegel für den baierischen Herzog, deren letzter 1547 gedruckt erschien. Er bat den Fürsten:

„Veracht mich nit, wie groß Du bist,
Gebessert wirst, so Du mich liest.“

Freimütig, offen und gerade sagt Seidel seine Meinung. Zu unverblümt für Herzog Wilhelm IV.? Jedenfalls fällt auf, daß der Münchner Hofprediger 1548 für einige Zeit in Kaisheim bei den Zisterziensern weilte und 1550, während eines von Kaiser Karl V. († 1558) nach Augsburg einberufenen Reichstages, monatelang als recht erfolgreicher Prediger in St. Moritz wirkte. Eine Reihe Protestanten bekehrte er. Damals hätte er recht gern auf seine Münchener Prädikatur verzichtet, fühlte er sich doch mehr und mehr „als alter, abgearbeiteter Mann“ mit viel Kopfweh, sehbehindert und von oftmaligen Schwindelanfällen geplagt. Doch Herzog Albrecht V. der Großmütige († 1579), der eben zur Regierung gekommen war, drang auf seine Rückkehr. Zu den Fastenpredigten des Jahres 1551 stand Seidel wieder auf seiner Münchner Kanzel. Das Jahr darauf war er auf dem Konzil von Trient Gesandter der Diözese Freising. Von 1552 bis 1555 sehen wir ihn im Dienste der Erzdiözese Salzburg. Im Auftrag des Erzbischof-Administrators Herzog Ernst von Baiern († 1560), dem Onkel Albrechts V., hatte er sich um die wissenschaftliche Hebung des Klerus zu bemühen und im Sinn des Trienter Konzils der katholisch-theologischen Reform voranzuhelfen. Außer kleineren Abhandlungen pastoral-theologischen Inhalts verfaßte Seidel in seiner Salzburger Zeit den dreibändigen Traktat „Eucharistie und Messe“, in dem er sich kritisch mit den Reformatoren und ihren unterschiedlichen Meinungen über das Meßopfer und das Sakrament des Altares auseinandersetzte.

Im Jahre 1555 kehrte Sedelius nach München zurück, wo ihn ein Tegernseer Mönch mit wenig Glück und zum Ärgernis des Volkes vertreten hatte. Immer stärker wurde der Wunsch des Unermüdlichen nach Entlastung, ja nach Enthebung von seinem Amt. „Nun aber“, schrieb er an Herzog Albrecht V., „kommt die Zeit des Alters, die ich viel mehr wegwünschen möchte als den Anfang der Nacht. Nicht die Bereitschaft der Seele schwindet, sondern die Kraft des Leibes. Auch mein Hirn ist wegen der Fortschritte des Alters, der täglichen Reden und Studien so ausgetrocknet und geschwächt, daß ich mich zu keiner großen Übung mehr fähig fühle, als da sind: Predigt, vor allem, wenn sie ununterbrochen sein soll wie in unserem Kloster. Jetzt habe ich eben das 66. Jahr meines Alters angefangen. Und 22 1/2 Jahre predige und verteidige ich das Wort Gottes hier zu München; Gott sei mein Zeuge: fleißig und mit allem Ernst . . .“ Wiederholt ersuchte der verdienstvolle Hofprediger in weiteren Briefen an den Herzog um eine Stelle als Seelsorger bei Nonnen. Hatte nicht auch Bernhard von Waging seine letzten Lebensjahre bei den Benediktinerinnen zu Bergen bei Neuburg a. D. verbracht? Seidel dachte an Kühbach oder an Frauenwörth im Chiemsee. Doch der Herzog und seine Räte wollten nicht. So blieb er denn in München noch bis Ostern 1560. In dieser letzten Münchener Zeit entstand Wolfgang Seidels „Geistlicher Laienspiegel, darin man ohne großes und weitschweifiges Nachlesen sehen und erkennen kann, ob die jetzt geführten Lehren aus dem Geist Gottes seien oder nicht". Er war „zur Verhütung gefährlicher Irrtümer und Erhaltung des wahren rechten Glaubens" gedacht und erschien 1559 in Dillingen im Druck.

Im Spätherbst 1560 kehrte der Hofprediger Seidel als herzoglicher Pensionist mit einer Rente von jährlich 100 Gulden und zwei ihm zur Verfügung gestellten Dienern nach Tegernsee, dem er nie die Treue brach, zurück. Vorher scheint er noch in Tuntenhausen, der damals größten Marienwallfahrt Baierns, verweilt zu haben. Sein letztes Werk galt dieser Wallfahrt, galt Maria, der „mächtigen Jungfrau", wie man sie als solche in Tuntenhausen anruft und verehrt. In hinreißenden Lobpreisungen der Gottesmutter erinnert der glühende altbaierische Marienverehrer und hochgebildete Humanist im Mönchsgewand an die Vorzüge und Gnaden der Unbefleckt Empfangenen und an die fürbittende Macht der „menschenrettenden Mutter der Erlösung", als lebte er nicht erst im 16. Jahrhundert. Die Schrift entstand 1562 und wirkt wie ein Testament Seidels an das katholische Volk in Baiern. Er hat sie nicht mehr selbst geschrieben, sondern in die Feder eines anderen diktiert. Am 11. Juni 1562 endete in Tegernsee sein Leben. Dort wurde er bestattet. Seine letzte Ruhestätte hat nach der Säkularisation von 1803 Pietätlosigkeit und Unverstand beseitigt.

Wolfgang Seidel von Tegernsee, gelehrter Humanist, Philologe, Naturwissenschaftler, Theologe, war und blieb lebenslang in erster Linie Seelsorger, und zwar als solcher wieder vor allem auf der Kanzel und im Hörsaal. Hoch und nieder, den Bürgern in der Stadt und den Bauern auf dem Land gehörte er mit seinem Wort und mit seiner ganzen Kraft nicht weniger als Mönchen und Studenten in Tegernsee, Kaisheim, in St. Ulrich zu Augsburg und in Salzburg. Fast 800 Predigten Seidels sind uns überliefert. Groß ist die Zahl seiner aszetischen und liturgischen Traktate. Es ist interessant, aus ihnen Seidels Bewertung liturgischer Praktiken und Formen im Gottesdienst und beim Chorgebete zu entnehmen. Für ihn ist die Pflege der Liturgie nicht Inhalt des klösterlichen Lebens schlechthin und nicht Hauptberuf des Mönches. Sie kann nach Seidel sogar allzu leicht zur Gefahr des Ordenslebens werden und in einem äußerlichen Ästhetizismus sich erschöpfen. Ist diese Gefahr nicht auch für unsere so liturgiebewußte Zeit gegeben?

Wolfgang Seidel ist heute in München nur mehr recht wenigen bekannt. Und doch ist es ihm und seiner jahrelangen Predigttätigkeit in der ehemaligen Augustinerkirche an der Neuhauser Straße zu verdanken, daß die Münchener Bevölkerung katholisch geblieben ist. Das wurde auch von dem Jesuiten Petrus Canisius, der den Tegernseer Benediktiner persönlich kennenlernte, während er in München einen Platz für eine Niederlassung seiner Gefährten aus der Gesellschaft Jesu suchte, anerkennend zugestanden. Ein zweiter Benediktiner trug im 19. Jahrhundert viel dazu bei, daß die katholischen Münchener ihrer Kirche zuletzt doch die Treue hielten. Es war Abt Daniel Bonifatius v. Haneberg († 1876) von St. Bonifaz in München. Durch seine Persönlichkeit und seine Predigten in der Basilika an der Karlstraße wies er nach dem Ersten Vatikanischen Konzil (1869/70) Ungezählten den Weg in Fragen ihres Glaubens. Dafür mußte er freilich 1872 München verlassen, um Bischof von Speyer zu werden, was eine Kränkung für ihn bedeuten mochte, doch sein Verdienst nicht schmälern konnte.

Das katholische München hat Wolfgang Seidel ganz und Abt Haneberg fast vergessen. Dem Kundigen aber ist das Münchener Kindl, besser der Mönch im Wappen der bayerischen Landeshauptstadt, nicht nur eine Erinnerung an die Gründung Münchens auf Tegernseer Grund und Boden, sondern auch an die beiden Benediktinermönche des 16. und 19. Jahrhunderts, die den Münchener katholischen Bürgern halfen, sich dem angestammten Glauben zu bewahren.

Die Klosterdruckerei

Während der Jahre, da Wolfgang Seidel als Hofprediger in München, dann als Lehrer in Kaisheim, St. Ulrich zu Augsburg und in Salzburg wirkte, regierten in Tegernsee als Äbte *Heinrich V. Kintzner* (1528-1543), *Augustin Stürzenbrigl* (1543-1556) und *Balthasar Erlacher* (1556-1568). Der nach dem Rücktritt Heinrichs V. am 27. November 1543 gewählte Abt Stürzenbrigl war Tiroler und in Schwaz geboren. Er hatte keine glückliche Hand in der Leitung seines Klosters. Es fehlte ihm an Selbstbeherrschung und am klugen Überlegen, an Ausgeglichenheit und an verständnisvoller Rücksicht. Unerbittlich in seinen Forderungen zur Aufrechterhaltung der monastischen Disziplin, kannte er keine Nachsicht bei Schwächen und Fehlern seiner Mönche. Aufbrausendes Wesen, heftiger Zorn, hartes, verletzendes Urteil, Ungerechtigkeiten in Wort und Tat machten ihn wenig beliebt inner- und außerhalb des Klosters. Seine Strenge erreichte nicht, was sie bezwecken mochte. Sie führte zu Unzufriedenheit und Widersetzlichkeit. Zu hohe Forderungen und harte Maßnahmen beeinträchtigen ebenso den klösterlichen Eifer wie ein allzu mildes Wesen eines Abtes. In Tegernsee war das nicht anders wie heute noch in Klöstern. Abt Augustin starb am 10. Oktober 1556. Nach dem Grundsatz „De mortuis nil nisi bene – Über Tote nur Gutes" schrieb der Chronist von Tegernsee: „Er ist ebenso getreu wie nützlich in der Leitung des Klosters gewesen . . ."

Von ganz anderer Natur war der Nachfolger Abt Augustins, der aus Arget bei Wolfratshausen stammende Balthasar Erlacher. Bei seiner Wahl am 16. November 1556 stand er im 33. Lebensjahr. Bisher war er Cellerar und Granarius (Verantwortlicher für die Beschaffung des Brotgetreides und der Verpflegung) seines Klosters. Nur zwölf Jahre währte seine segensreiche Regierung. Vor allem machte er sich um das Schulwesen in Tegernsee verdient. Er errichtete eine neue Schule für 30 Schüler, wovon er acht bis zehn auf Kosten des Klosters unterrichten und verpflegen ließ, und bestallte einen tüchtigen Schulmeister zum Unterricht im Lesen und im Schreiben, im Singen und Latein. Tief religiös, aufgeschlossen für Wissenschaft und Gelehrsamkeit, hatte Abt Balthasar bei allem Eifer für die klösterliche Ordnung ein Herz auch für das leibliche Wohl aller seiner Mönche. Er legte einen Abteigarten zur Erholung an und baute am See ein Sommerhaus für sie zu Stunden der Entspannung.

Während in den Zeiten nach der Glaubensspaltung andere Klöster in

Kupferstich von Karl Stenzel von 1619.

Baiern wie z. B. Paring (Lkr. Kelheim), Münchsmünster (Lkr. Pfaffenhofen a. I.), Reichenbach (Opf.) und Frauenzell (Lkr. Regensburg) gänzlich ihr Ende fanden oder wie Andechs nur mehr ganz wenig Mönche zählten, während das Schottenkloster St. Jakob in Regensburg in Thomas Anderson gar nur mehr einen einzigen Mönch, und zwar einen recht zweifelhaften, aufwies, hatte Tegernsee keine großen Nachwuchssorgen. Auch fiel kein Tegernseer zum neuen Glauben ab, der in anderen baierischen Abteien so manches Opfer forderte.

Die äußere Gefahr der Bauernaufstände nach der Glaubensspaltung von 1517 wurde für Baiern 1525 am Lech abgewendet, kostete Tegernsee jedoch bare 4000 Gulden an die Kasse des baierischen Herzogs zur Bekämpfung „der pauren aufruer". Dazu hatte das Kloster „gen Weilheim geschickt in das heer zwey halbe fueder osterwein [aus der Wachau], 40 schäffel korn, 20 schäffel waitzen, 16 slachrinder, 5 sweine, pachen [geräuchert], drei zenten smaltz, kelbel [Kälber] und schafe und ander". So berichtet der Chronist von Tegernsee. Doch was war das alles schon gegen eine Plünderung und Brandschatzung der Bauern wie in weiten Teilen Deutschlands!

1560 stellte eine bischöfliche Visitation aus Freising Abt Erlacher, seinen 27 Patres, sechs Diakonen und sechs Laienbrüdern das allerbeste Zeugnis aus. Die Visitatoren bezeichneten Abt Balthasar als einen guten Hausvater, besorgt um seine Mönche. Das Sanctissimum erfahre besondere Verehrung, die Klausur werde gewissenhaft eingehalten. Die neue Schule fand man rühmenswert, ebenso die Bibliothek mit ihren vielen auserlesenen Büchern. Die Mönchszellen erschienen zweckmäßig eingerichtet, alle Gemeinschaftsräume des Klosters sauber und in guter Ordnung. Nichts, aber auch schon gar nichts mußte beanstandet werden. Tegernsee hatte die Glaubenswirren des 16. Jahrhunderts und ihre schlimmen Folgen ohne Schaden überstanden.

Abt Balthasar Erlacher starb am 18. Februar 1568. Sein am 17. März dieses Jahres gewählter Nachfolger *Quirin II. Rest* aus Schwaz in Tirol sollte einer der bedeutendsten Äbte seines Klosters werden. Er war in jeder Hinsicht ein guter Verwalter seines Amtes, mehrte den Besitz des Klosters, baute eine Abtwohnung und das noch stehende Kirchlein des Klosterpatrons in St. Quirin zwischen Gmund und Tegernsee. Sowohl eine päpstliche Visitation im Jahre 1579 als auch 1586 eine herzogliche konnten mit dem besten Willen keine Mängel registrieren, was deren Zweck und Ziel gewesen wäre. Bezeichnend für den hohen Stand der Ordensdisziplin des Tegernseer Konventes war die Weigerung eines Gutteils seiner Mönche, die 1573 erteilte Dispens vom Fleischverbot an drei Tagen in der Woche anzunehmen. Herzog Albrecht V. (1550-1579) hatte sie durch Kardinal Otto Truchseß von Waldburg, den Bischof von Augsburg (1543-1573), vom Papst zur Förderung des Ordensnachwuchses erwirkt. In anderen Klöstern half diese Dispens nicht viel, in Tegernsee störte sie den inneren Frieden, bis der 1579 zum päpstlichen Legaten für die deutschen Klöster berufene Dominikaner Felizian die römische Gunst 1581 in einer Visitation kurzerhand verordnete. Bei den Mönchen auf dem Heiligen Berg Andechs war die völlige Abstinenz vom Fleisch schon 75 Jahre früher aufgegeben worden.

Die große Leistung Abt Quirins II. auf die Dauer war die Gründung der Klosterdruckerei von Tegernsee. Nicht, daß dieser Abt die erste Benediktinerdruckerei in Baiern überhaupt ins Leben gerufen hätte. In der Abtei St. Ulrich und Afra zu Augsburg gründete Abt Melchior von Stamheim (1458-1474) schon 1472 eine klösterliche Druckerei, die freilich nur bis 1476 bestand. Vermutlich war sie nicht rentabel. 1481 versuchte es Michelsberg bei Bamberg unter Abt Ulrich Haug (1475-1483) mit der Schwarzen Kunst. Von 1503 bis 1505 beschäftigte Abt Heinrich Zäch

(1498-1508) in Wessobrunn den Augsburger Lukas Zeissenmair als Drucker. Chroniken von Ettal und von Andechs schufen seine Pressen zu jener Zeit. Wenig Glück hatte auch Abt Leonhard Wiedemann von Ottobeuren (1508-1546) mit der von ihm 1508 gegründeten Druckerei in seinem Stift. Er wollte mit ihr seinen Mönchen eine neue, ihnen angemessene Beschäftigung geben und dem Müßiggang in seinem Hause nutzbringend begegnen. „Entschlossen, diese tödliche Pest von meiner Herde fernzuhalten, habe ich mit großen Kosten zusammengekauft, was zum Bücherdrucke nötig schien, damit meine Brüder nicht mit gemeiner, sondern mit edler und nützlicher Arbeit sich beschäftigen", schrieb er im Vorwort zum ersten Druck aus der Ottobeurer Offizin. Kein geringerer als sein Prior Nikolaus Ellenbog, Orientalist und Humanist († 1543), hatte sie zu leiten. War die Ottobeurer Klosterdruckerei von Abt Wiedemann auch auf Jahrhunderte hinaus gedacht und angelegt, so hatte sie erst recht wenig herausgebracht, als im März des Jahres 1525 aufständische Bauern das Stift stürmten und sie mit allen ihren Drucken vernichteten. Der Abt errichtete zwar seine Druckerei 1532 von neuem, doch mußte er ihre Zerstörung im Oktober 1546 ein zweites Mal erleben, als im Schmalkaldischen Krieg 1500 Mann des Augsburger Bundesfeldherrn Schertlin Ottobeuren besetzten, es brandschatzten und in seinen Mauern auf unmenschliche Weise hausten. Bald darauf ist Abt Leonhard Wiedemann verstorben. Seine Ottobeurer Klosterdruckerei erstand nicht wieder.

„Der Pest des Müßigganges" im Kloster zu begegnen, dachte wie dieser Abt von Ottobeuren auch Abt Quirin Rest, als er 1573 seine Tegernseer Klosterdruckerei begründete. Diesen Zweck gibt er in deren viertem Werk, das 1574 die Reden des Tegernseer Mönches Johannes Keck auf dem Basler Konzil im Druck veröffentlichte, ausdrücklich an. Er meint:

„So wird denn alle Arbeit den Büchern gewidmet sein. Bücher müssen um uns sein beim Gottesdienst, bei den frommen Lesungen, in der Arbeit und im süßen Studium . . . Man braucht sich hoffentlich weder die Kosten noch den Betrieb gereuen lassen, wenn die auch von unserer Werkstatt aus allenthalben verbreiteten Bände etwas zum Besten unserer hl. Religion beitragen werden und wenn für die Notwendigkeit des Bücherschreibens, die infolge der vollkommen und von Grund aus veränderten Zeitverhältnisse lange schon ausgestorben ist, unser Druckerfleiß einen Ersatz bietet."

Die Zeiten der berühmten Tegernseer Schreibschule und Buchmalerei waren zu Ende, auch wenn Wolfgang Seidel zwischen 1550 und 1560 noch in seinem „Kunstbuch" (cgm 4117) sich theoretisch mit dem „Illuminieren von Handschriften" befaßte. Sie waren vorüber, auch wenn Tegernsee in Andreas Wagner († 1565) noch einen praktizierenden „hervorragenden Schreiber" hatte, wenn ferner Achatius Wandereisen († 1599) erst 1579 sein handgeschriebenes „Caeremoniale Tegernseense" vollendete und wenn im Kloster am stillen See auch künftig gewandte Kalligraphen niemals fehlten. Es sei nur Gregor Illmperger († 1701) mit seinem „Cursus Marianus" erwähnt, den Kurfürst Ferdinand Maria von Abt Ulrich Schwaiger zum Geschenk erhielt, der das Werk seinerseits dem Papst in Rom verehrte.

Abt Quirin II. setzte große Hoffnungen auf seine Druckerei. An seinen Landesherrn Albrecht V. schrieb er, er habe seinen Mitbrüdern und jungen Konventualen

„zu ihrer klösterlichen kurzweil und ergetzlichkeit, auch damit etliche treffliche gut schriften und bücher so vor jaren von gelehrten frommen vättern desselben closters geschrieben und hinterlassen worden . . . an das licht kommen mechten, eine ganz vollkommene Druckerei mit allerlei lateinischen und deutschen puechstaben zugerichtet, also daß nunmehr auch große werk darinnen verfertigt und gefürdert werden mögen."

Der Abt bat in diesem seinem Schreiben den Herzog, er möge sich beim Kaiser für ein Druckereiprivileg des Klosters Tegernsee verwenden. Herzog Albrecht V. tat es gern. Und schon am 23. August 1574 wurde ein solches für zehn Jahre, am 20. Oktober 1575 für unbegrenzte Zeit von Kaiser Maximilian II. (1564-1576) gewährt. Dieses kaiserliche Privileg hatte großen praktischen Wert. Es schützte die Klosterdruckerei Tegernsee vor Nachdrucken ihrer Erzeugnisse in anderen Offizinen und war seiner Seltenheit zu damaliger Zeit wegen die besondere Freude des Abtes Quirin. Mit verständlichem Stolz, aber auch zum Ärger mancher Neider setzte man auf die Titelseite vieler Tegernseer Drucke den Vermerk „Mit Röm. Kay. May. Freyheit getruckt zu Tegernsee" oder auch „cum Gratia et Priuilegio Caesareae Maiestatis in Typographia Tegernseensi". Den Ärger von Neidern sollte Abt Quirin Rest freilich nur zu bald verspüren müssen, als er den bekannten Verfasser und Herausgeber religiöser Schriften Adam Walasser († 1581) als Berater für seine Klosterdruckerei gewonnen hatte und mehrere Werke dieses Mannes verlegte, und als er es wagte – wie unpassend und verwerflich für einen Abt und für ein Kloster –, ein ganz und gar nicht religiöses Opus im Druck herauszubringen. Es war betitelt „Von der Hochberühmpten Adelichen vnnd Ritterlichen Kunst der Reitterey. Inn vier Bücher ordenlich gethailt. Durch Hanns Friderich Hörwart von Hohenburg in Truck geben". Der Folioband erschien 1575 in erster Auflage, in seiner fünften im Jahre 1581 und war in Schwarz- und Rotdruck hergestellt, reich illustriert, ein Glanzstück unter den ersten Tegernseer Drucken.

Im Jahre 1574 brachte Adam Walasser ein bald gutgehendes Gesangbuch in Tegernsee heraus. Betitelt war es: „Ein geistlichs lobgesang allem Himlischen Heer zu ehren und allen frommen Christen zu einer vbung, es sey zu hauß oder anderswo. Durch Adam Walasser an seinen letzten zeiten auß einem alten exemplar gebessert vnnd in Truck geben." Schon 1577 erlebte dieses frühe katholische Gesangbuch eine zweite, 1581 eine dritte Auflage. Walasser gab ihm den Untertitel: „Schöne alte / Catholische Gesang vnd Rueff / auff die fürnemste Fest des Jars / auch bey den Kirchfärten vnd Creutzzugen nutzlich zu gebrauchen."

1574 druckte Tegernsee, von Adam Walasser verdeutscht und herausgegeben, das „Regelbüchlein des hl. und fürtreffl. Abtes Benedikti", das schon das Jahr darauf in zweiter, 1578 in dritter Auflage zu besorgen war. Von Walasser ging 1578 in Tegernsee ferner sein „Reformirbüchlin" in Druck. Es enthielt „Schöne / guldine / gar alte Regeln für geistliche vnd weltliche Menschen / wie sich dieselben gegen Got / gegen ihre Nechsten / vnd gegen ihnen selbst / recht Christlich halten sollen".

Dem „Reformirbüchlin" folgte aus der Presse von Tegernsee schließlich 1581 Walassers letztes Werk. Es hieß „Der Himlisch Fußsteig. Ein Geistlichs Büchlein / auß alter Gotsförchtiger andeutung / jetzt zu füglichem gebrauch von newem zugericht / mit schönen Figuren gezieret" und war Herzogin Renate († 1602), der Gattin Wilhelms V. des Frommen († 1626), zugeeignet.

Adam Walasser wie Hanns Friedrich Hörwart von Hohenburg waren nicht irgendwer in Baiern. Die Schriften des ersteren wurden in altgläubigen Kreisen viel und gern gelesen. Der gebildete Laie weilte 1573/74 und 1577/79 in Tegernsee und genoß monatelang die Gastfreundschaft des Klosters. Sein Rat in der Druckerei mag von hohem Wert gewesen sein. 1581 ist er in Dillingen verstorben.

Johann Friedrich Hörwart von Hohenburg, der Verfasser des Buches über die Reitkunst, war ein jüngerer Bruder des baierischen Staatsmannes und hochgelehrten Mathematikers und Astronomen Johann Georg Hörwart von Hohenburg († 1622). Als Kanzler der Baierischen Landschaft und als vertrauter Berater des Herzogs Wilhelm V. († 1626) und auch dessen Sohnes Maximilian I. († 1651) machte er sich sehr verdient. Johann Friedrich stand als Kämmerer und Stallmeister im Dienst Herzog Ferdinands in Baiern († 1608). Als dessen Stadt- und Landrichter von Schongau führte er in zeitbedingtem Wahn und Unverstand, von dem die ganze Christenheit befallen war, in den Jahren 1589 bis 1592 einen hochnotpeinlichen Hexenprozeß durch, in dem 63 Frauen gestanden, dem Satan verschrieben und hörig zu sein. Sie traf das Los der Enthauptung und der Verbrennung ihrer Leichen. Nicht lebendigen Leibes den Feuertod erleiden zu müssen, war Gnade für die „Hexen". Ihr Richter Hörwart von Hohenburg starb 1598. Schied er ohne Reue über sein Verfahren aus dem Leben? Ohne Zweifel ist das anzunehmen, tat er doch nach eigener und nach seiner Zeitgenossen Überzeugung mit dem von Herzog Ferdinand abgesegneten Urteil eine gute und gerechte Tat. Heute glaubt man an keine Hexen und vielfach an keinen Teufel mehr. Steckte aber hinter den bestialischen Verbrechen eines Dritten Reichs, hinter den millionenfachen Morden eines Stalin, steckt hinter den entsetzlichen Vorgängen heute in Persien und Afghanistan, in Afrika und sonst in aller Herren Länder nicht doch die reale Person des Bösen Feindes, das Wollen und die Macht des Lügners von Anbeginn? Gibt es wirklich keinen Satan, kein Wirken des Teufels in unsere Welt hinein?

Zu den ersten Erzeugnissen der Tegernseer Klosterdruckerei gehörten naturgemäß vor allem liturgische. Besonders erwähnt sei ein 1576 im Auftrag Abt Quirins gedrucktes zweibändiges Benediktinerbrevier in Folio. Ein Prachtexemplar davon mit eigenhändiger Widmung des Abtes erhielt Herzog Albrecht V. von Baiern zum Geschenk. Kleinere und größere Bücher zum täglichen Gebrauch im Gottesdienst und beim Chorgebete folgten.

Bald kam die Klosterdruckerei von Tegernsee zu Ansehen, doch finanziell noch lange nicht auf einen grünen Zweig. Denn wenn auch der Großteil der Arbeit in der Druckerei von den Mönchen selber besorgt wurde, so waren für den Anfang doch Fachleute und bereits angelernte Hilfskräfte nötig, die schon damals nicht ganz billig kamen. Auch das zumeist aus der Harlachinger Papiermühle bezogene Druckpapier, wovon Tegernsee nur das beste verwendete, schlug hoch zu Buch. Insgesamt fielen der Klosterdruckerei in ihren ersten sechs Jahren über 1515 fl Unkosten an, denen als Einnahmen lediglich 200 fl gegenüberstanden. Das aber focht Abt Quirin wenig an. Er wollte mit seinem Unternehmen kulturellen Zwecken dienen, nicht verdienen.

Gerade aber das scheint bei manchen seiner Mönche der Anlaß gewesen zu sein, ihn der Verschwendung des Klostervermögens und der Mißwirtschaft zu zeihen. Dazu sei schon die Gründung der Druckerei ohne Genehmigung des Konventkapitels, der in wichtigen Dingen mitbestimmenden und entscheidenden Gesamtheit der Mönche, erfolgt. Auf der Seite der Tegernseer Mißvergnügten und vermutlich Ewiggestrigen befand sich bald der Münchener Buchdrucker Adam Berg, der in der aufstrebenden Offizin am Tegernsee eine schädigende Konkurrenz für sein Geschäft befürchten mochte. Schon 1575, just nachdem eben der blendend ausgestattete, in Tegernsee gedruckte Band über die Reitkunst erschienen war, beschwerte er sich beim Geistlichen Rat des baierischen Herzogs gegen den Prälaten von Tegernsee, weil er seine „biecher offentlich auf den märkten verkauff". Man möge „sein privilegium ersehen [einsehen], ob er solliches befuegt". Abt Quirin konnte auf die Privilegien Kaiser Maximilians II. verweisen und ließ unverdrossen weiterdrucken. Doch seine Gegner gaben nicht auf. Vermutlich waren sie es, die die schon erwähnte päpstliche Visitation von 1581 veranlaßten und durch sie erreichten, daß Abt Quirin seine Klosterdruckerei zu schließen hatte.

Eine weitere, dieses Mal herzogliche Untersuchung des Jahres 1586, die die Vermögensverhältnisse Tegernsees von 1568 bis 1585, also in den Jahren unter Abt Quirin Rest, zu prüfen hatte, erbrachte zwar eine glänzende Rechtfertigung dieses Prälaten, hob jedoch anscheinend das Druckverbot für dessen Druckerei nicht auf. Denn noch Ende 1587 ersuchte Abt Quirin Herzog Wilhelm V., die „niederlegung" seiner Klosterdruckerei, die vermutlich auf Betreiben seiner „müßgünner" erfolgt sei, allergnädigst „zurückzunehmen". Er sei einverstanden damit, daß alles, was er künftig drucken lasse, vorher in München durch die Zensur des Geistlichen Rates gehe oder von der „hohen schuel zue Ingolstatt approbirt vnd guetgehaissen werde".

Man mag fragen, welchen Wert ein schützendes kaiserliches Privileg für Abt Quirin und sein Kloster Tegernsee hatte, wenn seine Geltung von der herzoglich baierischen Gewogenheit abhängig war. Gilt heute für den Freistaat Bayern „Bundesrecht bricht Landesrecht", so galt im 15. Jh. für das Herzogtum Baiern weitgehend „Landesrecht bricht Reichsrecht". Je größer die Siegel der Kaiserurkunden und der kaiserlichen Schutzbriefe mit huldvollst gewährten Privilegien wurden, desto kleiner wurde deren

Wert in Wirklichkeit und Wahrheit, bis endlich ein Franzosenkaiser von eigenen Gnaden dem tausendjährigen Heiligen Römischen Reich Deutscher Nation und seinem Kaiser von Gottes Gnaden zum traurigen Verhängnis wurde.

Das Angebot Abt Quirins, sich mit einer Vorzensur für die in Tegernsee gedruckten Bücher einverstanden zu erklären, kam den Vorstellungen und Wünschen Wilhelms V. und seiner Hofjuristen sehr entgegen und gelegen. Es gelang ihm damit, den Herzog zu bestimmen, das Druckverbot für Tegernsee unterm 21. Februar 1588 endlich wieder aufzuheben. Damit machte der baierische Herzog dem Abt zum Goldenen Priesterjubiläum, das dieser am 1. Mai des gleichen Jahres feiern konnte, wohl die allergrößte Freude. Eine Festschrift zur Sekundiz des Gründers der Tegernseer Klosterdruckerei drückte auch seiner Mönche Freude aus.

In der nächsten Zeit hatte Abt Quirin wiederum das Wohlwollen seines Landesherrn für die Klosterdruckerei von Tegernsee. Schon Anfang 1590 gab der Herzog die Erlaubnis zum Druck eines „Traktetl" über die Passion des Herrn mit dem Wunsch, daß „dardurch des closters puechstaben widerumb bekhant, vnd die Trukherey, so durch etliche unachtsame, allda ausganngne Tractetl nit wenig verclienert [verkleinert] worden, widerumben in ainen beruef [Ruf] vnd beruem [Ruhm] khume".

Welche „unachtsame Tractetl" die Schließung der Tegernseer Klosterdruckwerkstätte 1581 veranlaßt hatten, ist aus der erneuten herzoglichen Druckerlaubnis nicht ersichtlich. Vielleicht handelte es sich dabei um religiöse Kleinschriften und Gebetszettel, die mit mehr oder weniger Recht beim Geistlichen Rat des Herzogs Anstoß erregten und ihm willkommenen Anlaß gaben, die Gegner einer leistungsfähigen Klosterdruckerei von ihren Ängsten zu befreien. Wer sieht auch hier hinter die Kulissen des Geschehens unter Menschen!

Neben mehreren religiösen Schriften druckte Tegernsee in den nächsten Jahren auch Gebetszettel mit Bitten zu Gott gegen die Türkengefahr, die damals die große Sorge aller in den Landen an der Donau war.

Einer, der um die Leistungsfähigkeit der Tegernseer Druckwerkstatt wußte und sie hoch schätzte, war der den Künsten und Wissenschaften sehr aufgeschlossene Erzherzog Ferdinand II. von Tirol († 1595). Dieser bat im Jahre 1587 Abt Quirin Rest um seinen Druckergesellen, der des noch bestehenden Tegernseer Druckverbotes wegen ohnehin in seinem

Fache nicht beschäftigt war. Er sollte dem Innsbrucker Hofbuchdrucker Hans Bauer helfen, „etliche notwendige und nutzliche Tractetl" zur Jugenderziehung zu drucken, was denn auch geschah. Im November 1591 hatte der Tiroler Erzherzog einen neuen Wunsch. Tegernsee sollte ihm die „lateinisch cursiv" für seine Hofbuchdruckerei leihweise nach Innsbruck schicken. Abt Quirin fand das zu riskant und deshalb auch für nicht sehr ratsam. Er schlug vor, ein erzherzoglicher Drucker möge nach Tegernsee kommen, um hier die beabsichtigten drei Bogen in der gewünschten Schrift zu setzen und zu drucken. Ende April 1592 traf der Innsbrucker Drucker in Tegernsee dann ein.

Abt Quirin II. hatte bei aller persönlichen Bescheidenheit viel Sinn für Repräsentation. Das zeigte sich auch bei der Feier seines Goldenen Priesterjubiläums. Bei dieser Gelegenheit waren in den Herren von Thor und von Pienzenau, von Höhenkirchen und von Egling seit langem wieder einmal die Vertreter der vier Erbämter des Klosters, der Erbmarschall und Erbkämmerer, der Erbmundschenk und Erbtruchseß, in ihrer Funktion. Die Art Abt Quirins, ein Priesterjubiläum zu begehen, war bisher nicht üblich und bekannt. Es dürfte zum ersten Mal in Baiern so aufwendig gefeiert worden sein. Das ganze Volk des Tegernseer Winkels tat von Herzen mit. Und das nicht nur in Andacht bei der Jubelmesse in der Kirche, sondern auch nachher in Fröhlichkeit, bei vollen Schüsseln, bei Wein und Tanz. Man schrieb den 1. Mai, sowieso ein Bauerntag mit vielen alten Bräuchen.

Nach dem Tod Abt Quirins II. am 18. Juni 1594 kamen keine guten Zeiten für die Klosterdruckerei von Tegernsee. Der nächste Herr im Kloster zeigte wenig Interesse an ihr, und Herzog Maximilian I. von Baiern, der spätere Kurfürst (1597-1651), erließ Bestimmungen für sie, die ihre Entwicklung ebenfalls nicht förderten. Er verlangte 1612 vom neuen Tegernseer Prälaten, das „Werkh der Truckerey, so durch den abgeleibten Prälaten Quirinum angestellt, darzue ein große verlag gehört, vnd dem Closter mher schaden als nuz gebracht, vorthan [fortan] zu hinderhalten vnd die ausgaben zum besserm nuz anzewenden". Nur mehr „ain Puechtruckher" und „ain Pindter" sollte nach dem Willen des baierischen Landesherrn beschäftigt werden, alle anderen Arbeitskräfte in der Klosterdruckerei waren zu entlassen. Damit sah die Zukunft der Tegernseer Druckerwerkstatt recht wenig rosig aus. Sie ging zwar nicht völlig ein, doch dauerte es sehr lange, bis sie nach Jahrzehnten zu neuer Blüte kam.

Im Jahrhundert des 30jährigen Kriegs

Am 25. August 1594 wurde *Paulus Widmann* aus Schwaz in Tirol als Nachfolger Quirins II. zum Abt von Tegernsee gewählt. Er galt bald viel im öffentlichen Leben. Sein Wort fand Gehör in der Baierischen Landschaft, einer Art Ständeparlament, sein Rat war Maximilian I. von Baiern von Wert. Papst Paul V. (1605-1621) ernannte ihn zum Protonotar, eine hohe Auszeichnung zur Freude seiner Mönche.

Tegernsee kam durch seinen Abt Paulus zu großem Ansehen und zu ehrender Bedeutung in Land und Reich wie einst einmal als Reichsabtei in langvergangenen Tagen. Während seiner 30jährigen Amtsführung verpflichteten sich 32 Mönche auf Tegernsee, keine kleine Zahl im Vergleich zu vielen Klöstern Baierns zu jener Zeit. Vier von diesen Professen kamen aus anderen Prälaturen, zwei davon aus Ebersberg. Diese Abtei mußte 1595 auf Geheiß Papst Clemens VIII. (1592-1605) an die Jesuiten herausgegeben und ihnen übereignet werden wie das Kloster Biburg (Lkr. Kelheim) nach dem Willen Herzog Wilhelms des Frommen schon im Jahre 1589. Die Ebersberger Mönche hatten nach Mallersdorf zu gehen, um dort eine desolate Lage zu beenden. Ihr Prior Benedikt Neumair und sein Mitbruder P. Martin Schmauser suchten Zuflucht bei Abt Paulus und traten in sein Kloster über. Ersterer wirkte jahrelang unermüdlich als Seelsorger und starb, zuletzt erblindet, 1627 in Tegernsee. Letzterer war in seinem neuen Kloster zuerst Klerikermagister, dann Subprior, zuletzt tüchtiger Verwalter Tegernseer Güter in Niederösterreich. Er verstarb auf Schloß Achleiten im gleichen Jahre wie Benedikt Neumair.

Abt Paulus ermöglichte am Ende seiner Tage die Gründung eines Franziskanerklosters in Tölz-Krankenheil durch eine Schenkung von Grund und Boden aus dem Eigentum der Pfarrkirche von Egern. Datiert ist diese Schenkung vom 22. Oktober 1624, dem Todestag des Abtes. Der Chronist rühmt ihm anerkennend nach: »Er hatte eine große Liebe zu den Brüdern, einen seltenen Eifer für das religiöse Leben und war freigebig gegen die Armen.«

Als der nächste Abt von Tegernsee, der in Eichstätt geborene *Quirin III. Ponschab*, am 25. November 1624 gewählt wurde, wütete bereits der Dreißigjährige Krieg (1618-1648). Doch verspürte Baiern ihn noch nicht aus unmittelbarer Erfahrung wie später zu wiederholten Malen. So konnte Abt Quirin III. Ponschab in den ersten Jahren seines Waltens noch an bauliche Erneuerungen in seinem Kloster gehen, auch wenn der sparsame Kurfürst Maximilian I. von Baiern der harten Zeiten wegen sich nicht sehr erfreut davon und wenig damit einverstanden zeigte. Die Tegernseer Gebäulichkeiten bestanden immer noch zum großen Teil aus Holz. Durch das „Schlafhaus“ des Klosters, d. h. durch den Trakt mit den gemeinschaftlichen Schlafsälen der Mönche, pfiff der Wind. Er war so baufällig, daß er beim nächstbesten Föhnsturm „über ain Hauffen geworfen“ werden konnte. Auch die Befestigungsanlagen Tegernsees bedurften einer ausbessernden Erneuerung, die durchzuführen Abt Quirin III. klugerweise nicht versäumte. Denn es war Krieg.

Im ganzen Kloster gab es keine Heizung. Das stellte im Winter, der im Tegernseer Tal recht streng, grimmig kalt und lang sein kann, asketische Anforderungen, die uns heute unerfüllbar scheinen. Trotzdem erreichten manche Mönche ein recht respektables Alter. So starb der Laienbruder Otkar Mayr am 8. Februar 1626 in seinem hundertsten Lebensjahr. Fünfzig Winter hatte er im Kloster Tegernsee verbracht. Abt Quirin Ponschab dauerten seine Mitbrüder gar sehr. Darum richtete er ihnen einen lichten, heizbaren Gemeinschaftsraum zum Meditieren und zum Studieren ein. Bisher hatten sie „khein rechte Studier-, noch Wörmb“, sondern nur ain alte kleine finstere niedere Stuben“ zum Aufenthalt in warmen und in kalten Tagen.

Im Frühjahr 1632 mußte auch Tegernsee nach dem ersten Einfall der Schweden in Baiern die schlimmen Folgen der Niederlage Graf Tillys († 1632) bei Rain am Lech erfahren. Dabei kam das Kloster selber im Gegensatz zu seinem Eigentum in den vom Feind länger besetzten und verheerten Gebieten Baierns noch verhältnismäßig glimpflich davon. Als König Gustav Adolf am 17. Mai 1632 München in Besitz genommen hatte, machte ein Trupp seiner Reiter am 21. Mai einen räuberischen Überfall auf Tegernsee. Er währte nur fünf Stunden lang. Der Klostermetzger verlor dabei sein Leben, einem Klosterknechte wurde übel mitgespielt, und den Pater granarius nahmen die beutegierigen Söldlinge des Schwedenkönigs mit sich fort. Das war der Mann, dem die Beschaffung von Korn für die Saat aufgetragen war und der das Ergebnis der Ernten in den Tegernseer Ämtern dem Verkauf oder der Verwendung im eigenen Hause zuzuführen hatte. Sie beraubten diesen Mönch der Kleider und ließen ihn dann nackt und bloß wiederum nach Hause laufen. Diesen „Scherz“ erlaubte sich die Soldateska aller Parteien im Dreißigjährigen Krieg auch anderswo in Baiern und selbst bei Eis und Schnee im Winter, was manchem das Leben kostete, manchem für immer die Gesundheit nahm.

Der Tegernsee nach einem Stich von Merian (1644).

arien.
21 Pfister.
22 Mühlen.
23 Traide Cässtern.
hen.
24 Vieh stall.
25. Viechkalter.
26. Mühlbach.
27. Haupt thor.
28. Dieffer Schantzgraben.
29. Wasser thor und Schifflenten.
30. Schiffhütten.
31. Richter hauß.
32. Closters graict garten.

Kaum waren die wilden Reiter abgezogen, stürmten Stunden später weniger unzufriedene Untertanen von Tegernsee als gewiß viel mehr Flüchtlinge aus den vom Krieg betroffenen benachbarten Gebieten das heimgesuchte Kloster. Sie holten sich, was die Schweden an Brauchbarem für den Alltag nicht mitgenommen hatten. Gut, daß keiner auf den Gedanken kam, Brand zu legen, um das Maß des Schadens für die Mönche voll zu machen. Wie das alles kam? In jenen unheilvollen Tagen drängten Ungezählte vom kriegsverheerten baierischen Flachland in den Schutz der Berge. Sie führten nichts wie ihre Kinder und einige Habseligkeiten mit sich und litten Hunger, litten bittere Not. Schon zu Hause hatten sie in den letzten Jahren viel mitgemacht. Viehseuchen in den Ställen, ein großes Sterben des Wildes in den Wäldern, magere Ernten, an vielen Orten die Pest waren schwere Prüfungen gewesen mit Kummer und mit Sorgen. Und nun die Flucht ins Ungewisse! War es verwunderlich, wenn sich diese armen Menschen in ihrem Elend zu helfen und dort Brot zu finden suchten, wo sie glaubten, daß es wäre?

Noch im gleichen Jahre 1632 flohen einige Patres aus Tegernsee vor der Pest in andere Klöster. Verschonte diese Gottesgeißel damals den Konvent Abt Quirins, so holte sie P. Bartholomäus Wisreitter am 2. Oktober 1634 aus seinem Wirkungskreis in Osterwarngau. Erst 30 Jahre war er alt.

Mitten im Dreißigjährigen Krieg übernahmen die baierischen Benediktiner eine Aufgabe, die nicht alltäglich und ihrer Art nach in erster Linie auch nicht die ihre war. Als Herzog Maximilian I. von Baiern am 8. November 1620 den „Winterkönig" Friedrich V. von der Pfalz, seinen kalvinischen Vetter, in der Schlacht am Weißen Berg bei Prag vernichtend geschlagen hatte, erhielt er 1623 als Lohn für seinen Sieg die pfälzische Kurwürde und die Oberpfalz. Diese wieder dem alten Glauben zuzuführen war Herzensangelegenheit des baierischen Fürsten. Ihm dabei zu helfen, boten sich die Benediktiner an, die hoffen mochten, damit auch die in der Zeit der Glaubensspaltung erloschenen Abteien der Oberpfalz wie Reichenbach und Kastl, Ensdorf, Weißennohe und Michelfeld zu neuem Leben zu erwecken, was ihnen freilich vor allem wegen der Mißgunst der Jesuiten und des Regensburger Bischofs Albert Graf Törring († 1649) fürs erste nicht gelang. Die Jesuiten arbeiteten zu jener Zeit sogar auf die Aufhebung der Benediktiner in Baiern hin, und Bischof Albert von Regensburg befürchtete von ihren Äbten die Beschneidung seiner bischöflichen Rechte über sie.

An die Spitze der benediktinischen Bereitschaft zur Mission in der

Oberpfalz stellten sich die Äbte Vitus Höser von Oberaltaich († 1634), ein geborener Oberpfälzer, und Michael Einslin von Andechs († 1640). Nach längerem Verhandeln mit dem Kurfürsten gingen 1628 zwölf Patres aus den Abteien Ober- und Niederaltaich, Andechs, Scheyern und Tegernsee, aus St. Ulrich zu Augsburg, Irsee und Thierhaupten als Missionäre in die Oberpfalz. Ihr Superior war der Münchener P. Kaspar Ruepand vom Heiligen Berg Andechs.

Mühsam war die Arbeit, doch konnte schon nach einem Jahr vermeldet werden, daß 3354 Männer, Frauen und Kinder in 20 oberpfälzischen Gemeinden wieder katholisch geworden seien. Kurfürst Maximilian I. anerkannte auf dem Reichstag von Regensburg 1630 den Eifer der Benediktiner in seinem ihm zugefallenen Land. Sie hätten Gewaltiges vollbracht.

Zehn Jahre dauerte ihr Einsatz dort. Er lohnte sich, doch kostete er auch große Opfer. P. Kaspar Ruepand von Andechs starb 1631 an völliger Entkräftung in Nabburg, seine Mitbrüder vom Heiligen Berg P. Sebastian Miele und P. Benedikt Rueff erlagen 1634 in Waldmünchen, P. Christoph Höß im gleichen Jahr zu Nabburg der Pest. Auch der aus Tegernsee entsandte P. Maurus Raisperger kam nicht mehr heim. Er verstarb am 18. Juni 1634 in Amberg. Sechs Jahre hatte er sich, wie der Chronist von Tegernsee bezeugt, als Seelsorger in der Oberpfalz hervorragend bewährt.

Abt Quirin Ponschab war ein großer Verehrer Mariens. 1635 errichtete er an seiner Stiftskirche die Rosenkranzbruderschaft. Im Schwedenkrieg erbrachte er nach dem Urteil seiner Mitbrüder vortreffliche Beweise pastoraler Klugheit und Umsicht, seelischer Festigkeit und Stärke. Weniger groß scheint seine körperliche Kraft zum Durchhalten gewesen zu sein. Denn 1636 verzichtete der erst 45jährige auf Amt und Würden. Er hauste fortan in einer Krankenzelle, geplagt von Gicht und Podagra. Noch fast 25 Jahre lebte er in Zurückgezogenheit als stiller Zeuge des Geschehens in einer Welt des Niederbruchs, aber auch des neuen Anfangs. Am 4. Mai 1660 endete sein Leben.

Noch an etwas anderem waren die baierischen Benediktinerabteien und auch Tegernsee mitten im Dreißigjährigen Krieg beteiligt. Schon unter großer Anteilnahme des Abtes Paulus Widmann war 1622 die Benediktineruniversität Salzburg eröffnet worden. Abt Quirin Ponschab stellte ihr 1633 in P. Ulrich Schwaiger den ersten Professen aus Tegernsee als Professor zur Verfügung. Er blieb es jedoch nicht lang. Denn am 3. März 1636 wurde er zum Abt von Tegernsee gewählt.

Abt *Ulrich III. Schwaiger* entstammte aus einem gutbürgerlichen Haus in der Stadt München und war dort am 8. Februar 1609 geboren. Am 3. Januar 1627 legte er in Tegernsee Profeß ab. 1633 zum Priester geweiht, ward er noch im gleichen Jahr Professor der Rhetorik an der Universität zu Salzburg. Mit ihm erhielt Tegernsee den rechten Abt zur rechten Zeit, besonders für die letzten Monate des großen Kriegs, als wiederum die Schweden und dazu nun auch die Franzosen das Alpenvorland links der Isar verwüsteten und dessen Bevölkerung Hals über Kopf in die baierischen Berge floh. Übernahm er von seinem Vorgänger Abt Quirin III. Ponschab 2 117 Gulden 38 Kreuzer bares Geld und an kriegsbedingten Schulden 43 013 Gulden, so hinterließ er seinem Nachfolger 1673 nicht weniger als bare 12 013 Gulden 40 Kreuzer in der Kasse ohne sonstige Verpflichtungen. Er verkaufte unrentable Besitzungen des Klosters bei Innsbruck, erwarb dafür weitere Weinberge zu Loiben in Niederösterreich und zu Planitzing bei Kaltern in Südtirol und erwies sich so als kluger Rechner mit Sachverstand und von wirtschaftlicher Einsicht.

Abt Ulrich war ein frommer Mann und hatte viel Verständnis für die Frömmigkeit des Volkes. Er förderte sie, wo immer er es konnte. So weihte er dem immer mehr verehrten Pest- und Soldatenpatron St. Sebastian in seiner Klosterkirche einen Altar, so gründete er ferner zu Ehren des viel angerufenen Nothelfers die Sebastians-, daneben die Ewige-Stunden-Bruderschaft in Tegernsee. In der Überzeugung, daß Mönche nicht ausschließlich der Beschauung, dem Gottesdienst und der Wissenschaft sich hinzugeben und daß sie ihre Priesterweihe keineswegs bloß für sich allein und die klösterliche Gemeinschaft erhalten hätten, besetzte er die klostereigenen Pfarreien Tegernsee, Egern mit Kreuth, dazu Gmund mit Waakirchen und Schaftlach, die bisher von Weltpriestern versehen worden waren, mit seinen Patres. Damit öffnete Abt Ulrich III. seinem Hause die Welt einer Seelsorge, wie sie sich nach den Forderungen des Konzils von Trient (1545-1563) entwickelte. Sie ging vielfach ganz neue Wege, wobei die Gründung und Betreuung von neuartigen Bruderschaften und Kongregationen keine geringe Rolle spielte. Ihre Prozessionen, Triduen, Feste und Feiern verlangten vom Klerus recht intensiven und anstrengenden Einsatz, nicht zuletzt auf der Kanzel und im Beichtstuhl.

36 Mönche konnte Abt Ulrich Schwaiger während seiner Amtszeit lebenslang auf Tegernsee verpflichten. Darunter waren recht gelehrte Leute wie P. Johannes Jakob v. Preysing († 1645), P. Georg Raisberger

(† 1656), P. Benedikt Wider († 1682) und der spätere Abt Bernhard Wenzl († 1714), die für kürzer oder länger an der Universität Salzburg als Professoren tätig waren.

Für die Predigt in der Zeit des 17. Jahrhunderts bezeichnend ist, was von Johannes Jakob v. Preysing überliefert ist. Zur Leichenfeier des Chiemseer Weihbischofs Johannes Christoph v. Liechtenstein war ihm die Predigt übertragen. Mit der weitärmeligen Kukulle des Benediktiners angetan, die Kapuze tief ins Gesicht gezogen, begann er seine Leichenrede. Während dieser fiel die Kapuze, streifte er die Kukulle ab. Am Ende stand er im weißen Chorrock auf der Kanzel. Was er mit dieser Verwandlung zum Ausdruck bringen wollte, steht nirgendwo geschrieben.

Auch ein verlorener Sohn, ganz wie im Evangelium, ist unter den Professen des Abtes Ulrich Schwaiger. Der aus Kitzingen in Unterfranken stammende P. Anton Perkhamer hatte 1659 Profeß abgelegt, verließ jedoch 1665 sein Kloster, um sich in der Welt bald da, bald dort herumzutreiben. Körperlich schwer krank, seelisch am Ende, suchte er nach Jahren wie der verlorene Sohn der Bibel bei seinem Vater beim Abt von Tegernsee vergebende Verzeihung. Sie wurde ihm gewährt. Am 25. Oktober 1698 kehrte er zurück. Der an Skorbut schwer Leidende wurde seiner Krankheit wegen von allen anderen getrennt gehalten. Schon am 25. Januar 1699 erlöste ihn der Tod.

Abt Ulrich gewann sich in schwerer Zeit durch seine Umsicht viele Sympathien, durch seine leutselige Liebenswürdigkeit die Herzen seiner Mönche und der Untertanen im Tegernseer Land. Am kurfürstlichen Hof zu München war er stets willkommen, und Kurfürst Ferdinand Maria (1651-1679) kam oft als Gast nach Tegernsee. Er ernannte den Abt zum Ehrenhofkaplan und Geistlichen Rat und wollte ihm, dem großen Marienverehrer, die Propstei an der Heiligen Kapelle zu Altötting übertragen. Auch die in den Jahren der Protestantisierung der Oberpfalz 1556 aufgehobene Zisterzienserabtei Waldsassen bot Ferdinand Maria Abt Ulrich zur Übernahme an, was den Benediktiner in ihm zur Ablehnung verpflichtete, „weil der Gerechtigkeitssinn fordere, daß dieses Kloster dem Zisterzienserorden zurückgegeben werde". Und so kam es denn dann auch.

Am 14. März 1673 weilte Abt Ulrich Schwaiger wieder einmal bei Kurfürst Ferdinand Maria. Man begab sich zu Tisch. Der Abt begann das Tischgebet mit „Benedicite", als er „unter solchem Adelheidi der durchlauchtigsten Churfürstin in ihr Schooss hinumbsunke und selig entschlieffe". In der Andreaskapelle wurde der Tote zuerst bestattet, jedoch 1684 in einer neu geschaffenen Gruft der Äbte beigesetzt. Dabei fand man ihn, den Rosenkranz in Händen und nach P. Alphons Hueber († 1734) „die Nasen in etwas erkrümmt [eingedrückt], sonst nicht im ganzen Leib und Habit erfault oder verwesen". Nur eine Schuhsohle hing modernd herab. Alle Zeugen der Erhebung des Toten waren höchst verwundert. Plötzlich geschah etwas rührend Einmaliges. Als Abt Ulrichs „vorgewesener Cammerdiener Abraham Schaur gew. Schulmeister in Staudach zu Egern" seinen früheren Herrn so vor sich liegen sah, beugte er sich nieder und gab ihm einen Kuß. Er dachte nicht an Hygiene, ließ nur die Treue seines Herzens walten.

Ulrich III. war 1673 hochverdient um Tegernsee aus unserer Welt geschieden. Sein Nachfolger trat ein gutes Erbe an.

Gut hundert Jahre nach dem Sterben Abt Ulrich Schwaigers erschien das Büchlein „Teutsches Rom". So bezeichnete sein Autor Anton Crammer, Exjesuit und Propst von St. Michael zu München, die baierische Landeshauptstadt. Dem geborenen Münchner und Abt von Tegernsee Ulrich III. widmete das kleine Werk die Verse:

„Kommet, liebe Unterthanen, und beweint den grossen Abt,
Der zu euch ein wahre Liebe, und ein Vaterherz gehabt.
Grosse Fürsten ihn hoch schätzen, und noch mehr der grosse Gott,
Der sein Schätzung hat gezeiget in dem Leben nach dem Tod."

Die Baierische Benediktiner-Kongregation von 1684

Bernhard Wenzl, geboren am 14. November 1637 zu Henndorf im Salzburgischen, wurde am 15. Mai 1673 zum Abt von Tegernsee gewählt. Er war auf der Benediktiner-Universität Salzburg ausgebildet und 1663 zum Priester geweiht worden. Von 1665 bis 1669 wirkte er als Theologieprofessor in Salzburg, um dann Prior in Tegernsee zu werden. Er eröffnete eine Reihe tüchtiger Tegernseer Prälaten im Zeitalter des Barocks und Rokokos. Der bedeutende Ordenshistoriker P. Pirmin Lindner († 1912) zählt ihn nicht nur zu den größten Äbten Tegernsees, sondern auch ganz Altbaierns schlechthin.

Mit den Äbten Cölestin Vogl von St. Emmeram in Regensburg (1655-1691) und Gregor Kimpfler von Scheyern (1658-1693) setzte sich Bernhard Wenzl nach Kräften und unter finanziellen Opfern für die Gründung eines Zusammenschlusses der baierischen Benediktinerabteien zu einer Kongregation ein. Diese bezweckte die Exemtion, d. h. die Herausnahme ihrer Häuser aus der bischöflichen Jurisdiktion und Oberhoheit und ihre direkte Unterstellung unter den Papst in Rom. Außerdem sollte sie das reguläre Leben nach streng einzuhaltenden Statuten in allen ihren Klöstern eigenständig garantieren.

Dieses Streben nach rechtlicher Unabhängigkeit von den Bischöfen, die nicht immer gerade Klosterfreunde waren und die es da und dort auch heute noch nicht zu sein vermögen, war nicht neu und wurde bislang mit mehr oder weniger Gewaltanwendung unterdrückt. Am schlimmsten ging es wohl Abt Michael Einslin von Andechs (1610-1640) und dem Prior des Reichsklosters St. Ulrich und Afra zu Augsburg. Während sich die Bischöfe im allgemeinen darauf beschränkten, die Teilnahme an einem für den 9. Januar 1631 nach Regensburg einberufenen Äbtekongreß zur Gründung einer Kongregation zu verbieten, rief Bischof Heinrich von Knöringen von Augsburg Abt Einslin zu sich nach Dillingen. Wie war der Ahnungslose überrascht, als er sich für sein „Verbrechen", eine baierische Benediktinerkongregation gewollt und angestrebt zu haben, ins bischöfliche Gefängnis geworfen sah, woraus ihn Kurfürst Maximilian I. allerdings recht bald befreite, saß der Abt doch auf der Prälatenbank der Baierischen Landschaft. Den Prior von St. Ulrich traf eine andere bischöfliche Strafe für seine Teilnahme am „Komplott" der Klöster. Er mußte eine Reihe von Tagen während des Mittags- und des Abendessens im Refektorium vor seinen Mitbrüdern wie ein loser Bengel am Boden sitzen und das bei Wasser und bei Brot.

Kurfürst Maximilian I. von Baiern stand den Bestrebungen der baierischen Benediktiner wohl positiv gegenüber, konnte sie aber aus bestimmten Gründen nicht gut fördern. Kurfürst Ferdinand Maria war ebenfalls für die Wünsche vieler baierischer Abteien. Nachdem einige seiner Versuche, diesen zum Ziele zu verhelfen, fehlgeschlagen waren, beauftragte er Pompejo Scarlatti, seinen Agenten beim Heiligen Stuhl, sich bei Papst Innozenz XI. (1676-1689) erneut für die Gründung einer Baierischen Benediktiner-Kongregation einzusetzen, was dieser nach Kräften und anfangs auch erfolgversprechend tat, um schließlich doch nichts zu erreichen. Da starb Kurfürst Ferdinand Maria im Mai des Jahres 1679 eines raschen, frühen Todes.

Sein Sohn Max II. Emanuel war kaum der Vormundschaft entwachsen, als er von sich aus mit großem Eifer die Bemühungen Ferdinand Marias beim Papste wiederaufnahm und Innozenz XI. persönlich um einen baldigen Entscheid in der schon so lange anstehenden Frage einer Baierischen Benediktiner-Kongregation ersuchte. Alles wäre nun wohl seinen rechten Weg gegangen, hätten die baierischen Bischöfe nicht Wind von den Dingen in Rom erhalten, wären sie nicht neuerdings Sturm gelaufen, um Rechte zu wahren, die ihrer Meinung nach die ihren waren. Der Vetter Max Emanuels, Bischof Albert Sigismund von Freising (1652-1685), war nicht der Untätigste dabei.

Da trat ein Ereignis ein von weltgeschichtlicher Bedeutung, das die Achtung vor dem jungen baierischen Kurfürsten Max II. Emanuel nicht zuletzt in Rom in hohem Maße steigerte. Am 12. September 1683 wurde am Kahlenberg bei Wien dem weiteren Vordringen der Türken in Europa und damit dem Islam Einhalt geboten, wurde das belagerte Wien befreit, ein Sieg errungen, an dem Max Emanuel mit seinen Baiern entscheidend beteiligt war. Zum Dank dafür gab es bis zur wohldurchdachten Liturgiereform in unseren Tagen das volkstümliche Fest Maria Namen (12. September). Geschichtsbewußtsein stand den bayerischen Benediktinern bei der Streichung dieses Festes aus ihrem liturgischen Kalender gewiß nicht Pate, dem sinnvollen Feiern von Namenstagen am Fest des Schutzpatrons aus dem Sakrament der Taufe wurde damit nicht gedient. Wozu denn auch? Wozu im Zeitalter illusionärer, in Glaubensfragen alles nivellierender Bestrebungen, die einer lebendigen Marien- und volksnahen Heiligenverehrung wenig verbunden sind, die für ein aus der katholischen Tradition kommendes Brauchtum nicht viel übrig haben?

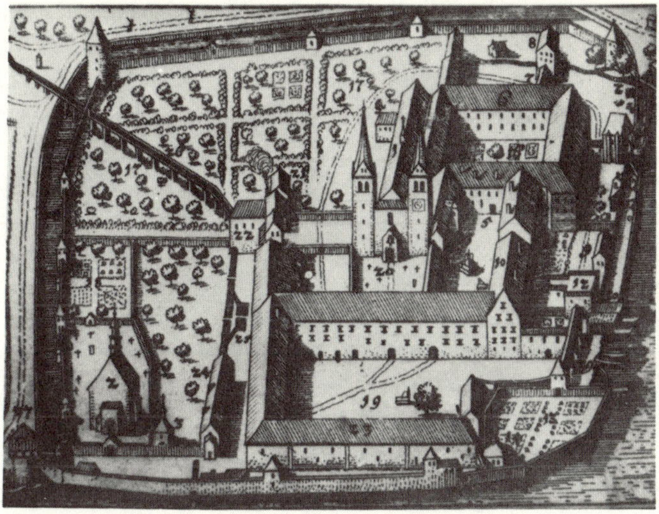

Klosteransicht nach einem Stich von Merian.

Im 17. Jahrhundert war das in Baiern noch ganz anders. Das Volk und mit ihm sein Kurfürst hielten noch etwas auf Heilige und auf ihren Schutz. Dankbarkeit gegen Gott und seine Heiligen, aber auch gegen einen Kurfürsten, der gerade noch zur rechten Zeit im Verein vor allem mit den Polen Europa vor größtem Unheil rettete, war Papst Innozenz XI. nicht fremd. Anscheinend wirklich „motu proprio" (aus eigenem Antrieb) erfüllte der fromme Mann den Wunsch Kurfürst Max Emanuels.

Am 26. Mai 1684 unterzeichnete er das Breve, das die Baierische Benediktiner-Kongregation ins Leben rief. Ihre Satzungen enthielten manches aus den bewährten Überlieferungen von Tegernsee, aber auch nicht wenig Neues. So wurde das Chorgebet der Mönche um Mitternacht auf vier Uhr morgens verlegt, was den veränderten Zeit- und Lebensumständen entsprach. Ein gemeinschaftliches Noviziat und ein gemeinsames philosophisch-theologisches Studium aller Kleriker der Kongregation wurde eingeführt. Das sollte dem Bildungsstand in den Klöstern dienlich sein und das wissenschaftliche Streben in den Konventen fördern. Das Wichtigste für die baierischen Abteien und für ihre Freiheit vom Gängelband der Bischöfe war ihre direkte Unterstellung unter die römischen Behörden, was nur recht und billig war. Geweiht war die neue Kongregation den Schutzengeln im Himmel und anvertraut dem irdischen Schutz des Päpstlichen Nuntius in Luzern. Sie bedurfte kluger

Köpfe, um sich zu behaupten. Abt Bernhard Wenzl von Tegernsee war ein solcher.

Nicht nur, daß er schon bisher der Kongregationsidee zu dienen suchte, so gut er immer es vermochte. 1687 begab er sich auch im Auftrage des 2. Generalkapitels der Baierischen Benediktiner-Kongregation von 1686 mit Abt Placidus Mayr von Benediktbeuern (1672-1689) zum Päpstlichen Nuntius Jakob Cantelmi nach Luzern, um ihm für seinen Schutz in allen möglichen Schwierigkeiten mit den baierischen Bischöfen zu danken, aber auch, um um weitere Hilfe gegen neue bischöfliche Übergriffe zu ersuchen. In enger Zusammenarbeit mit dem kurfürstlichen Kabinettssekretär Max Emanuels und großen Benediktinerfreund Corbinian Freiherr von Prielmayer von Priel stellte Abt Bernhard seinen Prior Quirin Millon dem Andechser P. Ulrich Staudigl († 1720) zur Seite, als dieser 1687 als Vertreter der Baierischen Benediktiner-Kongregation sich nach Rom begab. Krank und auch aus anderen Gründen kehrte P. Quirin schon das Jahr darauf nach Tegernsee zurück. Für ihn kam 1690 sein Mitbruder P. Bonaventura Oberhueber in die Ewige Stadt, wo er ab 1692 als „Generalprocurator“ der baierischen Benediktiner tätig war. Beide Tegernseer waren Doctores beider Rechte (P. Ulrich Staudigl von Andechs sogar Doctor in vier Disziplinen der damaligen Gelehrsamkeit). Beide Tegernseer wurden Äbte, P. Quirin 1700 von Tegernsee, P. Bonaventura, von Abt Bernhard Wenzl ernannt, 1695 von Ensdorf und 1699 in Personalunion auch noch von Reichenbach († 1735). Mit den letzten Klöstern sind zwei der oberpfälzischen Abteien genannt, die 1667 von Kurfürst Ferdinand Maria dem Benediktinerorden zurückgegeben worden waren, die aber erst 1695 wieder eigene Äbte zuerkannt bekamen. Als Präses der Kongregation in den neunziger Jahren leistete Abt Bernhard Wenzl sehr viel, um den alten neuen Abteien in der Oberpfalz tatkräftig zu helfen.

Die Baierische Benediktiner-Kongregation fand 1803 mit der Säkularisation aller Klöster Baierns ebenfalls ihr Ende. Damals gehörten ihr 19 Abteien an. Im oberbaierischen Gebiet waren es Benediktbeuern und Wessobrunn, Andechs und Tegernsee, Attel und Rott am Inn, Scheyern und Weihenstephan, dazu Thierhaupten, nicht allzuweit von Neuburg a. D., im niederbaierischen Raum Oberaltaich und Frauenzell, St. Emmeram in Regensburg und Prüfening, Weltenburg und Mallersdorf, ferner im Oberpfälzer Land Ensdorf und Reichenbach, Michelfeld und Weißennohe. An der Spitze aller dieser Abteien stand in jeder Hinsicht ohne Zweifel Tegernsee.

Nach der Neugründung von Benediktinerklöstern in Bayern durch König Ludwig I. wurde 1858 auch die Bayerische Benediktiner-Kongregation zu neuem Leben erweckt. Sie übernahm im Grundsätzlichen die Statuten der alten Kongregation der genannten 19 Abteien und damit das Erbe auch von Tegernsee. Obwohl dieses Kloster keine Restauration erfuhr, lebt es im Sein und Wollen der heutigen Benediktiner Bayerns weiter. Möge das so bleiben!

Barock und Rokoko

Rings um den Tegernsee hat sich Abt Bernhard Wenzl verdient gemacht. Viel hat er gebaut, viel wirtschaftlich verbessert, manchem hat er Arbeit und Brot verschafft. Im Jahre 1673 gestaltete er die Krypta der Klosterkirche in eine Begräbnisstätte seiner Mönche um. 1676 restaurierte er die Brunnenkapelle in St. Quirin zwischen Gmund und Tegernsee. Er gab ihr das barocke Kleid, das sie noch heute trägt. 1687 folgte die Erneuerung der Pfarrkirche St. Leonhard in Kreuth, und 1690 wurde der Neubau der St. Egid geweihten Pfarrkirche von Gmund begonnen. Lorenzo Sciasco erhielt für ihren Abbruch und Wiederaufbau 6450 fl ausbezahlt. Am 15. September 1693 erhielt das neue Gotteshaus durch Weihbischof Sigmund von Freising seine Weihe.

Schon am 22. März 1678 hatte Abt Bernhard nach den Plänen eines „berühmten welschen Paumeisters" mit umfassenden Bauten im engeren Klosterbereich von Tegernsee begonnen, die Jahre und Jahrzehnte währen sollten. Ob er diesen Tag nach dem Benediktusfest und Frühlingsanfang mit Absicht wählte, weil mit ihm das 8. Jahrhundert nach der zweiten Stiftung seines Klosters durch Kaiser Otto II. begann, sei zu beurteilen anderen überlassen. Daß Enrico Zuccalli († 1724) der „welsche Paumeister" gewesen ist, der die ersten Pläne für alles Neue in Tegernsee entwarf, kann heute nicht mehr gut bezweifelt werden. Zuccalli war der Hofbaumeister Kurfürst Ferdinand Marias, der ideenreiche Vollender der Theatinerkirche St. Cajetan zu München, bekannt auch mit Abt Ulrich Schwaiger von Tegernsee. Kurfürstin Adelheid zeigte schon bald nach dem schnellen Tod dieses Abtes in ihren Armen eine tiefe Verbundenheit mit dessen Kloster. Am 11. Juli 1674 stiftete sie ihm einen neuen, kostbaren weißen Ornat, „damit man sehe, in was beständiger gnedigister consideration wür das liebe Gotshauß Tegernsee haben". Sollte die „consideration" der Kurfürstin, sollte ferner die Vorliebe Ferdinand Marias für Tegernsee versagt haben, wenn Abt Bernhard durch die Vermittlung seiner kurfürstlichen Gönner den Rat und die Mitarbeit ihres Hofbaumeisters Zuccalli suchte, wenn der erste Abt unter allen Äbten Baierns den ersten Architekten des Landes für seine Vorhaben zu gewinnen trachtete? Das ist nicht anzunehmen, auch wenn der Name Zuccalli in den Bauakten Tegernsees nirgendwo erscheint. Auch anderes läßt Bauvorschläge des großen Meisters aus Graubünden mit Recht vermuten, fehlt hierfür auch noch der letzte Nachweis.

Von mehreren Meistern des Bauhandwerks sind Verträge mit Tegernsee bekannt. 1678 übernahm Thomas Reiter Bauarbeiten, die vier Gesellen, zwölf Maurer, zwei Tagwerker und vier Steinklauber erforderten und 1800 fl an Löhnen kosteten. Es scheint, daß die Arbeiten dem Torbau des Klosters mit anschließenden Gebäulichkeiten galten. Am 18. Mai 1789 bekam Antonio Riva einen Vertrag, der ihm 9000 fl für Arbeiten zusagte, die auch die Verwandlung der Stiftskirche im Sinne des Barocks einschlossen. Neben näheren Bestimmungen des Auftrages nennt der Vertrag auch die Verpflichtung des Klosters, dem Bauführer Riva, „wan selbiger alhier beim gebeu zuesiehet, die khosst fir sein person, und das fuether fir sein pferdt zuverschaffen". Seinem Pallier gegenüber verpflichtete sich das Kloster, daß es ihm „neben Pöth und Zimer 5 Maß pier, und zu nachts etwas zu essen, nemblich am Fleischtag bey 1 Pfund Fleisch, an Fasttagen etwas von mell oder Khiechlen zu geben schuldig sein solle".

Ein paar Wochen vor der Verpflichtung Antonio Rivas, am 29. April 1689, schloß ein Mann von einiger Bedeutung als Maler, mehr noch als Vater zweier berühmter Künstler des baierischen Rokokos einen Vertrag mit dem Kloster Tegernsee. Hans Georg Asam hieß er, geboren war er in Rott am Inn, beschäftigt seit 1681 im Stifte Benediktbeuern. In Sulzbach ist er 1711 verstorben. Der Vertrag ist noch erhalten. Er beauftragt nach schon geleisteten und bezahlten Arbeiten in Tegernsee den Maler, daß er die Haupt- und Seitengewölbe, die große Kuppel und die Eingangshalle der Kirche, „id est, was an disen orthen in Mallerey erfordert werden mag, aufs seübriste [sauberste], vnd so guet als es seine Khunsst vermag, mallen solle". Für seine Arbeit wurden ihm außer 1500 fl, die in Raten auszuzahlen waren, die tägliche Kost aus der Konventküche, dazu pro Tag „drei Herrnlaibl, zwei Maß Pier und 1/2 Maß Wein, dan wochentlich (wan das Khue Vich nit zu Alben [auf der Alm] ist) 9 Maß guete Milch" zugestanden, schließlich Mietfreiheit und Brennholz ohne Zahlung. Sollte Asam zur Förderung seines Werkes einen Mitarbeiter einstellen, so sollte er „selbigem den lohn, das Closter aber die cost, vnd liegerstatt hergeben, doch solle er kheinen liederlichen, sondern einen in der Khunsst wollerfahrnen Gesöhlen annehmen". Zu allem erhielt Asam einen „Leitkauf", d. h. eine Zugabe von zwei Scheffel Weizen und drei Scheffel Korn nach Münchener Maß und im Wert von zwanzig baierischen Goldgulden.

Hans Georg Asam kam von Benediktbeuern. Diese Abtei war die erste im Pfaffenwinkel, die nach dem Dreißigjährigen Krieg baulich ein völlig neues Gesicht erhielt. Die enge Verbundenheit dieses Klosters mit Tegernsee, nicht zuletzt die Freundschaft des Benediktbeuerner Abtes Placidus Mayr mit Abt Bernhard Wenzl ließ letzteren in der Tegernseer Klosterkirche beginnen, was in Benediktbeuern zum guten Teil schon abgeschlossen war.

Wie in Benediktbeuern, so erinnert auch in Tegernsee der schwere barocke Stuck in seinen gewichtigen Formen an die italienischen Stukkateure, wie sie am kurfürstlichen Hof der baierischen Landeshauptstadt tätig waren. Ihre Art der Ausstattung der Theatinerkirche in München schimmert in Tegernsee unverkennbar durch. Sie spricht den Baiern lange nicht so an wie das heraufziehende Rokoko mit seinem stummen und doch so beredten Jubel über den Sieg am Kahlenberg im Jahre 1683 und über die endliche Befreiung Europas von der Türkengefahr. Erst im alpenländischen Rokoko sieht sich die baierische Seele ohne weiteres angesprochen und bestätigt, erst in ihm fühlt sie sich so recht daheim. Daher ist es nicht verwunderlich, daß dem Baiern volksnahe Klosterkirchen wie Rottenbuch und Ettal, Dießen und Fürstenfeld bei Bruck, Wallfahrtskirchen wie Vilgertshofen, Wies und Andechs, Pfarrkirchen wie die in Murnau und Oberammergau, Garmisch und Mittenwald innerlich näherstehen als die Abteikirchen von Benediktbeuern und von Tegernsee mit ihrer kühleren und reservierten Schönheit, in ihrer ganzen mehr höfischen Pracht und Herrlichkeit.

Sieben Jahre arbeitete Hans Georg Asam in Tegernsee. Seine Söhne Cosmas Damian, 1686 in Benediktbeuern, und Egid Quirin, 1692 in Tegernsee zur Welt gekommen, verlebten ihre Kinderjahre dort. Prior Quirin Millon war der Familie Asam sehr gut gesinnt. Als Prior holte er den Vater 1689 aus Benediktbeuern, als Abt von Tegernsee schickte er dessen beide Söhne 1712 auf Kosten seines Klosters zur Ausbildung nach Rom. Sie blieben zeitlebens dem Benediktinerorden zugetan und innerlich verbunden. Das gilt für Cosmas Damian, den der aus Tegernsee hervorgegangene Abt Bonaventura Oberhueber von Ensdorf (1695-1716) zur Verschönerung seiner Stiftskirche berief, wie für beide Brüder, die der aus Tegernsee postulierte Abt Wolfgang Rinswerger von Michelfeld (1706-1721) für seine Abteikirche engagierte. Das bestätigen auch die Werke der beiden Künstler in Brevnov zu Prag und in Weingarten, unweit des Bodensees, zumal aber das Kleinod ihres Schaffens in Weltenburg.

Die heutige Schloßkirche Tegernsee.

Durch den Benediktiner P. Carl Meichelbeck von Benediktbeuern († 1734) erhielten die Gebrüder Asam dankbarste Arbeiten im Dom zu Freising übertragen. Bei der Grundsteinlegung ihrer Hauskirche St. Johann Nepomuk an der Sendlinger Straße Münchens segnete am 16. Mai 1773 Abt Magnus Pachinger von Benediktbeuern (1697-1742) den Grundstein, bevor ihn Kurprinz Maximilian Joseph († 1777) dann legte. Das Asamschlößchen bei Thalkirchen vor den Toren Münchens schließlich erhielt von seinen Erbauern den Namen Maria Einsiedeln. Es war zur Erinnerung an deren Tätigkeit für die Abteikirche des Benediktinerstiftes Einsiedeln in der Schweiz.

Doch kehren wir zu Abt Bernhard Wenzl nach Tegernsee zurück. Von den Fortschritten in der Barockisierung seiner Klosterkirche spricht die Konsekration mehrerer Altäre, die am 12. August 1692 erfolgte. Ein neuer Hauptaltar zu Ehren des Heiligen Quirinus, Chrysogonus und Castorius, ferner die Nebenaltäre zu Ehren der Rosenkranzkönigin und der heiligen Schutzengel erhielten ihre Weihe. Weitere Altäre in den Seitenkapellen folgten. Am 28. September 1693 wurde die Umbettung der beiden Klosterstifter Adalbert und Otkar aus ihrem bisherigen Hochgrab in die Mensa des Hochaltares vorgenommen. Die gotische Grabplatte des Hochgrabes fand einen neuen Platz an der Westfassade der Tegernseer Kirche, wo sie heute noch zu sehen ist. Dagegen ist von der Innenausstattung der Stiftskirche aus den Tagen Abt Bernhards nicht mehr allzuviel auf uns gekommen. Stumme Zeugen davon sind noch die von Engeln getragenen Weihwasserbecken aus Marmor, ferner die Kanzel, die freilich der Evangelisten Matthäus und Johannes und ihrer ursprünglichen Treppenverzierung verlustig gegangen ist.

Nach und nach baute Abt Bernhard einen Gasttrakt an sein Kloster, „geschmückt mit vielen schönen Bildern". Ein Schulhaus mit Lehrerwohnung, Mahlmühle und Bäckerei wurden neu errichtet und dazu als völlige Neuheit für Tegernsee ein Bräuhaus. Auf Bitten des Abtes hatte der Kurfürst das Braurecht, das das Kloster in seinem Markte Holzkirchen besaß, 1675 nach Tegernsee verlegt. Nicht, daß die Mönche ihr Gebräu nun selbst vertrunken hätten. Es war für die Gäste in der Klosterherberge und für die Untertanen bestimmt. Auf den Konventtisch kam auch

Die Klosterkirche: Blick gegen Hauptaltar und nördlichen Seitenaltar. Die Empore ließ Abt Rottenkolber (1787 bis 1810) einfügen.

fürderhin nur Wein, weißer Österreicher aus den Tegernseer Weinbergen an der Donau und roter Tiroler aus den klostereigenen Weingütern bei Kaltern in Südtirol. Dieser Wein war sicher bekömmlicher als Bier, gewiß auch als das Klosterbier in jener Zeit. Wohl bestand das Reinheitsgebot für jeden Bierbrauer in Baiern, wohl erlaubte dieses schon seit 1516 zum Sud von Bier nichts anderes als Wasser, Hopfen und Gerstenmalz, doch waren kleine Zutaten zur geschmacklichen Verbesserung trotzdem keine Seltenheit. Noch 1814 bedauert die „Beschreibung der Braunbier-Brauerey im Königreiche Baiern", verfaßt von Benno Scharl, dem Vater des modernen Brauwesens bei uns zulande, diesen nicht zuletzt auch mit uralten abergläubischen Vorstellungen zusammenhängenden Mißbrauch:

„Die meisten Bierbrauer und Braumeister thun stolz darauf, daß sie ein geheimes Mittel zu kennen glauben, dem Bier einen guten Geschmack zu geben: sie nehmen daher Gewürze und derley unter den Bierzeug, so daß manchmal das Bier selbst verschiedenen Geruch von allerley Gewürzen aus den Apotheken oder von den Materialisten annimmt. Alle diese sogenannten Geheimnisse sind nichts werth, ja manchmal sogar der Gesundheit des Menschen schädlich . . ."

Nicht nur eine Braustätte erhielt Tegernsee unter Abt Bernhard Wenzl. Auch anderes geht auf ihn zurück. So ließ er das Land um Glashütte kultivieren. Er begann dort mit der Glasproduktion und baute in jener zu seiner Zeit noch recht gottverlassenen Gegend ein Marienkirchlein, dem der Freisinger Bischof Johann Franz Eckher von Karpfing am 20. September 1700 die kirchliche Weihe gab. Sinnigerweise wurde das kleine Gotteshaus am Paßweg nach Tirol der über die Berge zu Elisabeth wandernden Gottesmutter (Maria Heimsuchung) anvertraut. In Wildbad Kreuth entstand ein neues „gemauertes Badhaus" und dazu, baulich verbunden, das Heilig-Kreuz-Kirchlein. 1707 erhielt es seine Weihe.

Auch der Beginn des Abbaues des „Tegernseer Marmors" fällt in die Zeit Abt Bernhard Wenzls. Als er sich um 1683 aus seiner Salzburger Heimat Marmor für Grabsteine hatte kommen lassen, meinte der Klosterjäger Albert Bierbichler, er wisse solches Gestein auch in den Tegernseer Bergen, und zwar bei Enterbach, gar nicht weit von Kreuth. Vermutlich gab man nicht viel auf das Gerede eines Jägers. Trotzdem wurde das Urteil des Steinmetzen Georg Dietsch als Fachmann eingeholt. Und damit war der rote Tegernseer Marmor gefunden. Dem Jäger

Bierbichler widerfuhr die Ehre, zum Dank für seinen Hinweis „vom Abt mit einem ganz neuen Kleid beschenkt" zu werden. Dietsch aber erhielt den Auftrag, mit dem Abbau des Marmors zu beginnen. Seine Steinmetzhütte im Marmorbruch von Enterbach war bald voll in Betrieb. Sie lieferte nicht nur „die großen, prächtigen Säulen, außer und inner der hiesigen Klosterkirche nebst einigen Altären", sondern auch „viele Stück an den Kaiserhof nach Wien und an die Kurhäuser von München und Köln", der Stadt, wo der Erzbischof und Kurfürst ebenfalls ein Wittelsbacher war.

Ein wohl lückenhaftes Verzeichnis der Lieferungen aus dem Tegernseer Marmorbruch ist uns noch erhalten. Daraus sei nur einiges genannt. 1699 bis 1702 gingen zum Pflastern des Chores in der Kirche zu U.L. Frau in Tölz „weiße und rote Platten, Rauten, halbe Steine und Zwickel" an den Maurermeister Feicht Kiefersauer. Am 5. März 1702 bedankte sich Corbinian Herr von Prielmayer von Priel in München für eine Tischplatte aus Marmor. 1709 wanderten 6 Säulen auf dem Wasserweg „zum hl. Kreuz" nach Landshut. 1709 auf 1710 erhielt die Kirche in Kreuzpullach „2 Choraltarsäulen, 8 Schuh lang, 4 gewundene Weihbrunnenmuschel, Altarsteine und Platten für 857 fl 34 kr geliefert. Der Meister, 2 Gesellen und 4 Schleifer hatten ein Jahr daran gearbeitet." 1717 kam ein Portal „in das Schwabenland in Ottobeuren". Im gleichen Jahr wurden 7 Kamine à 70 fl für die Residenz in München fertiggestellt. 1723 erhielt der Steinmetz Joseph Poschenrieder von Tegernsee „für Marmor und Arbeit zum Hochaltar bei St. Peter in München 5300 fl bezahlt". 1730 bezog der Steinmetz „32 Marblstücke" für den Münchner Alten Peter. 1732 wurden „5 Stückl" Tegernseer Marmor nach Köln verbracht. 1732 und 1734 diente der gleiche Stein als Material für Postamente und Statuen im Schloß von Nymphenburg. 1735 entstand aus „graugetupftem" Marmor ein Geländer in der Münchner Johann-Nepomuk-Kirche der Gebrüder Asam. Ebenfalls 1735 und wieder im Jahre 1738 fand Marmor aus dem Enterbacher Steinbruch Verwendung in der Galerie von Schleißheim. Im gleichen Jahre 1738 bezogen die Zisterzienser von Fürstenfeld bei Bruck Tegernseer Marmor für ihre wundervolle Klosterkirche. 1750 bis 1755 stattete Abt Bernhard Schütz von Andechs endlich seine Stifts- und Wallfahrtskirche mit Säulen und Altären, sein Nachfolger Meinrad Moosmüller mit Wandverkleidungen von gleichem Gesteine aus. Auch später noch hatte der Werkstoff aus Enterbach seine guten Freunde. Er galt ihnen als „König unter den Marmorsorten des europäischen Erdteiles", wie sie sagten.

Über allem Sorgen und Richten im nahen Tegernseer Winkel vergaß Abt Bernhard keineswegs die fernen Klostergüter in Niederösterreich und Südtirol. Er verbesserte die Einnahmen aus der Wachau und baute 1680 zu Burgstall in der Herrschaft Loiben um 2430 fl einen Weinkeller, der sehr von Nutzen war. Mit ihm ersparte man die hohen Kosten der bisherigen Überführung des Rebensaftes zur Lagerung nach Baiern. Er konnte zum großen Teil in Österreich verbleiben und dort zum Verkaufe kommen, und das nicht zuletzt in Wien. In Planitzing bei Kaltern in Südtirol gelang es Abt Wenzl, um 538 fl einen „Komplex von Weinbergen" zum bisherigen Besitz dazuzukaufen. Bei all den Belastungen, die schon in nicht allzu ferner Zukunft auf die Klosterkasse zukommen sollten, war dieser Kauf mit seiner späteren Rendite völlig richtig.

Es wäre falsch, in Abt Bernhard Wenzl nun einzig und allein einen „Bau- und Wirtschaftsabt" zu sehen. Er war es nicht. Selber äußerst streng gegen sich und hoch gebildet, war er sehr bedacht auf die Einhaltung der hergebrachten monastischen Disziplin in seinem Hause, dazu auf die theologische Ausbildung seiner Patres. Wie Tegernsee einst in den Tagen des Reformabtes Kaspar Ayndorffer viele Klöster zu beeinflussen vermochte, so wirkte es unter Abt Bernhard Wenzl durch sein Beispiel und durch seine Mitarbeit in der Baierischen Benediktiner-Kongregation wiederum auf andere Abteien ein. Während im 15. Jahrhundert mehrere Tegernseer Mönche als Reformäbte in andere Klöster berufen wurden, gingen um die Wende zum 18. Jahrhundert der verdiente „Generalprocurator" der Baierischen Benediktiner-Kongregation in Rom Bonaventura Oberhueber als Abt nach Ensdorf und nach Reichenbach und der „Pater comicus" und Theaterstückeschreiber Wolfgang Rinswerger von Tegernsee als Abt nach Michelfeld, um in der Oberpfalz tatkräftig mitzuhelfen, neuerstandenes benediktinisches Klosterleben zu fördern und zu festigen.

Abt Bernhard Wenzl trat, kränkelnd und seines Amtes müde geworden, am 11. Juli 1700 freiwillig und zum großen Leidwesen seines Konventes als Abt von Tegernsee zurück. Demütig und bescheiden, ja gleichsam wie der Geringste im Hause, verbrachte er die letzten Jahre seines Lebens. Nur einmal noch stand er im Mittelpunkt des Geschehens am Tegernsee, als er am 20. August 1713 das Goldene Priesterjubiläum feierte. Ungemein viel Volk nahm daran teil. Sein Nachfolger Abt Quirin IV. und seine Schüler, die Äbte Bonaventura Oberhueber und Wolfgang Rinswerger, assistierten ihm. P. Bernhard Groß von Benediktbeuern hielt die Festpredigt, die unter dem Titel „Zweifache von Silber und Gold mit Edelgestein wollbesetzte Ehren-Kron, oder der von Christo zweimal herrlich gekrönte Bernard Abt in Tegernsee bei dessen Sekundiz“ 1714 zu München im Druck erschien.

Ein gutes halbes Jahr nach der Jubelfeier erlag Abt Bernhard am 27. Februar 1714 einem Schlaganfall. P. Bernhard Groß sprach an seinem Sarg, P. Prior Petrus Guetrather schrieb ihm den Nachruf. Ein schriftlich hinterlassenes geistliches Testament des Abtes an seine Mitbrüder zeugt von tiefer, kindlicher Frömmigkeit, von wahrer Seelengröße.

Tegernseer Buchdruck aus dem Jahre 1577.

Während des Spanischen Erbfolgekrieges

Nach der freiwilligen Resignation des Abtes Bernhard Wenzl am 11. Juli 1700 wurde Prior *Quirin Millon* schon tags darauf zum neuen Prälaten von Tegernsee gewählt. Er war geborener Münchner und hatte am 5. Mai 1654 das Licht der Welt erblickt. Nach dem Absolutorium am Jesuitengymnasium in seiner Vaterstadt war er in Tegernsee eingetreten. Am 15. Januar 1673 legte er Profeß auf dieses Kloster ab, am 15. Oktober 1679 feierte er Primiz. Die theologischen und juristischen Studien an der Universität Salzburg vollendete er mit seiner Promotion. Abt Bernhard Wenzl berief ihn 1685 zum Prior in Tegernsee. Bald darauf sandte er ihn in den Angelegenheiten der baierischen Benediktiner nach Rom. Von dort als Päpstlicher Protonotar zurückgekehrt, stand er seinem Abt als vertrauter Sekretär gewissenhaft zur Seite, vor allem, solange dieser zu seinen Sorgen für sein eigenes Haus auch noch die Lasten eines Präses der Baierischen Benediktiner-Kongregation auf sich nehmen mußte. Immer noch hatte diese ihre Gegner, immer noch war ihr Bestehen in Gefahr. Nicht Geringes hatte der Jurist in Quirin Millon da zu leisten.

Am 21. September 1700, einen Tag nach der Kapellenweihe in Glashütte, konsekrierte Fürstbischof Johann Franz Eckher von Kampfing und Liechteneck Quirin IV. Millon zum Abt. Die Erwartung, daß dieser ebenso zielstrebig und erfolgreich wie sein Vorgänger die Geschikke Tegernsees lenken werde, erwies sich zunächst als trügerisch. Denn es kamen schwere kriegerische Jahre für das Kloster. 1701 brach der Spanische Erbfolgekrieg zwischen Österreich und Frankreich aus. Der baierische Kurfürst Max Emanuel schlug sich in seinem Ehrgeiz auf die Seite Frankreichs. Sein am 21. August 1702 zu Versailles mit König Ludwig XIV. von Frankreich geschlossener Bündnisvertrag sollte ungemein viel Leid über Land und Volk in Baiern bringen.

Anfangs freilich lächelte dem baierischen Kurfürsten das Kriegsglück. Mit einem baierisch-französischen Heer besetzte er 1703 von Rosenheim aus ganz Nordtirol. Am 2. Juli, dem Fest Maria Heimsuchung, zog er feierlich in Innsbruck ein, um sich als dem neuen Landesherrn huldigen zu lassen. „Wegen des Vertrauens und der Devotion, die er gegen die hl. Jungfrau hegte“, hatte er den Tag dazu bewußt gewählt. Darauf hoffte Max Emanuel, daß Marschall Herzog Ludwig de Vendôme mit seiner Armee über Norditalien und Südtirol, wie vereinbart, zu ihm stoßen werde. Die falsche Nachricht, der französische Marschall sei bereits am

Gardasee und nähere sich dem Brenner, veranlaßte den baierischen Bundesgenossen, mit seiner Hauptmacht von Innsbruck aus nach Süden vorzudringen. Das aber wurde zum Verhängnis für ihn und für seine Mannen. Denn kaum stand Max Emanuel am Brenner, erhob sich das Tiroler Volk am 21. Juli 1703 im Rücken seiner Truppen aus Baiern und Franzosen. Es kam am Inn landauf, landab zu hemmungslosen Missetaten des Volkszornes gegen den verhaßten Feind. In Eilmärschen kehrte Max Emanuel nach Innsbruck zurück, mit unerbittlicher Härte bahnte er sich den Weg über Zirl und Scharnitz zurück nach Mittenwald und entging dabei selbst nur knapp dem Tod. Zirl und andere Orte gingen in Flammen auf. Wer aus der Bevölkerung nicht in die Berge flüchten konnte, starb im Feuer oder wurde oft recht grausam umgebracht. Wie die Soldaten Max Emanuels wüteten, sagt folgender Bericht:

„*Aus denen Kirchen wurden die heilige Paramenta samt Kelch und Cyborien weckh geraubet, die heilige Hostien auf den Altar heraus geschittet, die Priester bis auf das Hemmet ausgezochen, die Khranckhe in Heiseren verbrent, einigen die Augen ausgestochen, darauf Hendt und Köpf abgeschlagen, andren Hendt und Fieß zusammengebunden, lebendig ins Feir geworffen, schwangeren Weiberen die Frucht heraus gerissen, mit einem Worth, so große Grausamkheiten veriebet, welche unter denen Christen nit leicht saind erhört worden.*“

Dem unter großen Verlusten an Gut und Blut nach Baiern zurückkehrenden Kurfürsten Max Emanuel folgten die Tiroler auf dem Fuß. Sie kamen über den Achenpaß ins Tegernseer Gebiet und über das Werdenfelser Land ins Ammer- und ins Loisachtal. Die Klöster Ettal, Steingaden, Rottenbuch und Polling und im Osten Tegernsee hatten schwer zu leiden. Sie mußten zusammen 200 000 fl Brandschatzung entrichten. Aus ihren Ställen und Weiden führten die Tiroler 8000 Stück Hornvieh und Hunderte von Pferden mit sich fort. Der Ettaler Markt Murnau am Staffelsee und mehrere Dörfer gingen in Flammen auf, andere wie Oberau, Eschenlohe und Huglfing wurden schwer geplündert.

Das Tegernseer Klostergebiet war das früheste Ziel der Tiroler Rache. Schon am 22. Juli, einen Tag nach dem Beginn des Aufstandes im Inntal, überfiel ein Bauernhaufen aus Achenkirchen Glashütte, wo der Wirt Balthasar Werkmeister gerade noch sein Leben, nicht mehr aber seine Habe retten konnte. Am 25. Juli brachte Abt Quirin Millon die wenigen Verteidigungskräfte, die ihm zur Verfügung standen, zur Sicherung des Tegernseer Winkels in die Kreuther Berge. Doch was bedeutete dieses

Häuflein zusammen mit 40 Rekruten unter dem Feldwebel Sebastian Dellinger, die zum Schutz des Klosters von München eingetroffen waren, gegen die 700 Tiroler Landesschützen, die am 31. August über die Grenze drangen? Ihr Führer war der Landschafts-Syndikus Dr. Hartl von Schwaz. Dieser forderte vom Kloster 30 000 fl Brandschatzung, ließ sich aber auf Verhandlungen ein, die P. Virgil Reitsamer (†1730) zu führen beauftragt worden war. P. Virgil war geborener Salzburger und Kellermeister in Tegernsee. Er kannte die Mentalität der Tiroler aus dem Weinhandel mit ihnen in Südtirol sehr gut. Es gelang ihm, die Forderungen der Eindringlinge auf die Hälfte zu ermäßigen. Er erlegte 2000 fl sogleich, mußte sich aber dazu bequemen, zur Sicherheit für weitere Zahlungen des Klosters als Geisel mit nach Tirol abgeführt zu werden. Vorher noch waren einzelne Gehöfte in Kreuth, Staudach, Rottach, Abwinkel, am untern Wallberg und auf der Tuften ausgeplündert worden.

Kaum waren die Tiroler Landesschützen abgezogen, erwuchs dem Kloster neuerdings Gefahr. Joseph Ingerl, geborener Tegernseer und P. Virgils Schreiber in der Klosterkellerei, bezichtigte Abt Quirin und seinen Kellermeister des Vaterlandverrats. Statt Tegernsee zu verteidigen, hätten sie die Tiroler nicht abgewehrt. Ingerl hetzte die Hintersassen des Klosters auf, suchte den Feldwebel Dellinger mit seinen 40 Rekruten zu bestechen, stiftete aus den Klosterkellern Bier und Wein, um Gefolgsleute zu gewinnen. Die Gmunder Bauern sollten am Schutzengelfest (1. September) 1703 das Kloster überfallen, die Mönche vertreiben und alles tun, was zur Verteidigung Tegernsees gegen mögliche neue Einfälle aus Tirol vonnöten schien. Der Plan kam zur Kenntnis des Abtes und wurde undurchführbar. Ingerl wandte sich nun nach München, um Verstärkung für seine Rebellion zu holen. Doch schon bei Sauerlach holte ihn Dellingers Korporal Wolfgang Ziske ein, stellte ihn und brachte ihn gefesselt dann nach München in Gewahrsam. Ingerl verlor sein Klosteramt, wurde aber wohl seiner zwölf Kinder wegen nicht vor Gericht gestellt. 1723 starb er in München. „Das Kloster Tegernsee aber ließ die Witwe nicht entgelten, was ihr Mann ihm angetan hatte; vielmehr erhielt sie von dort zeitlebens Unterstützungen", berichtet der Tegernseer Chronist P. Roman Krinner (†1738).

Einige Tage nach Ingerl war Abt Quirin ebenfalls nach München unterwegs, um zum Schutze seines Klosters von Kurfürst Max Emanuel Soldaten zu erbitten. Er erhielt sie auch. Am 7. September erschien Hauptmann Wilhelm Freiherr von Stein mit 112 Mann in Tegernsee. Die

Folge war, daß die Tiroler ihre Geldforderungen an das Kloster um 3000 fl reduzierten, um die von ihnen verschuldeten Plünderungen im Tegernseer Land wiedergutzumachen. Die von Ingerl aufgeputschten „Patrioten“ aber wurden teils eingesperrt, teils zu Geldstrafen verurteilt oder zur Schanzarbeit verdonnert.

Hauptmann von Stein marschierte am 25. September 1703 mit einem Trupp Soldaten in Begleitung des jungen P. Innozenz Willadt († 1743) nach Glashütte. Dieser Tag war mit den Tirolern zur Bereinigung der letzten Schuld des Klosters Tegernsee vereinbart worden. Während der Hauptmann in Glashütte blieb, begab sich P. Innozenz mit nur zwölf Bewaffneten an die Landesgrenze. Dort händigte er das noch zu Zahlende aus und nahm dafür P. Virgil in Empfang. Kaum war das geschehen, machten sich 65 Tiroler nach Glashütte auf den Weg, um es raubend heimzusuchen. Sie gerieten jedoch in einen Hinterhalt, den Hauptmann von Stein klugerweise vorbereitet hatte, sahen sich gefangen und schließlich bis auf einen, der entfliehen konnte, zu München im Arrest. Erst nach Wochen und nur gegen 2000 fl Lösegeld kamen die Tiroler wieder frei. Die Gulden bekam das Kloster Tegernsee.

Am 1. September 1703 verließ Hauptmann von Stein den Tegernsee. Abt Quirin schenkte ihm und seinen beiden Offizieren zur Anerkennung ihrer Dienste 51 fl. Nun übernahm Hauptmann Wolfgang Friedrich Berkowsky den Schutz des Klosters. Dieser war alles andere als ein guter Offizier, er hielt keine Disziplin unter seinen Leuten, so daß es bald zu vielen Klagen über ihn und seine Truppe kam. Der Abt von Tegernsee und seine Mönche waren für ihn „Hunds- und Teufelspfaffen“, die zu prügeln seien. Kein Wunder, daß bei einem solchen Sicherheitsgaranten es auch die feindlichen Tiroler wiederum versuchten, ihren baierischen Nachbarn Schaden zuzufügen. Am schlimmsten traf es am 2. Juli 1704 das Wildbad Kreuth. 200 Tiroler Landesschützen und 40 reguläre Soldaten überfielen an diesem Tag von den Blaubergen her die stille Stätte der Erholung. Dem Bademeister Sebastian Rixner schnitt ein Rohling Nase und Lefzen (Lippen) ab. Sein Schwiegersohn und weitere neun Leute, darunter P. Bernhard Schallhammer von Tegernsee († 1732), der eben seine Primiz gefeiert hatte und eine „Badkur“ machte, wurden nach Tirol verschleppt. Auch alles Vieh wechselte die Eigentümer. Erst am 19. August gab der kaiserliche General Gutenburg in Innsbruck den Befehl, P. Bernhard wieder freizulassen.

In jenen Tagen hatte für Baiern und sein Volk eine einmalig schlimme Zeit begonnen. Zwei große Feldherren, Prinz Eugen von Savoyen, nur im

Lied ein „edler Ritter“, Oberbefehlshaber der kaiserlichen Truppen, und der englische Generalkapitän John Churchill Herzog von Marlborough, der Ahnherr des englischen Ministerpräsidenten Winston Churchill im Zweiten Weltkrieg, marschierten in Baiern ein. Am 2. Juli 1704 kam es zwischen einem baierisch-französischen Korps unter Kurfürst Max Emanuel und einem englisch-deutschen, das Marlborough befehligte, am Schellenberg bei Donauwörth zum Kampf. Der Engländer blieb Sieger. Er erwarb sich aber nach der Niederlage Max Emanuels keine ehrenhaften Lorbeeren, als er nun für den weiteren Verlauf des Krieges gegen den baierischen Kurfürsten die Taktik der verbrannten Erde in dessen Land in Vorschlag brachte und damit ein Vernichtungswerk empfahl, das in erster Linie zum Unheil des baierischen Volkes vor allem auf dem Lande werden mußte und damit nicht zu Lasten seines Herrschers ging.

Der „edle Ritter“ Prinz Eugen führte die Gedanken Marlboroughs mit seinen kaiserlichen Reitern in der Praxis durch. In weiten Teilen Baierns begann ein Sengen und ein Brennen, ein Morden und Schänden, schier schlimmer als im Dreißigjährigen Krieg mit allen seinen Schrecken. Mit letzter Kraft ging Max Emanuel am 13. August 1704 in die Entscheidungsschlacht bei Höchstädt an der Donau zwischen Donauwörth und Dillingen. Er verlor die Schlacht und mußte auf zehn Jahre außer Landes gehen, seine Gattin Therese Kunigunde († 1730) die Regentschaft übernehmen. Sie war die Tochter des Polenkönigs Sobieski III., des Waffengefährten Max Emanuels am Kahlenberg vor Wien, doch ihrem Vater in Entschluß- und Tatkraft alles andere als ähnlich. Am 7. November 1704 ließ sie den Kapitulationsvertrag von Ilbesheim bei Landau in der Rheinpfalz unterzeichnen. Im Februar 1705 begab sie sich zu ihrer Mutter nach Venedig, um sich Rat bei ihr zu holen. Als sie im Mai darauf nach München zurück zu ihren Kindern wollte, verwehrten die Österreicher die Durchreise durch ihr Land nach Baiern. Auch sie blieb für zehn Jahre im Exil.

Die landfremden Truppen wüteten im Winter 1704/05 barbarisch weiter durchs baierische Land. Zwar besserten sich die Dinge etwas mit der Errichtung einer kaiserlichen Administration in München, doch fuhr diese fort, Baiern als Feindesland zu sehen und in jeder Hinsicht schwerstens auszubeuten. Nur vor einem schreckte sie zunächst zurück. Es war die Zwangsrekrutierung junger Leute zum kaiserlichen Kriegsdienst. Doch als alles Werben um freiwillige Rekruten nicht so gelingen wollte, wie der Hofkriegsrat in Wien in seinen Rekrutierungssorgen es sich wünschte, griff man auf Befehl aus Wien in München zum Mittel der

Gewalt. Im Spätherbst 1705 wurden Kirchen umstellt und junge Burschen nach dem Sonntagsgottesdienst gefesselt zum Wehrdienst weggeführt. Anderswo holte man sie nachts aus den Betten, um sie, wie sie waren, fortzuschaffen. Auch von den Feldarbeiten weg griffen sich die Häscher ihre Opfer.

So geduldig und friedliebend, so wenig rebellisch und revolutionär das baierische Volk bei all den Beschwernissen, die die Kriege seines Kurfürsten mit sich brachten, sein konnte, mit dem gewaltsamen Wegholen seiner Söhne zum Kriegsdienst in Italien für den ungeliebten Kaiser, der den geliebten baierischen Landesherrn vertrieben hatte, nahm die Gutmütigkeit der Bürger und der Bauern ein rasches Ende. In der Oberpfalz, in Niederbaiern, im Innviertel und Chiemgau, im Oberland ebenso wie im Dachauer Hinterland und in der Stadt München wollten die baierischen Patrioten nicht mehr weiter dulden und gedulden. Als gar noch das Gerücht aufgekommen war, die ohne ihre Eltern wie Waisen in München verbliebenen sieben kurfürstlichen Kinder würden bald wie Gefangene nach Österreich verschleppt, ließen sie sich nicht mehr halten. Sie wollten „lieber bairisch sterben als wie kaiserlich verderben". Es kam zur Tat, zur Volkserhebung des Jahres 1705.

Auch im Tölzer Land und im Tegernseer Winkel standen Bauern und Handwerker gegen die verhaßten Kaiserlichen in Baiern auf. Nicht ohne Wissen, gewiß jedoch ohne Einwilligung des Abtes Quirin Millon von Tegernsee, der längst eidlich auf den Kaiser verpflichtet worden war, folgten sie dem Ruf zur Befreiung Münchens nach Hohenschäftlarn und von da in die Mordnacht von Sendling am Heiligen Abend 1705. Feuerwaffen und ein dreifacher Wortbruch des österreichischen Generals Georg Friedrich von Kriechbaum (1667-1710) bei den Kaiserlichen, auf der andern Seite ein paar Gewehre, drei kleine Kanonen zum Böllerschießen an Fronleichnam, Sensen und Morgensterne als Ausrüstung kriegsunkundiger kleiner Leute und ihr Glaube an gnädige Barmherzigkeit sind keine Mittel, die einander ähnlich, würdig und entsprechend wären. Das führte zum grauenvollen Sterben von 1100 Männern in Untersendling, im Gottesacker um die Kirche St. Margareth und in dieser selbst.

Die Blutopfer der Tegernseer Pfarreien waren groß. Von den 69 aus Egern ausmarschierten Handwerkern und Bauern fielen 33 der Mordweihnacht zum Opfer, von den 35 Aufgebotenen aus Tegernsee kamen 15 nicht mehr heim. Gmund beklagte 27 Gefallene, Waakirchen mit Schaftlach deren 34. Manche schon dem Tod Geweihte entrannen dem Blutbad vor den Toren Münchens. Zeichen des Dankes für die Rettung sind in Tölz die Leonhardikapelle auf dem Kalvarienberg, dem Mittelpunkt der bekannten jährlichen Leonhardifahrt in dieser Stadt, vermutlich auch die 1706 errichtete „Urständkapelle" zu Ehren der Auferstehung Christi in Wackersberg, ferner das große Votivbild in der Pfarrkirche von Egern, in der seit 1647 ein Marienbild in hohen Ehren stand. P. Alphons Hueber von Tegernsee († 1734) war von 1705 bis 1717 Pfarrvikar in diesem Dorf. Er schrieb die Schicksale von Geretteten aus dem Sendlinger Gemetzel in ein Buch, das den Titel „Marianischer Wunderbaum" erhielt. Daraus wurde früher an bestimmten Tagen auf der Kanzel vorgelesen, um sowohl der Toten von Sendling ehrend zu gedenken, wie auch an die wundersame Rettung Überlebender dankend zu erinnern. In diesem steht unter anderem geschrieben.

„*Der erste aus diesen, so allhier zu Egern bei der allerseligsten Jungfrauen Trost gesucht und gefunden haben, war Michael Püechl, sonst Egerer Pfarr, anjetzo aber in Tegernseeischer Pfarr in Diensten, mußte gleich andern zu der traurigen Niederlag nacher München abreisen und da er sich samt andern in die Flucht begab, wurde er in die Iser gesprengt, allwo er nit ohne größter Lebensgefahr durchsetzte, aber in Mitte des reißenden Wassers zweimal um und um getrieben. Er ruefte in dieser seiner augenscheinlichen Todesgefahr Mariam zu Egern an, verlobte mit kindlichem Vertrauen allhero eine hl. Messe und wurde augenblicklich zu dem Gestade hinaus getrieben, hat sich auch nochmals unter einer Stauden so lange verborgen gehalten, bis er nachmals durch den Schutz Mariä durch sichere Flucht dervon kommen ...*

Petrus Mittermäur von Rottach mußte auch ganz unschuldig bei dieser Gelegenheit dem erbitterten Kriegsgott Marti über die Klingen springen. Er verlobte sich gleich anfangs dieser unserer trostreichen Mutter mit einer hl. Meß, überstund ganz glücklich das vielfältige Schießen und unchristliche Hauen und Ummetzgern. Er lage eine lange Zeit unter denen toten und halb lebenden Leibern und als er vermeinte, dem falschen Versprechen nach getanen Perdon zu genießen, machte er sich unter dem Haufen hervor, sah aber um sich nichts anders als Schießen, Hauen und Umbringen. Petrus vertraute auf die starke Vorbitt seiner jungfräulichen Nothelferin Mariä, ergriff die Flucht und salvierte sich auf einen in nächstem Haus bestandenen Bachofen, wurde zwar auf solchem ein und das andermal von einem Soldaten ertappet, aber ganz frei hinweg gelassen. O wie sicher ist derjenige, den Maria unter ihren Schutz und Schirm nimmt und bewahret ...

Andreas Mayer von Oberach mußte auch als ein unschuldiger Fechter mit der Birsch in das Feld, aber mit seinem Unglück; denn er wurde sehr gefährlich durch die Hirnschal gehauet. Doch weilen er sich vor allhero mit einer hl. Meß verlobet, wann er sollte bei dem Leben erhalten werden, ist ihme solches von Maria auch treulich bei liebsten Sohn erbeten worden."

Diese Beispiele mögen genügen. Sie sprechen von Menschen wie du und ich, die in Todesnot und Todesangst zur Gottesmutter ihre Zuflucht nahmen. Wer kann ihr Vertrauen zu Maria mit Recht ungläubig belächeln, wer deren Hilfe als nicht existent beweisen?

Friedliches Geschehen

Sogleich nach der Mordweihnacht auf den Sendlinger Fluren suchte der unrühmliche Sieger eifrig die Schuldigen an der Volkserhebung der Oberländer Handwerker und Bauern. Die Hintermänner wurden in den Gemeindekanzleien und Gasthäusern von Tölz, Aibling und Rosenheim, aber nicht ohne allen Grund auch in den Abteien Benediktbeuern und Tegernsee vermutet. Bald sah man diese beiden Klöster als mitverantwortlich für den Aufstand an. Abt Eliland Öttl von Benediktbeuern sollte deshalb 12 000 fl Bußgeld bezahlen, Abt Quirin Millon die gleiche hohe Summe. Es war ein Glück für den Tegernseer Prälaten, daß er seinen P. Benno († 1738) im Konvent hatte. Dieser war ein Bruder des Geheimsekretärs Franz Joseph von Unertl († 1750), eines baierischen Patrioten, der in der Kaiserlichen Administration sehr viel vermochte. P. Benno reiste nach München und erreichte den völligen Erlaß der schweren Strafe. Das war um so willkommener, da Tegernsee ohnehin an den hohen Kosten schwer zu tragen hatte, die ihm durch den Spanischen Erbfolgekrieg bisher schon entstanden waren. In zwei Jahren hatte es zur Verpflegung seiner militärischen Beschützer aus München 2094 fl, dazu für die Befestigungsarbeiten in seiner Herrschaft, so beim Pfliglhof, in St. Quirin, Enterrottach und in Kreuth, 9172 fl aufzubringen und zu opfern. Die Schäden und Verluste zu beheben, die von den Kaiserlichen den Tegernseer Weingütern in der Wachau und in Südtirol zugefügt und hinterlassen worden waren, war gleichfalls keine Kleinigkeit. Juristisches Können und diplomatische Geschicklichkeit halfen Abt Quirin, an der Donau und bei Bozen alten Besitz zu wahren und durch neue Verträge und Privilegien zu sichern.

Neben allen kriegsbedingten Hindernissen setzte Abt Millon seinen 1701 begonnenen Konvent- und Bibliotheksbau, so gut es gehen mochte, fort. Ursprünglich sollte der tüchtige Wessobrunner Johann Schmuzer die Arbeiten als Klosterbaumeister betreuen. Er erhielt am 20. Februar 1701 einen Arbeitsvertrag, der freilich schon wenige Wochen später nicht mehr das Papier wert war, auf dem er geschrieben stand, da der Tod dem schaffensfrohen Wessobrunner Meister am 12. Mai 1701 unverhofft das Leben nahm. Erst 1710 war der Neubau der Bibiliothek im Rohbau vollendet und der Konventtrakt so weit fertig, daß er am 24. August seine Weihe erhalten und kurz darauf bezogen werden konnte. Vier schlagende Uhren schmückten ihn und halfen den Mönchen, ihre Tagesordnung in

Gebet und Arbeit pünktlich zu befolgen. Auch an die Errichtung einer neuen Apotheke ging Abt Quirin IV. Millon. Sie wurde zur Wohltat für kranke Mönche, aber auch für kranke Untertanen der Abtei im weiten Umkreis des Tegernsees.

P. Augustin Lechner († 1727) hat sich um sie besonders verdient gemacht. Der zu Radstadt im Salzburger Land Geborene war ausgebildeter Pharmazeut und ging mit 30 Jahren erst nach Tegernsee ins Kloster. Seine theologischen Studien absolvierte er bei seinen Mitbrüdern im eigenen Haus, um dann nach der Priesterweihe für lange 37 Jahre die Tegernseer Klosterapotheke zu betreuen. Da die Abtei keine ärztliche Versorgung hatte und auch in ihrem Herrschaftsgebiet nur bäuerliche Quacksalber, aber kein Arzt zu finden war, übernahm P. Augustin bei seinen Kenntnissen in der Medizin auch die Stelle eines heilkundigen Helfers in mannigfachen Nöten. Und er half in ungezählten Fällen und bannte oft den Tod. Das erwarb ihm das Vertrauen der Bevölkerung in hohem Maß. „Es strömten die Leidenden zu ihm und fanden zumeist Linderung", meldet der Chronist.

Dazu war die Behandlung bei P. Augustin nicht allzu teuer. Arme und Bedürftige zahlten nichts, andere wenig, nur Betuchte mehr. Auch die Preise für die Medikamente in der Klosterapotheke, für ihre Säftchen, Pülverlein und Pillen waren nicht gleich teuer für jedweden, der sie brauchte. Arme erhielten sie umsonst, viele billiger. Trotzdem ging die Apotheke nicht bankrott. Sie trug sich selber und ohne Zuschuß aus der Klosterkasse, obwohl P. Augustin alle Unkosten, die ihm aus den Einkäufen und sonstigen Auslagen erwuchsen, durch die Erlöse für seine Medikamente zu begleichen hatte. „Apothekerpreise" im heutigen Sinn des Wortes gab es in Tegernsee und bei seinem Apotheker im Mönchsgewande nicht.

Das blieb auch unter den Nachfolgern P. Augustin Lechners in der Apotheke so, bei Bruder Damian Schmid aus Widdersberg bei Andechs († 1734) sowohl, als auch bei dem ausgebildeten Heilkundigen P. Paulus Schreyer von Cham im Baierischen Wald († 1749), bei Bruder Nikolaus Ludwig aus Neumarkt in der Oberpfalz († 1759), wie auch bei dem gelernten Pharmazeuten Bruder Johannes Rösler († 1789), der zu Schönthal im Frankenland zu Hause war. Unter ihnen allen konnte sich das Tegernseer Apothekenwesen in der Reihe so vieler baierischer Klosterapotheken recht gut sehen lassen, bevor auch seine lange Tradition im Sturm der Säkularisation von 1803 für alle Zeit verlorenging.

Auch Wildbad Kreuth vergaß Abt Quirin Millon nicht. Er stockte das

Badhaus auf, schmückte sein Kirchlein mit einem wundervoll geschnitzten Crucifixus, umgeben von der Gottesmutter, dem hl. Johannes und Maria Magdalena. Der Freisinger Fürstbischof Eckher von Kapfing, ein großer Freund der Benediktiner im allgemeinen und der Tegernseer im besonderen, weilte am 26. Mai 1710 in der Einsamkeit des stillen Erholungsortes, um seinem kleinen Gotteshaus unter Zulauf von viel Volk die Weihe zu erteilen.

Aus der Regierungszeit Abt Millons stammt ein Dokument, das die traditionellen caritativen Leistungen seines Klosters verzeichnet hat. Nach ihm erhielten gemäß der Regel St. Benedikts alle Pilger, gleich welchen Standes und gleich, zu welcher Stunde sie in Tegernsee eintrafen, Speise und Trank und je nach Person ein Almosen in bar. Das Kloster versorgte ferner das ganze Jahr hindurch über 24 Buben umsonst und unterhielt für sie einen eigenen Lehrer, der sie im Lesen, Schreiben und Rechnen zu unterrichten hatte, bis sie fähig waren, ein Handwerk zu erlernen. Kinder, die von weither nach Tegernsee zur Schule gingen und über Mittag nicht daheim sein konnten oder die ihrer Armut wegen wenig nur zu beißen hatten, wurden im Kloster oft um Gotteslohn verköstigt. Was vom Tisch der ca. 50 Mönche und der täglichen Gäste des Klosters an Speise und Trank überblieb, kam zwölf armen alten oder kranken Leuten im Klosterdorf zugute. Dafür waren diese verpflichtet und gern bereit zum Beten für das Kloster und seine Wohltäter, für das Haus Österreich und Baiern im Gottesdienst am Sonntag und in den Totenmessen, Jahrtagen und im Rosenkranz am Werktag.

Altem Herkommen gemäß gab das Kloster „eines jeden Untertanen Eheweib“, so sie werdende Mutter war, gegen ein Almosen oder auch umsonst „aus des Herrn Prälaten Keller eine Portion Wein“. Den „Strohwein“ hieß man ihn. „Arme Krankhe und liegerhaffte“ wurden „mehristen aus der Küchen des Convents verpfleget“, heißt es in dem Dokument weiter.

Am Neujahrstag, in der Fastnacht, am Palmsonntag und an Ostern, dann am Kirchweihfest, zu Weihnachten und am Johannestag (27. Dezember) war die „gesambte Gmain der Unterthanen Gerichts Tegernsee“ zu Gast im Kloster. Zur Erinnerung an den Lieblingsjünger Johannes wurde an seinem Fest an jeden Untertanen und an arme Leute eine Portion Wein „zu einem Johannisseegen“ abgegeben.

In der Karwoche kam am Gründonnerstag eine Unmenge von Bettlern nach Tegernsee. Es waren ihrer bis zu 500 an der Zahl. „Nit allein ehrlich ausgespeiset“ wurde der eine wie der andere von ihnen, sondern

Das ›Herrenhaus‹, das die letzten Benediktiner nach dem Verkauf ihres Klostertraktes an König Max I. Joseph bezogen.

Das ehemalige Klosterrichterhaus.

auch mit „3 kr in Gelt“ bedacht. Ebenfalls am Gründonnerstag wusch der Abt zwölf armen alten Männern die Füße. Jedem gab man „3 laib Brot, 3 große Khäs, 1 fl in Gelt, 1 paar Stifl vnd das gewohnliche Leinwath“. Mittags folgte im Kloster die Speisung von zwölf Leprosen. Abt und Prior bedienten sie mit siebenerlei Speisen und beschenkten jeden mit „4 Brod, ain halb Mass Wein, 1 Mass pier, auch 15 kr in Gelt“. Diese „Elenden“ wurden noch die ganze Osterwoche bis zum Weißen Sonntag vom Kloster aus „mit Speis vnd trankh“ versehen.

Bei der Klosterbäckerei von Tegernsee zeigten sich am Karsamstag die Mönche wiederum als viel bedankte Spender. Sie machten allen armen Leuten, „auch denen sambentlichen Vnderthanen des ganzen Gerichts Tegernsee“ zur Speisenweihe am Ostertag „einen Laib weisses Brodt, 1 Stuckh Fleisch, 1 Stuckh Praten, 1 Portion Salz, 2 ayr vnd 1 Mass pier“ zum Geschenk.

Auch zum Kirchweihfest im Oktober gab das Kloster den Armen in seinem Herrschaftsbereich zur Erinnerung und zum Dank an seine Wohltäter in der Ewigkeit viel an Naturalien und viele Kreuzer an barem Geld.

Am Allerseelentag, den 2. November, bewirtete der Abt drei Tische armer Leute. Er diente ihnen mit dem Prior beim Essen, das aus sechs Speisen bestand. Dazu erhielten seine Gäste eine halbe Maß Wein, eine Maß Bier, vier Brote und 15 kr in bar. Auch zu den Quatemberfasttagen am Anfang der vier Jahreszeiten gingen als Zuwendungen des Klosters Mehl, Getreide und Brot an viele, die es brauchen konnten. Des weiteren hatte Tegernsee das ganze Jahr über seine Kunden beim Klosterkasten, die dort „je nach Gestalt ihrer Armueth“ wöchentlich, alle 14 Tage oder monatlich mit Mehl, Brot, Bohnen und anderen Lebensmitteln versorgt wurden. Auch an der Klosterpforte und in der Klosterherberge war das Wort „Vergelt's Gott“ für milde Gaben keine Seltenheit.

Beim Begräbnis eines Mönches gab das Kloster jedem Armen, der zum Gottesdienst erschien, 3 kr zum Geschenk. Außerdem war es seit alters üblich, 30 Tage lang an den Platz des Toten im Speisesaal ein Kruzifix zu stellen. Ein bedürftiger alter Mann erhielt in dieser Zeit Speise und Trank des „Abgeleibten“, daneben auch noch Kleider. Dieser Brauch hat sich in den bayerischen Benediktinerklöstern bis heute noch erhalten.

Soweit die Aussagen über die seit eh und je nach der Intention der Klosterstifter gewährten Spenden, Almosen und Unterstützungen. Sie wurden am 4. Juni 1704 in München durch den kurfürstlichen Hofadvokaten Benedikt Obermiller mit Siegel und Unterschrift bestätigt. Wenn auch unter dem Regiment der Tegernseer Äbte wie unter dem der Herren sonst in Stadt und Land die sozialen und gesellschaftspolitischen Gegebenheiten entwicklungsfähig waren, so galt doch für den Tegernseer Winkel das Wort: „Unterm Krummstab ist gut leben."

„Zur größeren Ehre Gottes vnd Zier der Kirchen im Closter" hielten die Tegernseer Äbte zu Beginn des 18. Jahrhunderts immer mehr auf schöne Musik. Choral-, vielstimmige Vokal- und aufwendige Orchestermessen erfreuten auch verwöhnte Ohren, und auch das Singen und das Klingen bei profanen Festlichkeiten war stets ein Hochgenuß. Viel trugen dazu die Sängerknaben des Klosters bei. Vier davon wurden kostenlos unterhalten und gebildet. Einer aus ihnen war der spätere P. Cölestin Prälisauer, der 1694 mit neun Jahren als Sängerknabe aufgenommen worden war.

Quirin Millon war in jungen Jahren Vertreter der Baierischen Benediktiner-Kongregation in Rom, in reifen Jahren lenkte er sechs Jahre lang deren Geschicke als ihr Abt-Präses. Das gereichte ihr zum großen Nutzen in ihren rechtlichen Belangen. Auch in der Verteidigung der Tegernseer Patronatsrechte im Markt Holzkirchen und nicht weit davon in Hartpenning und Sufferloh zeigte der Abt seine genaue Kenntnis des Rechts und eine große Gewandtheit in der Auseinandersetzung auch mit gerissenen Widersachern und mit recht harten Gegnern. Diese Eigenschaften waren in den 15 Jahren seiner abteilichen Verwaltung einmal hier und einmal anderswo von großem Vorteil. Unter seinen Mönchen hatte er keine Opponenten, geschweige denn gar Feinde. So war im Konvent die Trauer groß, als er mit 61 Jahren nach einem Schlaganfall am 5. Juli 1715 in Tegernsee verstarb.

Zum Nachfolger Abt Quirins IV. wurde am 20. August 1715 *Petrus von Guetrather* mit 28 von 32 Stimmen des Tegernseer Konvents gewählt. Er war am 29. September 1672 in Salzburg zur Welt gekommen und stammte aus einem angesehenen Salzburger Adelsgeschlecht. Schon mit 14 Jahren absolvierte er die Rhetorik, schon in diesem Alter ersuchte er um Aufnahme in Tegernsee. Mit 16 Jahren erhielt er sie. Nach seiner Profeß am 13. November (Benediktiner-Allerheiligen) des Jahres 1689 kam er zum Kommun-Studium der baierischen Benediktinerkleriker, um seine philosophisch-theologische Ausbildung zu erhalten, darauf an die Universität Salzburg, um die beiden Rechte zu studieren. Dort promovierte er schließlich zum Doktor der Jurisprudenz. Bald nach seiner Primiz am 25. August 1697 in Salzburg war er Professor des Kirchenrechts und für sieben Jahre auch Direktor am Kommun-Studiat der Baierischen Benediktiner-Kongregation in Weihenstephan, bis ihn 1712 sein Abt zum Prior von Tegernsee berief. Als solcher bemühte er sich vor allem um „die Erhaltung der brüderlichen Liebe – jenes kostbaren Erbgutes des Klosters Tegernsee seit unvordenklicher Zeit".

Auch die Feier der Gottesdienste lag ihm schon als Prior sehr am Herzen. So führte er nach der Auferstehung am Karsamstag eine eucharistische Prozession ein und am Benediktustag (21. März) einen Predigtgottesdienst, zu dem bald auch die Pfarrkinder von Gmund und Egern in Scharen kamen.

Mit großem Eifer ging Petrus Guetrather nach seiner Abtweihe am 29. September 1715 an die Erfüllung seiner Pflichten als Prälat von Tegernsee. Seine hinterlassenen Aufzeichnungen über sich, über sein Wollen und Vollbringen zeigen einen Mann, der in eiserner Selbstdisziplin den Anforderungen seines Tagewerkes mit Hilfe ignatianischer Askese gerecht zu werden suchte. Dieser Askese ist eine einseitige Willensakrobatik nicht fremd. Sie ließ den Abt Vorsätze für jeden Tag, ja für jede Stunde fassen, die dann doch nicht auszuführen waren. Sie verursachte quälende Selbstkritik und unnötige Störungen des seelischen Gleichgewichts. Bis weit in unser Jahrhundert herein konnte diese willensbetonte Methode, sich zu Höherem zu bilden, viele Freunde und Verfechter finden. Heute ist es mit Recht recht still um sie geworden. Das Wort „Freiheit ist der Zweck des Zwanges" verfängt nicht mehr.

Hatte Petrus Guetrather schon als Prior viel Sinn für die Ausgestaltung des Gottesdienstes in der Tegernseer Klosterkirche, so suchte er als Abt erst recht den Kirchenbesuch mit neuen Mitteln zu beleben. Er führte moderne Andachten ein, ließ viel mehr predigen, als es bisher üblich war, stieg oft selber auf die Kanzel. 1717 stellte er einen von Hans Degler für 800 fl gemalten Ölberg in der Stiftskirche auf, der die Kulisse für die in der Fastenzeit vom Volke außerordentlich stark besuchten Ölberg-Vorstellungen bildete. Seinem P. Cölestin Prälisauer gab er den Auftrag, die Musik dazu zu schreiben, die leider nicht mehr erhalten ist. 1719 führte Abt Petrus das von den Jesuiten sehr geförderte „Vierzigstündige Gebet" an den letzten drei Faschingstagen ein, wozu täglich zwei Predigten gehalten wurden und das mit einer feierlichen Prozession mit dem Allerheiligsten zu Ende ging. 4000 Beichtleute kamen in diesen Tagen nach Tegernsee. Keine 600 Seelen hatte der Ort damals selber aufzuweisen.

Die besondere Pflege des Gottesdienstes und mit ihm die der

Volksfrömmigkeit bedingte die Förderung der liturgischen, aber auch der volksnäheren Musik. Wie andere Abteien wies Tegernsee im 18. Jahrhundert eine Reihe von Komponisten und tüchtigen Musikinterpreten auf. P. Marian Praunsperger († 1741) war der „perfekteste“, wie ihn seine Totenrotel nennt. Der geborene Salzburger leitete mehrere Jahre den Figurier-Chor in Tegernsee. Unter manch anderem schrieb er zu den acht in München mit großem Beifall aufgenommenen Dramen des Jesuiten Franziskus Lang die Noten zur Musik. Außerdem brachte er seine „Parthiae musicales“ 1712 im Druck heraus, die nicht nur in Deutschland, sondern auch in England viel Beachtung und große Anerkennung fanden. Verantwortlich als Granuarius des Klosters für das Korn und Mehl in Tegernsee, verbesserte er das Klosterbrot beträchtlich. Er wirtschaftete dabei so gut und so viel heraus, daß den Untertanen von Tegernsee nach einem verheerenden Hagelschlag und schweren Schäden in Feld und Flur die Naturalabgaben zum großen Teil erlassen und Unterstützungen geleistet werden konnten.

Neben dem schon genannten gebürtigen Kötztinger P. Cölestin Prälisauer († 1745) und seinen Kompositionen zu den Ölberg-Aufführungen und später für das Drama „Ecce Agnus Dei“ in der Tegernseer Stiftskirche, ferner seinen zahllosen musikalischen Gelegenheitswerken zu Festen und zu Feiern, wie es sie in der Klosterfamilie St. Quirins immer wieder gab, ist als musikalischer Interpret P. Sebastian von Zeidlmair († 1750) aus Berchtesgaden recht bemerkenswert. Er war von 1716 bis 1746 Kantor im Psallierchor der Tegernseer Mönche, Organist, Dirigent des Figuralchores und Musiklehrer der Sängerknaben des Klosters, ansonsten ein Einzelgänger, der sich auch auf technische Künste gut verstand. So manchen Buben bildete er zum brauchbaren Mechaniker heran. Er war Meister in der kunstvollen Bearbeitung ausgeblasener Eier, wie sie im Berchtesgadener Lande einmal üblich war. Einzigartig war sein von ihm geschaffenes Spinnrad. Es war so konstruiert, daß man es schon beim bloßen Ziehen der Textilfasern vom Rocken in Bewegung setzen und damit der Spinnerin Körperkraft ersparen konnte. P. Sebastian schenkte das Wunderwerk seiner Schwägerin Maria Honorata, der Tochter des baierischen Kabinettsministers Corbinian von Prielmayer von Priel. Als diese 1713 verstorben war, ging das Spinnrad als Geschenk an Max Emanuels Gattin Therese Kunigunde. Von der Kurfürstin wanderte es weiter an deren Tochter Maria Anna Carolina, die 1720 im Münchener Klarissenkloster am Anger als Chorfrau Emanuela Theresie Profeß ablegte und im Jahre 1750 starb. Leider ist das eigenartige

Geschenk seit der Aufhebung des Angerklosters im Jahre 1803 verschollen, sonst könnte man es im Deutschen Museum in München vielleicht heute noch bewundern.

Einen weiteren produzierenden Musiker hatte Tegernsee unter seinem Abte Petrus in P. Leonhard Trautsch, einem geborenen Münchner († 1762). Er war ein hervorragender Geigenspieler und Organist, doch hieß es von ihm als „Kompositeur“ freilich später: „Man lobte seinen guten Willen, nie aber seine Werke.“ Heute ist man wieder anderer Meinung über ihn.

Große Verdienste um die Pflege der Kirchenmusik, und zwar nicht nur in Tegernsee, erwarb sich P. Godehard Wagner aus Erding († 1738). Auch er war ein meisterhafter Orgelspieler. Zudem komponierte und sammelte er mit großem Eifer Lieder zu Mariens Lob und Ehre. In fünf Bänden gab er sie zwischen 1710 und 1730 im Druck heraus. Sie trugen die Titel „Musikalischer Hofgarten der übergebenedeiten Himmelskönigin“ mit 100 Arien für Sopran, Alt und mit einem Generalbaß, „Marianischer Schwan“, der etwa 80 Arien enthielt, „Marianischer Springbrunn“ mit 31 Arien und „Marianisches Immelein“ mit deren 52 für Sopran, Alt, Tenor und Baß. Zuletzt erschien schließlich ein Ergänzungsband zum „Marianischen Hofgarten“, der weitere 31 Arien der Nachwelt überlieferte.

P. Godehard hatte in seinen ersten Priesterjahren als Professor am Lyzeum in Freising gewirkt, später als Wallfahrtspriester, Prediger und Beichtvater in Maria Plain bei Salzburg. Der ehemalige Jugendbildner wie der erfahrene Beichtvater in ihm ließen ihn in Tegernsee einen „Jünglingsbund“ begründen, dem er auch die Statuten schrieb. Nach ihnen mußten sich die jungen Burschen verpflichten, auf das Tanzen zu verzichten. Daß sie sich an das Verbot stets auch gehalten haben, sei mit Fug und Recht bezweifelt. Viel weniger uneheliche Kinder hat es im Tegernseer Tal P. Godehard Wagners Jugendbundes und seines Tanzverbotes wegen sicher nicht gegeben.

Auch eine beachtenswerte Predigtsammlung verdanken wir dem Tegernseer P. Godehard, der selber oft und gerne auf der Kanzel stand. Während er am ersten Adventsonntag des Jahres 1738 eben über den Tod und sein oft so plötzliches Zupacken sprach, sank er, vom Schlag gerührt, zu Boden, um Tage später zu verscheiden. Die Art und Weise seines Sterbens war wohl die eindrucksvollste, die beste Predigt seines Lebens.

Die Erneuerung des katholischen Glaubenslebens mit ihrer ausdrucksstarken Frömmigkeit nach der Periode der Glaubensspaltung war nicht zuletzt eine Frucht volksnaher Predigt. Auch Tegernsee hatte damals gute Redner auf der Kanzel, so seine beiden Äbte Quirin IV. und Petrus, dazu den aus Tegernsee hervorgegangenen Abt Wolfgang Rinswerger von Michelfeld. Ersterer hielt 1708 zur Erhebung der Nonnosusreliquien die Festpredigt im Dom zu Freising, letzterer zeichnete sich beim pompösen Freisinger Korbiniansjubiläum im Jahre 1724 durch eine „mit einer sehr vortrefflichen Wohlredenheit und einem hochschätzbaren annemlichen Concept auf der Domkantzel vorgetragenen Predigt" aus.

Als wortgewandter Prediger tat sich schon unter Abt Bernhard Wenzl P. Maurus Baisl, Pfarrvikar in Egern, rühmlich hervor. Er wurde 1693 inmitten einer Predigt über das Letzte Gericht so unglücklich vom Schlag gestreift, daß er „wie ein Kind von neuem das Vater Unser lernen mußte", bevor er ein Jahr später sterben durfte. P. Hieronymus Högg, ein Münchner Kind, war wie P. Maurus Baisl Pfarrvikar in Egern. Die Tegernseer Chronik nennt ihn einen „hervorragenden Kanzelredner" und „ausgezeichneten Seelenjäger". Er segnete 1697 das Zeitliche. Des weiteren konnte der verdienstvolle Tegernseer Chronist und langjährige Egener Pfarrherr P. Alphons Hueber sehr gut predigen. Seit 1720 Pfarrer zu Loiben und Verwalter der Tegernseer Stiftsgüter in Niederösterreich, gab er die beiden Predigtsammlungen „Himmlischer Kirchtag, Gast- und Kirchweihpredigten" und „Ganz sicher führende himmlische Ariadne oder die trostreiche göttliche Mutter Maria, das ist Panegyres Beatae Mariae Virginis" (= Lobreden auf die Hl. Jungfrau Maria) heraus, die 1727 in Krems und 1732 in Stein a. d. Donau erschienen. Dem 1734 verstorbenen P. Alphons Hueber rühmte man Gelehrsamkeit und nicht weniger Beredsamkeit nach und meinte, er sei gut als Wirtschafter, besser als Seelsorger, am besten als Ordensmann gewesen.

P. Benedikt Frank sei als Kanzelredner erwähnt zu werden nicht vergessen. Er wirkte jahrelang am Salzburger Gymnasium als Lehrer und Schulpräfekt und war ein ausgezeichneter „Comicus" (Komödienschreiber) und recht gern gehörter Prediger. 1733 wurde er Tegernseer Statthalter und Pfarrvikar zu Loiben in Niederösterreich, wo er 1738 verstarb. Auch P. Michael Stolz war ein ausgezeichnetes Predigertalent. Doch konnte er dies nicht allzu lange zeigen, da er mehr und mehr erblindete und am Ende nichts mehr sah. Sein Arbeitsfeld lag zunächst bei den Bauern von Gmund, dann aber auf dem Gebiet der Seelsorge zu Tegernsee im Sprechzimmer und im Beichtstuhl. Im übrigen nie krank, war er ein Mann, der in seinem Lebén nur zweimal eine Medizin genommen hat und der sich auch nie zur Ader ließ, wie es alle anderen Mönche seiner Tage taten. Im Jahre 1746 schlug auch ihm die letzte Stunde.

Juristen hat es in den Klöstern stets gegeben. In Tegernsee folgten zwei graduierte rechtskundige Prälaten aufeinander, Quirin IV. Millon und Petrus von Guetrather, beide einmal Professoren des Rechts an der Benediktineruniversität in Salzburg. Zu ihrer Zeit lebte ein dritter Vollblutjurist in Tegernsee. Unter beiden Äbten war er Prior, zwischenzeitlich Professor für Kirchenrecht am Kommunstudium der Baierischen Benediktiner-Kongregation und dessen fähiger Direktor. Einen Ruf an die Universität Salzburg lehnte er bescheiden, doch entschieden ab. Dabei konnte er alle Paragraphen des baierischen Zivilrechts auswendig; ebenso war er in den Institutionen Justinians wie nicht gleich ein anderer zu Hause. Latein sprach er so geläufig wie seine deutsche Muttersprache und wie den heimatlichen Salzburger Dialekt. P. Paulus Schallhammer schrieb er sich. 1732 stand der tüchtige Jurist vor unser aller höchstem Richter in der Ewigkeit. Auf Erden war auch er ein Wegbereiter zur letzten so schönen Blüte seines Klosters.

Eines großen Abtes große Freude

Die von den Äbten Bernhard Wenzl und Quirin IV. Millon begonnenen Klosterneubauten führte Abt Petrus von Guetrather zügig weiter. Hier sei des Laienbruders Heinrich Zollikofer gedacht, eines Schweizers aus St. Gallen, der in jungen Jahren vom Kalvinismus zur katholischen Mutterkirche übergetreten war und in Tegernsee das Ordenskleid St. Benedikts begehrte und 1674 auch erhielt. Er war seines Zeichens Maler, konstruierte Sonnenuhren und schmückte mit ihnen verschiedene Gebäulichkeiten von Tegernsee, leistete bei den Bauten seiner Äbte gute Dienste in der Überwachung der Maurer und der Handwerksleute und war fähig, Propst Possidius Held von Weyarn († 1728) nach zwei Bränden in den Jahren 1706 und 1713 Baupläne zu liefern. Im Alter von 76 Jahren starb er am 3. März 1726 zu Tegernsee.

Der Rohbau einer neuen Klosterbibliothek war bereits 1710 im wesentlichen fertig, deren prächtige Innenausstattung in Stuck und Farbe aber erst 1720 glücklich zu Ende gebracht. Auf 5000 fl kam sie zu stehen. Die Aufstellung und Ordnung der vielen Handschriften und Druckwerke des Klosters, die bisher P. Benno von Unertl in einem Turm als Bibliothekar gehütet hatte, nahm mehrere Jahre in Anspruch. Große Verdienste erwarb sich dabei P. Roman Krinner († 1738), Unertls Nachfolger im Amt, neben P. Alphons Hueber einer der verdienstvollsten Chronisten von Tegernsee. Krinner sammelte und hielt fest, was er nur immer an Begebenheiten selbst erlebte oder von anderen erfuhr. Während sein 520 Folioseiten starkes, von Hand geschriebenes „Florilegium", das biographische Mitteilungen über die Äbte Ulrich III. Schwaiger, Bernhard Wenzl, Quirin IV. Millon und Petrus von Guetrather und deren Mönche enthält, auf uns gekommen ist (Bayerische Staatsbibliothek clm 27 148), sind fast alle andern handschriftlich hinterlassenen Werke des Tegernseer Archivars und Bibliothekars verschollen. Krinner war gewiß ein in der Geschichte seines Klosters sehr bewanderter Chronist, doch kann er sich wie andere Geschichtsfreunde unter seinen Mitbrüdern als Geschichtsschreiber mit dem kritischen Historiker P. Carl Meichelbeck von Benediktbeuern († 1734) nicht messen. An dessen „Chronicon Benedictoburanum" kommt er nicht heran. Eine kritische Geschichte Tegernsees hat uns P. Roman Krinner nicht geschenkt. Sie steht bis heute aus.

Nach der Fertigstellung der Klosterbibliothek legte Abt Petrus von

Guetrather unter Assistenz des Augustiner-Chorherren-Propstes Held vom nahen Weyarn am 20. August 1722 den Grundstein zum neuen Refektorium (Speisesaal) der Mönche und zum Weiterbau ihres Dormitoriums im Konventbau. Seit dem gleichen Jahr sprudelte im Konvent aus zwei Marmorbrunnen quellfrisches Wasser aus den nahen Bergen.

Den neuen Refektoriums- und Konventbau führte der Pallier Benedikt Mittermayer mit „16 Maurern, 15 Tagwerkern, 10 Buben, 2 Sandwerferinnen und 9 Zimmerleuten“ aus. Noch stand nicht alles fix und fertig, als Abt Petrus am 22. August 1725 den nächsten Grundstein legte. Damit begann der Neubau einer Klosterküche, gleich anschließend an das neue Refektorium des Stifts. Vollendet sah der Abt sein Werk nicht mehr. Denn am 19. Dezember 1725 erlag er der „Brustwassersucht“, wie man seine Todeskrankheit nannte.

Ein einzigartiges Verdienst hatte sich Abt Guetrather durch die Erneuerung der Tegernseer Klosterdruckerei erworben. Sie war zwar nie ganz stillgelegt, doch beschränkten sich ihre Erzeugnisse jahrzehntelang auf Wallfahrts- und Bruderschaftsbüchlein und auf gelegentliche Einblattdrucke, wie es St. Quirini-Zettel und Totenroteln, das heißt Todesanzeigen mit kürzeren oder längeren biographischen Angaben über „abgelebte“ Mönche, waren. Diese Roteln gingen an die „Freundschaft“ der Abtei hinaus, zu der neben den Angehörigen der Toten auch die Wohltäter und Gönner Tegernsees sowie alle jene Klöster und Familien zählten, die mit ihm durch Gebetsverbrüderungen eng verbunden waren. Dicke Bücher, kunstvolle Drucke zu edieren lag seit langem nicht mehr im Sinn der Tegernseer Mönche und ihrer sonst recht tüchtigen Prälaten. Vielleicht kam Petrus von Guetrather schon in den Jahren, da er noch Prior war, auf den Gedanken, die unter Abt Quirin II. Rest so bedeutende Offizin zu neuem Leben zu erwecken. Für das Jahr 1709 sollte sie im Auftrag der Baierischen Benediktiner-Kongregation deren „Directorium Officii Divini“, die Anweisungen zum Gottesdienst in Chor und Kirche, fertigstellen. Guetrather hatte die Arbeiten hierfür zu übernehmen und für das rechtzeitige Erscheinen des kalenderähnlichen Heftchens zu sorgen. Vielleicht kam dem klugen, alles bedenkenden Prior bei dieser Tätigkeit der Wunsch, die starke Wirkkraft des gedruckten Wortes in die Welt hinein auch für das Tagewerk der Tegernseer Mönche besser als bisher zu nutzen. Einerseits empfahl es sich für den Künder und Lehrer des Gottesworts, für den Historiker und den Naturwissenschaftler hinter Klostermauern, sich des gedruckten Wortes zu bedienen. Ganz anders als das gesprochene vermag es viel mehr Leute zu erreichen, und zwar nicht nur einmal, sondern stets von neuem wieder. Es hält schwarz auf weiß und für immer fest, was man für andere auf dem Herzen und der Zunge hat. Andererseits konnten Mönche, die nicht selber schrieben, durch ihre Fertigkeiten in der Druckerei den kulturellen Aufgaben und Zielen, die Tegernsee seit alters hatte, auf ihre Weise dienlich sein. Wenn es heute heißt: „Wer einmal Druckerschwärze gerochen hat, kommt nicht mehr von ihr los", so galt das auch für Petrus von Guetrather und für die Tegernseer Mönche seiner Zeit.

Schon als Prior hatte er mehrere kleinere liturgische Arbeiten in Tegernsee zum Druck gebracht. 1711 war es ein Anhang zu einem Martyrologium (Heiligenverzeichnis) der Baierischen Benediktiner-Kongregation, dem 1714 Ergänzungen zum Benediktiner-Missale und dazu die Eigenmessen in den baierischen Benediktinerklöstern folgten.

Petrus von Guetrather ging schon bald nach seiner Wahl im Jahre 1715 zum Abt an die Restauration der Klosterdruckerei von Tegernsee, bald fand er, wie er oftmals selber sagte, „nach dem Gottesdienst an nichts eine größere Freude als an ihr". Zwischen 1717 und 1725 wurden vom Schriftgießer Andreas Köhler in Nürnberg für 850 fl 13 kr neue Schrifttypen bezogen. Der Nürnberger Konrad Maurer erhielt 1725 „vor die geschnittenen Buchstaben und Ziratten" 56 fl 21 kr ausbezahlt. An Albert Baumann waren für „Chornoten" 105 fl 18½ kr zu begleichen. 1719 erstand man eine neue Presse. Der Papierbedarf der Druckerei zwischen 1717 und dem Tod des Abtes wurde durch die Papiermühle Ignaz Mayer in Harlaching und durch den Münchner Drucker Riedl gedeckt und erforderte in dieser Zeit 606 fl 46 kr. Alles in allem beliefen sich die Ausgaben Abt Guetrathers für seine Druckerei auf 1962 fl 57 kr. Das war mehr als das, was einstens Abt Quirin II. Rest für die Tegernseer Offizin in ihren Gründungsjahren an barem Gelde aufgewendet hatte. Bemerkenswert und für des Abtes Geschick in wirtschaftlichen Fragen bezeichnend ist, daß alle Auslagen „ex Fundo et Deposito der buchdruckherey" bestritten werden konnten. Man diente also der Außenwelt nicht nur, sondern verdiente auch an ihr, wenn auch in bescheidnen Grenzen.

In den ersten Jahren der neuerstandenen Tegernseer Klosterdruckerei erschienen vor allem Werke, die klösterlichen Bedürfnissen entsprachen und liturgischen Zwecken dienten. So wurden 1719 in tausend Exemplaren die Konstitutionen der Baierischen Benediktiner-Kongregation in Tegernsee gedruckt, eine Arbeit, deren „schönheit und accurate impression" viel bewundert wurde, so kam 1720 der „Candidatus benedictinus", eine 245 Seiten starke Anweisung für achttägige Exerzitien eines Ordensanwärters vor seiner Einkleidung heraus. Im gleichen Jahr wurden in Tegernsee drei Schriften des Salzburger Benediktiners Rupert Presinger zum Druck gebracht. Sie behandelten das Thema Ordensmann und Priester, sprachen vom Novizenmeister in seinen Aufgaben und Pflichten und stellten über die Beweggründe und Voraussetzungen für den Entschluß zum Ordensleben im Geist und nach der Regel des hl. Benedikt zeitbedingte Überlegungen an. Abt Dominikus Dierling von St. Mang in Füssen (1714-1738) ließ 1721 in Tegernsee ein Lebensbild des hl. Magnus herstellen, das P. Ludwig Babenstuber aus Ettal zum Verfasser hatte. Der Druck kam ihm auf 76 fl bei einer Auflage von 650 Exemplaren. Außerdem lieferte die Klosterdruckerei 100 Stück des Offiziums des Allgäuer Schutzpatrons St. Mang und 600 Litaneien zu seiner Ehre nach Füssen im heute bayerischen Schwaben.

Eine ganz besonders gute Leistung bot die Tegernseer Offizin im gleichen Jahre 1721 im Druck der „Officia Nova“. Der Band enthielt die Psalmen- und Gebetsordnung des Benediktiner-Breviers in Schwarz- und Rotdruck, ausgestattet mit Noten zum Choralgesang. Weitere liturgische und monastische Bücher zum täglichen Hausgebrauch des Mönchs folgten diesem ersten prachtvollen Werk, das allenthalben nur Anerkennung fand.

So sehr war die Druckerei des Klosters Tegernsee schon bald beschäftigt, daß dem Abt Placidus Mayrhauser von St. Peter in Salzburg (1704-1741) geschrieben werden mußte, er möge sich mit seinen Wünschen noch ein Jahr gedulden, „indeme solches gleich vorzunemen wegen yberheuffter arbeith unmöglich sei“.

Meister in der Druckerei des Abtes Petrus war der Laienbruder Ellinger Berghold († 1732). Der aus Schwäbisch-Hall Stammende wurde lutherisch erzogen, trat aber in jungen Jahren schon zur katholischen Kirche über, um darauf in Tegernsee um Aufnahme zu bitten. Er war 30 Jahre alt, als er 1720 dort Profeß ablegte. Schon in der Welt Buchdrucker, zeigte er auch im Kloster „viel Umsicht und Geschick“ in seiner Kunst. Ein 1723 unter seiner Leitung gedrucktes Buch mit den Consistorialreden des Papstes Clemens XI. (1700-1721) fiel vortrefflich aus und erregte bei Abt Gottfried Bessel von Göttweig († 1749), dem geschätzten Berater Kaiser Karls VI., dem Rektor der Universität Wien und gelehrten Historiker, so viel Gefallen, daß er sich entschloß, sein „Chronicon Gotwicense“, ein grundlegendes Geschichtswerk, in Tegernsee in Druck zu geben. Das war Abt Guetrather hochwillkommen. Auf die erste Anfrage aus Göttweig Ende 1724 schrieb er allsogleich zurück: „Geraichet mir zu sondern Freud, vnnd Ehr, daß Eur Hochwürd dero Vorhabent hochschazbahres Werckh meiner Buchdruckherey anuerthrawen wollen vnnd alhier in die preß zu geben gedenckhen."

So groß die Freude des Tegernseer Abtes über den Auftrag aus Göttweig war, so schwer wurde es, ihn auch auszuführen. Dachten Abt Gottfried Bessel wie Abt Petrus das ursprünglich auf drei Foliobände berechnete Werk in einem Jahre zu vollenden, so täuschten sie sich beide. Es genügte nicht, daß Tegernsee 176 fl 48 kr für weitere, darunter griechische, Schriftzeichen ausgab, daß genaue Kostenvoranschläge vorgelegt und angenommen, dazu mit dem „Papierer" Ignaz Mayer in Harlaching die genauesten Liefertermine vertraglich vereinbart wurden. Einmal behinderte dies, einmal etwas anderes den Beginn des Druckes und seinen Fortgang. Schließlich zog sich die Vollendung des ersten 440 Seiten starken Foliobandes jahrelang hinaus. Kaum hatten die ersten Druckbogen die Presse in Tegernsee verlassen, schied Abt Petrus von Guetrather aus dem Leben. Auch der Tod Kurfürst Max Emanuels am 26. Februar 1726 verzögerte die Arbeiten des Klosters, da der Papiermacher in Harlaching kurfürstlicher Hoflieferant und damit in seinen Geschäften vom Regentenhause und dessen Bedürfnissen abhängig war. Dann wollte wieder eine beim Schriftgießer in Nürnberg bestellte Kursivschrift in Monaten nicht kommen. Schließlich war Abt Gottfried so mit anderweitigen Arbeiten befaßt, daß er mit der Lieferung des Manuskriptes in Verzug geriet. Die größten Schwierigkeiten erwuchsen dem Tegernseer Druck immer wieder aus dem Unvermögen des Papierfabrikanten Ignaz Mayer, die Termine seines Liefervertrages einzuhalten. Andere Papiermühlen kamen ernstlich nicht in Frage und konnten unmöglich in die Bresche springen, um die 200 Zentner Spezialpapier herzubringen, die das in einer Auflage von 1700 Stück hergestellte Chronicon Gotwicense erforderte. Es war wirklich nicht verwunderlich, daß dem sonst so vornehmen Abt Gottfried von Göttweig die Geduld auszugehen drohte und er in seinen Briefen von einem „verlogenen Papiermacher" und gar vom „Papiermachergesindel" sprach. Doch Ende gut, alles gut. Ende 1732 war der letzte Bogen ausgedruckt. Der Meister des Werkes, Br. Ellinger Berghold, freilich erlebte das nicht mehr. An „Hektik" war der erst 42jährige am 29. Mai im gleichen Jahr verstorben. Daß Gott des verdienstvollen Mannes „miehesamben Fleiß in den glickseligen Ewigkeit

Titelblatt des »Chronicon Gotwicense« von Abt Gottfried Bessel, eines der bedeutendsten Druckwerke des Klosters Tegernsee (1732).

CHRONICON GOTWICENSE,

SEU

ANNALES

LIBERI ET EXEMPTI MONASTERII

GOTWICENSIS,

ORDINIS S. BENEDICTI

INFERIORIS AUSTRIÆ,

Faciem AUSTRIÆ Antiquæ & mediæ
usque ad noſtra tempora,
Deinde
Ejusdem MONASTERII fundationem, Progreſſum, Statúmque hodiernum exhibens,
Ex Codicibus antiquis, Membranis & Inſtrumentis tum Domeſticis, tum extraneis depromptum:
Pro quorum faciliori intellectu
TOMUS PRODROMUS
De Codicibus antiquis Manuſcriptis,
De Imperatorum ac Regum Germaniæ Diplomatibus,
De Eorundem Palatiis, Villis & Curtibus Regiis, atque
De Germaniæ medii ævi Pagis
Præmittitur,

Et ea, quæ Cæſareorum, Regiorúmque Germaniæ Diplomatum antiquitatem, Materiam, Stylum, Scripturam, Monogrammata, Sigilla, Subſcriptiones, notásque Chronologicas, atque ad Palatiorum & Villarum Regiarum, Pagorúmque GERMANIÆ MEDIÆ ſitum pertinent, explicantur, & adjectis Speciminibus, tabulíſque æri inciſis illuſtrantur.

TOMUS I.

TYPIS MONASTERII TEGERNSEENSIS O. S. BENEDICTI, M.DCC.XXXII.

vergelten" möge, wünschte in Dankbarkeit nicht allein Abt Gottfried Bessel aus dem fernen Göttweig.

Es war keine Kleinigkeit, die 1700 Exemplare des Chronicon Gotwicense nach Göttweig zu verbringen. Am 1. April 1733 begann der Transport. Fünf Fuhrleute von Tegernsee, dazu einige Klosterbauern aus Gmund, Warngau und Riedheim übernahmen ihn bis Rosenheim. Von dort brachte der kurfürstliche Schiffsmeister Johann Caldera von Kraiburg die Folianten auf dem Wasserweg den Inn und die Donau hinunter nach Stein bei Krems, von wo sie wieder per Fuhrwerk an ihren Bestimmungsort gelangten. P. Columban Höchstetter († 1756), damals „Factor" der Tegernseer Klosterdruckerei, begleitete die Fracht. Am 18. April 1733 bestätigte ihm Abt Gottfried in Göttweig den Empfang. Damit war nach acht Jahren die Arbeit an dem bedeutendsten Druckwerk des Klosters Tegernsee beendet. Wie hoch dieses gewertet wurde, zeigte der evangelische Senat der freien Reichsstadt Nürnberg. Er ließ eine Denkmünze mit dem Bild des Göttweiger Abtes Gottfried prägen. Damit wollte er nicht nur den gelehrten Autor des Werkes, nicht bloß die hohe Leistung der Tegernseer klösterlichen Offizin, sondern gewiß auch die Kunstfertigkeit der Nürnberger Schriftengießer anerkennend ehren.

Wer nun den zweiten Band des Chronicon Gotwicense schon bald danach erwartete, wartete jahrelang darauf vergebens. Er lag erst im Jahre 1781 fertig vor, war von Abt Magnus Klein von Göttweig (1768-1783) erarbeitet und von Tegernsee gewissenhaft gedruckt. Schon 1766 hatte der bedeutende Göttweiger Prälat ein wertvolles Geschichtswerk, sein Urkundenbuch von Lorsch, in Tegernsee zum Druck gebracht.

Aber nicht allein historische Werke gingen aus der Tegernseer Klosterpresse hervor, auch nicht in erster Linie. Ihr Programm war reich gefächert. Es umfaßte den Druck liturgischer Folianten, wie es Missalien und Psalterien sind. Theologische, philosophische und pädagogische Bücher waren darunter, wie sie P. Engelbert Hörmann von Attl († 1754) schrieb oder der Tegernseer P. Godehard Wagner († 1738) in seiner auch von den Jesuiten sehr geschätzten Rhetorik Schülern zum Gebrauch vorlegte oder wie sie der Professor am Kommunstudium der Baierischen Benediktiner-Kongregation und Prior von Tegernsee Bernhard Gaigl († 1783) verfaßte. Es reichte von Gebets- und Wallfahrtsbüchlein bis zu Schuldramen für Polling, Freising, Salzburg und anderswo. Die Tegernseer Produktion enthielt eine Reihe von Dissertationen und wissenschaftlichen Abhandlungen, asketische Schriften, Ausgaben der Regel des hl. Benedikt in Latein und Deutsch, Fest-, aber auch Streitschriften und anderes mehr. P. Ferdinand Rosner von Ettal († 1778), der Verfasser eines heute so umstrittenen Textes zum Oberammergauer Passionsspiel, brachte seine poetischen Werke ebenso in Tegernsee heraus wie die späteren und letzten Äbte Johannes Damascenus von Klainmayern von Wessobrunn († 1810) und Martin Jelmiller von Scheyern († 1807) oder auch die Patres Placidus Scharl von Andechs († 1814) und Ägidius Jais von Benediktbeuern († 1822) ihre Reden zu Fest- und Trauertagen.

Außerdem wurde die Tegernseer Offizin immer mehr zur Druckerei für den Bedarf der Baierischen Benediktiner-Kongregation, die von ihr ihre jährlichen Direktorien und Mönchskataloge, Rituale und Caeremoniale, Statuten und so manches andere herstellen ließ. Das letzte, was die Tegernseer Druckerei verließ, war der letzte Katalog mit den Angehörigen der 19 Abteien der Baierischen Benediktiner-Kongregation, der 1802 erschien. Er ist heute eine bibliophile Rarität.

Zum Buchdruck gesellte sich in Tegernsee die Herstellung ungezählter Rechnungs- und anderer Formulare und Listen, die die Verwaltung des Klosters und der Tegernseer Herrschaft, der Klosterrichter, der Wald- und Jägermeister, der Kellermeister für Wein und Bier, die Werkstätten und die Fischerei, die Statthalter in Niederösterreich und Südtirol und viele private Kunden in Stadt und Land benötigten. Daß Tegernsee mit der Zeit und mit der Mode ging, zeigt, daß es 1772 für Monsigneur Wolz 600 „Visitenzedl" druckte. Visitenkarten waren damals eine Neuheit, die aus Frankreich kam.

Die Klosterdruckerei von Tegernsee beschäftigte neben dem Faktor, der stets ein Pater, und neben dem fachlich ausgebildeten Meister der Offizin, der immer ein Laienbruder des Klosters war, auch einige Mönche, mit der Zeit jedoch immer mehr weltliche Druckergesellen, Gehilfen und Aushilfskräfte. Nachfolger des tüchtigen Bruders Ellinger Berghold wurde Bruder Ellinger Krinner († 1773). Geboren in Tegernsee, leistete er schon Kinderarbeit in der Klosterdruckerei, um dann in München und anderswo zum Buchdrucker sich zu bilden. 1723 finden wir ihn wieder als Gesellen in der Tegernseer Heimat. Mit 37 Jahren legte er 1739 in Tegernsee Profeß ab, wo er dann weit über 30 Jahre ein würdiger Nachfolger Bruder Bergholds werden sollte. Die Totenrotel rühmt ihm nach, er sei in seiner Kunst ein „äußerst erfahrener Mann" gewesen, der zugleich allen mit demütiger Bescheidenheit begegnete und für den es keine höhere Ehre gab, als am Altare Dienst zu tun.

Sein Nachfolger, Bruder Laurentius Ruprecht, stammte ebenfalls vom Tegernsee. Seine Wiege stand in Egern, bei Bruder Ellinger Krinner lernte er die Schwarze Kunst. Seit 1769 Professe von Tegernsee, leitete er dessen Druckerei von 1773 bis zu seinem Tod im Jahre 1791. Der letzte Meister der klösterlichen Tegernseer Offizin hieß Ockarius Häringer. Er war zu Steyr in Oberösterreich daheim und verpflichtete sich im Jahre 1794 für immer, wie er glaubte, dem Klosterleben am Tegernsee. Doch kam es anders. Anmaßende Staatsgewalt brach 1803 auch seine Gott gegebenen Versprechen, nahm ihm seine Arbeit in der Klosterdruckerei, trieb ihn wieder in die Welt zurück. Mit 43 Jahren starb er 1814 in Tegernsee.

In der Zeit des Abtes Petrus von Guetrather und vor dem Beginn der Arbeit an dem Chronicon Gotwicense waren in der Tegernseer Druckerei vor allem klösterliche Kräfte tätig. Darum war es diesem Abte möglich, von 1717 bis zu seinem Tode 1725 nur ganze 122 fl 42 kr für Löhne zu benötigen. Ihre Empfänger waren außer dem Gesellen Toni Seel gelegentliche Hilfsarbeiter. Die Lehrbuben Gergl Hackerberger und der Ferber Seppi hatten durch ihrer Hände Arbeit Lehrgeld zu bezahlen und nicht, wie heute, Ausbildungsbeihilfen zu bekommen. Und doch „verkamen" diese jungen Leute bei nur freier Kost im Kloster nicht. Immer, wenn ein größerer Druck vollendet war, erhielten sie ein Trinkgeld, so 1723 der Toni 2 fl und der Gergl 1½ fl nach dem Abschluß eines liturgischen Werkes für St. Peter-Salzburg. Dazu konnte sich der Geselle Toni im gleichen Jahre über 25 fl für „das neue klaidt, Camisol und Hoßen" und der Lehrbub Gergl über 2 fl für „ain paar neue Strimpf und andre nothwendig[keiten]" freuen. Das Jahr darauf schenkte Abt Petrus den beiden 1½ fl „zur Faßtnacht" und 2 fl „zu einem Osterayr".

Zu den namentlich nicht bekannten Mönchen, die vor allem sich als Korrektoren in der Druckerei betätigten, und zu den bereits angeführten Gesellen und Lehrbuben seien Joseph Spitzer, Ignaz Sprenger, der „Trompeten-Joseph" und die beiden Liborius und Joseph Eggensteiner erwähnt. Beschäftigte die Tegernseer Klosterdruckerei 1727 drei weltliche Gesellen, so steigerte sich deren Zahl bis 1730 auf deren sechs. Bei freier Verpflegung und Logis bezogen 1731 von den vier Druckern der erste 50, der zweite 30, der dritte 18 und der letzte 13 Gulden jährlich. Nachtarbeit und Überstunden wurden eigens und nicht schlecht bezahlt. Mit barem Geld recht knapp entlohnt, waren die Tegernseer Setzer und Drucker jedoch recht gut daran, weil sie auch noch vom Kloster „gewandet" und mit Wäsche ausgestattet wurden. Sie waren gut versorgt, sonst wäre keinesfalls nicht bloß einer, sondern so mancher andere ebenfalls für Jahre in der Druckerei von Tegernsee als „Klosterknecht" geblieben.

Die Säkularisation von 1803 schloß auch die Klosterdruckerei von

Tegernsee. Eine Sammlung von allem, was aus ihr in Folio, Quart und Octav je hervorgegangen ist, stand in einer eigenen Abteilung der Klosterbibliothek. Diese „Tegernseer Druckdenkmäler vom Jahre 1577 bis auf gegenwärtige Zeiten" waren dem räuberischen Hofbibliotheksrat der kurfürstlichen Hofbibliothek Christoph von Aretin, wie er selber sagte, „sehr willkommen". Nicht weniger als 733 in der Tegernseer Offizin hergestellte Opera wanderten durch ihn in die baierische Hauptstadt. Dort erinnern sie in der Bayerischen Staatsbibliothek heute noch an eine monastische Arbeitsstätte, die einmal eines großen Tegernseer Abtes große Freude war und seiner Mönche Stolz.

Bauherr und einiges mehr

Nach dem Ableben des Abtes Petrus von Guetrather kurz vor Weihnachten 1725 wählten die Tegernseer Patres am 29. Januar 1726 *Gregor I. Plaichshirn* zum neuen Prälaten ihres Stiftes. Über 36 Jahre sollte er es sein, ein Glück für Tegernsee, ein Segen auch für die Baierische Benediktiner-Kongregation, deren Präses er lange Jahre war.

Gregor Plaichshirn wurde am 5. September 1685 in Dorfen geboren und ging aus einer Gastwirtsfamilie mit mehreren Kindern hervor, deren jüngstes er gewesen ist. Seine Studienjahre verbrachte er zunächst in Landshut, später dann in Freising. Hier war P. Wolfgang Rinswerger von Tegernsee, der spätere Abt von Michelfeld, einer seiner Lehrer. Durch ihn fand er nach Tegernsee. Am 11. November 1703 legte er Profeß ab, um darauf im Kommunstudium der Baierischen Benediktiner-Kongregation Philosophie und Theologie zu studieren. Zum Abschluß seiner Studien verteidigte er unter dem Vorsitz seines Lehrers P. Petrus von Guetrather in einer akademischen Disputation mehrere theologische Thesen so erfolgreich und geschickt, daß sein Weg zum Katheder selbstverständlich schien. Nach seiner Primiz am 18. Oktober 1711 wirkte P. Gregor zunächst daheim, von 1715/16 dann am Kommunstudium der baierischen Benediktinerkleriker in Oberaltaich als Professor der Philosophie, schließlich als solcher der Theologie von 1716 bis zum Jahre 1725. Kaum ein Jahr wieder in Tegernsee, sah er sich zum Abt erwählt. Unter Assistenz der Äbte Ildephons Huber von Weihenstephan (1705-1749) und Magnus Pachinger von Benediktbeuern (1707-1742) erhielt er am 27. Februar 1726 durch Fürstbischof Eckher von Kapfing (1695-1727) im Freisinger Dom die Konsekration zum Abt. Zur weltlichen Feier am Weihetag gratulierte das Benediktinerlyzeum der Bischofstadt mit einem Festspiel aus der uralten Göttersage Griechenlands.

Die Tätigkeit des neuen Abtes war durch seine Vorgänger in manchen Dingen vorgegeben und bestimmt. Er hatte zu vollenden, was durch sie begonnen und weitergeführt worden war. So wurde er einerseits ebenfalls ein Tegernseer Bauabt, andererseits galt es fur ihn, die Tradition des Hauses, vor allem seine monastischen Gewohnheiten zu wahren und zu festigen sowie seine kulturellen und seelsorgerlichen Aufgaben getreulich zu erfüllen. Wie kein zweiter war Abt Gregor I. seinem Amt gewachsen.

Als Bauherr ließ er es sich angelegen sein, nicht nur von seinen

Vorgängern Begonnenes zu beenden, sondern auch Neues zu beginnen. Zunächst berief er den kurfürstlichen Architekten Baptist Gunetzrhainer zum Bauleiter und Johann Baptist Zimmermann von Wessobrunn als Stukkator nach Tegernsee. Er selber übernahm die Aufsicht über die Bauhandwerker und ihre richtige Entlohnung. Seit 16 Jahren oblag dieses Geschäft dem klösterlichen Waldmeister und Jagdinspektor P. Chrysogonus Daisenberger († 1745). Daß dem naturverbundenen Pater für eine solche Tätigkeit und für sein Tun und Unterlassen in Wald und Flur der Name „Der gute Mann von Tegernsee" vom Volk gegeben wurde, mochte für ihn ehrend und bezeichnend sein, doch aber auch besagen, daß seine Güte keine Grenzen kannte. Und das zum Schaden der Tegernseer Klosterkasse.

Abt Gregor I. beendete zunächst den Südtrakt seines Klosters mit der Konventküche und den Räumen für den Küchenmeister, mit dem feuersicheren Archiv sowie den Krankenzimmern samt eigener Kapelle im Erdgeschoß und mit den Zellen der Kleriker im oberen Stock. In dieser Zeit arbeitete Johann Baptist Zimmermann († 1758) an der Stukkierung und der Münchner Maler Hans Degler († 1729), Vater des frühvollendeten Tegernseer Klerikers Frater Nonnos Degler († 1725), an den Bildern des Refektoriums, während Melchior Bucher aus Ingolstadt im Rekreationssaal das Deckenfresko schuf und Niklas Lichtenfurtner von Freising und seine Gehilfen Thomas und Wolfgang Gläßl den schmükkenden Stuck in diesem Raum besorgten.

Was alles an Stuck im Refektorium von J. B. Zimmermann vorgesehen war, sagt uns heute noch der Vertrag vom 12. April 1728 zwischen dem Abt von Tegernsee und dem Münchner Stukkator aus Wessobrunn. Es ist da die Rede von viel kunstvollem Laubwerk um die Gemälde an der Decke, von Gesimsen und Profilen, von Dekorationen um die Fenster und an den Türen. Die Leistungen Zimmermanns und seiner von ihm zu entlohnenden Gesellen und die Verpflichtungen des Klosters, Hilfskräfte und weiteres zu stellen, sind genau festgelegt. Auch der benötigte Bedarf an „Gibs, Kalch, Sandt, Nagl, Dradt, Eisen" und anderes ging zu Lasten Tegernsees. Dazu sollten den Gesellen Zimmermanns neben der üblichen „Klosterdienerkost" täglich „zway Mass Pier", dem „Pällier" (Polier) „aber drey Mass gnädig" zugestanden sein. Als Honorar für alle Mühe erhielt der Meister selber 400 Gulden, nicht mehr und auch nicht weniger.

Das mit einem Boden aus Tegernseer Marmor ausgestattete, durch einen Marmorbrunnen mit fließendem Wasser verschönerte Refektorium erhielt seine Weihe am 10. April 1732. Am folgenden Gründonnerstag wurde es zum erstenmal genutzt.

Von der Ausstattung des Refektoriums ist heute nichts mehr übrig, da es die protestantische Königin Karoline von Baiern († 1841) nach dem Kauf des säkularisierten Klosters durch König Max I. Joseph zu einem evangelischen Betsaal umgestaltete und dabei die Fresken Deglers übertünchen und die Stukkaturen Zimmermanns abschlagen ließ. Welch ungeheuerlicher Barbarismus nach unsern heutigen Begriffen.

Als alle Arbeiten im Südtrakt des Klosters mit dem Refektorium und dem darüber gelegenen Rekreationssaal im Jahre 1732 abgeschlossen waren, folgten bauliche Erneuerungen im „neuen Maierhaus", das wohl auf der Nordseite des Klosters und bei dessen Kuh- und Ochsenställen sich befand. 1732 wurde die Druckerei Tegernsees in die früheren Vorratsräume des alten Refektoriums verlegt, ihr bisheriger, sehr beengender Werkraum aber abgebrochen. 1736 begannen umfangreiche Reparaturen in der Klostermühle, die Umbauten bedingten und bis 1740 ein modernes Eisenwerk bescherten, das aus Nürnberg kam. Ebenfalls im Jahre 1736 legte Abt Gregor I. am 25. Mai den Grundstein zu einem neuen Abteistock Tegernsees, um damit den letzten Teil des „welschen" Klosterplanes aus dem Jahre 1678 auszuführen. Er sollte 1746 zur Feier des 1000jährigen Jubiläums der Abtei nach einer Bauzeit von fast 70 Jahren verwirklicht sein. So plante es der Abt, so geschah es auch.

Kaum war dieses Jubiläum in die Geschichte eingegangen, war die Klosterkirche von Tegernsee wiederum zur Baustelle geworden. Abt Gregor I. fügte dem Gotteshaus zwei Seitenkapellen an. Die eine weihte er dem Klosterpatron St. Quirin, die andere dem Ordensvater St. Benedikt von Nursia. Beide Kapellen erhielten einen vorzüglichen golddurchwirkten Stuck mit Putten und reichem Rankenwerk, wie es dem Rokoko zu eigen war. Ihre guten Altäre aus Stuckmarmor zeigen keine Tafelbilder. Statt mit solchen wurde der Benediktusaltar mit einer Silberbüste geschmückt, der Quirinusaltar dagegen mit einem Reliquiar ausgestattet, das das Haupt, die Hände und andere Reliquien des Tegernseer Hausheiligen in sich birgt. Johann Baptist Straub († 1784) steuerte zum Quirinusaltar beachtliche Statuen der Heiligen Agatha und Florian bei, zu dem St. Benedikts Figuren der Heiligen Rochus und Sebastian. 1748 erstrahlten die Kapellen in ihrem ersten Glanz.

Auch außerhalb des unmittelbaren Klosterbereichs, in der näheren Umgebung Tegernsees und im fernen Niederösterreich wie in Südtirol, hinterließ Abt Plaichshirn seine Spuren. Um 1730 erweiterte er die

Schloß Achleiten in der Wachau.

Tegernseer Pfarrkirche zu Großhartpenning bei Holzkirchen um eine St. Johann Nepomuk geweihte Kapelle. Im Klostergut Kaltenbrunn am Nordende des Tegernsees entstanden Zimmer für den Sommeraufenthalt der Patres und eine Hauskapelle für sie. Schon am 21. Juni 1728 hatte Abt Gregor den Grundstein zu einem Neubau des Tegernsee gehörenden Schlosses Achleiten bei Strengberg in Niederösterreich gelegt, zu dem von Johann Baptist Gunetzrhainer die Pläne entworfen worden waren. Recht schnell verflog die Freude des Abtes wohl an jenem Tag, als er bemerken mußte, daß er während einer Huldigung des Volkes ein Brustkreuz, einen Ring, Habit und Mantel aus seinem Gepäck diebischen Fingern hatte überlassen müssen. 1734 stiftete er in die Schloßkapelle von Achleiten einen Nikolausaltar, der freilich unter den späteren Besitzern des Schlosses, den Baronen von Blomberg, zu verschwinden hatte, weil diese die Kapelle profanierten und eine Küche aus ihr machten. Die Speisen für den Leib waren diesen Herren von Adel wohl wichtiger als das Brot der Seele.

Wie in Niederösterreich suchte Abt Gregor I. auch in Südtirol die Weingüter seines Klosters so rentierlich zu machen, wie es nur immer möglich war. Er kaufte 1726 und 1727 zum bisherigen Besitz Tegernsees in Oberplanitzing weitere Weinberge, die nach ihm den Namen „Gregoriusgüter" erhielten und Südtiroler Spitzenweine erzeugten, die mit den Wachauer Weinen Tegernsees ihre Käufer selbst in Rußland noch und in Schweden fanden. Der Thannerhof in Lana bei Meran, der Marolter Hof zu Kaltern und der Tegernseer Hof in Oberplanitzing umfaßten schließlich zusammen 18,2 Hektar Rebfläche. Diese erbrachten bis zu 661 baierische Eimer, das sind 423 Hektoliter Wein im Jahr.

Wer nun vermuten wollte, Abt Gregor I. hätte zu viel Interesse für seine Bauten gehabt, zu wenig aber getan für sein und seiner Mönche inneres Leben, der täuschte sich sehr gründlich. Als Kind seiner Zeit äußerem Gepränge durchaus zugetan und offen, war er ein tief frommer Abt, ein inniger Marienverehrer, der das tägliche Rosenkranzgebet nie unterließ, der stets einen Bußgürtel am Leibe trug. Von seinen Mitbrüdern verlangte er viel in der Erfüllung ihrer Pflichten in Gebet und Arbeit. Dem Kirchenvolk schenkte er 1727 die St. Quirinusbruderschaft und vom nächsten Jahre an die Aufführungen von Passions- und anderen geistlichen Spielen in der Klosterkirche. Er war anerkannte und geschätzte Autorität in seinem Kloster und bei seinen Untertanen rings um den Tegernsee, bald auch in der Baierischen Benediktiner-Kongregation, die ihn viermal hintereinander zu ihrem Präses wählte. Ihren Äbten galt sein Wort „wie ein himmlisches Orakel". Und das hieß viel. In der Sorge um die Seelen seiner Patres sah er darauf, so gut es immer gehen mochte, sie im Kloster selber zu beschäftigen, sei es in der Verwaltung oder in der Druckerei, sei es als Betreuer der Sängerknaben oder als Seelsorger in Tegernsee und Egern, sei es in der Bibliothek und im Archiv, in der Landwirtschaft oder in den klösterlichen Wäldern.

Als ehemaliger Professor am Kommunstudium der Baierischen Benediktiner-Kongregation konnte es sich Abt Gregor freilich nicht versagen, seine Patres dort wie auch am fürstbischöflichen Benediktiner-Lyzeum zu Freising und an der Benediktiner-Universität Salzburg mit ihrem Gymnasium zu belassen oder durch andere zu ersetzen. So wirkten während seiner Regierungszeit als Professoren am Kommunstudium in Rott am Inn P. Dr. Rupert Wilhelmseder († 1785) für Philosophie, P. Bernhard Gaigl († 1783) ebenfalls zu Rott für Kirchenrecht, später dann in Scheyern für Dogmatik, ferner P. Marian Pruggberger († 1770), der über die Orakel der Heiden schrieb, um sie in die Regionen des Betruges zu verweisen. Lehrer am Gymnasium in Salzburg war der „ausgezeichnete Comicus und Prediger" P. Benedikt Frank († 1738). Dort und darauf am Lyzeum Freising wirkte P. Dr. Ämilian Dratzieher († 1754) als Lehrer. Ebenfalls in Freising unterrichteten P. Anselm

Marschall († 1780) und P. Augustin Mayr († 1762), der sehr beliebt bei seinen Schülern war, später dann P. Dr. Michael Lory († 1808), der künftige langjährige Universitätsprofessor in Salzburg für Philosophie und Mathematik, für Dogmatik, Moral und Exegese, und schließlich P. Heinrich Braun († 1792), der spätere Kanonikus an der Münchner Frauenkirche und bedeutende Schulreformer Baierns.

Von den Bibliothekaren in Tegernsee seien der Münchner P. Cajetan Schellkopf († 1756) und der Chronist P. Dr. Virgil Wilhelmseder († 1790) aus Salzburg, von den Archivaren P. Columban Höchstetter von Schwaz († 1756) genannt. Gleich Benediktbeuern und Ettal in Tegernsee eine größere Schule zu unterhalten, konnte Abt Gregor Plaichshirn sich nicht entschließen. So bewahrte er seinen Klosterhöfen eine große Stille, dem ganzen Hause beseligende Ruhe. Das Schreien und das Keifen vieler Buben und auch von Mädchen wie zu unserer Zeit in Metten, St. Stephan-Augsburg, in Ettal und in Schäftlarn blieb Tegernsee damals noch erspart. Wie eine Insel der Seligen konnte es dem Außenstehenden erscheinen.

Das große Fest

Barock und Rokoko hielten viel vom Glanz nach außen, von Repräsentation im Leben ihrer Großen, von deren Ruhm und Achtung unter und bei Ihresgleichen. Auch der Prälat von Tegernsee hatte bei all seiner monastischen Regularität und persönlichen Frömmigkeit Prälat zu sein und die Ehre seines Hauses auch nach außen hin zu wahren und zu mehren. Darum war es für ihn nicht etwa Eitelkeit und falscher Ehrgeiz, den Titel eines Primas der Äbte Baierns zu beanspruchen und den Vorrang vor allen Äbten und Pröpsten bei Hof und in der Gesellschaft zu verlangen. Den Streit mit Niederaltaich, das diesen Titel für den Prälaten seines Klosters gleichfalls forderte, glaubte der baierische Kurfürst Karl Albrecht, der spätere Kaiser Karl VII. († 1745), mit seinem Erlaß vom 4. Juni 1727 zu beenden. Er sprach dem Abt von Tegernsee den Titel Primas der baierischen Äbte zu. Damit gab sich Niederaltaich keineswegs zufrieden. Noch im Jahre 1766 druckte die Tegernseer Offizin eine „Gründliche Gegenabhandlung wider die Abhandlung so das Löbliche Kloster Niederaltaich unter dem Titul Facti Species in Causa des Klosters Niederaltaich wider das Kloster Tegernsee in Puncto Primatus ans Licht gegeben". Nicht genug damit, erschien 1767 in Tegernsee zusätzlich die Streitschrift „Kurtze und standhafte Rettung der Tegernseeischen Vorrechten und des darauf gegründeten Primats unter den Baierischen Äbten gegen die Niederaltaichische so genannte Unumstößliche Gründe". Keine vierzig Jahre später konnte der letzte Abt von Tegernsee als ausgerechnet nach Niederaltaich verbannter Primas der baierischen Äbte über den Wert und Unwert eines Titels sinnen. Auch einen Abt von Niederaltaich gab es nicht mehr.

Bevor 1746 das 1000jährige Jubiläum des Klosters Tegernsee gefeiert werden konnte, ging der Österreichisch-Böhmische Erbfolgekrieg durchs baierische Land. Kurfürst Karl Albrecht von Baiern hatte sich nach dem Tode Kaiser Karls VI. († 1740) berechtigt gefühlt, die Hand nach der deutschen Kaiserkrone auszustrecken. Maria Theresia von Österreich († 1780) machte sie ihm streitig. Zunächst vom Kriegsglück begünstigt, drang der Kurfürst mit seinen französischen Verbündeten bis nach St. Pölten vor, wobei er auch das Tegernseer neugebaute Schloß Achleiten besuchte. Statt aber nach Wien weiterzumarschieren, wandte er sich nach Prag. Er ließ sich dort als König der Böhmen huldigen, um darauf zum Kaiser gewählt und am 12. Februar 1742 in Frankfurt gekrönt zu werden.

Zwei Tage später zogen Maria Theresias Truppen siegreich in München ein. Was in jener Zeit von Trenck und seinen Panduren in Baiern auf dem flachen Land an Schandtaten verübt wurde, war nicht besser als das, was entmenschte Soldateska im Dreißigjährigen Krieg angerichtet hatte. Raub und Schändung, Feuer und Brand, Mord und Totschlag forderten ungezählte Opfer im baierischen Land.

Das Tegernseer Tal blieb einigermaßen verschont von übergroßem Leid. Das Kloster selber mußte einmal 3000 fl Buße für einen Überfall von Bauern auf die Bagage des österreichischen Generals Herberstein berappen, litt immer wieder schwer unter Einquartierungen von Soldaten und deren Anhang und unter Besuchen räuberischer Elemente. So holten sich am 15. Oktober 1744 etwa 20 Reiter in der Klosterküche die dampfenden Suppentöpfe vom Herd und dazu manch anderes zum Essen und zum Trinken aus den Kellern. Auf nicht weniger als 100 000 fl bezifferte Abt Gregor den Schaden, den das Kloster Tegernsee selbst und seine Güter, nicht zuletzt in Niederösterreich, auf sich zu nehmen hatten. Auch die Untertanen der Abtei trugen schwer am Krieg und an seinen Folgen. Der Öttl von Weissach meinte: „Anno 1744 in denen Kriegszeiten hat man so viel Anlagen [Steuern] geben müssen samt den Quartier und Quartiergeld, daß man meinen kunnte, wie es möglich wäre, daß mans geben kunnte, daß man in dem Märzen und April vom Hof 50 Gulden samt andern Kriegsmitteln hat hergeben müssen."

Trotz alledem rüstete Abt Gregor I. auf das bevorstehende große Jubiläum seines Klosters. Neue, kostbare Paramente für den Gottesdienst wurden beschafft, die Sakristei gründlich restauriert. P. Castorius Zeitler († 1758) schrieb an seiner Festschrift „Mille anni ante oculos oder Tausend Jahr des Uralten und Befreyten Gotts-Hauß Tegernsee", und P. Nonnos Pämer († 1772) arbeitete an seinem in lateinischen Versen abgefaßten, 132 Folioseiten starken Jubiläumsband „Redivivus e funere Phoenix seu series et gesta Illustrissimorum ac Reverendissimorum Principum ac Abbatum Tegernseensium ab anno 746-1746" mit dem Porträt Abt Gregors I. und einer etwas phantasievollen Ansicht von Tegernsee.

Das tausendjährige Jubiläum Tegernsees wurde im Oktober 1746 drei Tage lang gefeiert. Abt Gregor leitete es mit einer feierlichen Vesper unter Assistenz eines Presbyter Assistens im Rauchmantel, mit vier Leviten in der Dalmatica und einer Vielzahl von Ministranten und Fackelträgern am 15. Oktober ein. Spät abends noch kam als Vertreter des Diözesanbischofs, des Kardinals Johannes Theodor von Baiern, Weihbischof

Johannes Ferdinand von Boedigkeim von Freising mit den Domherren Max Franziskus von Fraunhofen und Christoph Franz Ignaz Eckher von Kapfing im Kloster an. Tags darauf hielt P. Cölestin Spaiser von Benediktbeuern die erste, recht lange Festpredigt zum Jubiläum. Ihr folgte das Pontifikalamt des Weihbischofs bei beängstigend viel Andächtigen aus nah und fern im Tegernseer Münster. Zu diesem hochfeierlichen Gottesdienst wurde eine „Messe mit Pauken und Trompeten" des Tegernseer P. Leonhard Trautsch uraufgeführt. Den Schluß des bischöflichen Hochamtes bildete ein vom gleichen klösterlichen Komponisten vertontes vielstimmiges Te Deum. Während der Weihbischof zur Jubelmesse am Hochaltar stand, brachten die beiden Domherren aus Freising zu gleicher Zeit wie er am Marien- und Schutzengelaltar, Patres von Tegernsee an allen übrigen Altären der Klosterkirche das Meßopfer dar, ein Greuel für heutige Liturgen, doch zur großen Freude damals für das fromme Kirchenvolk. Das war auch Konzelebration, doch eine andere wie die von heute. Für diese hätte man in der Zeit des Rokoko recht wenig Verständnis aufgebracht. Nur zu oft dabei zur Schau getragenes Pathos, dazu unverständliches Gemurmel in der Landessprache von vielen an einem einzigen Altar wäre zuwenig gewesen, um in barocken Christen Andacht zu erwecken.

Zum Mittagsmahl im Kloster gab es Tafelmusik. Nach der Vesper, die der Prior hielt, wurde ein Festspiel von P. Castorius Zeitler († 1758) mit Szenen aus der Geschichte von Tegernsee aufgeführt und mit recht viel Beifall aufgenommen. So endete der erste Jubiläumstag. Am zweiten predigte der Chorherr Paulus Celari aus dem Augustiner-Chorherrnstift Weyarn, worauf dessen Propst Patricius Zwick (1731-1753) ein Pontifikalamt hielt. Die Festpredigt des dritten Jubeltages bestritt der Augustiner-Chorherr von Dietramszell Petrus Solus zum Pontifikalamt seines Propstes Dietram Hypper (1727-1754). Um den Zustrom zum klösterlichen Jubiläum meistern zu können, bat der Abt die Gemeinden Tölz, Schliersee, Holzkirchen und Miesbach, am ersten Tag mit Kreuz und Fahnen nach Tegernsee zu kommen, die Gemeinden Reichersbeuern, Hartpenning, Wall und Warngau am nächsten und die Bevölkerung von Gmund, Waakirchen, Egern und Tegernsee schließlich dann am letzten einzutreffen.

Galt der erste Tag des Triduums dem Dank für alle Tegernsee von Gott verliehenen Gnaden seit der Gründung vor tausend Jahren bis zur Gegenwart, war der zweite dem Gedenken an die seligen Stifter Adalbert und Otkar und an die Wohltäter aus dem burgundisch-baierischen königlichen und herzoglichen Haus und an die toten und lebenden Gönner des Klosters geweiht, so gedachte man am letzten der toten und lebendigen Mitbrüder der Abtei und aller ihrer Untertanen im Land rings um den Tegernsee in Zeit und Ewigkeit.

Es ist überliefert, daß während des Pontifikalamtes des Freisinger Weihbischofs 4800 Kommunikanten den Leib des Herrn empfingen. Von Mitternacht an völlig nüchtern und meist von weither kommend, hatten sich sehr viele auf den Weg gemacht, um erst in Tegernsee zu beichten. Nüchtern warteten sie stundenlang an den Beichtstühlen der Klosterkirche. Denn bequeme „Bußandachten" wie in unseren Tagen waren unbekannt. Das Bußsakrament zu empfangen bedeutete für jene Christen wirklich eine Buße, das Sakrament zu spenden nicht weniger, mußte der Beichtvater doch damals von früh morgens an bis in die Mittagsstunden „im Holz" des Beichtstuhles verbringen. Daß die Zeit des Barocks und Rokokos es recht ernst mit dem Beichten genommen hat, zeigt die „Instructio Parochi" des Pfarrers von Markdorf im Linzgau, Johann Georg Spengler, die 1731 in erster, 1749 in fünfter Auflage zu Augsburg erschien und auch in Tegernsee bekannt gewesen ist. Sie enthält einen ausführlichen Beichtspiegel, der einen allgemeinen Teil enthält und dazu einen besonderen für einzelne Stände und Berufsgruppen mit ihren speziellen Sünden und Vergehen. Da seine Erwägungen nicht uninteressant sind, sei auf sie etwas näher eingegangen.

Da gab es Sünden wie „Zauberer um Rat fragen; auf die Träum halten; den Letzten Willen Verstorbener nit vollziehen; sich dem Teufel ergeben, seine Hülff vorsetzlich begehren". Auch „den Zehenden [Zehnten] nicht oder nicht völlig reichen", was Steuerhinterziehung bedeutete, und „den Eltern nach Vermögen nit helffen; ihren Todt begehren; sich ihrer schamen; Arme und Alte verachten" war schwer sündhaft. Bezeichnend für die Zeit des 18. Jahrhunderts ist die Sünde „dem Feind Waffen wider die Catholische verkauffen". Daneben galt als recht schlimm „heimliche Sünd offenbaren; in anderer Unglück sich freuen" oder „in ihrem Glück trauren". Im sechsten Gebot waren nicht nur Ehebruch und Schändung schwere Verbrechen, sondern auch „andere zur Geilheit anreitzen; sich selbst anstreichen, salben und andere dardurch zur Sünd bringen; freche oder gar zu zarte Kleider antragen; Liebtrunck eingeben" großes Unrecht. Als weitere Sünden werden unter anderem genannt: „rechtes Gewicht, Maaß, Ehlen [Ellen] nicht geben; dem Bettel nachgehen, da er sich mit seiner Arbeit ehrlich kunte ernähren; Übermarcken, -ackeren, -mähen, -pfählen" in fremde Grundstücke hinein. In ein weiteres Gebot fiel: „Anderer guten Leumund nicht beschützen; verpetschierte Brieff öffnen; Böses gut und Gutes bös heißen".

Auch so manche Verfehlungen gegen die „Sieben Todtsünden", von denen heute kaum noch einer etwas weiß, zählt Pfarrer Spengler in seinen Erwägungen auf. Darunter war: „Zu großes Wohlgefallen in Kleidern, Haaren und dergleichen haben; Gutes aus Gleißnerey verrichten; die Zeit vor dem Spiegel verzehren; Gottes und seines eygenen Heyls wegen des Zeitlichen vergessen; den Dürfftigen nit helffen; die Kinder aus Geitz in Clöster schwätzen oder nöthigen; im Essen und Trincken gar zu zehrlich [gefräßig] seyn; dem Müßiggang, Schlaffen, Spihlen, Faulenzen, Spatzieren etc. zu vil nachgehen". Unter die „Fremden Sünden", die längst nicht mehr zu existieren scheinen, wurde gerechnet: „Wissentlich zur Sünd rathen; zum Bösen zwingen; Aergernus von sich aus eigner Schuld geben; lasterhaffte Leuth, als Ketzer, Rauber, Mörder, Dieb, etc. beherbergen; die Justitz verhindern".

„Etwelche sonderbahre [besondere] Erforschungen des Gewissens für unterschiedliche Ständ" waren dem Beichtspiegel angeschlossen „für Obrigkeiten, Herrschafften, Richter und Amt-Leuth", ferner „für Haupt-Leuth, Befehlshaber und gemeine Knecht", dann „für Eheleuth", weiter „für Würth und Gastgeber" und „Bauren-Richter, Vögt, Pfleger und Amt-Leuth". Auch „für die Advocaten", dazu „für die Vormunder" und „für die Herren und Frauen" von Gesinde und Dienerschaften, endlich „für Dienstbotten" hatte die Instructio Parochi aus dem Jahre 1749 eigene, sie besonders betreffende Punkte.

Beicht- und Bußpraxis haben sich seit dem Barock und Rokoko recht sehr verändert. Nach Zeiten, die z. B. genau die Gewichtseinheiten anzugeben wußten, bei denen das Fastengebot noch nicht gebrochen war, haben sich in unseren Tagen ganz andere Vorstellungen von Recht und Unrecht durchgesetzt. Statt wie in anderen Dingen sich auf urchristliche Anfänge und Auffassungen zu besinnen, verfolgt man heute in Gewissensfragen eine weiche Linie. Vieles, was einstens für sehr sündhaft angesehen wurde, ist in unserer Zeit fast zu einem Kavaliersdelikt aufgewertet, wird als mehr oder weniger entschuldbare Charakterschwache betrachtet. Die Sprache Christi im Evangelium ist vielfach eine andere wie in unseren Tagen die mancher Verkünder seiner Lehre. „Ich aber sage euch . . .", ist dieses Wort des Herrn über die Heiligkeit der Ehe, ist sein Wort vom Mühlstein für Kindsverderber, ist das Wort vom Ewigen Feuer für einen Ausdruck des Hasses gegen den Nächsten heute nicht mehr genau so ernst zu nehmen wie einmal einst und früher?

Weitere Jubiläumstage

Das Kloster Tegernsee feierte 1746 drei Tage lang sein tausendjähriges Jubiläum. Bescheidener, doch ebenfalls drei Tage gedachte im September 1747 das nahe Egern des hundertjährigen Bestehens seiner Mutter-Gottes-Wallfahrt. Dazu waren die Pfarrkirche und deren Altäre renoviert, neue Heiligenfiguren und Leuchter, Meßgewänder und ein neuer Meßkelch erworben worden. Da Abt Gregor von Rom die Gewährung eines Ablasses erwirkt hatte, faßte die Egerner Dorfkirche bei den Gottesdiensten die Menge der Gläubigen bei weitem nicht. Über 4000 gingen in den drei festlichen Tagen zur Beichte und zum Tisch des Herrn. Drei leibliche Brüder teilten sich ins Predigen, Johann Maria Jakob Pämer, beider Rechte Lizenziat und Geistlicher Rat, Kammerer und Pfarrer in Fürholzen, P. Benedikt Pämer vom Heiligen Berg Andechs und P. Nonnos Pämer, damals Pfarrvikar von Egern aus dem Kloster Tegernsee, ein gewandter Kanzelredner. Die Predigten des Rokoko in Baiern waren lang, doch nicht langweilig, sehr bildhaft und ausdrucksfroh, mitunter kraftvoll und grob, jedem gut verständlich und seine Aufmerksamkeit stets fesselnd. Die Prediger gestikulierten gern und lebhaft mit Händen und mit Armen, standen nicht steif und bewegungslos auf ihrem Predigtstuhl und kannten mehr Mittel des Mienenspiels als nur frommen Augenaufschlag in unbekannte Fernen. Ihre Rede kam von Herzen und ging zu Herzen, lehrte klar und deutlich, was der Christ zu glauben und zu befolgen hätte, und leerte vor lauter ungereimtem Palaver und inhaltslosem Gerede nicht die Kirchen, wie es heute nicht so selten geworden ist.

Und wiederum drei Tage lang feierte man unter Abt Gregor Plaichshirn am Tegernsee. Es war zu seinem Goldenen Profeßjubiläum am 14. Oktober 1753. Tags zuvor um 6 Uhr abends traf als Vertreter des baierischen Kurfürsten Maximilian III. Joseph dessen Geheimer Konferenzrat Reichsgraf Rheinstein-Tattenbach zu Schiff am Kloster ein, begleitet vom Freisinger Weihbischof Johannes Ferdinand Freiherrn von Boedigkeim, dem Domherren Max Franz Anton Freiherrn von Alt- und Neufraunhofen aus Freising und einer Gräfin Hörwarth, geb. Baronin Gumppenberg. Während sie im abendlichen Dunkeln von Gmund aus mit dem Klosterschiff drei viertel Stunden lang ihrem Ziel entgegengeschaukelt waren, dröhnten Kanonenschüsse von den Bergen, läuteten alle Glocken des Tegernseer Münsters.

Ebenfalls zu Schiff trafen im Kloster ein Abt Bernhard Schütz von Andechs, der Prämonstratenserabt Arkanius Hainbogen von Neustift bei Freising und Alois Graf Preysing, Domkapitular von Regensburg und Pfarrer in Holzhausen, ferner der Augsburger Domherr Franz Ludwig Spath Freiherr von Zwiefalten und der Domherr und spätere Freisinger Dompropst Christoph Franz Ignaz Freiherr Eckher von Kapfing. Die Ehre, in Gmund per Schiff abgeholt zu werden, widerfuhr auch Abt Gregors Verwandten. Darunter befanden sich Frau Walburga Plaichshirn, Hofkammerrats-Witwe in Freising, Max Steinhauser, fürstlich Freisinger Kammerrat, und Anton Trittenpreiß, fürstlich Freisingischer Pfleger zu Ismaning. Auf der Landstraße nach Tegernsee reisten an der Abt-Präses der Baierischen Benediktiner-Kongregation Beda von Schallhamer von Wessobrunn und Abt Leonhard Hohenauer von Benediktbeuern, ferner die Augustiner-Chorherrn-Pröpste Dietram Hypper von Dietramszell und Augustin Hamel von Weyarn. Auch der kurfürstliche Regierungsrat Johann Michael von Hörwarth aus Landshut fuhr von Gmund an den gleichen Weg nach Tegernsee.

Abt Gregor begrüßte den Vertreter des Landesherrn am Ufer des Sees in Chorrock und Mozett. Seine Mitbrüder umstanden ihn in ihren Flokken. Unter Blechmusik begab sich der hohe Gast dann ins Haus und nach kurzer Zeit zum Abt, um das Beglaubigungsschreiben seines Kurfürsten zu überbringen. Danach „wurde zur Tafel geblasen, die heute nicht allzu lange dauerte, weil die von der Reise geschwächten Kräfte nicht so sehr zu den Speisen, als vielmehr zur nothwendigen Ruhe zu gelangen begehrten".

Am Jubiläumstag selber brachten alle Gäste und die Vertreter der Untertanen der Tegernseer Herrschaft dem Jubilanten schon am frühen Morgen ihre Glück- und Segenswünsche dar. Um 1/2 9 Uhr begann die Festpredigt in der Kirche, die P. Gregor Zallwein von Wessobrunn und Universitätsprofessor in Salzburg hielt. „Höchst-beglückte Schiff-Fahrt und Reicher Fisch-Zug Petri" war sie betitelt. Sie wurde wie die Festschrift „Ewiges Denckmahl Schuldig gehorsamster Pflicht", die Prior Nonnos Pämer zur Erinnerung an die Jubelprofeß seines Abtes anonym herausgegeben hat, in Tegernsee gedruckt. Vierzehn Folioseiten ist die Predigt lang.

Nach P. Gregor Zallweins Worten zur kirchlichen Feier des Tages holte der Konvent den Jubilar in der Abtei zum Gottesdienste ab. Im Roschett und Mozzett zog dieser mit seinen Mitbrüdern weiter zum „Saalzimmer" des Klosters, wo Abt Beda von Schallhamer in der Cappa

Magna mit einer meterlangen Schleppe, die ihm als Präses der Baierischen Benediktiner-Kongregation zustand, wartete, um sich dem Kirchgang anzuschließen. Dieser führte über das sogenannte Neugebäude, wo der Reichsgraf Rheinstein-Tattenbach gebeten wurde, „den hochfeierlichen Akt der Jubelprofeß durch seine Gegenwart im Namen des Churfürsten zu beehren". Böllerschüsse krachten, alle Glocken läuteten, als der Jubilar, ihm zur Seite der Vertreter des Kurfürsten, in die Klosterkirche zog. Dort empfing die Prozession „der doppelte Chor der Pauken und Trompeten", der so lange zu vernehmen war, bis Abt Präses Beda als Zelebrant die Pontifikalgewänder angezogen hatte. Der Altar war auf das prächtigste geschmückt. Vor allem gefiel ein großes Kruzifix. Es war vom Augsburger Goldschmied Guetmann angefertigt worden und das Geschenk, das der Tegernseer Konvent seinem Abte Gregor in aufrichtiger Dankbarkeit und ehrlicher Verehrung zu dessen Jubeltage widmete. Ein Täfelchen daran mit lateinischen Versen des Priors Nonnos Pämer bezeugte die Hochachtung und die Liebe der Patres, Kleriker und Laienbrüder des Klosters am Tegernsee, wie es schöner hätte nicht zum Ausdruck kommen können.

Zum Pontifikalamt des Festtages hatte der junge P. Gotthard Durmayr von Tegernsee († 1783), ein ausgezeichneter Organist, eine Orchestermesse komponiert. Er war „Regens der figurierten Musik" und Mathematiker aus Leidenschaft. Nach dem Credo schritt der Jubilar mit seinen beiden Assistenten Abt Bernhard von Andechs und Abt Leonhard von Benediktbeuern vor die Mitte des Altars. Der ganze Tegernseer Konvent trat ihm zur Seite. Der Hl. Geist wurde in einem choraliter gesungenen „Veni Creator" angerufen, worauf der Profeßjubilar sein dreimaliges „Suscipe me Domine secundum eloquium tuum et vivam, et non confundas me ab expectatione mea! (Nimm mich auf, Herr, nach deinem Wort, und ich werde leben; und lasse mich in meiner Erwartung nicht zuschanden werden!)" (Ps. 118, 116) laut und vernehmlich sang, das alle Mönche wiederholten und mit einem Gloria Patri beschlossen. Auf diese Weise nahm schon der heilige Benedikt vor heute just 1500 Jahren seine Jünger in die Gemeinschaft des klösterlichen Lebens auf, so singt im Kreise seiner Mitbrüder auch in unseren Tagen der sich dem Ordensstand Verpflichtende sowohl am Tage seiner Profeß wie wieder dann als alter Mann nach 50 Jahren bei ihrer Erneuerung. Nach dem „Suscipe" verlas Abt Gregor die Urkunde der Renovation seiner Gelübde mit starker Stimme, um dieses Dokument dann Abt-Präses Beda kniend hinzureichen. Nachdem dies geschehen war, dröhnten Kanonenschläge in den Oktobermorgen hinein, als wollten sie lautstark bestätigen, was der Jubelabt soeben von neuem feierlich versprochen hatte.

Nun begab sich Abt Gregor I. zum liebevoll geschmückten Altar der Erzbruderschaft des hl. Rosenkranzes, um dort unter Assistenz von Abt Bernhard Schütz aus Andechs und von P. Prior Nonnos Pämer von Tegernsee mit einer privaten stillen Messe zu beginnen, während der das Pontifikalamt am Hauptaltar seinen pompösen Fortgang nahm. Erst um ½1 Uhr klang dieses mit einem gewaltigen „Großer Gott, wir loben Dich“ Tausender unter Kanonendonner und dem Läuten aller Glocken aus.

Schon um 1 Uhr blies man zum Festmahl. Auch dieses dauerte geraume Zeit. Von erlesener Tafelmusik begleitet, wurde es immer wieder von Trinksprüchen auf den Kurfürsten und auf seinen Vertreter, auf den Jubilar, den Abt-Präses und andere unterbrochen. Besondere Aufmerksamkeit erregte die „Tegernseer Dankbarkeit“ mit ihrer „musikalischen Exzeption“ zu Ehren Kurfürst Maximilians III. Joseph, wiederum verfaßt von P. Nonnos Pämer, vertont von P. Gregor Schreyer aus dem Kloster Andechs († 1767). „Nach geendeter Musik und aufgehobener Tafel machte jeder eine Diversion nach seinem Belieben“ bis zu einem großen Feuerwerk am Abend. Einige Studenten hatten es in ihren Ferien vorbereitet und „offerierten“ es nun Abt Gregor und seinen Gästen, die auf großen und auf kleinen Booten den Tegernsee bevölkerten. Darauf „wurde zu Nacht gespeist und der so sehnlich gewünschte Freuden- und Ehrentag mit vollständigem Vergnügen aller Anwesenden glücklich beschlossen“.

Am nächsten Tag, dem 15. Oktober, hielt Abt Gregor „für das beständige höchste Wohlsein Sr. churf. Durchlaucht und des ganzen durchl. baierischen Hauses in Pontificalibus ein solemnes Hochamt“, worauf Weihbischof Boedigkeim das Sakrament der Firmung spendete. Ungefähr 1000 Firmlinge sind es gewesen, bis 1 Uhr dauerte die bischöfliche Handlung. Nach einem langen Mittagsmahl mit wieder vielen Trinksprüchen hin und her folgte um 5 Uhr nachmittags die Aufführung eines Schauspieles, das drei Stunden lang die Aufmerksamkeit in Anspruch nahm. Es war „Sacrificium Noe“ betitelt und „dem unermüdlichen Abt des uralten und exempten Klosters Tegernsee, dem Primas von Baiern, dem zwölf Jahre hindurch für die Baierische Benediktiner-Kongregation verdienstvoll tätigen Abt-Präses“ zugeeignet. Das Festspiel hatte ebenfalls P. Prior Nonnos Pämer zum Verfasser.

Die Musik dazu schrieb wiederum P. Gregor Schreyer vom Heiligen Berge Andechs.

Auch die Bevölkerung von Tegernsee sollte ihre Freude in den Jubeltagen ihres Abtes Gregor Plaichshirn haben. Ein Wettbewerb in einem öffentlichen Scheibenschießen war ausgeschrieben worden. Tegernseer Untertanen und Schützen aus Tölz, Miesbach, Lenggries und „aus dem Tyrol“, 54 an der Zahl, beteiligten sich daran. Drei Tage lang knallten ihre Schüsse auf den Schießständen in die begehrten Scheiben. Es gab glückliche Gewinner.

Der dritte Tag der äbtlichen Jubiläumsfeier brachte neuerdings viel Volk nach Tegernsee, da Weihbischof Boetigkeim weiterfuhr zu firmen. Ein besonderes Erlebnis bereitete Abt Gregor Plaichshirn seinem Konvent und einigen aus dem breiten Volk am 17. Oktober 1753. Nach dem Konventamt wurde das Antependium des Hochaltars entfernt und das dahinterliegende Grab der beiden Stifter Tegernsees freigelegt. Der Abt erinnerte seine Mitbrüder in einer kurzen Ansprache an das Bibelwort: „Selig die Augen, die sehen, was ihr seht“ und ließ dann den Sarg öffnen. Der Bericht über das weitere Geschehen und all das, was er besagt, bringt anschaulich zum Ausdruck, was es in jener Stunde zu sehen und zu empfinden gab. Der Schädel Adalberts war wohl erhalten, nicht so gut der seines Bruders Otkar. Besonders fiel die Körpergröße der beiden Klosterstifter auf, vor allem aber die Stärke der Gebeine Otkars. Sie bestätigte die Wahrheit der frommen Überlieferung, die ihn stets als einen „Ossigerum“, d. h. „Beinigen“, bezeichnete. Man kann es verstehen, wenn der Chronist es Gnade nannte, daß der „Venerabilis Conventus“ Gelegenheit hatte, „beide Häupter nicht nur zu sehen, sondern auch selben einen andächtigen Liebeskuß zu geben“. Tausend Jahre Geschichte des Klosters Tegernsee mit all ihrem Auf und Ab mochten die Zeugen jener Stunde vor den Gebeinen Adalberts und Otkars spüren und empfinden. Als Erben der Vergangenheit von Tegernsee mußten sich Abt und Konvent verpflichtet fühlen, Überkommenes zu wahren, es zu hegen und zu pflegen und weiteren Geschlechtern zu vererben. Das von Abt Gregor zuletzt angestimmte Te Deum war Ausdruck der Dankbarkeit für alles Gute aus den Händen Gottes in verfloßner Zeit, zugleich aber auch eine große Bitte um den Beistand des Allmächtigen in der Aufgabe, dem Erbe und Auftrag im Alltag des Klosters Tegernsee in Gegenwart und Zukunft zu entsprechen.

Noch ein zweites Mal beging Abt Gregor Plaichshirn einen persönlichen Jubeltag. Am 29. September 1761 war es ihm vergönnt, sein

Goldenes Priesterjubiläum zu begehen. Abt Ulrich Mittermayr von Wessobrunn († 1770) ehrte den greisen Mitbruder mit einer Predigt im überfüllten Tegernseer Münster, die unter dem Titel „Wohlverdiente Ehren-Cron“ im Druck erschien. Die „Tegernseer Musen“ widmeten dem Jubilar das Drama „Melchisedech“, das in einem Festakt zur Aufführung kam. Auch dieses Dokument der Dankbarkeit wurde in Tegernsee gedruckt und der Nachwelt überliefert.

Kurz nach diesem Jubiläum begann Abt Gregor zu kränkeln. Am 27. Mai 1762 stand sein Herz im Tode still. Wessobrunns Abt Ulrich Mittermayr hielt dem Verewigten die Leichenrede. „Die gekrönte Treue Gregorii, Abtes von Tegernsee“ heißt sie in einem Tegernseer Druck. Mit Abt Gregor I. Plaichshirn ging sowohl einer der bedeutendsten Äbte Tegernsees wie auch einer der hervorragendsten Prälaten aller baierischen Klöster im Zeitalter des Barocks und Rokokos in die Geschichte ein. Er trug nicht nur den Titel Primas der baierischen Äbte, er machte ihm auch alle Ehre.

Wetterleuchten

Es dauerte gut anderthalb Monate, bis Tegernsee am 13. Juli 1762 in *Benedikt Schwarz* einen neuen Abt erhielt. Er war in Kötzting im Bayerischen Wald 1715 geboren, als Sängerknabe in Tegernsee aufgewachsen und empfing als solcher hier die erste Bildung. Nach Studien in Salzburg und nach seiner Profeß im Jahre 1738 wurde er 1742 zum Priester geweiht. Zuerst Regens der Tegernseer Sängerknaben und ihr Musikpräfekt, wirkte er von 1749 bis 1753 als Pfarrvikar von Egern, um dann 1753 Pfarrer und Statthalter zu Loiben in Niederösterreich zu werden. Von dort holten ihn seine Mitbrüder zu ihrem Abt.

Zunächst begab sich der Neugewählte nach Niederösterreich, um das von ihm in fast neun Jahren Geleistete zu sichern und einem Nachfolger zu geben, der seines Vertrauens würdig schien. In Tegernsee setzte er im klösterlichen Leben getreulich fort, was geschätzte Tradition geworden war. Den vor der Klosterkirche zu jener Zeit nach Süden hin noch offenen Hof schloß er mit einem vornehmen Gästebau. Sein Grundstein wurde bewußt am 5. August 1765, an Maria Schnee, einem „Lichtfest", gelegt. Die Inschrift des Steins wünschte dem neuen Klostertrakt, „daß strahlender Lichtglanz und Liebe beständig dort innewohne". Der Neubau hatte nicht zuletzt der Repräsentation der Abtei nach außen hin zu dienen. Wie andere Klöster ihre Kaiser- und Fürstensäle hatten, so bekam Tegernsee in seinem letzten großen Bauwerk einen fürstlichen Empfangsraum. 1769 schuf dessen Fresken der Peißenberger Matthäus Günther († 1788), der bedeutende Schüler und Geselle von Cosmas Damian Asam. Den Stuck besorgten Benedikt und Gigl Staffner um die gleiche Zeit. Aus dem Jahre 1774 stammten die beiden Statuen des heiligen Quirinus und St. Heinrichs des Bildhauers Gölsch aus Aibling. Von all dieser Herrlichkeit ist uns nichts erhalten.

Mit der Weihe des fürstlichen Festsaales wartete Abt Benedikt bis zu einer passend scheinenden Gelegenheit. Sie war für ihn gekommen, als der Freisinger Fürstbischof Ludwig Joseph von Welden (1769-1788) anläßlich einer Firmungsreise vom 8. bis zum 11. August 1786 in Tegernsee verblieb. Noch einmal entfaltete das Kloster ihm zu Ehren alle Pracht, wie sie nur immer möglich war. Abt Benedikt empfing den Bischof in Gmund, um ihn auf dem großen Klosterschiff nach Tegernsee zu geleiten. Glockenläuten und Kanonendonner grüßten auf der ganzen Überfahrt. Das Stiftskapitel begrüßte den hohen Gast am Tegernseer Klosterhafen.

„Unter Trompeten- und Paukenschall" geleitete es ihn in die Kirche. Nach dem Segen begaben sich die Gäste zunächst auf ihre Zimmer und erst nach 4 Uhr nachmittags zu Tisch, um dann früh am Abend schon „der Ruhe zu pflegen", wie ein Chronist uns sagt.

Bischof von Welden war zum Firmen nach Tegernsee gekommen. An zwei Tagen spendete er das Sakrament an 1308 Firmlinge, teils in der Stiftskirche, teils in einem Klosterhof. Außerdem erteilte er die Subdiakons- und Diakonsweihe an vier Tegernseer Kleriker. Als er ferner den Festsaal im Gästehaus benediziert hatte, wurde in diesem das Mittagsmahl mit 24 Gedecken serviert und zur Unterhaltung dabei eine kleine Operette zu Gehör gebracht. Während dann zum Schluß des Essens „mit vollen Stimmen, jedoch mit tiefster Ehrfurcht" ein Loblied auf den Bischof erklang, war das das Zeichen zum Lösen von Böllerschüssen, deren Echo von den Bergen zehnfach widerhallte. Abt Benedikt hatte noch mehr Aufmerksamkeiten für seinen bischöflichen Gast. Am 9. August führte er ihn gegen Abend „auf die Anhöhe des Westerhofes". Von dort bot sich eine schöne Aussicht über den Tegernsee und gegen München weit ins Land hinaus. Die Rückkehr ins Kloster erfolgte auf eine Weise, die nicht alltäglich für einen Bischof war. Sie ging per Schlitten „über den gachen, mit Gras bewachsenen Berg" ins Tal hinab. Am nächsten Tag beanspruchten den Bischof die kirchlichen Handlungen bis gegen 2 Uhr nachmittags. Gleich nach dem Mittagessen fuhr er auf dem großen Klosterschiff in den See hinaus, um einem Bootsrennen zuzusehen, das von Egern aus zum Kloster führte. Zwanzig Buben, weiß und grün gekleidet, beteiligten sich an der Regatta. Den Siegern winkten vom Prior ausgesetzte Preise in Geld. Der Bischof beschenkte alle Buben nach deren Begriffen sicher reichlich. Danach stand eine Wagenfahrt nach Kreuth auf dem Programm, wo Bischof Welden das Heilbad sehen wollte. Zurück nach Tegernsee am Abend machte man die Fahrt von Egern aus wieder auf dem großen Klosterschiff. Es war von vielen brennenden Kerzen hell erleuchtet, viel Volk jubelte ihm vom Ufer aus entgegen. Bergfeuer von sieben Gipfeln rings um den See sandten ihr flackerndes Licht ins Tal und weit ins Land hinaus. Alles war voll Freude, alles schien in bester Ordnung. Wenige Wochen später (28. August 1786) erschreckte ein Erdbeben nicht nur die Gemüter der Untertanen des Abtes von Tegernsee, sondern wohl auch ihn selbst und seine Patres. War dieses Beben nicht wie ein Vorzeichen für all das Schwere, das in nicht ganz 20 Jahren so viel ändern sollte?

Ja, die Zeiten waren ernst geworden für Tegernsee. In Baiern wehte mehr und mehr ein klosterfeindlicher Wind. Nicht, daß Kurfürst Maximilian III. Joseph dem Klosterwesen von sich aus übel gesinnt gewesen wäre, doch ließ er sich in seiner chronischen Finanznot und in der ihm eigenen Gutmütigkeit in seinen Entscheidungen von Leuten wie Peter von Osterwald († 1778) beraten und bestimmen. Dieser, ein geborener armer Schneidersbub aus dem Nassauischen, war mit 14 Jahren katholisch geworden und hatte seine Bildung in Jena, Halle und Straßburg erhalten. Mit 22 Jahren nahm er in der Benediktinerabtei Gengenbach in Baden das Ordenskleid, um jedoch schon kurz darauf im Schottenkloster St. Jakob zu Regensburg Mathematik zu lehren. Bald war er Sekretär des Bischofs in dieser Stadt. Er brachte es zum Zahlmeister der bischöflichen Verwaltung, wurde 1758 Wirklicher Geheimer Rat des Fürstbischofs von Freising und 1761 Mitglied des weltlichen kurfürstlichen Geistlichen Rats in München. Als dessen Direktor legte er 1766 in der anonym erschienenen Schrift „Veremund v. Lochsteins Gründe sowohl für als wider die geistliche Immunität in zeitlichen Dingen" theoretisch die Grundsätze dar, die er bei seinen praktischen Maßnahmen befolgte. Es waren nicht die Grundsätze jener Aufklärungsbewegung, der auch der Augustiner-Chorherr Eusebius Amort von Polling († 1775) oder der Benediktinerabt Anselm Desing von Ensdorf († 1772) angehörten und die von den Universitäten Würzburg und Salzburg gefördert wurde. Von gallikanischen und febronistischen Forderungen beeinflußt und von philosophischen Vorstellungen Christian Wolffs († 1754) abhängig, wurde Osterwald zum typischen kirchen- und klosterfeindlichen Aufklärer in einem kurfürstlich baierischen Amt. Eine ihm nachgesagte persönliche Frömmigkeit erfüllte kaum sein Wirken. Auf ihn gehen mehrere baierische Erlasse zurück, die alle das Ziel verfolgten, die Kirche dem Staate völlig ein- und unterzuordnen und alles zu beseitigen, was diesem Zweck im Wege stehen mochte. Und das waren nicht zuletzt die Klöster mit ihrem Vermögen und ihrem ausgeprägten Eigenleben.

1764 erging ein umfassendes Amortisationsgesetz. Es betraf nicht nur den Erwerb von Grund und Boden durch die kirchlichen Institutionen, sondern auch den von Geld und Preziosen. Es setzte 2000 Gulden als Höchstsumme für eine Schenkung an die Kirche fest. Auch durfte ein und derselbe Spender nur einmal dem gleichen kirchlichen Empfänger etwas stiften. 1765 verlangte ein weiterer Erlaß von den Klöstern die Einsendung der Stiftungsbriefe. Auch mußten sie die Zahl ihrer Mitglieder in der Zeit ihrer Gründung und die in der Gegenwart vermelden. Einschneidende Bestimmungen brachte das Jahr 1768 mit drei weiteren kurfürstlichen Verordnungen. Die eine verbot den Orden mit mehr als drei Häusern in Baiern die Abhängigkeit von Oberen im Ausland, was vor allem die Jesuiten betraf. Visitationen und Korrektionen vom Ausland her sowie der Geldverkehr der baierischen Klöster zwischen dem In- und Ausland gestattete die Regierung ebensowenig mehr wie eine Teilnahme baierischer Ordensleute an Generalkapiteln und Ordenskonferenzen außerhalb des Landes. Zu den Ordenskapiteln und zu Abtwahlen waren kurfürstliche Kommissäre zuzulassen. Ferner wurde verlangt, der staatlichen Behörde jährlich die Anzahl der Patres, Kleriker und Laienbrüder anzugeben. Kein Konvent durfte künftig mehr als sechs Ausländer (Nichtbaiern) in seinen Reihen haben. Ausländer ohne baierisches Indigenat (Staatsangehörigkeit) sollten keine Pfarreien mehr übernehmen oder Benefizien bekommen können, ein bei Osterwald nicht sehr verständliches Verbot, da er doch selbst Ausländer war. Eine weitere Verordnung erschwerte die Gründung religiöser Bruderschaften. Solche zu errichten war nur mehr mit Genehmigung der kurfürstlichen Regierung möglich und erlaubt.

Die vom 30. Juni 1768 datierte Verfügung führte eine neue Steuer ein. Sie betraf den Klerus, vor allem die baierischen, aber auch „ausländische" Klöster wie die Fürstabtei St. Emmeram zu Regensburg, wenn sie auf kurbaierischem Boden Liegenschaften hatten. Die Steuer war bestimmt, die Mittel zur Aufstellung mehrerer „Freykompagnien" des sogenannten „Landesschutzes" zur Bekämpfung des Bettlerunwesens in Baiern aufzubringen. Daneben aber sollten die Streifen dieses polizeiartigen „Landesschutzes" auch die Teilnehmer an Wallfahrten nach außer Kurs gesetzten Münzen durchsuchen und dabei nicht zimperlich verfahren, um so dem frommen Volk den „Unfug" des Wallfahrens zu vergällen, auf daß er wie von selbst verschwinde.

Schwerste Eingriffe in das klösterliche Leben selbst erlaubte sich der Staat in seinem kurfürstlichen Dekret vom 2. November 1769. Die Einleitung hierzu beruft sich auf die „Liebe und Schätzung", die die Wittelsbacher Fürsten den Orden und Klöstern in ihren Landen stets entgegengebracht hätten. Der gleichen Sympathie des heutigen Landesherrn entsprängen notwendige Reformen in der Gegenwart. Was aber war zu beseitigen, was zu ändern? Da war vor allem der „Dominat" der Äbte und anderer klösterlicher Oberen, die eine „quasimonarchiale" Gewalt über ihre Untergebenen beanspruchten, wenn sie die volle richterliche Befugnis über sie gebrauchten. Körperliche Züchtigungen und Freiheitsstrafen hinter Schloß und Riegel stünden allein dem Landesherrn kraft seines Amtes zu. Soweit in Klöstern noch ein Kerker für straffällig gewordene oder unbotmäßige Leute vorhanden war, mußte er beseitigt werden. Die in der Benediktinerregel vorgesehene Strafe der Ausschließung von der klösterlichen Gemeinschaft durfte nur mehr 14 Tage dauern und war nur erlaubt „in einer abgesonderten, reinlichen und den übrigen ganz gleichen Zelle, wobei nur acht Tage geringere ‚Atzung' verstattet war".

Wie kleinlich eifersüchtig die Regierung dem „Dominat" eines Abtes zu begegnen suchte, zeigt ihr Verbot, daß ein solcher die Formel „Wir von Gottes Gnaden Abt" gebrauche, die schon im ausgehenden 12. Jahrhundert üblich und im 15. Jahrhundert in „Wir durch Gottes Verhengnus Abt" vorübergehend abgeändert worden war. Ebenso wurde es bei der Wahl von Engelbert Goggl von Wessobrunn († 1781) vom kurfürstlichen Kommissär Herrn von Hofstetten beanstandet, daß der Abt-Präses Petrus Gerl von Prüfening († 1781) bei seinen Amtshandlungen als Wahlleiter „wir" statt „ich" sagte, sooft er von sich selber redete. Das zu tun sei Anmaßung und käme ihm nicht zu. Abt Petrus ließ sich aber nicht beirren, womit er viel Mut bewies.

Schwer traf die Klöster eine weitere Bestimmung des Gesetzes vom 2. November 1769. Es verbot die Ablegung von Ordensgelübden vor dem vollendeten 21. Lebensjahr. Zuwiderhandelnde Obere oder Oberinnen wurden mit 2000 Reichstalern Strafe bedroht. Außerdem verfiel das gesamte Vermögen von Novizen, die wider das Gesetz verstießen, dem baierischen Staat.

Kurfürst Maximilian III. Joseph mag der Überzeugung gewesen sein, daß junge Menschen in ihrer mangelnden Lebenserfahrung zuweilen zu früh „abdizieren [dem entsagen], was sie noch nicht kennengelernt haben und sich ein lebenslängliches Joch auflegen, welches zu tragen sie hernach ihre Schultern allzuschwach zu seyn erkennen, weswegen es so viele mißgetröstete Religiosen gäbe". Sicher hielt er es aus Gewissensgründen für seine Aufgabe, „kraft der von Gott uns auferlegten theueren Regentenpflicht, so viel uns immer möglich ist, vor Schaden, Unglück und Mißvergnügen zu bewahren". Was aber manche seiner vom Geist der kirchenfeindlichen Aufklärung erfüllten Beamten im Schilde führten, durchschaute er nicht. Argwohn war nicht Sache seines guten Herzens. Ihm, dem Gründer der Baierischen Akademie der Wissenschaften, dem Beförderer der Nymphenburger Porzellan-Manufaktur, dem Bauherrn der im Zweiten Weltkrieg zerstörten Kurfürstenzimmer und des einzigartigen Cuvilliés-Theaters in der Münchner Residenz, dem Vollender der

Münchner Theatinerkirche, dem Initiator des Kartoffelanbaues in Baiern, lagen die Jagd, das Musizieren und Komponieren, das Zeichnen und Malen, die Förderung von Theater, Kunst und Gelehrsamkeit, ja auch das Beten vor dem Gnadenbild der Schmerzhaften Muttergottes im Münchner Herzogspital an jedem Samstag näher, als glasklar zu erkennen, wohin das Bestreben seines aufklärerischen kurfürstlichen Geistlichen Rates führen mußte.

Auch für Tegernsee galten die verschiedenen staatlichen Verordnungen unter Kurfürst Max III. Joseph. Sie wurden als „unerhört" empfunden, doch führte das Kloster sein inneres Leben unverdrossen weiter wie bisher. Es war vom Geist begrüßenswerter Aufklärung erfüllt, von dem kirchen-, ja gottesfernen wurde es nicht beeinflußt. So vertrauten sich Abt Benedikt und sein Konvent während einer argen Insektenplage auf den Fluren in althergebrachter Frömmigkeit der Fürsprache des hl. Magnus († 772) an. Sie holten P. Ignatius Witsch aus der Abtei St. Mang in Füssen mit dem Stab des Heiligen nach Tegernsee. Mit dieser im Allgäu hochverehrten Reliquie zog am 29. März 1772 eine Bittprozession durch die Klosterkirche, wobei wie beim Fronleichnamsumgang an vier Altären die Anfänge der Evengelien gesungen wurden. Viel Volk nahm an diesem Bittgang regen Anteil. Nachdem der angeblich schon von St. Kolumban († um 615) und St. Gallus († um 640) gebrauchte Stab in der Sakristei dem Konvent zum Kuß gereicht worden war, segnete P. Ignatius mit ihm die Ställe des Klosters und die Wasser des Tegernsees. Aufgeklärten Freunden und Förderern „wahrer Religion" mochte das alles nicht gefallen. Ebenso kann die im November 1778 in Gmund von Münchner Exjesuiten durchgeführte achttägige Volksmission nicht nach ihrem Geschmack gewesen sein. Sie war trotzdem recht erfolgreich.

Abt Benedikt Schwarz war aus der Verwaltung der zeitlichen Güter seines Klosters hervorgegangen. Er wußte um die Verluste und den Leerlauf, die bei zu wenig Überlegung in wirtschaftlichen Dingen entstehen können. Deshalb ging er unter anderem 1766 vom Transport des Südtiroler Weins auf dem Wasserwege durch das Inntal über auf den mit Roß und Wagen auf der Achse. Auch erwies er sich im Hungerjahre 1771 als umsichtiger Betreuer nicht nur seines Klosters, sondern auch seiner Untertanen am Tegernsee. Er ließ für viel Geld Getreide aus Italien kommen und gab es wohlfeil, den Armen ohne jedes Entgelt, weiter, so daß die Bevölkerung in seiner Herrschaft über die sonst im baierischen Lande herrschende Hungersnot nur etwas vom Hörensagen wußte.

Immer wieder berichtet der Chronist in jener Zeit von Bränden im

Kloster Tegernsee, die jedoch stets rasch zu löschen waren, so daß kein größeres Unheil zu beklagen war. 1771 brannte es in den Räumen des Subpriors. Das Jahr darauf ist gleich von drei Kaminbränden in der äußeren Klosterküche die Rede, und im Dezember 1772 ging im Klostergut Kaltenbrunn ein Heustadel in Flammen auf. 1776 schließlich schlugen am 17. März, dem Sonntag Laetare, abends die hellen Flammen aus dem Bräuhaus des Klosters. Auch dieses Feuer konnte gelöscht werden, bevor es weiter um sich griff, doch war der angerichtete Schaden recht beträchtlich. Zur Erinnerung an dieses Schadenfeuer und in dankbarer Verehrung gegen den Feuer- und Bierpatron St. Florian tat Abt Benedikt Schwarz etwas Einmaliges in der Geschichte seines Klosters. Er gab dem nächsten Novizen seines Hauses, Matthäus Forster aus Nandlstadt, bei dessen Profeß den Namen Florian. Es war am 17. November 1776.

Schon zu Anfang dieses Jahres 1776 war das Tegernseer Hab und Gut zu Loiben in Niederösterreich schweren Gefahren ausgesetzt gewesen. Nach einer außerordentlich großen Kälte im Januar setzte Tauwetter ein. Das führte zu Überschwemmungen in Loiben und von der Donau her zu Eisstößen von nie gekannter Mächtigkeit, die am 14. Februar den „augenscheinlichen Untergang des ganzen Dorfes" zu besiegeln schienen. In dieser Not nahm der Statthalter P. Vitalis Weiser († 1812) seine Zuflucht zu den Schutzheiligen Tegernsees und siehe, „nach einer gemachten Verlobung wendete sich auf einmal der Eis-Stoß von uns hinweck, und in die Mitte des Ordinari-Rinnsalls". Die Schäden, die das viele Wasser und das Treibeis an den Häusern und in den Weingärten angerichtet hatten, waren riesengroß. „Wer das Elend nicht sieht und gesehen hat, der kann nit glauben, und man kann ihme es auch nit beschreiben", meint ein Bericht nach Tegernsee.

Nach der Aufhebung der Jesuiten im Jahre 1773 durch den Papst war deren Vermögen in Baiern von 7 382 000 Gulden dem Staate zugefallen. Kurfürst Max III. Joseph bestimmte, daß die Zinsen daraus von über 107 000 Gulden ausschließlich dem Schul- und Bildungswesen seines Landes zugute kommen sollten. Sein Nachfolger Kurfürst Karl Theodor († 1799) hatte eine andere Verwendung für dieses Geld. Er finanzierte damit die von ihm begründete und von Papst Pius VI. (†1799) am 15. August 1781 bestätigte baierische Zunge des Malteserordens zur Versorgung seiner illegitimen Kinder und nachgeborener Söhne des baierischen Adels. Dafür mußten die baierischen Prälatenklöster (Benediktiner, Augustiner-Chorherren, Zisterzienser und Prämonstratenser) die ehemaligen Jesuitenschulen übernehmen und auch finanzieren. Das war eine Belastung für sie von schließlich 32 000 fl im Jahr und erforderte auf einen Schlag die Stellung von 54 Professoren in München, Landshut, Ingolstadt, Neuburg a.D., Amberg, Straubing usw. Es war ein Zeichen des hohen Bildungsstandes in den Klöstern, daß letzteres ohne weiteres möglich war. Wirkte P. Joseph Pronath von Tegernsee schon von 1776 bis 1783 am bischöflichen Lyceum Freising, so folgten ihm dort von 1789 bis 1793 der frühvollendete P. Korbinian Ziegler (†1791) und von 1791 bis 1793 der beliebte P. Nonnos Brand († 1793). In Amberg lehrten von 1791 auf 1792 der etwas unruhige P. Anselm Schmid († 1794) und von 1792 bis 1798 der begabte P. Maurus Magold († 1838). Zu Neuburg a. D. und später in München war P. Petrus Hochenleitner († 1817) von 1789 bis 1798 als Professor tätig. Ebenfalls im Schuldienst, allerdings nicht in Baiern, stand P. Heinrich Donaubaur († 1826). Er war von 1782 bis 1789 Professor am akademischen Gymnasium zu Salzburg. Dort war sein Mitbruder, der Münchner P. Michael Lory († 1808) bereits seit 1759 Professor der Philosophie an der Universität. Er sollte es bis 1789 bleiben. Neben ihm dozierte von 1773 an der Tegernseer P. Augustin Schelle aus Peiting († 1805) an der Alma mater Salzburg. Sein Fachgebiet lag auf dem der orientalischen Sprachen, später auf dem der Philosophie. 1789 wurde er Bibliothekar der Universität, 1792 für zehn Jahre deren Rektor.

Auch zu Hause in Tegernsee waren Abt Benedikt und sein Konvent den Wissenschaften zugetan. Es gab wohl kein ernstes neues Buch, das in die Stiftsbibliothek nicht aufgenommen worden wäre. Das war so unter dem Bibliothekar P. Heinrich Braun, so auch unter seinem Nachfolger P. Maurus Wagner († 1781). Dieser richtete in einem an die Bibliothek anschließenden Raum ein physikalisches Kabinett ein, „armarium physicum" genannt. Es enthielt eine Reihe von naturwissenschaftlichen Instrumenten, die zum Teil von P. Gotthard Durmayr († 1783) angefertigt oder von P. Martin Lory beschafft wurden. Auch der Wetterbeobachtung schenkte P. Gotthard seine Aufmerksamkeit. Er sandte deren Ergebnisse an die kurpfälzische Akademie der Wissenschaften nach Mannheim. Wir können in ihm einen der ersten Meteorologen Baierns sehen.

Auf dem Gebiet der Pflege der Musik blieb unter Abt Benedikt Schwarz alles wie seit eh und je. In P. Chrysogonus Zech († 1804), selbst als Tegernseer Sängerknabe aufgewachsen, hatten die jungen Musikanten des Klosters ihren Lateinlehrer und einen väterlichen Freund. Er war auch Chorregent und Komponist. 1763 erschien in St. Gallen unter dem

Pseudonym Tegurini (der Tegernseer) sein Opus I mit vertonten Vespertexten, die heute wieder etwas gelten.

Die Benediktiner von Tegernsee waren in der zweiten Hälfte des 18. Jahrhunderts bei aller Treue zum überkommenen Glauben ihrer Väter, bei allem Wahren und Bewahren hergebrachter Sitt' und Art in vielem sehr modern. Sie bewiesen damit, daß es auch im Kloster sehr wohl möglich, ja, daß es gut ist, mit der Zeit zu gehen und doch dabei am guten Alten in Treue festzuhalten.

In zunehmender Bedrängnis

Abt Benedikt Schwarz weilte zur Feier des Leonharditages am 6. November stets in Kreuth. Als er 1787 an diesem Bauernfeiertag eben den Gottesdienst gehalten hatte, erlitt er einen Schlaganfall, dem er am gleichen Tage noch erlag. Er war der letzte Tegernseer Abt, den die Klostergruft aufgenommen hat. P. Nonnos Brand schrieb ihm die Totenrotel. Sie ist im Druck erhalten, ebenso wie die „Leichen- und Ehrenrede auf den hochbetrübten Hintritt des hochwürdigen, hochwohlgebornen H.H. Benediktus, uralten Stiftes Tegernsee würdigsten Abtes, gehalten zu Tegernsee am 30. Tage nach hochdesselben Ableibens" von P.Placidus Scharl († 1814) aus Andechs.

Am 4. Dezember 1787 erhielt Tegernsee in *Gregor II. Rottenkolber* seinen nächsten und letzten Abt. Er ist, es sei vorweg gesagt, ein großartiger Mann gewesen, einmalig auf dem schweren Weg, der ihm beschieden war. Geboren wurde er als Kind recht armer Bauersleute am 10. November 1750 in Deutenhofen bei Altomünster im Dachauer Hinterland. Am Lyceum Freising, wo unter anderen P. Ferdinand Rosner von Ettal sein Lehrer war, erhielt er die erste Bildung. Am 15. Oktober 1775 verpflichtete er sich in Tegernsee dem Ordensstand, am 19. Oktober 1777 trat er an den Primizaltar. Zunächst wirkte er als Betreuer und Lehrer der Dogmatik und der Moraltheologie im Klerikate seines Stiftes, um ab 1783 die Klosterämter des „Kassiers und des Waldmeisters" zu übernehmen. Als ersterem unterstand ihm das Personal in der klösterlichen Verwaltung, als letzterem alles, was nur immer die ausgedehnten Wäldereien von Tegernsee betraf. Beide Ämter brachten ihn mehr als andere seiner Mitbrüder mit den Untertanen seines Klosters in Verbindung. Als Waldmeister, der aus seiner Kindheit um das Frieren wußte, sorgte er dafür, daß die Armen zu ihrem Brennholz kamen. Für alle Untertanen setzte er den Preis für das Holz, das sie sich aus den Klosterwäldern holen konnten, so niedrig an, daß sich deren Arbeit „auch lohne", wie er sagte. Bei all diesem sozialen Verständnis kannte Gregor Rottenkolber keine Schwächen, wenn es um Waldrechte oder um Grenzstreitigkeiten ging. Auch ließ er es sich recht angelegen sein, die Klosterwaldungen nach den damaligen Erkenntnissen und Regeln der Forstwirtschaft zu hegen und zu pflegen. Er war beliebt im Klostervolk, und darum war dessen Freude groß nach seiner Wahl zum Abt. Wie angesehen er bei seinen Mitbrüdern war, zeigte sich schon beim ersten

Wahlgang. Von 35 Stimmen erhielt er dabei 18. Er wurde anderen und gelehrteren, als er es war, so dem gescheiten P. Michael Lory († 1808), dem hochgebildeten P. Leonhard Buchberger († 1806) oder dem regelgetreuen P. Cölestin Lachenmayr († 1815) von der Mehrzahl vorgezogen.

Abt Gregor II. begann schon einige Monate nach seiner Benediktion am 21. Dezember 1787 durch Bischof Ludwig Joseph von Welden in Freising mit dem Einbau von zwei Oratorienbalkonen in der Klosterkirche. Um ganze 250 Gulden besorgte der „erfahrene" Maurermeister Johann Achleitner aus Rosenheim diesen nicht allzu großen Auftrag. Zu weiteren Baumaßnahmen, wie es die Gestaltung der noch fehlenden Kirchenfassade und der Ausbau der Kirchtürme gewesen wären, kam es nicht mehr. Zu ernst war die Zeit nach der französischen Revolution von 1789 mit ihren Folgen auch in Baiern für Tegernsee geworden.

Noch war Gregor Rottenkolber kein Jahr Abt, als er nach Niederösterreich verreiste, um in Loiben und Strengberg (Achleiten) nach dem Rechten zu sehen. Dort hatte die Treulosigkeit eines Klosterbeamten schon zu Zeiten seines Vorgängers Benedikt Schwarz beinahe das Stift Tegernsee um seine Wachauer Weinberge gebracht. Die Geschicklichkeit Abt Gregors führte zu einem Vergleich, der alle Beteiligten zufriedenstellte und Tegernsee nicht schädigte.

Von Anfang an sah es der neue Abt als seine erste Aufgabe an, alles zu tun, um die gute Disziplin in seinem Hause zu erhalten, und nichts zu unterlassen, was sie weiter fördern könnte. Zwei Dinge schienen ihm dabei besonders wichtig, das eigene Vorbild in der Erfüllung der klösterlichen Pflichten und die Pflege der Studien in seinem Kloster. Ersteres zu sein überstieg im Lauf der Zeit die Kräfte des ohnehin nicht allzusehr Gesunden. Letztere zu fördern, veranlaßte den Abt, die Stiftsbibliothek mit Ankäufen von Nachlässen zu bereichern, das Armarium physicum zu vergrößern, eine Sammlung der Tegernseer Flora und eine solche aller Marmorarten, die rings um den Tegernsee zu finden waren, anzulegen. Auch eine erlesene Kupferstich- und Münzensammlung entstand durch den Sammeleifer Abt Gregors in Tegernsee.

Hatte es bisher in Tegernsee lediglich ein kleines Seminar für etwa zwei Dutzend meist mittelloser Sängerknaben gegeben, so baute Abt Gregor II. dieses zu einem Gymnasium aus, das auch den Sprößlingen besser situierter Leute seine Tore öffnete. Einer der Chorbuben und Studenten war Johann Kaspar Aiblinger aus Wasserburg am Inn († 1867), der spätere Hofkapellmeister König Ludwigs I. von Bayern. Zusammen vor allem mit Kaspar Ett († 1847), dem Musikdirektor von St.Michael in München, wurde er der Erneuerer der katholischen deutschen Kirchenmusik im 19. Jahrhundert. Ett wuchs ebenfalls als Sängerknabe in einem Kloster auf, und zwar in Andechs. P. Gotthard Gloggner von Tegernsee († 1832) unterrichtete Johann Kaspar Aiblinger im Komponieren, P. Benedikt Holzinger von Andechs († 1815) Kaspar Ett. In beiden Klosterschülern atmete der gleiche Geist spätbarocker klösterlicher Musik, im „Haec dies, quam fecit Dominus" Etts ebenso wie in Aiblingers Offertorien und Vespern. Sie gaben das Ererbte in ihrer Weise weiter. So mag man in Johann Kaspar Aiblingers Werken Anklänge an die Messen und Kantaten seines Lehrers P. Gotthard Gloggner verspüren, die „wegen ihres flüssigen Styls vielen Beifall fanden". Letzter Regens des Tegernseer Gymnasiums war der schon genannte P. Petrus Hochenleitner. Im November 1802 schloß die kurbaierische Regierung die Schule wie alle klösterlichen Bildungsanstalten in ganz Kurbaiern. P. Petrus aber sollte noch für seinen Abt Gregor und für seine Mitbrüder, die ihn seiner Klugheit und Charakterfestigkeit wegen sehr hoch schätzten, manches leisten können.

Auch für die Landschulen im Tegernseer Herrschaftsgebiet zeigte Abt Gregor II. großes Interesse. Er baute eine neue Schule in Kreuth und eine solche zu Achleiten in Niederösterreich. Zu einem Schulneubau in Gmund blieb ihm die Zeit nicht mehr. An seiner Stelle unternahm ihn im Jahre 1806 P. Virgil Sorko, Exbenediktiner von Tegernsee und Pfarrprovisor von Gmund († 1820). Dieser steuerte aus seinen persönlichen Ersparnissen 650 Gulden bei, um den Bau der Schule zu ermöglichen, während die Pfarr- und Schulgemeinde Gmund 1700 Gulden aufbrachte und 800 Fuhren Holz, Steine und anderes Baumaterial leistete. P. Virgils Verdienste um den Schulunterricht der Gmunder Kinder hatte das „Churfürstliche General-Schul-Direktorium" in München schon im Jahre 1803 lobend anerkannt. Bedenkt man die näheren Umstände jener Zeit, ist diese Anerkennung von besonders großem Wert.

Abt Gregor II. lag viel an der Ausbildung seiner jungen Leute. Er sandte sie teils auf die Universität Ingolstadt, teils nach Salzburg. So studierte P. Ignatius Hönig († 1848) orientalische Sprachen, P. Anselm Schmid († 1794) und P. Sebastian Günthner († 1820) Geschichte, P. Ulrich Heimgreiter († 1848) Philosophie, P. Nonnosus Höß († 1816) Naturwissenschaft und P. Maurus Magold († 1837) schließlich Mathematik. Letzterer sollte 1798 Professor der Mathematik an der Universität Ingolstadt werden und mit ihr 1801 nach Landshut gehen, wo Kurprinz

Ludwig, der spätere König Ludwig I. von Bayern, sein privater Schüler war. Um P. Gotthard Gloggner zum Komponisten auszubilden, holte der Abt den „churfürstlichen Kammerkompositeur" Michl aus München nach Tegernsee.

Daß Rottenkolber einmal „Kassier und Waldmeister" seines Klosters war, konnte ihm als Abt nur zum Vorteil sein. Er wußte um den Nutzen einer gut geführten Brauerei. Darum tat er viel, um den Bierausstoß seiner Klosterbrauerei zu steigern und damit ihre Rendite zu erhöhen, was ihm auch gelang. Ebenso hatte er eine glückliche Hand in der Sorge um die Landwirtschaft. Die Viehzucht in den Ställen Tegernsees war weit und breit als vorbildlich bekannt; Ödflächen wurden kultiviert; die Almen des Klosters befanden sich in bestem Stand; 54 000 Tagwerk gut bewirtschafteten Waldes warfen manchen Gulden ab.

Trotzdem gab vieles andere in Baiern Anlaß zu Sorgen in den baierischen Klöstern. Eine Sturmflut von Schriften gegen sie, gegen alle Formen der Volksfrömmigkeit, gegen die so ausdrucksstarken religiösen Bräuche im Alltagsleben in der Stadt und auf dem Land überschwemmte den Büchermarkt. Diese literarischen Erzeugnisse trugen zu einem Teil das Mäntelchen ernsthafter Polemik wie die Arbeiten von Peter von Osterwald. Sie reichten zum anderen Teil über bissige Schmähschriften, wie sie der ehemalige Benediktiner-Novize von Oberaltaich Johannes Pezzl z. B. in seiner „Reise durch den Bayerischen Kreis" veröffentlichte, und über Bühnenstücke, von denen nur „Die geistliche Braut als weltliche Hochzeiterin" von Max Blumhofer genannt sei, bis zu ausgesprochener Schund- und Zotenliteratur. Zu ihr gehören der in München erschienene, mehrfach aufgelegte Roman „Euphrosine, eine Nonnenbiographie" und „Aufgefangene Nonnenbriefe". Beide Elaborate kamen anonym heraus.

Wenn die kirchen- und klosterfeindlichen Literaten auch nicht wie heute die Massenmedien die Möglichkeit hatten, das breite Volk zu gängeln, so blieb ihr Einfluß auf die Meinungsbildung einer gewissen Schicht nicht ohne nachhaltige Wirkung. Wer aufgeklärt und modern sein wollte, mußte dem Ordenswesen der Kirche und schließlich ihr selber kritisch gegenüberstehen. Unter Kurfürst Karl Theodor kamen zwar wieder Jahre, die dem größten Ungestüm der Aufklärer Einhalt zu gebieten suchten, doch war dieser Fürst am 16. Februar 1799 kaum nach einem Schlaganfall am Spieltisch verstorben, als Montgelas († 1838) und sein Kurfürst Maximilian IV. Joseph († 1825) in ihren Verordnungen und Gesetzen sich die Vorstellungen deistischer, wenn nicht atheistischer

Eiferer zu eigen machten. Zu den Verboten der Aufführung von Passionsspielen und der Karfreitagsprozessionen aus dem Jahre 1770 kamen unter Montgelas weitere Verdikte. Durch sie wurden die Fronleichnamsprozessionen und die Mitternachsmette an Weihnachten betroffen, die „der guten Sitte und der Ruhe wegen“ auf früh morgens 5 Uhr zu verlegen war. Weitere Verfügungen befahlen, Marterl und Wegkreuze auf den Fluren zu entfernen, Feldkapellen abzureißen, Wallfahrten und Bittgänge zu unterlassen, die betende Begleitung bei Versehgängen einzustellen. Auch die „Ewige Anbetung“ und die Weihnachtskrippen in den Kirchen erregten bei Montgelas Anstoß und verfielen seinem Verbot.

Härter noch und unmittelbarer als diese staatlichen Eingriffe in das religiöse Leben trafen die Klöster die bewußt und gewollt auf ihren Untergang abzielenden kurfürstlichen Erlasse. Vor allem sollte ihr Nachwuchs erschwert und allmählich ganz unterbunden werden. Nur dann, wenn ein „klösterliches Individuum“ verstorben war, durfte ein neuer Ordenskandidat aufgenommen werden. Schieden innerhalb eines Jahres mehrere Konventualen aus dem Leben, konnte nur ein einziger für sie alle neu zugelassen werden. Außerdem erhob der Staat beim Tode eines jeden Klosterangehörigen eine „Sterbesteuer“. Sie betrug 6000 Gulden, eine Summe, die vor allem kleineren Konventen und Frauenklöstern zu zahlen recht schwer möglich war. Als dann 1802 die Häuser der Franziskaner und Kapuziner der staatlichen Aufhebung verfallen waren, mußten die Prälatenklöster deren Laienbrüder auf Anweisung der „Churfürstlichen in Klostersachen gnädigst angeordneten Special-Kommission“ zur Versorgung übernehmen. Am 24. März 1802 erhielt der Münchner Kapuzinerbruder Felizian Schellhorn neben zwei weiteren seiner Gefährten von dieser Kommission den Befehl, sich innerhalb von 24 Stunden „in die ständische Abtey Tegernsee zu begeben und dortselbst als Pfründner seine Lebenstage zu beschließen“. Ein vierter Kapuzinerbruder, Fr. Wendelin mit Namen, wurde im Juni 1802 ebenfalls zum Leben und zum Sterben im Kloster Tegernsee verurteilt.

Der wachsenden Bedrängnis der baierischen Klöster aus den Amtsstuben des Staates, wo immer mehr der Geist der Verneinung geoffenbarten Glaubens das Sagen erhielt, gingen schwere Belastungen zur Seite, die das Weltgeschehen mit sich brachte. Auch Tegernsee bekam in der

St. Quirin zwischen Gmund und Tegernsee.

Zeit der ersten beiden Koalitionskriege (1792 bis 1797 und 1799 bis 1801/02) recht Schweres zu verspüren. Abt Gregor II. hat hierüber Tagebuch geführt. Im Jahre 1796 ging für das Kloster und seine Untertanen noch alles glimpflich ab, als österreichische Truppen vom 25. August bis 13. September Tegernsee mit ihrer Anwesenheit „beglückten" und ihr Kommandeur Oberst Bender Exekution und Plünderung in Aussicht stellte. In dieser Zeit requirierten die Kaiserlichen allein im Kloster an Getreide und Stroh „84 Schäffl Korn, 124 Schäffl Haber, drei Metzen Brennmehl, 83 Schaber Stroh" gegen Quittung. Doch auch, „ohne von anderem, so verzogen worden, eine Meldung zu machen", verschwanden die Verbündeten gegen die Franzosen aus dem Kloster in ihr Lager zwischen Tegernsee und Gmund. Einmal entstand in einem Tegernseer Wirtshaus eine Rauferei, die den Wirt fast alle Fenster kosteten, ein andermal mußte der Abt 18 Eimer Bier, die Maß um 2 Kreuzer, dazu Kraut für ein Bataillon Infanterie abgeben. „In Glashütte und anderen Orten [des Tegernseer Winkels] wurde gezehrt, aber nicht bezahlt", was zu bereinigen dem Abt und seinem Kloster überlassen blieb.

Schlimmer noch hatten Tegernsee und sein Kloster unter den militärischen Durchzügen und Einquartierungen in der Zeit vom 30. Juni 1800 bis zum 27. Februar 1801 zu leiden. So machte die Bevölkerung viel mit, als am 8. Juli 1800 „bei 1200 Mann Kroaten mit Major, Hauptmann und anderen Herren Offizieren, zwei Feldpatern, worunter einer graeci ritus non uniti [griechisch orthodoxen Ritus] sich befand", in Tegernsee Quartier bezogen hatten. Bis zu 30 und 40 Mann lagen in den Tegernseer Häusern, bis ein Lager „auf der point" aufgeschlagen war. Nachdem am 12. Juli die Kroaten wieder abgezogen waren und ein Waffenstillstand zwischen den Kaiserlichen und den Franzosen abgeschlossen worden war, stritten sich die beiden Parteien über die Demarkationslinie ihrer Truppen am Tegernsee. Die Franzosen setzten sich durch und bestimmten die Straße von Egern über Tegernsee nach Gmund als Grenze, so daß das Kloster in ihr Gebiet zu liegen kam, das Klosterdorf jedoch, durch die Straße getrennt, teils französisch, teils österreichisch wurde. Am 22. Juli 1800 kamen die ersten hundert Mann Franzosen nach Tegernsee, wovon 60 sich im Kloster verköstigten, die anderen nach Egern weiterzogen. Den anscheinend recht anmaßenden französischen Hauptmann bat der Abt mit Tränen in den Augen, nicht allzu hart gegen das Volk am Tegernsee zu

St. Quirin: Blick auf Altar und Brunnen.

sein. Es hätte nichts zu eigen wie Wasser, Himmel und Berge. Ein paar Tage später traf General Debilly mit Begleitung im Kloster ein. „Da wurde gegessen und getrunken, was immer nur gut und theuer war", berichtet Abt Gregor in seinem Tagebuch. Dann fährt er weiter: „Am 30. Juli wurde auf den See gefahren und bis zum S. Quirin-Öl-Hüttl [bei Wiessee] sich begeben. Mittags war Musik, abends ein kleines Seetreffen, bei welchem viele Schiffruder, zinnerne Schüßeln zu Verlust gingen, was mit Gewalt abgefordert worden. Nach 6 Uhr wurde die Bibliothek besehen und das Armarium. Nachts war Musik; getrunken wurde, wie gestern, bis gegen 12 Uhr."

Nach diesem Einstand der Franzosen folgte schon am 1. August als erstes die Forderung General Debilly's nach 40 Paar neuen Schuhen für seine Soldaten. Ein paar Tage später verlangte Kapitän Tripus für 100 Mann Gamaschen, die 48 französische Ellen schwarzes Tuch nebst Unterfutter und Knöpfe erforderten. Dem Abt blieb nichts anderes übrig, als dieses Verlangen mit 340 Gulden abzulösen. Nur so konnte er der Drohung begegnen, bis zu 1000 Mann Besatzung aufnehmen zu müssen.

Das Tagebuch Abt Gregors II. erzählt getreulich weiter von viel Unbill durch die französischen Besatzer. Einmal forderten sie die Lieferung von 500 Zentner Heu und 60 Scheffel Hafer nach Dachau, ein andermal die von 100 Zentner Heu und 15 Scheffel Hafer nach München, dann wieder 4000 Maß Bier, 500 Maß Wein und 350 Maß Branntwein vom Kloster. Am 21. September 1800 sollte das Kloster 16 Ochsen, jeder zu 5 Zentnern stellen, am 29. November deren 12 oder 6000 Pfund Fleisch und schon am 1. Dezember außerdem 6 Pferde. Abt Gregor weiß immer wieder zu sagen von lästigen und recht schädigenden Einquartierungen von Mann und Roß im Kloster und bei seinen Untertanen, ferner von Plünderungen beim Klosterkistler und beim Klosterschmied, vom Niederbrennen eines Heustadels auf der Point, vom Kommen und Gehen französischer Soldaten, deren Offiziere als gebetene und ungebetene Gäste zu Tisch zu laden waren. Wie nobel sich Vertreter der grande nation betrugen, ist aus folgender Notiz im Tagebuch des Abtes zu ersehen:

„Am 11. Oktober kam Titel Herr Oberst von Tölz mit Oberstleutnant und einem andern Offiziere hier an und logierten Nachts in den besseren Zimmern. Die mitgebrachten zwei Chasseurs tranken über 12 Maß Bier, zerquetschten die Zinn-Teller, warfen den Braten zum Fenster hinaus, schütteten dem Tischdiener das Uringlas ins Gesicht, wofür die Thäter scharf gezüchtigt und in die Prison gesteckt wurden."

Aber auch bildungshungrige Elemente gab es unter den französischen Soldaten. So verlangte am 21. September 1800 ein von seinem Vorgesetzten geschickter Oberleutnant aus der Klosterbibliothek eine wertvolle Plinius-Handschrift und ein vom Tegernseer P. Gregor Ilmperger († 1701) kunstvoll geschriebenes Gebetbüchlein [libellus precatorius affabre scriptus]. Ohne Vergütung, versteht sich. Proteste fruchteten nichts. „Ihr habt doch noch Handschriften genug im Kloster", argumentierte der Franzose.

Nach dem Friedensschluß von Lunéville vom 9. Februar 1801, der den Zweiten Koalitionskrieg beendet hatte, stellte der Tegernseer Pater Kellermeister aus seinen Büchern fest, was Freund und Feind zwischen Juni 1800 und März 1801 an Bier, Wein und an Obstbranntwein mehr oder weniger umsonst von ihm bezogen hatten. An die Österreicher waren 6 bis 7 Eimer und 46 Maß österreichischer und 1 Eimer, 38 Maß Südtiroler Wein, dazu 18 Eimer und 47 Maß Bier, schließlich 10 Maß Obstbranntwein gegangen. Die Franzosen hatten es auf 140 Eimer 27½ Maß Österreicher und 9 Eimer und 21½ Maß Tiroler Wein, ferner auf 463 Eimer 58½ Maß Bier, schließlich auf 5 Eimer und 15 Maß Obstbranntwein gebracht. Trinkfest auf Klosterkosten sind sie gewesen die königlich-kaiserlichen österreichischen wie die französich-republikanischen Soldaten!

Doch nicht allein das Kloster schädigten die jeweiligen Besatzer von Tegernsee empfindlich, sondern auch das Volk. Abt Gregor Rottenkolber stand ihm bei, wo immer es ihm möglich war. Er half mit unverzinslichen Darlehen und mit Naturalien im Wert von vielen, vielen tausend Gulden. Der von ihm in der Person des Chirurgen Quirin Ranhard aufgestellte „Kranken- und Armenwächter" hatte „alle armen kranken oder sonst presthaften Personen namhaft zu machen", damit er sie auf seine Kosten mit Medikamenten, Bargeld und Bettwäsche versorgen könne. Das geschah meistens, ohne daß es andere erfuhren. P. Sebastian Günthner schreibt dazu:

„*Es war für mich ein äußerst überraschender Auftritt, als ich im Jahre 1802 diese dankbaren Unterthanen sah, wie sie mit inniger Herzlichkeit die wohlthätige Hand des Abtes ergriffen und mit Thränen im Auge ihm für die beispiellose Unterstützung dankten, die er ihnen in diesen unglückseligen Kriegsjahren zufließen ließ, und beisetzten, sie werden es auch ihren Kindern und Enkeln noch erzählen, damit sie wüßten, daß er der Stifter ihres Wohlstandes war.*"

Schon am 22. August 1800 äußerte der kurfürstliche General-Landesdirektionsrat dem Klosterrichter von Tegernsee gegenüber, daß demnächst alles „entbehrliche“ Kirchensilber als Kriegskontribution abzuliefern sein werde. Am 28. September war es so weit. P. Joseph Pronath († 1824) brachte an jenem Tage zunächst dieses „Entbehrliche“ nach München in die Münze. Am 11. Februar 1801 wanderte weiteres Kirchensilber zum Einschmelzen in die baierische Hauptstadt. Nach einem Verzeichnis des Abtes Gregor lieferte Tegernsee an Kultgegenständen aus Silber ab: zwei Brustreliquiare der Heiligen Quirin und Benedikt und die von deren Postamenten abgenommenen silbernen Zierate, eine silbervergoldete Monstranz mit edlen Steinen, eine gotische Reliquienmonstranz, ein silbernes und neu vergoldetes Ciborium mit einer mit Edelsteinen verzierten Krone, einen großen, mit vielen Steinen besetzten Kelch, acht weitere Meßkelche mit ihren Patenen, einen innen vergoldeten Becher für Kommunikanten, zwei vergoldete Silberleuchter, zwei Handleuchterl, einen silbernen Pontifikalleuchter, drei Paar Meßkännchen mit ihren Tellerchen, ein Lavoir mit Kanne, einen silbernen Abtstab, dessen oberer Teil ganz mit Steinen besetzt war, die Schnecke eines zweiten Abtstabes, vier silberne Urnen für Reliquien, die Beschläge von 4 großen und 18 kleinen Maybuschkrügen, einen silbernen Pontifikalzeiger, desgleichen ein Pontifikalglöckchen, die Silberbeschläge von 8 Meßbüchern, die Zieraten von zwei Kruzifixen, deren Christus aus Elfenbein waren, 14 kleine, von verzierten Tafeln abgenommene Bildnisse, die Zieraten von 10 schwarzen Leuchtern, zwei dünne Bildnisse der Apostel Petrus und Paulus. Aus dem zum Einschmelzen Bestimmten konnte Abt Gregor vier sehr abgenützte Meßkelche nebst ihren Patenten, die silbernen Beschläge eines Meßbuches, ein altes Rauchfaß und ein Reliquiar um bare 236 fl 15 kr auslösen und retten. Der Materialwert allen Kirchensilbers aus Tegernsee betrug schätzungsweise 17 027 fl 29 kr. Nach seinem Kunstwert wurde nicht gefragt. Wie in Tegernsee verfuhr der Staat mit dem Kirchensilber überall in Baiern. Vom Tafelsilber am kurfürstlichen Hof in München dagegen wurde auf dem Altar des Vaterlandes – nichts geopfert. Dort war kein Kaffeelöffelchen „entbehrlich“.

„Meine Liebe fürs Vaterland und meinen Fürsten gebot mir große Opfer“, schreibt einmal Abt Gregor. Nach seinen Aufzeichnungen beliefen sich diese vom August 1796 bis zum März 1801 auf 60 480 fl 19 kr, nicht eingeschlossen eine Zwangsanleihe des Staates von 10 000 fl und ein „Unterthanen-Steuer-Abzug“ von 5313 fl 57 kr, vom Geldwert aller Lieferungen in Naturalien an Freund und Feind gar nicht zu reden.

Inter arma silent musae – in Kriegszeiten schweigen die Musen – galt auch für das Kloster Tegernsee. Dazu hielt der Lunéviller Friede vom 9. Februar 1801, der die Rechtsgrundlage für die Säkularisation von 1803 abgab, zwischen Hangen und Bangen. Er ließ nicht viel Gutes hoffen. „Besorgnisse und Kummer“, schreibt P. Sebastian Günthner über Tegernsee in jener Zeit, „erfüllte alle Herzen mit bangen Erwartungen. Die Niedergeschlagenheit, die sich unser bemächtigte, erstickte ganz das thätige Leben, und man war kaum mächtig, den vorgeschriebenen Pflichtenkreis zu erfüllen.“ Gut, daß Abt Gregor im Schreiber dieser Zeilen einen guten Rechner und Waldmeister hatte, in seinem P. Coelestin Lachenmayr einen ausgezeichneten Prior, in den Patres Quirin Kistler und Bonifaz Klinger zwei durch ihre französischen Sprachkenntnisse äußerst brauchbare Dolmetscher und Vermittler in den Tagen der französischen Invasion. Dazu stand sein Konvent in Treuen geschlossen hinter ihm.

Die Katastrophe

Es ist wahrhaftig nicht verwunderlich, daß Abt Gregor II. Rottenkolber nach einer kriegerischen Zeit mit ihren schweren Anforderungen, mannigfachen Sorgen und tagtäglichen Schwierigkeiten und bei den trüben Aussichten schon für die nächste Zukunft gesundheitlich zusammenbrach. Er fiel in eine schwere Krankheit, die ihn an den Rand des Grabes brachte. Das bezeugt „zur Steuer der Wahrheit" das Attest des Münchner Arztes J. Nic. Seiz, der im Oktober 1801 nach Tegernsee gerufen wurde:

„Daselbst wieß mir eine genaue Untersuchung des Zustandes meines Patienten bald auf eine fürchterliche Kranckheit hin, die, obschon sie auch auffallend den gesammten Organismus ergriffen hatte, und zu zerstöhren drohte, doch ursprünglich und vorzugsweis das Nervensystem, und hievon noch vorwaltend das sensorium commune (um dem gewöhnlichen Ausdruck zu huldigen) betraf. Die Äusserungen hievon waren ein andauerndes Abgestumpftseyn der Sinne, zumahl des Geschmackes, und Geruches, und des Vitalsinnes (Selbstgefühles des Organismus) – eine auffallende Gedächtniß- und Erinnerungslosigkeit, eine Betäubung des ganzen Kopfes, und Neigung zur Schlafsucht, welche nur zu sehr apoplektische Anfälle oder dergleichen befürchten liessen: ja selbst für den Nichtkenner (Layen in der Heilkunde) charakterisierten ein besonders fremdes Benehmen, und zerstöhrtes Aussehen etc. das vorwaltende Nervöse Leiden des Krancken; – und als die auffallendsten Ursachen von diesen traurigen Zustande lagen mir einsweilen vor Gesicht: gar genaue klösterliche, und ordensgemässe Härte auf sich selbst – auch bey schon kränckelnden Körper, hartnäckiges Hinbrüten über trockne Arbeiten, die vielen unangenehmen Auftritte des letzten Krieges, und dergleichen niederdrükkendes mehr. – Für so hartnäckig und fürchterlich diese Kranckheit indeß immer von der Arzneykunst bezeichnet, und von den besten Ärzten erkannt wird: so gelang es mir durch einen vorsichtigen, umfaßenden Heilplan denn doch, durch Zerstreuung, Abhaltung von trockenen odiösen Geschäften, Bewegung, Reisen, geordnete Diät, und passenden, anhaltenden Gebrauch gehöriger Medicamenten etc. nach mehr als einen halben Jahr zu seiner eigenen Zufriedenheit herzustellen, und selbst im Spätherbst 1802 einen durch unangenehme Vorfälle angedrohten Rückfall so ziemlich bald wieder zu entfernen."

Dr. Seiz schrieb dies rückschauend am 12. Oktober 1803. Was hatte sich inzwischen nicht alles in Tegernsee getan! Mit den „unangenehmen Vorfällen" im Spätherbst 1802 meinte Dr. Seiz die Ereignisse in Tegernsee zwischen dem 5. November und 17. Dezember dieses Jahres, als unter der Führung des Wolfratshauser Landrichters Johann Georg Kapfinger eine kurfürstliche Kommission wochenlang im Kloster weilte. Sie hatte als erstes den Klosterrichter Valentin Wieninger seines Treueides auf den Abt entbunden und auf den Kurfürsten verpflichtet. Darauf übernahm sie alle Kassen, die des Abtes sowohl als auch die der klösterlichen Verwaltung, die in der Apotheke ebenso wie die im Priorat. Die Stiftsbibliothek und das Klosterarchiv wurden verschlossen und versiegelt. Alles noch vorhandene Kirchensilber, die gottesdienstlichen Paramente, alle Pretiosen, ferner sämtliches Inventar des Klosters, die Gemälde an den Wänden, alle sonstigen Mobilien von größerem und weniger großem Wert mußten in langen Listen festgehalten werden. Alle Vorräte an Wein und Bier, Getreide, Malz und Mehl, an Futtermitteln und an Holz waren festzustellen, die Zahl des Hornviehs in den Ställen, die der Pferde, Schweine und auch der Hühner genau anzugeben. Nicht zuletzt interessierten sich die Kommissäre für den Grund- und Güterbesitz Tegernsees in Baiern, Niederösterreich und Südtirol. Hier alles aufzunehmen erforderte viel Zeit. Schließlich wurde angeordnet, daß Abt und Konvent fortan keine Ausgaben ohne die schriftliche Genehmigung des Klosterrichters machen könnten und sämtliche Einnahmen des Klosters diesem nun kurfürstlichen Beamten angegeben werden müßten.

Diese Maßnahmen verhießen nur das Schlimmste. Sie waren die Einleitung der Aufhebung des Klosters. Das Schicksal aller anderen Abteien und Propsteien in Baiern sollte auch das Tegernsees sein. Man hat früher Montgelas als den fast Alleinschuldigen am Klostersturm des beginnenden 19. Jahrhunderts in Baiern angesehen; heute neigt man vielfach zur Ansicht, daß Kurfürst Max IV. Joseph recht bewußt, ja bestimmend Anteil daran genommen hat. Er sei nicht der mehr oder weniger Unbeteiligte an der großen Kulturschande von 1803 in Baiern gewesen. Wie er von den Franziskanern in München und sicherlich nicht weniger von allen anderen Ordensleuten dachte, brachte er 1802 einmal dem Stiftspfarrer Joseph Darchinger († 1821) von Unserer Lieben Frau zu München gegenüber recht grob und derb zum Ausdruck. Er meinte: „Die Franziskaner stinken in der Stadt die Kranken an und impestieren denselben noch die wenige Luft mit ihrem Schweißgestanke." Von großer Herzensbildung zeugen solche Worte nicht.

Und doch hoffte in Tegernsee noch mancher gegen alle Hoffnung auf den Landesherrn, stand er doch den Prälaten seines Landes gegenüber mehrfach im Wort. 1799 hatte er ihnen versichert, daß er keine ihrer Abteien aufheben werde. Auf ihre Eingabe vom 16. März 1802 an die Baierische Landschaft erwiderte der Kurfürst, freilich nicht sehr gnädig, daß er noch an sein Wort denke. Abt Rupert Kornmann von Prüfening († 1817) sagte er endlich im Münchner Hofgarten nicht viel später freundlich von neuem zu, „daß die ständischen Klöster nichts zu befürchten hätten", um allerdings bald darauf in einer Audienz wiederum recht mürrisch und zugeknöpft gegen diesen Abt zu sein. Am Ende jener Begegnung war Kurfürst Max IV. Joseph zwar etwas zugänglicher, doch recht verlegen. Endlich meinte er: „Es wird sich vielleicht ein Ausweg finden lassen." Es fand sich keiner. Daß der Kurfürst noch einen solchen wollte, einen solchen suchte, ist nicht anzunehmen. Er hat sein mehrfach gegebenes Wort wissentlich und ohne Zwang gebrochen.

Ohne sich anzusagen, erschien am 17. März 1803 neuerdings eine kurfürstliche Kommission im Kloster Tegernsee. Sie war angeführt vom Rechnungskommissär Puck aus Wolfratshausen. Abt Gregor nennt ihn in seinem Tagebuch einen brüllenden Löwen, der im Nu alles veränderte. Puck war seit langem ein besonderer Feind des Klosters Tegernsee und seines Abtes Gregor. Als Oberschreiber im Landgericht Wolfratshausen trug er die Schuld daran, daß der kaiserliche Oberst Bender im Jahre 1796 um ein Haar den Befehl gegeben hätte, Tegernsee und sein Klosterdorf zu plündern und darnach durch Feuer zu zerstören. Dafür war dem hinterhältigen Federfuchser von den Tegernseer Bauern eine saftige Tracht Prügel verabreicht worden. Da er es nicht wagte, sich an den Bauern selbst zu rächen, verfuhr er als Lokalkommissär der „Churfürstlichen in Klostersachen angeordneten Special-Kommission" um so härter gegen den Abt von Tegernsee. Schon dessen Bitte, das kurfürstliche Aufhebungsdekret, das Puck anscheinend nur unvollständig verlas, persönlich einsehen zu dürfen, ferner sein Ersuchen um eine Abschrift von diesem Dokument wurden als „Widerspänstigkeit" ausgelegt und unter Drohungen zurückgewiesen. Immer wieder erhob Puck den Vorwurf gegen Abt Gregor, er habe Wertgegenstände wie Kirchenparamente, Pretiosen und anderes versteckt oder heimlich weggeschafft, obwohl er keine Anhaltspunkte für eine solche Handlungsweise hatte. Als weiterhin dem Abt verfügbar blieben lediglich „ein Kleiderkasten samt seinen Kleidungsstücken, ein silbernes Tischzeug und Salzbüchsel, zwölf Zinnteller und zwölf Tischservietten, sechs Sessel, zwei Commodkästen, eine Bettstatt ein Bett mit drei Überzügen, ein Tisch". Über das weitere Vorgehen Pucks schreibt Abt Gregor Rottenkolber selber:

„Nach meiner Entfernung setzte sich der Lokal-commissaire in den Besitz der Abtey, und ... eignete sich alle meine Papiere zu, die nach der Untersuchung entweder verschenkt, oder verkauft wurden; und um die Zerstreuung vollkommen zu machen, wurden sie Krämern [als Verpakkungsmaterial] übergeben - entriß mir meinen Standmässigen Anzug, Rochet und Mozet, die besseren Pontifikalschuhe, und ließ sie ausbrennen - nahm meine Dogeyer [Tokajer] - Weine, die ich nach Vorschrift meines Arztes aus meinem Vermögen zur Herstellung meiner Gesundheit erkaufte...“

In Tegernsee verweigerte Kommissär Puck dem Abt die Herausgabe seiner Sommerkleider und anderer Stücke seiner Garderobe, im Tegernseer Stadthaus am Anger zu München wurden diesem ein Mantel, ein Habit samt Zubehör weggenommen und mit den Gerätschaften des „Klosterpfleghauses“ kurzerhand versteigert. „Das heiß ich mir die Entsetzung [Absetzung] auf eine nicht humane Art begreiflich zu machen“, meinte Abt Gregor in seiner nicht beneidenswerten Lage. Seinen Patres erging es auch nicht besser. Sie durften vorerst zwar in ihren Zellen wohnen bleiben, doch gehörte ihnen im ganzen Haus kein Nagel mehr. Dem Hausdiener des Abtes wurde ein Bett mit Bettstatt, ein Tisch, ein Stuhl und ein Kleiderkasten zugesprochen, nicht mehr und auch nicht weniger. Erhielten der Abt ab 1. April 1803 bis zum 30. Juni 1804 pro Tag drei, die Patres einen Gulden, die beiden Laienbrüder 45 Kreuzer zum Lebensunterhalte ausbezahlt, so betrug ab 1. Juli 1804 die jährliche Staatspension Abt Gregors 2200, die der Patres 400, die der Laienbrüder 275 Gulden.

Das Kloster Tegernsee zählte am Tage seiner Aufhebung neben seinem Abt 38 Patres, zwei Kleriker und zwei Laienbrüder. Keiner von ihnen war bereit, sein Kloster freiwillig zu verlassen. In Respekt vor ihrer unwandelbaren Treue seien sie hier alle aufgeführt:

Abt Gregor II. Rottenkolber, geb. am 10. November 1750 in Deutenhofen bei Altomünster, Profeß am 15. Oktober 1775, Priester am 19. Oktober 1777, wurde am 4. Dezember 1787 zum Abt von Tegernsee gewählt. Nach der Säkularisation kehrte er am 25. Oktober 1805 nach Tegernsee zurück, um dort am

13. Februar 1810 an einem Nervenfieber zu versterben.

P. Prior Coelestin Lachenmayr, geb. am 14. November 1742 zu Leeder im Allgäu, Profeß am 13. November 1763, Priester am 23. September 1769. Seit dem Jahre 1791 Prior, sahen ihn seine Mitbrüder als solchen auch nach 1803 noch bis zu seinem am 12. Januar 1815 in Tegernsee erfolgten Tode an.

P. Subprior Joseph Pronath, geb. am 18. September 1745 in Niederaichbach bei Landshut, Profeß am 14. November 1762, Priester am 23. September 1769. Von 1776 bis 1783 wirkte er als Lehrer am Lyceum Freising, 1784 bis 1787 war er Prior, 1797 bis zur Säkularisation Subprior von Tegernsee. Nach einer kurzen Tätigkeit als Ökonomieverwalter bei seinem Bruder auf Schloß Offenberg bei Kloster Metten an der Donau kehrte er zu seinen noch zusammenlebenden Mitbrüdern nach Tegernsee zurück. Am 12. Juni 1824 morgens wurde er neben seiner Bettlade tot aufgefunden.

P. Placidus Weinmann, geb. am 15. Mai 1725 in München Senior des Konventes, Profeß- und Priesterjubilar, legte am 17. Oktober 1745 Profeß ab und feierte am 29. September 1750 Primiz. Von 1758 bis 1768 war er Pfarrer von Egern, 1784 bis 1801 Expositus in Kreuth. Er starb in der Gemeinschaft seiner Mitbrüder am 5. Juni 1807 zu Tegernsee.

P. Chrysogonus Zech, geb. am 3. April 1728 zu Aichach, Profeß am 2. Oktober 1746, Primiz am 15. Oktober 1752, war gleichfalls Profeß- und Priesterjubilar zur Zeit, da Tegernsee aufgehoben wurde. Über 20 Jahre mühte er sich als Lateinlehrer und Musikpräfekt bei den Tegernseer Sängerknaben, von 1788 bis 1798 als Pfarrvikar von Egern. 1765 gab er seine „Instructio in Latinum, eine Anweisung, die lateinische Sprache zu erlernen" heraus. Unter dem Decknamen „Tegurini" veröffentlichte er mehrere Vespern und Messen. 1803 war er Krankenpater im Kloster. Während noch die Aufhebungskommission ihr Unwesen im Hause trieb, endete am 12. Januar 1804 in Tegernsee sein Leben.

P. Michael Lory, wie P. Chrysogonus Profeß- und Priesterjubilar, geb. am 24. September 1728 in München, Profeß am 2. Oktober 1746, Primiz am 22. Oktober 1752, war von 1753 bis 1755 am Lyceum Freising und von 1755 bis 1758 am akademischen Gymnasium Salzburg Lehrer gewesen, bis er 1759 Professor an der Salzburger Benediktiner-Universität und im gleichen Jahre ordentliches Mitglied der Baierischen Akademie der Wissenschaften in München wurde. 30 Jahre blieb er Universitätsprofessor in Salzburg. Äußerst vielseitig, hielt er anfangs philosophische, später mathematische, zuletzt theologische Vorlesungen. 1789 wurde er von Abt Gregor II. nach Tegernsee zurückberufen, damit er hier den Klerikern Unterricht in Mathematik und in theologischen Disziplinen gebe. Nach der Aufhebung seines Klosters ersuchte er unter Verzicht auf alle von ihm erworbenen Bücher und auf alle von ihm geschaffenen mathematischen Apparate, Modelle und Instrumente im Armarium physicum von Tegernsee, dazu auf seine staatliche Pension von 400 Gulden jährlich in St. Peter zu Salzburg um Aufnahme, die ihm am 7. Juli 1803 gerne gewährt wurde. Dort erlag er am 21. Mai 1808 einem Schlaganfall. Lory ist Verfasser zahlreicher mathematischer und theologischer Schriften, Herausgeber des Salzburger (1763-1768) und des Burghauser Kalenders (1764-1774) und hinterließ viele Manuskripte, die die Stiftsbibliothek St. Peter in Salzburg pietätvoll hütet.

P. Vitalis Weiser, geb. am 22. Dezember 1731 in Salzburg, war gleichfalls Profeßjubilar. Er legte am 17. Oktober 1751 Profeß ab, primizierte am 3. Mai 1756 und war von 1767 bis 1772 Expositus in Kreuth. Von 1772 bis 1782 wirkte er in Loiben (Niederösterreich), von da an bis 1801 als Großkellerer in Tegernsee, von 1801 bis 1805 schließlich wieder als Seelsorger in Kreuth. Die letzten Lebensjahre verbrachte er bei seinen Mitbrüdern in Tegernsee. Unter ihnen schied er am 26. Februar 1812 aus dieser Welt.

P. Leonhard Buchberger, geb. am 14. Dezember 1740 in Gmund, Tegernseer Sängerknabe und Schüler von P. Chrysogonus Zech, Profeß am 14. November 1762, Primiz am 4. Oktober 1767, war von 1772 bis 1778 Cellerar, von da an bis 1784 Prior und wurde in diesem Jahre Pfarrvikar in Gmund, was er bis zu seinem Tode am 27. März 1806 blieb. Er hatte viele historische, heraldische und numismatische Interessen, schrieb manches, veröffentlichte jedoch nichts. Auch Orgelspieler ist er gewesen und Komponist. Die gelehrte Welt schätzte, sein Pfarrvolk liebte ihn.

P. Augustin Schelle, geb. am 29. Oktober 1742 zu Peiting, Profeß am 13. November 1763, Primiz am 4. Oktober 1767. Nach hebräischen und juristischen weiteren Studien in Salzburg unterrichtete er die Tegernseer Kleriker in Dogmatik und Kirchenrecht. 1773 kam er als Professor der orientalischen Sprachen an die Universität Salzburg. Dort las er auch über Themen aus dem Naturrecht, der allgemeinen Geschichte, der Ethik, ab 1784 nur mehr aus der Philosophie. 1789 wurde er Universitätsbibliothekar, 1792 Rektor der Universität, was er bis 1802 blieb. Darauf kehrte er wieder in sein Kloster zurück, um Aushilfspriester bei seinem ihm kongenialen P. Leonhard in Gmund zu werden. Nach der Säkularisation begab er sich in seine Heimat Peiting, wo er schon am 11. April 1805 verstarb. Schelle war Verfasser von Lehrbüchern für Latein und Griechisch. Er schrieb über den Zölibat, verfaßte mehrere philosophische Abhandlungen und eine „Vollständige Christenlehre“, die 1797 im Druck erschien.

P. Columban Höß, geb. am 18. Oktober 1746 in Rosenheim, Profeß am 28. September 1766, Primiz am 20. Oktober 1771, war anscheinend sehr leidend und zog sich nach der Säkularisation in sein Geburtshaus nach Rosenheim zurück, wo er, „körperlich abwesend, im Geiste und dem Willen nach jedoch stets mit seinem Kloster verbunden“, bis zum 31. August 1805 noch lebte.

P. Heinrich Donaubaur, geb. am 22. Januar 1749 in Schwabing bei München, Profeß am 16. Oktober 1768, Priesterweihe am 5. Juni 1773, war von 1783 bis 1789 Kooperator in Gmund, von 1789 bis 1792 Professor am akademischen Gymnasium Salzburg, von 1792 bis 1794 Wallfahrtskurat in Maria Plain. Zur Zeit des Klostersturmes finden wir ihn als Inspektor der Tegernseer Klosterdruckerei. Darauf kurz Seelsorger in Glashütte, schloß er sich seinen Mitbrüdern in Tegernsee an, um P. Hieronymus Raschmayr, dem Pfarrer der Gemeinde, 15 Jahre hindurch als Hilfspriester manchen Dienst zu leisten. Am 28. Oktober 1826 ging er in die Ewigkeit.

P. Wolfgang Auracher, geb. am 4. April 1746 zu Kaltenbrunn bei Gmund, Profeß am 1. Oktober 1769, Primiz am 15. August 1773, war von 1783 bis 1793 Pfarrer in Tegernsee. Nach 1803 blieb er bei Abt Gregor. Am 9. April 1808 ist er rasch verstorben.

P. Cajetan Höck, geb. am 15. Januar 1748 in Tölz, Profeß am 1. Oktober 1769, Priesterweihe am 19. September 1772, bekleidete die Ämter des Priors (1788-1791), des Kastners, des Hofkellerers in Tegernsee. Nach seiner Deportation am 14. April 1803 kehrte er 1805 nach Tegernsee zurück, um dort im Kreise seiner Mitbrüder am 5. Juni 1816 seine Tage zu beschließen.

P. Johannes Baptist Bacher, geb. am 8. August 1752 zu Rothholz bei Schwaz in Tirol, Profeß am 15. Oktober 1775, Primiz am 19. Oktober 1777, wirkte von 1779 bis 1784 als Pfarrer und von 1784 bis 1803 als Statthalter Tegernsees in Loiben. Er blieb in Niederösterreich und starb am 12. April 1808 als Wallfahrtspriester in Maria-Taferl an der Donau.

P. Florian Forster, geb. am 21. November 1753 in Nandlstadt bei Freising, Profeß am 17. November 1776, entwich 1780 aus dem Kloster, kam jedoch 1786 wieder nach Tegernsee und feierte am 29. April 1787 Primiz. 1803 war er Cantor im Psallierchor. Nach der Klosteraufhebung zog er sich nach Waakirchen zurück. Gestorben ist er am 30. Mai 1815 in einem Tegernseer Privathause.

P. Paulus Untertriffaller, geb. am 15. November 1756 in Mühldorf im Salzburgischen, Profeß am 16. November 1777, Primiz am 1. Januar 1781, ist für das Jahr 1787 als Statthalter der Tegernseer Stiftsherrschaft in Achleiten bezeugt, was er bis zur Säkularisation von 1803 auch geblieben ist. 1805 war er Kooperator in Strengberg. 1806 übernahm er die Pfarrei Gerersdorf bei St. Pölten. 1809 von den Franzosen völlig ausgeplündert, erlag er am 30. Januar 1810 in Ausübung seiner Pflichten, wie man sagt, dem Typhus.

P. Othmar Schmid, geb. am 31. März 1757 zu Miesbach, Profeß am 16. November 1777, Priester am 22. September 1781, war von 1797 bis 1803 Pfarrvikar von Egern. Er blieb zunächst in Tegernsee, wurde Beichtvater der Frauen von Notre Dame in Nymphenburg und verschied am 5. Januar 1822 in München.

P. Marian Walser, geb. 30. Juli 1754 zu Habach bei Murnau, Profeß am 16. November 1777, Primiz am 15. Oktober 1780. Nach 1803 zog er nach Tölz, wo er am 27. Juli 1819 starb.

P. Benno Enzensperger, geb. am 28. August 1758 in München, Profeß am 14. Oktober 1781, Priesterweihe am 20. September 1783. Zuerst Wallfahrtspriester in Maria Plain (Salzburg), war er von 1796 bis 1809 Kaplan für Waakirchen in Gmund, schließlich in Reutberg Beichtvater der Franziskanerinnen aus dem säkularisierten Pütrichkloster zu München. Bei diesen Schwestern ging er am 19. Juni 1825 in die Ewigkeit.

P. Maurus Magold, geb. am 12. Juli 1761 in Schongau am Lech, Profeß am 14. Oktober 1781, Priesterweihe am 24. September 1785, war begabter Mathematiker. Deshalb schickte ihn Abt Gregor II. 1788 zum Exjesuiten Georg Datzl und das Jahr darauf an die Universität Ingolstadt zu weiteren mathematischen Studien. Von dort zurück, war Magold drei Jahre Bibliothekar und Custos des „Armarium physicum" und auch in der Klostergutsverwaltung tätig. 1792 wurde er Lehrer der Philosophie am Lyceum Amberg, 1798 Professor der Mathematik an der Universität Ingolstadt, mit der er 1800 nach Landshut übersiedelte. Auch als Exbenediktiner von Tegernsee behielt er seine Professur. 1808 wurde er korrespondierendes Mitglied der Baierischen Akademie der Wissenschaften, 1809 Rektor der Landshuter Universität mit ihren damals 612 Studenten. 1814 verlieh ihm König Max I. Joseph die Stadtpfarrei St. Jodok in Landshut. 1818 war er Deputierter der Universität in der ersten baierischen Ständeversammlung. Nach der Verlegung der Universität nach München verzichtete Magold auf seine Professur, lehrte aber an dem damaligen Lyceum Landshut weiter. Als er am 8. Dezember 1837 verstorben war, hatte Landshut einen treuen Freund der Waisenkinder und großen Wohltäter vor allem der Studenten verloren. In mehreren Lehrbüchern und mathematischen Arbeiten gab er sein Wissen an seine Schüler weiter.

P. Quirin Kistler, geb. am 10. Oktober 1762 zu Murnau, Profeß am 24. November 1783, Primiz am 29. April 1787, leistete vermöge seiner französischen Sprachkenntnisse seinem Kloster und der Bevölkerung des Tegernseer Gerichts äußerst gute Dienste. So bewahrte er die Gemeinde Gmund zur Zeit der französischen Besatzung vor Plünderung und Brand. Er beendete sein Leben unter seinen Mitbrüdern am 27. Februar 1806 in Tegernsee.

P. Ämilian Sterr, geb. am 30. Januar 1749 in Landsberied (Lkr. Fürstenfeldbruck), Profeß am 24. November 1784, Priesterweihe am 21. September 1788, war bei der Aufhebung Tegernsees Sekretär des Abtes. Im Kreise des in Tegernsee verbliebenen Konventes lebte er noch bis zum 5. Dezember 1815.

P. Gotthard Gloggner, geb. am 7. September 1765 in Kreuth, Profeß am 15. Oktober 1786, Priesterweihe am 19. September 1789, war, vom „churfürstlichen Kammer-Compositeur" Michl in der Kompositionslehre ausgebildet, seinerseits wieder der Lehrer von Kaspar Aiblinger. In den Jahren vor 1803 wirkte er als Moderator der Kleriker und als Professor am Tegernseer Konvikt. Er blieb bei Abt Gregor II. und zog sich nach 1821 schließlich nach Egern zurück, um dort als Hilfspriester am 12. Juli 1832 seine Tage zu beschließen.

P. Petrus Hochenleitner, geb. am 9. Oktober 1760 in Schlehdorf am Kochelsee, Profeß am 3. Mai 1786, Priesterweihe am 22. Dezember 1787, verbrachte sechs Jahre als Professor in Neuburg a. D. und drei Jahre am Gregorianum zu München, kam nach Tegernsee 1798 zurück und war dort der letzte Regens des Klosterseminars vor seiner gewaltsamen Schließung durch Montgelas im November 1802. Er machte sich um seinen Abt und seine Mitbrüder hochverdient beim Rückkauf eines Teiles der Gebäulichkeiten von Tegernsee im Jahre 1805. Getreu blieb er bei ihnen, bis er am 5. September 1817 einem Nervenschlag zum Opfer fiel.

P. Ambrosius Stadler, geb. am 27. Oktober 1763 zu Riedhausen in Baiern, Profeß am 3. Mai 1786, Primiz am 5. Oktober 1788, hatte „ein zartes Gewissen und eine innige Frömmigkeit". Er verblieb in seinem Kloster und starb schon am 29. April 1805 bei seinen Mitbrüdern in Tegernsee.

P. Hieronymus Raschmair, geb. am 14. Februar 1765 in Geiselhöring, Profeß am 3. Mai 1786, Priesterweihe am 28. März 1789, wurde 1793 Pfarrer von Tegernsee und blieb dies bis zu seinem Tod am 9. September 1823.

P. Bonifaz Klinger, geb. am 22. November 1763 in München, Profeß am 15. Oktober 1786, Primiz am 19. April 1789, machte sich während der französischen Besatzung um die Bevölkerung sehr verdient, war 1803 Kooperator in Tegernsee, blieb bei seinen Konfratres und starb am 13. November 1807. Das Totenbuch von Tegernsee nennt ihn einen Mann ohne Falsch,

Vater der Armen im verborgenen, eifrigen Lehrer der Jugend in der Schule.

P. Martin Frischeisen, geb. am 18. Oktober 1766 ebenfalls in München, Profeß am 14. Oktober 1787, Priesterweihe am 31. Oktober 1790, wirkte von 1790 bis 1794 als Lehrer am akademischen Gymnasium in Salzburg, von da an bis 1803 als Professor der Physik an der dortigen Universität. 1803 erhielt er einen Ruf als Professor der reinen Mathematik an das Lyceum Passau, 1808 als Mathematikprofessor ans Gymnasium Dillingen. 1811 wurde er Rektor dieser Schule. 1817 zum Stadtpfarrer, Dekan und Distrikts-Schulinspektor in Mühldorf am Inn ernannt, wirkte er auch dort unermüdlich bis zu einem Schlaganfall vor dem Altar, der ihm am 27. September 1835 das Leben nahm.

P. Bernhard Buchner, geb. am 6. Mai 1766 zu Polling, Profeß am 14. Oktober 1787, Priesterweihe am 31. Oktober 1790, hatte 1803 das Amt des Tegernseer Kellermeisters. Er blieb zunächst im Kloster, um 1807 in Reutberg Beichtvater der aus dem Münchner Pütrichkloster vertriebenen Nonnen zu werden. Als solcher ist er am 14. Juni 1828 verstorben.

P. Anton Schneider, geb. am 11. September 1766 zu Gmund, Profeß am 14. Oktober 1787, Priesterweihe am 31. Oktober 1790, war musikalisch gebildet und ein guter Tenor. Nach der Säkularisation zog er sich nach Gmund zurück, versah von dort aus bis 1816 Waakirchen und verbrachte seine letzten Lebensjahre als Pensionär im damaligen Schulhaus von Gmund. Am 12. April 1822 schied er aus dem Leben.

P. Benedikt Dusch, geb. am 18. August 1765 zu Breitenbach in Tirol, Profeß am 19. Oktober 1788, Primiz am 21. November 1790, war von 1799 bis 1818 Pfarrer in Loiben, von 1818 bis zu seinem Hinscheiden am 14. April 1838 Pfarrer von Amstetten in Niederösterreich.

P. Korbinian Kleinhanns, geb. am 19. März 1769 zu Nauders in Tirol, Profeß am 2. Oktober 1791, Priesterweihe am 20. September 1794, hieß der letzte Bibliothekar des Klosters Tegern-

St. Quirinus (um 1470) in der Schloßkirche von Tegernsee.

sanctus

see. Er verblieb nach 1803 im Kreise seiner Mitbrüder, half als Prediger und in der Seelsorge aus und ist am 23. September 1824 in Tegernsee verstorben.

P. Sebastian Günthner, geb. am 12. September 1773 in Benediktbeuern, Profeß am 11. November 1792, Priesterweihe am 15. April 1797, war der letzte Kassier und Waldmeister von Tegernsee. 1803 mit seinem Abt nach Niederaltaich deportiert, kam er mit diesem 1805 nach Tegernsee zurück, um bald seiner wissenschaftlichen Arbeiten wegen nach München zu übersiedeln. 1808 wurde er korrespondierendes Mitglied der Baierischen Akademie der Wissenschaften und Revisor der Monumenta Boica. Neben seinen historischen Arbeiten schenkte er sich der Seelsorge im Beichtstuhl und am Krankenbett. Seine Hauptwerke sind eine dreibändige Geschichte der literarischen Anstalten in Baiern, eine Biographie Abt Gregors II. und eine handschriftliche, in der Bayerischen Staatsbibliothek aufbewahrte Entgegnung auf die Anschuldigungen des Barons Johann Christoph Aretin gegen Tegernsee (cgm 5684). Am 9. April 1820 erlöste ihn der Tod nach schwerem Leiden.

P. Virgil Sorko, geb. am 16. März 1771 in Salzburg, Profeß am 20. Oktober 1793, Priesterweihe am 17. Dezember 1796, war von 1803 bis 1806 verdienstvoller Kooperator und von 1806 bis 1809 Pfarrprovisor in Gmund, 1809 bis 1816 Pfarrer von Waakirchen. 1816 resignierte er auf diese Pfarrei und erlebte in ihr bis zu seinem Tode am 11. Dezember 1820 noch recht kranke Tage.

P. Ignaz Hönig, geb. am 13. Januar 1775 in Osterhofen a. D., Profeß am 17. Oktober 1795, Primiz am 10. Juni 1798, zog 1803 in sein Elternhaus, wurde Pfarrer von Rotthalmünster und starb am 20. Mai 1848 nach seiner Resignation als Pensionist in München.

P. Adalbert Würmseer, geb. am 7. Juni 1771 in Elbach, Profeß am 11. November 1794, Priesterweihe am 22. September 1798, war 1803 Sakristan, darauf Kooperator in Tegernsee. Hier starb er am 12. März 1826.

Gregor II. Rottenkolber (1707 bis 1810), letzter Abt des Klosters Tegernsee.

P. Ulrich Heimgreiter, geb. am 26. Februar 1775 zu Königsdorf bei Tölz, Profeß am 13. November 1796, Priesterweihe am 18. Mai 1799. Nach der Säkularisation lebte er zunächst bei seinen Mitbrüdern in Tegernsee, wurde dann Prediger bei den Franziskanerinnen in Reutberg, 1823 schließlich Pfarrer von Tegernsee, das ihm sehr viel zu danken hat. Am 1. Oktober 1848 schied er aus dem Leben.

P. Nonnos Höß, geb. am 9. November 1775 in Egern, Profeß am 13. November 1794, Priesterweihe am 18. Mai 1799, wurde 1803 Pfarrer seiner Heimatgemeinde Egern und starb dort nach mancherlei Krankheiten am 5. März 1816.

Der Kleriker *Frater Ägid Hellensteiner*, geb. am 31. März 1780 in Benediktbeuern, Profeß am 18. Oktober 1801, wurde erst nach der Aufhebung seines Klosters am 25. September 1803 in Freising zum Priester geweiht. Bis 1806 studierte er in Landshut auf Wunsch Abt Gregors weiter, um von diesem Jahre an Hilfspriester und von 1816 bis zu seinem Sterben am 16. Juli 1861 ein bei hoch und nieder äußerst beliebter Pfarrer von Egern zu sein. Mit ihm sank der letzte Professe von Tegernsee ins Grab.

Der *Kleriker-Novize Joseph Fuchs*, geb. am 20. Februar 1781 ebenfalls zu Benediktbeuern, durfte auf Weisung des Ministers Montgelas am 21. März 1802 nicht mehr Profeß ablegen, um eine staatliche Pension für ihn zu vermeiden. Er wurde bei der Aufhebung Tegernsees sofort des Klosters verwiesen. Am 20. September 1804 zum Priester geweiht, versah er die Pfarrei Konradshofen, darauf die Gemeinde Waalhaupten, schließlich die von Altdorf im Allgäu, wo er am 13. April 1853 verstarb. Seine Schriften verraten den praktischen Seelsorger ebenso wie den in der Askese kundigen Theologen.

Laienbruder Ockarius Häringer, geb. am 28. Februar 1753 zu Steyr in Oberösterreich, Profeß am 12. November 1794, war bis 1803 Buchdrucker der klösterlichen Offizin. Er starb am 16. April 1814 in Tegernsee.

Laienbruder Castorius Pichler, geb. am 1. Juni 1742 zu Thiersee in Tirol, Profeß am 8. November 1797, war Sakristan und Maler. Er lebte 1806 noch im Kloster, zog später aber nach Egern, um dort am 15. Oktober 1827 hochbetagt aus dieser Welt zu scheiden.

Rühmliches Ende

Abt Gregor Rottenkolber protestierte gegen die Aufhebung seines Klosters bei ihrer Verkündigung am 17. März 1803. Er berief sich auf alte Rechte und Privilegien, die nicht mir nichts dir nichts null und nichtig sein könnten. Dieser Protest wurde ihm als Widersetzlichkeit ausgelegt und sollte schlimme Folgen für ihn haben, als auch noch Anfang April 1803 der Hofbibliothekskommissär Johann Christoph Freiherr von Aretin in Tegernsee erschienen war, um über die Klosterbibliothek mit ihren Handschriften- und Bücherschätzen zu befinden. Der Lokalaufhebungskommissär Puck hatte ihm den Abt und seine Patres als „äußerst widerspenstig und hinterlistig" bezeichnet und sie beschuldigt, sie hätten wohl manches aus der Bibliothek beiseite geschafft. Aretin berichtet in „Briefen" über eine „literarische Geschäftsreise in die baierischen Abteyen" ausführlich über seine angeblichen Erlebnisse in Tegernsee.

Nach seiner Darstellung war Abt Rottenkolber ein sich hinter seine Krankheit versteckender, recht hinterhältiger Prälat, der raffiniert Vergeßlichkeit ins Feld zu führen und Gedächtnislücken vorzutäuschen suchte. P. Sebastian Günthner, den Kassier des Klosters, schildert er als fassungslosen Betrüger, der wie sein Abt ein „auffallend ängstliches und unruhiges Betragen" verriet. Der Bibliothekar P. Korbinian Kleinhanns war nach Aretin ein Mann, der erst „auf ein paar Worte von einem geistlichen Korrektionshause für widerspenstige Religiosen" gefügig zu machen gewesen sei. Konnte oder, besser gesagt, wollte Aretin nicht verstehen, daß Ordensleute seinem gewaltsamen, „dem gemeinsamen Besten bestimmten Werke" nicht zuzustimmen in der Lage waren und es, schlicht und einfach ausgedrückt, für eine Beraubung hielten? Waren die Rechtsbegriffe und die Vorstellungen der Aufklärung von der Omnipotenz des Staates in Baron Aretin tatsächlich so lebendig und bestimmend, daß er Unrecht für Recht, rohe Gewalt für eine gute Tat ansah? Begriffsverwirrung ist immer noch das Mäntelchen für jegliche Schamlosigkeit des Mächtigen gegen den Schwächeren gewesen, sie wird es immer bleiben.

Den tendenziösen Mitteilungen Aretins über Tegernsee wollte P. Sebastian Günthner in der Vorrede zu seiner „Geschichte der litterarischen Anstalten in Baiern" eine „Richtigstellung" entgegensetzen. Der Entwurf dazu befindet sich in der Bayerischen Staatsbibliothek (cgm 5684). Am Druck hinderte Günthner die ihm eigene Versöhnlichkeit. Ein

Aretin unverkennbar sympathisch gegenüberstehender Historiograph (Wolf Bachmann) hat dessen „Briefe“ in unseren Tagen neu herausgegeben, ohne in seinem Vorwort Günthners „Richtigstellung“ auch nur zu nennen. Anschuldigungen werden nicht wahrer, wenn man sie nach fast 170 Jahren wiederholt und Gegendarstellungen verschweigt.

Baron Aretin berichtete über seine angeblichen Erlebnisse in Tegernsee an die General-Landes-Direktion nach München. Schon am 13. April 1803 erhielt Abt Gregor die Order, sich mit P. Sebastian Günthner und P. Cajetan Höck, dem Tegernseer Hofkellerer und Ökonom, nach Niederaltaich zu begeben, und zwar so rasch, daß ihm kaum Zeit verblieb, seine Habseligkeiten zu packen. „Das ist hart“, meinte er zu seinem Los, „lieber hätten sie mir die Reise in die Ewigkeit angekündigt!“ Gegen schriftliche Bestätigung gab man ihm als Grund für die Verschickung an die ferne Donau an, „daß Se. churfürstliche Durchlaucht sich vorbehalten habe, Klostervorstände auch abzuändern oder anderswohin zu versetzen“, weshalb „sich der Prälat mit den beiden Offizialen nach Niederaltaich zu verfügen“ habe. Dort erfuhren die Deportierten, daß sie wegen „Unterschlagung von Klostergut“ aus Tegernsee verschwinden mußten, um weit davon auf ihren Prozeß zu warten. Zu einem solchen kam es nie, doch wurden die Verbannten erst am 20. Oktober 1803 aus ihrem Gewahrsam wieder freigelassen, vorerst aber ohne die Erlaubnis, nach Tegernsee heimkehren zu dürfen. Es dauerte noch zwei volle Jahre, bis Abt Gregor und seine beiden Leidensgefährten P. Sebastian und P. Cajetan am 25. Oktober 1805 die Tegernseer Berge wiedersahen. Die „churfürstliche Lizenz“ dazu gestattete zwar die Rückkehr Abt Gregors, „doch habe er sowohl, als diese beyden Geistlichen vorher die Mönchskleidung abzulegen und auf alle Oberaufsicht oder Direktion Verzicht zu leisten“. Und das schriftlich schwarz auf weiß.

Die demütigende Behandlung durch die Beamten Kurfürst Maximilians IV. Joseph ging Abt Rottenkolber weniger zu Herzen als die ehrabschneidende Hetzkampagne der Presse gegen ihn und seine Patres. In Flug- und Schmähschriften ebenso wie in Zeitungen wurde behauptet, Tegernsee habe in seiner tausendjährigen Geschichte nichts geleistet. Die früheren Mönche seien Nichtswisser und Nichtskönner gewesen, so daß in den Mauern ihres Klosters die Wissenschaften niemals hätten gedeihen wollen. Die noch lebenden Konventualen seien ehrlose, „strafwürdige Volksbetrüger, die bei Beteuerung ihrer priesterlichen Ehre sich nicht gescheut hätten, wissentlich die Unwahrheit zu sagen“. Der anonyme Autor einer weit verbreiteten Broschüre, die 1803 unter dem Titel

„Fortschritte des Lichtes in Baiern" erschien, verstieg sich gar zu der Behauptung, die Tegernseer Mönche hätten vor der Aufhebungs-Kommission Monstranzen, goldene Ringe, Pretiosen mit anderen Gegenständen im Werte von 40 000 Gulden unter einem Misthaufen vergraben. Wen erinnern solche aus der Luft gegriffenen journalistischen Lügen nicht an die haltlosen Beschuldigungen von Ordensleuten in unserem Vaterlande zu einer Zeit, die, wie man sagt, noch immer nicht bewältigt ist.

Inzwischen war in Tegernsee gar manches vorgegangen und geschehen. Die Stiftsbibliothek, die weit über 60 000 Bände gezählt, rund 2000 Handschriften aus aller Herren Länder und 1584 Inkunabeln (Buchdrukke vor dem Jahre 1500) aufgewiesen hatte, war in ihren kostbarsten Beständen in die Hofbibliothek nach München verbracht, das „weniger Wertvolle" aus ihr verhökert und verschleudert worden. Noch heute tauchen bei Antiquaren Bücher auf, die nach ihren aufgeprägten Exlibris einmal dem Kloster Tegernsee gehörten und nun um teures Geld zu haben sind.

Auch das Klosterarchiv war in die baierische Hauptstadt abtransportiert. Die Sakristeischränke standen leer, die Kirchengeräte waren bis auf ganz wenige hinweggeschafft, die Einrichtung des Klosters zum großen Teil verkauft, versteigert oder auch gestohlen. Gestohlen ist z.B. gewiß auch eine Perlenkette gewesen, die bisher an einem Muttergottesbild der Klosterkirche zu sehen war und unmittelbar nach der Säkularisation ein Tegernseer Mädchen am Halse trug, das „weiter sonst nichts mit der Mutter Gottes gemein zu haben schien, als eben diese Perlenschnur". Schamloser Kirchendiebstahl ist nicht neu.

Die Klostergebäulichkeiten Tegernsees und ihre „nächsten Umgebungen" hatte 1805 der Landesdirektionsrat Karl Freiherr von Drechsel (†1838), einer der führenden Köpfe im Kreis um Montgelas, äußerst vorteilhaft erstanden. Davon war der sogenannte Konventstock mit Garten laut Kaufvertrag vom 1. September dieses Jahres von ihm schon wieder an den „Exconventualen Peter Hochenleitner", der mit seinen „Consorten" noch darin hauste, käuflich abgegeben worden, bevor Abt Gregor die Rückkehr zu den Seinen nach Tegernsee erlaubt erhielt.

Für Baron Drechsel wurde der Besitz des aufgehobenen Klosters am Tegernsee ein Riesengeschäft. Um 25 000 Gulden erwarb er ihn, 5000 Gulden erhielt er schon bald durch den Verkauf des Konventstockes zurück, ein Vielfaches des restlichen Kaufbetrages erzielte er auf eine andere Art. Binnen kurzem veräußerte er die Kirchenglocken, die kupfernen Bedachungen, Dachrinnen und-traufen, die bleiernen Wasserleitungen, die Öfen und Herde des ehemaligen Klosters. Dazu riß er den von Abt Benedikt Schwarz erst vor knapp 30 Jahren fertiggestellten großen Gasttrakt mit seinen breiten Marmortreppen, dem prunkvollen St. Quirins- oder Ludwigssaal völlig nieder, um die Mauersteine, Dachbalken, Tür- und Fensterstöcke des Gebäudes den Meistbietenden als Baumaterial zu überlassen. Ebenso beseitigte er alle an den Gastflügel angrenzenden Bauten, die mit diesem einen weiten geschlossenen Hof vor der Klosterkirche bildeten und einmal Werkstätten, Kuh- und Pferdeställe, Stuben und Kammern für Knechte und Handwerker umfaßten. Manches Haus im Tegernseer Tal wurde aus den Steinen dieses herzlosen Abbruches neu gebaut, manchen Gulden hat Baron Drechsel aus ihm einkassiert. Nachdem er 1806 Königlicher Postkommissär, 1808 baierischer Generalpostdirektor, 1817 Generalkommissär des Rezatkreises mit dem Sitz in Ansbach geworden war, fand er in seinem König Maximilian I. Joseph – dazu hatte sich der Kurfürst Max IV. Joseph von Baiern durch Napoleons Gnaden 1806 gemausert – einen äußerst interessierten Käufer für alles, was er in Tegernsee noch sein eigen nennen konnte. Der König wußte, um wieviel Gulden Drechsel Herr von Tegernsee geworden war, und äußerte sich in seiner unmißverständlichen und groben Art empört über dessen hohe Forderungen für das ausgeplünderte, zum Teil abgerissene Kaufobjekt. „Scheißkerl“ nannte er ihn in seinem Zorn. Drechsel erfuhr von diesem nicht gerade sehr schmeichelhaften und ehrenden königlichen Titel. Er forderte Genugtuung von seinem Herrn und König. Und dieser bezahlte die verlangte Summe von 90 000, andere sagen von 120 000, weitere wissen von 180 000 Gulden. Als Genugtuung für den „. . .kerl“ verlieh der Monarch Baron Drechsel außerdem den Titel eines Grafen, im Wappen mit dem Posthorn. Das geschah im Jahre 1817. Graf Drechsel wurde 1826 Generalkommissär des Oberdonaukreises in Augsburg, um aber zwei Jahre später sich über Nacht von König Ludwig I. „wegen seiner liberalen und eigenwilligen Haltung des Dienstes“ abgesetzt und mit 50 Jahren auf Lebensdauer pensioniert zu sehen. Mit 60 ist er verstorben. Von allen Säkularisationsgewinnlern war er einer der erfolgreichsten und größten. Vielleicht ist dies nicht der letzte Grund für König Ludwig gewesen, ihn aus seinen Diensten zu entfernen. Leute à la Montgelas und à la Drechsel waren nicht nach dem Geschmack dieses bayerischen Fürsten.

Die ehemaligen „klösterlichen Individuen“, „Consorten“ und „Exconventualen“, alles Bezeichnungen des kurfürstlichen Kanzleideutsches für die Benediktiner von Tegernsee, mußten sich beim Rückkauf des Konventstockes ihrer ehemaligen klösterlichen Heimat verpflichten, das viele Jahrhunderte hindurch gepflegte gemeinschaftliche Chorgebet aufzugeben und ihre Ordenskleider abzulegen. Merkwürdig, wenige Jahre zuvor war noch ein anderes Kleiderverbot in Tegernsee ergangen. Im Namen des Abtes verordnete 1802 der Klosterrichter gegen die „üppige Kleiderpracht und die sündhafte Hoffart bei den Bauerstöchtern, Mädchen und selbst Kindern" in zehn Punkten vieles, um „alle hoffärtige und ärgerliche Kleidertracht" gründlich zu verhindern. Jetzt, nach erst drei Jahren, war auf Anordnung der Regierung die Ordenstracht zum öffentlichen Ärgernis geworden.

Heute ist die abteiliche Kleiderverordnung von 1802 wie die kurfürstliche aus dem Jahre 1805 völlig überholt. Denn einerseits gelten in unseren Tagen ganz andere Begriffe von Schicklichkeit in der Bekleidung wie zu Beginn des 19. Jahrhunderts, so daß Verordnungen von einst und früher sich von selbst erübrigen. Besuchen andererseits aber Benediktiner den schönen Tegernsee, so tragen sie auch ohne Verbot zumeist kein Ordenskleid. Das ist zum guten Teil die Folge einer Mentalität, die Menschenfurcht und Feigheit als Mittel des Selbstschutzes nicht auszuschließen vermag und die sich der völligen Säkularisierung des Alltags nicht mehr widersetzt.

Am Tage der Aufhebung Tegernsees waren von 42 Religiosen dieser Abtei 30 zu Hause stationiert. Während die Seelsorger auf den Pfarreien Gmund, Kreuth und in Niederösterreich, ebenso die Tegernseer Professoren und Studenten an den Universitäten mit Wissen und Willen ihres Abtes Gregor blieben, wo sie waren, während P. Michael Lory nach St. Peter in Salzburg übertrat, harrten die anderen im Konventtrakt ihres Klosters aus, den achtzehn schließlich aus ihren staatlichen Pensionen und wohl auch aus Spenden stiller Gönner wieder kauften. Zu ihnen zog 1805 Abt Gregor und später noch der eine oder andere Mitbruder aus früherer Zeit.

Der Tegernseer Restkonvent um seinen Abt Gregor Rottenkolber mochte anfangs noch immer auf bessere Zeiten für Ordensleute hoffen und von einer früher oder später erfolgenden Restauration seines Stiftes träumen. Er täuschte sich. Am 13. Februar 1810 erlag Abt Gregor einem Schlaganfall. Er schied aus einem wahrhaftig sehr bewegten Leben, voll Leid und Kreuz, voll Niedertracht aufgeklärter Geister. Doch war er stets auch begleitet von der Treue und der Liebe seiner Mitbrüder und des Kirchenvolks am Tegernsee. An seinem offenen Grabe stand kein

Vertreter einer staatlichen Behörde, kein Großer der Gesellschaft, aber auch kein Prälat der Kirche, kein Abt oder Propst eines anderen säkularisierten Klosters. Die Beisetzung in der Äbtegruft wurde nicht gewährt.

Als 1817 König Max I. Joseph Tegernsee als Sommersitz erwerben wollte, und zwar den ganzen Rest des ehemaligen Klosters, waren die nur mehr wenigen Besitzer des Konventtraktes bald bereit, ihr Eigentum an den König zu veräußern. Sie erstanden darauf ein Haus am See, nicht weit von der ebenfalls schon abgebrochenen früheren Pfarrkirche von Tegernsee, das nach ihnen den Namen „Herrenhaus" erhielt. Sie waren ja „Herren des gefreiten Benediktinerstiftes Tegernsee" gewesen. Für das einfache Volk waren sie es immer noch.

Die Benediktiner von Tegernsee nannten sich nicht Mönche und wurden von niemand so genannt. Sie wußten auch nichts von einer benediktinischen Spiritualität, nichts von einem Pneuma, das sie einmal empfangen hätten, und nichts von einem Charisma, das sie in sich trügen. Sie waren nicht offen für oft recht selbstgefälliges, zweckloses Gespräch, pflegten keine Begegnungen und sprachen weder von Meditation noch von Erweckung. Nichts hielten sie von leeren Phrasen, Schlagwörter gebrauchten sie nicht, Schaumschlägerei blieb ihnen fremd. Sie suchten und fanden in anderem den Inhalt ihres religiösen Lebens. Substanzielleres beseelte sie. Sonst wären manche sicherlich ebenso an ihrem Ordensberuf gescheitert wie in unseren Tagen nicht wenige, die einmal nicht genug von ihrem Mönchtum zu reden und von ihrem Pneuma und Charisma zu erzählen wußten.

Die letzten „Herren" von Tegernsee waren, wie sich zeigte, echte Religiosen, Ordensleute, die sich trotz allem, was sie von außen her nur immer hindern wollte, an ihre einmal abgelegten Gelübde des lebenslangen Verharrens in einer klösterlichen Gemeinschaft, des Verzichtes auf persönliches Eigentum, des Gehorsams und der Ehelosigkeit in Treuen hielten. Sie setzten ihr benediktinisches Ordensleben fort, so weit es und so gut es ging. Das „Churfürstliche Landesdirektorium von Baiern" hatte ihnen zur Auflage gemacht, „das gemeinschaftliche Chorgebet im ehemaligen Chor der Kirche aufzuheben und außer ihrer Wohnung in Weltpriesterkleidung zu erscheinen". Sie verrichteten weiterhin zusammen gewissenhaft und pünktlich ihr Chorgebet, wenn auch in der Verborgenheit ihrer eigenen vier Wände. Wer sie besuchte, fand sie stets im Ordenskleid. Und noch die Aufsargung zeigte sie als Religiosen. Hatte die staatliche Behörde bestimmt, daß Abt Gregor nach seiner Rückkehr zu seinen klösterlich zusammenlebenden Mitbrüdern „auf alle Oberaufsicht oder Direktion Verzicht zu leisten hätte", so kehrten sich diese nicht an eine solche Weisung. Abt Gregor war für sie der führende Mann und blieb es bis zu seinem Tod.

Jeder ehemalige Konventuale bezog eine staatliche Pension von 400 Gulden jährlich, Abt Gregor eine solche von 2200. Keiner verfügte von sich aus über dieses Geld. Es floß in eine gemeinschaftliche Kasse, nennen wir sie Klosterkasse. Um alles sonstige persönliche Hab und Gut, wie Gegenstände des täglichen Gebrauchs, nach dem Tode ebenfalls den hinterbliebenen Mitbrüdern zu sichern, schrieb jeder ein Testament, das einen überlebenden Confrater zum alleinigen Erben bestimmte, so daß keinerlei Erbansprüche von irgend einer Seite hätte wirksam werden können. Es kam so weit, daß schließlich der letzte, der dieser Gemeinschaft angehörte, ein verhältnismäßig großes Vermögen vererbt erhielt. Dieser letzte hieß P. Ulrich Heimgreiter. Er war von 1823 an Pfarrer von Tegernsee, resignierte 1847 als solcher und starb am 1. Oktober 1848. Was tat er mit dem ihm anvertrauten Erbgut? Just in den Tagen, da vor 1100 Jahren Adalbert und Otkar ihr Kloster am Tegernsee gegründet hatten, rief er damit einen „Armenfond", eine „Krankenpfleg-Anstalt" und dazu eine „Sparkasse" für das Volk von Tegernsee ins Leben. Schöner und auf edlere Weise hätte der letzte Klosterpfarrer von Tegernsee die Geschichte seines uralten Benediktinerstiftes nicht beenden können.

Mit P. Ulrich Heimgreiter schied nicht der letzte Benediktiner von Tegernsee aus unserer Welt. Sein Mitbruder P. Ägidius Hellensteiner überlebte ihn noch manches Jahr. Seit 1806 war er Kaplan in Egern, von 1816 an wirkte er für 45 Jahre dort als Pfarrherr. Er muß ein eifriger Seelsorger und tüchtiger Schulmann, ein gütiger Wohltäter der Armen und verständnisvoller Beichtvater gewesen sein. König Max I. Joseph († 1825), gewiß kein frommer Christ, und seine protestantische Gattin Karoline († 1841) schätzten ihn und besuchten ihn gern, ebenso deren Sohn Prinz Karl († 1875). Auch König Friedrich Wilhelm IV. von Preußen († 1861), der Romantiker auf dem Königsthron, wie man ihn nannte, kannte P. Ägidius persönlich. Er traf sich mit ihm am Tegernsee, begleitet von seiner Gemahlin Königin Elisabeth († 1873), die Max I. Joseph von Baiern wiederum zu ihrem Vater hatte. Ihr Neffe König Maximilian II. von Bayern verlieh dem greisen P. Ägid 1854 den Titel eines Königlich-bayerischen Geistlichen Rates; 1856 zeichnete er ihn mit dem Ehrenkreuz des bayerischen Ludwigsordens aus. Warum das wohl? Weshalb die Erweise allergnädigster königlicher Huld? Vielleicht wollte dieser König sich damit beim letzten Benediktinermönch von Tegernsee entschuldigen für all das, was sein Großvater und dessen Zeit durch eine gnadenlose Säkularisation verschuldet und für immer an Kultur, Wissenschaft und Kunst vernichtet hat.

Der allseits überaus verehrte P. Ägidius Hellensteiner beendete am 16. Juli 1861, über 81 Jahre alt, sein Leben. Bei seiner Bestattung auf dem Egerner Friedhof waren alle sich wehmütig bewußt, daß mit seiner sterblichen Hülle „die letzten Ruinen des ehemaligen Klosterkonventes von Tegernsee unter die Erde sanken“.

Nach der Säkularisation von 1803

Ein anderes Tegernsee

Das beginnende 19. Jahrhundert brachte Baiern nicht nur die Säkularisation des Kirchengutes, die Mediatisierung kleiner Fürstentümer und die Einverleibung mitunter einmal recht mächtiger Reichstädte wie Augsburg, Regensburg und Nürnberg, sondern 1802 auch die Einführung der allgemeinen Schulpflicht für die Kinder und einige Jahre später die Aufhebung der Leibeigenschaft für die Bauern. Das neue Jahrhundert bescherte 1806 den Alt- und Neubaiern einen König und nahm allen guten Deutschen das freilich recht morsch gewordene Kaisertum des Heiligen Römischen Reiches Deutscher Nation. Die Schaukelpolitik eines Ministers Montgelas im Dienste seines nach Herkunft und Gesinnung französisch orientierten ehemaligen pfälzischen Herzogs ohne Land, den nicht Verdienst, sondern lediglich das Recht der Erbfolge zum Kurfürsten und dann durch Napoleon zum König Maximilian I. Joseph von Baiern avancieren ließ, trug ihre Früchte. Es ließ sich jedoch nicht verhindern, daß die Konstitution des Ministers Montgelas von 1808 nicht zu halten und daß Kronprinz Ludwig am Morgen des 2. Februar 1817 seinen Vater zur Entlassung dieses Staatsmannes und vertrautesten Beraters zu bestimmen fähig war. Ob König Max I. Joseph dieses Zugeständnis nicht doch recht bald bereute? Er nahm sich selber sicher viel.

Napoleon war gekommen, er war gegangen. Mit ihm verbanden den neuen baierischen König nahe familiäre Beziehungen durch die Heirat seiner Tochter Auguste Amalie († 1851) mit Eugen Beauharnais († 1824), dem Adoptivsohn des Korsen. Einmal an der Seite Österreichs, einmal auf der Frankreichs, dann zur rechten Zeit als Sieger wieder im Kreis der deutschen Fürsten, durchwanderte Max I. Joseph sein Leben. Das erforderte nicht gerade charakterliche Größe, doch machte ihn schon allein das König-Sein recht müde. Er sehnte sich nach Ruhe, nach Entspannung.

In dieser Verfassung kam er in Begleitung seiner Gattin Karoline im Sommer 1815 nach Tegernsee. Er, noch mehr die Königin, war äußerst angetan von der Schönheit der Gegend mit ihren Bergen, von der Lage des früheren Klosters am See, von der Bevölkerung, die sie aufs freundlichste begrüßte. Keine zwei Jahre später, am 29. Mai 1817, veräußerte Baron Drechsel die Reste des ehemaligen Klosters Tegernsee an den baierischen König. Wie diesem um jene Zeit zumute war, lassen zwei seiner Briefe an Kronprinz Ludwig gut erkennen. Am 18. Mai 1817 meinte er: „Nach einem Krieg von zwanzig Jahren [gemeint sind die Napoleonischen Kriege] und einem ausschlaggebenden Wechsel in meinem Ministerium [Sturz Montgelas] hatte ich gehofft, meine Tage in Ruhe zu beschließen, aber ich habe mich getäuscht." Und zwei Wochen nach dem Erwerb von Tegernsee schrieb er an Prinz Ludwig: „Bin mit Arbeit abghetzt . . . Ich hoffe, daß, wenn alles in Ordnung ist und die Maschine läuft, ich mehr Ruhe haben werde. In meinem Alter thut ein wenig Ruhe allzu wohl. . . Ich habe auf meine Rechnung von Drechsel Tegernsee gekauft. Wenn Sie zurück sind, werden wir zusammen hinfahren." Schon am 18. Juni ist das geschehen.

Kronprinz Ludwig hielt schon damals viel auf die Benediktiner und hatte bereits 1810 als Generalstatthalter der Länder Salzburg und Tirol, die von Napoleon Baiern zugesprochen worden waren, die beiden Abteien St. Peter in Salzburg und Michaelbeuern vor der Säkularisation Montgelas' bewahrt, wofür er die Münzsammlung von St. Peter dem baierischen Münzkabinett als Geschenk einbringen konnte. Der Kronprinz war erschüttert über den Zustand des einmal so prächtigen Klosters am Tegernsee, das mit Ausnahme des von Exbenediktinern bis vor kurzem bewohnten Konventtraktes völlig „verschleudert, veräußert, nun wieder gekauft, nachdem dessen schönster Theil niedergerissen ist". Wehmut erfüllte ihn.

Sein Vater dachte anders. Frei von allem Sinn für geschichtliche Vergangenheit, suchte er in Tegernsee eine Sommerresidenz und einen Ruhesitz für seine alten Tage. Doch in einem Kloster wollte er nicht hausen. Ein königliches Schloß hatte die frühere Abtei zu werden, ein solches sollte es nach seinen Wünschen für alle Zeiten sein. Der junge erst nach München berufene Hofarchitekt Leo Klenze hatte den Vorstellungen des Königs zu genügen. Schon rein äußerlich sollte die Verwandlung des Klosters in ein Königsschloß zu verspüren und zu sehen sein. Wie die Überlieferung besagt, verkürzte Klenze deshalb die beiden Türme der Tegernseer Klosterkirche und setzte ihnen statt der bisherigen schlanken die heutigen gedrungenen, wenig schönen Spitzhelme auf, was beides freilich in unseren Tagen abgestritten und ins Reich der Fabel verwiesen wird. Eine neue, klassizistische, von Klenze geschaffene nüchterne Fassade des Gotteshauses und eine ebenfalls von ihm stammende Freitreppe vor dem daran anschließenden Gebäude gegen Süden dienten zusätzlich dem Zweck, die Monumentalität des nunmehrigen Schlosses gewichtiger zu machen als die Monumentalität des zur Schloßkirche degradierten Tegernseer Münsters. In der Kirche selbst wurde der bisherige Psallierchor hinter dem Hochaltar durch eine Mauer abgetrennt und zur Schloßbibliothek gestaltet. Was später mit der Gruft der Tegernseer Äbte und ihrer Mönche geschah, sei besser nicht genannt. Pietät und Geschmack standen bei den Veränderungen schwerlich Pate. Noch in der Zeit Max I. Joseph wurden in der Vorhalle der Kirche Wandfresken Hans Georg Asams übertüncht. An ihre Stelle traten mehrere Gedenksteine, von denen einer an das aufwendige Zusammentreffen des Kaisers Franz I. von Österreich († 1835) und des Zaren Alexander I. von Rußland († 1825) mit König Max I. Joseph von Baiern am 8. Oktober 1822 in Tegernsee erinnert, mit seinen lukullischen Genüssen für 257 hohe Gäste von Adel und von Rang und mit einem Riesenfeuerwerk, das diese von Kaltenbrunn aus beifällig zu bewundern Gelegenheit bekamen.

Eine andere Erinnerungstafel am Eingang der Tegernseer Kirche spricht vom Tag, da man am 16. Februar 1824 das 25jährige Regierungsjubiläum Max I. Joseph feierte. Eine dritte gedenkt der Hochzeit der Prinzessin Ludovika Wilhelmine († 1892), einer Tochter dieses Königs, mit dem Herzog Max in Bayern († 1888) am 9. September 1828 in der Schloßkirche von Tegernsee.

Neben diesen familiäre und andere Ereignisse festhaltenden Dokumenten in Stein an einem vielleicht nicht sehr angebrachten Ort machen weitere Zeichen erinnernder Verehrung im Tegernseer Tal auf Max I. Joseph aufmerksam. Der König hat 1821 Egern einen Schulneubau geschenkt. Eine schwarze Marmortafel an einem Haus gegenüber dem Egerner Friedhof weiß davon. Im gleichen Jahre hat er als Ersatz für die Pflege der Kirchenmusik durch das frühere Kloster Tegernsee eine Kantorei mit Organistenstelle an der nunmehrigen Pfarr- und Schloßkirche Tegernsee errichtet. Sie sollte einerseits „die religiöse Erbauung bei den Kirchenandachten" gewährleisten, andererseits der Jugend musikalisch „eine höhere Bildung" vermitteln und endlich „allenfalls auch die bessere Subsistenz eines Schullehrers dieser Tegernseegemeinde zum wesentlichen Zwecke " haben. Zur Hebung der Volksbildung rief der König ferner eine „Zeichen- und Fortbildungsschule" ins Leben, dazu eine „Strick- und Nähschule" für Mädchen. Hochtrabend heißt es über letztere:

„Die Eltern haben das frohe Bewußtsein, daß ihre Töchter unter der sorgenden Aufsicht einer der dortigen fähigen Frauen nicht nur eine edlere Bildung, sondern auch durch belehrende Übung Fertigkeit in den

weiblichen Handarbeiten erlangen, eine für ihr ganzes Leben äußerst wichtige Wohltat."

Für diese Stiftungen und für weitere Erweise königlicher Huld dankt inmitten der Seepromenade von Rottach-Egern ein steinernes Denkmal Max I. Joseph. Kinder nannten es respektlos und doch liebevoll „Moosmaxl", weil sie die Patina auf dem Haupt des dargestellten Königs für grünes Moos gehalten haben.

Ein anderes Denkmal Max I. Joseph steht über einer Quelle, nicht weit von Wildbad Kreuth und auf dem Weg nach Siebenhütten. Es zeigt den Erzguß der Büste des Monarchen und trägt die Inschrift: „Rein und segensreich wie diese Quelle war sein Leben." Man kann auch übertreiben.

Der erste baierische König hat viel Geld in seinen Tegernseer Besitz gesteckt. Was ihn die Umbauten im Schloß gekostet haben, entzieht sich unserer Kenntnis. 19 202 Gulden verwendete er zwischen 1817 und 1821 allein auf die Einrichtung seiner neuen Sommerresidenz. Schon 1818 erwarb der König Kreuth mit seinem Wildbad und Siebenhütten. 1821 erstand er um 44 000 Gulden den ehemaligen Klosterhof Kaltenbrunn bei Gmund vom Jägerbauern Max Aigner aus dem nahen Oberwarngau. Dieser hatte ihn mit 265 Tagwerk Grund aus den säkularisierten Klostergütern Tegernsees um einen Pappenstiel (11 000 fl) ersteigert. Ebenso brachte der Monarch den Angermannhof und den Hofbauern am See in seinen Besitz.

Zuletzt kaufte er in seinem Todesjahre 1825 noch den „Bauern in der Au", südwestlich des Tegernsees gelegen.

Kaltenbrunn wurde zur Maierei der Schloßherren von Tegernsee und zum landwirtschaftlichen Mustergut im Tegernseer Tal. Wildbad Kreuth erfuhr durch Max I. Joseph eine nicht zu erwartende Neubelebung. Zwischen 1818 und 1825 entstand das sogenannte Neue Bad, ein Biedermeierbau, der bald erweitert werden mußte und schließlich in 115 Zimmern 216 Badegästen Unterkunft gewährte. In einem heilenden Wässerlein, das in 70 Badewannen geleitet werden konnte, binnen kurzem mehr noch in einer damals aufkommenden Molkenkur, wofür Hunderte von Ziegen auf der Königs- und Geißalm gehalten wurden, suchten und fanden Leute verschiedenen Standes und oft von weit her wenn nicht Gesundheit, so doch kräftigende Erholung. Besonders Lungenkranke vertrauten der Heilkraft der Molke und gebrauchten sie. Weitere Kurmittel bestanden in verschiedentlichen Pflanzensäften, hergestellt aus

Kräutern der Berge rings um Kreuth. Nach dem Willen des Königs sollten aber nicht nur betuchte Leute „sein" Bad in Anspruch nehmen können, sondern auch solche mit kleinem Beutel, ja mit nichts darin. Darum machte er eine Stiftung von 50 000 fl, um auch Unbemittelten die Möglichkeit zu geben, nach Kreuth zu kommen zur Behandlung ihrer Leiden. Badearzt und Badepersonal wurden eingestellt, in Glashütte ein Benefizium gestiftet, dessen Benefiziat im Sommer die hl. Messe in der Heiligkreuzkapelle neben dem alten Kreuther Badehaus zu lesen und als Seelsorger sich der Kranken anzunehmen hatte.

Als König Max I. Joseph von Baiern in der Nacht vom 12. auf den 13. Oktober 1825 in Schloß Nymphenburg heimgegangen war, stand schon in der Vorhalle der Schloßkirche zu Tegernsee auf einer Marmortafel aus dem Jahr zuvor geschrieben von dem „stillen Thal, das seiner Güte neues Leben dankt und erhofften Wohlstand". Es ist wahr, die Tegernseer Bevölkerung verdankt ihm viel. Sie war durch die Säkularisation wirtschaftlich hart betroffen worden. Ihre Arbeit- und Brotgeber im Kloster Tegernsee gab es nicht mehr. Nach einer Durststrecke von 14 Jahren erwuchsen ihr durch die Wittelsbacher neue Arbeitsplätze und Verdienstmöglichkeiten, sei es als Knechte und Mägde in deren landwirtschaftlichen Gütern, sei es als Angestellte im Schloß oder in Bad Kreuth, sei es als Steinmetzen im Marmorbruch von Enterbach oder als Hoflieferanten von Brot und Fleisch und anderen Lebensmitteln als auch als Schlosser und Schreiner, Schuster und Maler oder als andere Handwerker in Tegernsee.

Wes Brot ich ess', des Lied ich sing – es ist verständlich, wenn das Tegernseer Volk König Max I. Joseph in Dankbarkeit verbunden ist. Ihn jedoch zum großen Staatsmann und einzigartigen Menschenfreund machen zu wollen, wie manche unserer Zeitgenossen es versuchen, geht nicht an. Kostete seine mangelnde Menschenfreundlichkeit in der Politik nicht ungezählten seiner Untertanen das junge Leben auf den Schlachtfeldern Europas, kann man vergessen, daß er als Staatsmann bei all seinen Verdiensten um das Werden eines modernen Baiern seinem Lande durch die Säkularisation von 1803 unermeßlich großen kulturellen Schaden zugefügt hat? Und wenn auch Anekdoten von ihm wissen, daß er mit den Tegernseer Bauern wie einer ihresgleichen aus einer Schüssel aß, daß er leutselig durch das Küchenfenster fragte, ob die Knödel noch nicht fertig seien, daß er sich ohne Umschweife zu einem Wegmacher auf den Schubkarren setzte, um mit ihm zu plaudern, so ist eine solche, wenn auch gutgemeinte Jovialität noch lange kein Beweis für echte Menschenfreundlichkeit und wahre Herzensgüte, aber auch nicht für ein staatsmännisches Genie.

Nach dem Tode Max I. Joseph ging das Tegernseer Schloß in den Besitz seiner Witwe Karoline über, nach deren Scheiden aus der Welt im Jahre 1841 an ihren Sohn Karl, den einstigen Sieger in den Schlachten von Brienne und Arcis sur Aube gegen Napoleon und den künftigen bayerischen Generalfeldmarschall und Besiegten im Kriege des Jahres 1866 gegen Preußen. Auch er war beliebt im Tegernseer Tal. Er lebte wie sein Bruder König Ludwig I. von Bayern äußerst einfach, konnte aber auch recht aufwendige Feste feiern und war sehr freigebig gegen Arme und Bedürftige. Fünf Millionen Mark hat er wohltätigen Zwecken schon bei Lebzeiten zugeführt, mit 27 Stiftungen im Wert von 1 054 000 Mark bedachte er Krankenhäuser, Kinderbewahranstalten, Blinden- und Taubstummeninstitute, Einrichtungen für unheilbar Krüppelhafte und arme Wöchnerinnen, Nervenkranke und Kretinen, für Witwen und Waisen von Ärzten, für entlassene Strafgefangene in seinem Testament. Laut seiner letztwilligen Verfügung flossen außerdem noch je 20 000 Gulden den Hilfskassen der acht Kreise (Regierungsbezirke) zu, die Bayern damals zählte.

Prinz Karl hatte das Reiten für sein Leben gern. Jeder Tag sah ihn im Sattel auf seinen Ritten durch das Tegernseer Land. Nichtsahnend und doch ahnungsvoll meinte er einmal scherzend, am liebsten würde er nach seinem Sterben reitend in den Himmel ziehen. Als 80jähriger stürzte er am 16. August 1875 nach einem Morgenritt zwischen Rottach und Tegernsee vom Pferd. Alle Hilfe kam zu spät.

Nun fielen die Tegernseer Besitzungen der Wittelsbacher an die Lieblingsschwester Prinz Karls, die Herzogin Ludovika (Luise) in Bayern und damit an die herzogliche Linie des Wittelsbacher Fürstengeschlechts. Sie gab das Erbgut wunschgemäß an ihren Sohn Herzog Karl Theodor in Bayern weiter. Dieser kam mit seiner Familie 1876 nach Tegernsee. Auch er wurde ein Wohltäter für viele, doch auf eine andere Art wie sein Onkel Karl. Aus innerem Bedürfnis Mediziner, suchte er Ungezählten anfangs auf allen Gebieten der ärztlichen Betätigung, später in erster Linie als Augenarzt zu helfen. Zunächst richtete er im Tegernseer Schloß eine kleine Augenklinik ein. 1888 verlegte er sie in das Distriktskrankenhaus von Tegernsee, das mit auf seine Kosten erweitert worden war, um seiner Praxis zu genügen.

Tage und Wochen, die Herzog Karl Theodor in Meran zur Erholung von schweren Erkrankungen hätten dienen sollen, wurden für ihn zu

Zeiten vieler Mühe in der Sorge für Erblindende und am Star Erkrankte. Aus dieser Tätigkeit entstand in Meran eine zweite Praxis des Herzogs neben der in Tegernsee. Im Juli 1889 konnte seine tausendste Staroperation gefeiert werden. 1895 eröffnete der unermüdliche Arzt in München seine dritte Arbeitsstätte, die heute noch unter dem Namen Augenklinik Herzog Karl Theodor besteht. In den folgenden Jahren reiste der von seinem Beruf wie Besessene zwischen Tegernsee, Meran und München viel hin und her, um da wie hier und dort für seine Kranken aus den Kreisen der Gesellschaft wie aus jenen der bürgerlichen und mittellosen Schichten der Bevölkerung mit gleicher Sorgfalt und – ohne etwas zu berechnen – dazusein.

Daß er darüber seine Familie vergessen oder die Pflichten als Chef des herzoglichen Hauses vernachlässigt hätte, kann nicht behauptet werden. Seine nur zweijährige erste Ehe mit Prinzessin Sophie von Sachsen († 1867) war ebenso wie seine zweite mit der Infantin Marie José von Portugal († 1943) harmonisch und sehr glücklich. Doch blieben auch ihm recht schwere Stunden nicht erspart. Im Jahre 1897 starb seine Schwester Sophie, Herzogin von Alençon, im Feuer eines Basarbrandes zu Paris. Das Jahr darauf wurde seine Lieblingsschwester Elisabeth (Sissi), Kaiserin von Österreich, am Genfer See von einem Anarchisten meuchlings erdolcht. Damit hatte sich die angebliche Weissagung einer Zigeunerin erfüllt, die einmal in Possenhofen den jungen König Ludwig II. (1886 ertrunken im Starnberger See) vor dem Wasser, Kaiserin Elisabeth vor dem Eisen, Herzogin Sophie aber vor dem Feuer gewarnt haben soll. Nicht lange nach der Feier des 70. Geburtstages am 9. August 1909 begannen sich bei Karl Theodor Altersbeschwerden einzustellen. Er fühlte, seine Lebensuhr sei abgelaufen. Auf der Hirschjagd in den Kreuther Wäldern suchte er Erholung. Gefunden hat er sie nicht mehr. Am 30. November 1909 endete in Kreuth sein Leben. Die Schloßkirche von Tegernsee nahm auf, was sterblich an ihm war.

Herzog Karl Theodors Sohn Ludwig Wilhelm, 1884 im Schloß von Tegernsee geboren, verlegte seinen Wohnsitz auf die „Schanz“ bei Kreuth. Hier hatten im 18. Jahrhundert die Tegernseer Äbte Befestigungsanlagen mit Türmen und mit Wehren gegen die feindseligen Tiroler angelegt, die nach dem Füssener Frieden von 1745 restlos beseitigt worden waren. Nur mehr der Name Schanz erinnert heute noch an sie. Hier, an der engsten Stelle im Kreuther Tal hinüber „ins Tirol“, richtete er sich häuslich ein. Der Erste Weltkrieg sah ihn als Rittmeister im III. bayerischen Chevaulegerregiment an vorderster

Front. Dann wurde er zum liebevollen Betreuer von Wildbad Kreuth, zum umsichtigen, versierten Landwirt und zum verdienstvollen Förderer der Viehzucht.

Die Mächtigen des Dritten Reiches waren ihm wie allen Wittelsbachern von Anfang an recht wenig hold. Als er kurz vor dem Zweiten Weltkrieg auf eine landwirtschaftliche Studienreise nach Kanada gegangen und es ihm nach dem Kriegsausbruch im September 1939 unmöglich geworden war, rechtzeitig heimzukehren, war der Grund gefunden, gegen ihn „rechtlich" vorzugehen. Seine Reise wurde als „böswilliges Verlassen Deutschlands" ausgelegt. Deshalb verfiel der ganze Besitz der herzoglichen Familie der Beschlagnahme durch den Staat. Gut, daß es in der obersten bayerischen Finanzbehörde, der die Treuhänderschaft über das herzogliche Vermögen zunächst übertragen wurde, Beamte gab, die wittelsbach-bayerisch dachten und nicht großdeutsch-preußisch. Durch sie geschah alles, was nur geschehen konnte, um letzte Entscheidungen über das herzogliche Eigentum hinauszuziehen. Der nach dem Kriege heimgekehrte Herzog Ludwig wurde wieder „Herr über sei' Sach", wie man in Bayern sagt. Bei aller einem Bayern von Natur aus eigenen Weltläufigkeit ein Liebhaber der eigenen vier Wände daheim, konservativ und doch allem guten Neuen zugetan, von Jugend an und schon zu einer Zeit Skiläufer, da der Skisport noch lange nicht große Mode war, Rennfahrer für den Autokonstrukteur Bugatti, leidenschaftlicher Reiter, guter Jäger und kundiger Forstmann, Autor des Buches „Die Jagd im Gebirg", all das war Herzog Ludwig Wilhelm. „Zuawigroaste" (Zugereiste) waren ihm zuwider, das Bayerisch-Bodenständige hatte keinen besseren Kenner, keinen größeren Gönner als ihn. Er kannte Ludwig Thoma, den bayerischen Dichter, wie wenige, er begleitete den Kiem Pauli († 1960), den einzigartigen Sammler bayerischen Liedgutes, als Mentor und Mäzen, er tat so manches für die Tegernseer Tracht und für die althergebrachte bayerische Sitt' und Art. So sehr hat er dem Tal um das Wildbad Kreuth mit der Schanz seinen Stempel aufgedrückt, daß ein Omnibusfahrer auf einen hintersinnigen Gedanken kam. Kurz nachdem er das Dorf Kreuth in Richtung Achensee verlassen hatte, kündigte er mit einer Stimme an, als sagte er das Selbstverständlichste der Welt: „Wir überschreiten nun die Landesgrenze und fahren in das Herzogtum Bayern ein." So unrecht hatte dieser Fahrer mit seinem Scherze nicht. Er barg in sich viel Wahrheit.

Am 5. November 1968 ist Herzog Ludwig Wilhelm in Bayern auf der Kreuther Schanz kinderlos verstorben. Da auch die drei Söhne seines

Onkels, des Herzogs Max Emanuel in Bayern († 1893), Siegfried († 1952), Christoph († 1963) und Luitpold († 1973) ohne Erben blieben, hatte er den Enkel seiner Schwester Marie Gabriele († 1912) und seines Schwagers Kronprinz Rupprecht von Bayern († 1955), den königlichen Prinzen Max Emanuel, im Jahre 1965 adoptiert. Während dessen wirklicher Vater Albrecht – er wäre heute Bayerns König – sich Herzog von Bayern nennt, ist Max Emanuel zum Herzog in Bayern durch Adoption geworden. Erben im Mannesstamm sind ihm bis jetzt noch nicht beschieden.

Der schon genannte Herzog Luitpold in Bayern, promovierter Kunsthistoriker, hat sich im Tegernseer Winkel ebenfalls verewigt. Auch er war Reiteroffizier im Ersten Weltkrieg. Schon als solcher faßte er in Begeisterung über die Herrlichkeit der Fernsicht vom Ringberg aus zum Tegernsee hinunter und weit ins bayerische Land hinaus den Plan, auf diesem Berg nach seinen Ideen eine Burg zu bauen. Sein Leben lang baute er daran. Was aus seinen vielen Plänen wurde, gedieh zu einer Mischung aus allen Stilepochen bis hin zum Jugendstil und steht heute unter Denkmalschutz. Da er ledig blieb, setzte er die Max-Planck-Gesellschaft zum Erben seiner Bauten ein. 1973 ist er als letzter seiner einst so großen herzoglichen Familie in die Ewigkeit gegangen.

Die Wittelsbacher sind heute am Tegernsee nicht mehr das, was sie dort früher einmal waren. Im Lande rings um den See und in den Tälern der Weißach und der Rottach geschah einmal nichts ohne oder gegen sie. Und heute? Im Schloß von Tegernsee, in dem einmal Kaiser und Könige sich trafen und berühmte Ärzte sich besprachen, wo der erste Christbaum in Bayern brannte und Paganini musizierte, entsteht ein staatliches Gymnasium. Dieses läßt den alten Klosterbau in Zukunft nur mehr von außen her erkennen, während die Innenräume den Bedürfnissen einer Schule angeglichen werden und der südliche Innenhof des Schlosses eine Gestalt bekommt, die dem Bayerischen Landesamt für Denkmalspflege wahrhaftig keine Ehre macht, ja die ihm die Berechtigung zu entziehen scheint zur Führung seines Namens.

Kaltenbrunn bei Gmund, die alte Klosterschwaige und einst die Sommerfrische der Tegernseer Patres, dann bis 1960 das herzogliche Mustergut mit viel Geflügel aller Art, mit großem Bestand an Hornvieh, später dann an Pferden, hat Herzog Max Emanuel an einen Münchner Baulöwen verkauft, der dort bestrentierliche Bauvorhaben zu verwirklichen im Sinne hat. Der „Bauer in der Au“, ein Hof von 62 m Länge und der Prototyp eines Tegernseer Bauernhauses, früher mit Sägmühle und

Ziegelhütte, brannte im Herbst 1971 völlig nieder, ein unersetzlicher Verlust.

Das Wildbad Kreuth hörte 1973 zu bestehen auf. Es rentierte sich anscheinend nicht mehr. In seine Gebäulichkeiten zog um 55 000 DM jährliche Miete auf 30 Jahre die Hanns-Seidl-Stiftung ein. Diese Stiftung hält dort seit 1975 Klausurtagungen und Konferenzen, Kurse und Seminare ab, die der Förderung des Europagedankens im Sinne abendländisch-christlicher Vorstellungen und Ziele dienen oder aber auch die staatspolitische Schulung und Weiterbildung von Leuten bezwecken, die ihrem bayerischen Vaterland zuliebe als Parlamentarier oder in anderer Eigenschaft im öffentlichen Leben stehen oder stehen wollen. Daß König Max I. Joseph mit der heutigen Aufgabe „seines“ Wildbades Kreuth recht einverstanden wäre, ist kaum anzunehmen. Er sagte immer wieder: „Ich will hier etwas für die leidende Menschheit tun!“ Der bayerische Staatsminister für Arbeit und Sozialordnung Dr. Fritz Pirkl meinte bei der Eröffnungsfeier der Wildbad Kreuther Bildungsstätte: „Wie der Mensch der Kur zur Erhaltung seiner Gesundheit bedarf, so ist die politische Bildungsarbeit ein Beitrag zur Sicherung des demokratischen Rechtsstaates.“ Damit wollte er zum Ausdruck bringen, daß das neue Wildbad Kreuth wie das alte des bayerischen Königs ebenso etwas für die leidende Menschheit zu tun hätte, wenn auch auf einem anderen Gebiete und in anderer Weise. Daß das geschehe und gelinge, ist nur wünschenswert.

Mag noch so vieles aus dem Wittelsbacher Besitz am Tegernsee im Lauf der Jahre in andere Hände übergegangen sein, eines ist nach wie vor ihr Eigentum geblieben. Es ist dies das Herzoglich Bayerische Brauhaus Tegernsee. König Max I. hat es erworben, die Herzöge Karl Theodor und Ludwig Wilhelm haben es weiter ausgebaut. Betrug im Sudjahr 1841/42 der Ausstoß der Braustätte etwa 664,2 Hektoliter, so liegt er heute bei deren jährlich 50 000. Das herzogliche Bräustüberl im Schloß von Tegernsee ist viel besucht im Winter wie im Sommer von Einheimischen und Fremden. Der herzogliche Quirinusbock schmeckt hier am allerbesten.

War Tegernsee bis 1803 ein Klosterdorf, dann eine von den Wittelsbachern wirtschaftlich abhängige Ortschaft, so ist es seit 1954 eine Stadt, die vom Fremdenverkehr lebt. Hatte die 1808 errichtete politische Gemeinde 600 Bewohner, 1860 deren 1003, so zählt sie gegenwärtig um 5000 Bürger. Heute „Heilklimatischer Kurort“, Wasser- und Wintersportplatz, trägt Tegernsee immer mehr das Gesicht aller Mittelpunkte einer modernen Fremdenverkehrsindustrie, wie Oberstdorf im Allgäu, Garmisch und Partenkirchen am Fuß der Zugspitze, wie Berchtesgaden, nicht weit vom Königssee. Das läßt sich bedauern, nicht jedoch verhindern. Viel schlimmer ist es, daß in den fünf Gemeinden des Tegernseer Bezirks, Gmund, Tegernsee, Rottach-Egern, Kreuth und Bad Wiessee schon der dritte Teil von Grund und Boden im Eigentum von Leuten ist, die oft weit entfernt von den bayerischen Grenzen in nördlichen Gefilden zu Hause sind.

Nach dem Einzug der Wittelsbacher in die alten Abteigebäude des Klosters Tegernsee kamen auch die ersten Zuzügler aus München. Wohl am frühesten siedelte sich der Hofmaler Joseph Stieler († 1858) auf Anregung und mit Hilfe König Ludwigs I. von Bayern in Tegernsee an. Es war um 1830. Stieler ist der Schöpfer der drei Dutzend zählenden Frauenbildnisse in der berühmten Schönheitengalerie des Schlosses Nymphenburg, die er im Auftrag seines Königs malte. Auch ist er der Maler des wohl eindrucksvollsten Bildes Goethes und eines vortrefflichen Beethoven-Porträts. Sein Sohn Karl, von Haus aus Jurist († 1888), wurde ein immer noch geschätzter Mundartdichter, der auch in der bayerischen Heimatgeschichte gut bewandert war und in zahlreichen Aufsätzen und Vorträgen sein Wissen weitergab.

Vor dem Hofmaler Joseph Stieler hatte sich schon 1822 im nahen Egern der Staatsrat der beiden ersten bayerischen Könige Max I. Joseph und Ludwig I., Ägid von Kobell († 1847), ein schönes Heim gebaut. Sein Neffe Franz von Kobell († 1882), Professor der Mineralogie an der Universität München und Erfinder der Galvanographie, war ebenfalls ein Mundartdichter, der seiner zweiten Heimat am Tegernsee in der „G'schicht vom' Brandner Kaspar" bewies, daß er wie kein anderer es vermochte, ihren Menschenschlag zu verstehen und zu schildern.

Nicht weit vom Stielerhaus in Tegernsee und Rottach zu hauste seit 1895 der Schriftsteller und Heimatdichter Ludwig Ganghofer († 1920). Seine volkstümlichen Romane, nicht immer frei von sentimentaler Romantik, wie „Der Klosterjäger", „Schloß Hubertus", „Das Schweigen im Walde", „Der Ochsenkrieg" und andere werden von vielen immer noch mit Begeisterung gelesen. Sein Bühnenstück „Der Herrgottsschnitzer von Ammergau" war stets ein Gewinn für die Kassen der bayerischen Volks- und Bauernbühnen, ja fast aller deutschen Theater. Ganghofer war mit Ludwig Thoma sehr befreundet und wie dieser ein großer Liebhaber der Jagd. Neben ihm liegt er auf dem Egerner Gottesacker beigesetzt.

Ludwig Thoma ist später als Ganghofer an den Tegernsee gekommen.

Zunächst wohnte er jahrelang beim Six-Bauern in Finsterwald, bis er anno 1906 auf der Tuften am Südhang des Baumgartenstockes vier Tagwerk Grund erwarb, um sich darauf ein Haus zu bauen, wobei ihn der Maler, Graphiker und Architekt Ignatius Taschner († 1913) freundschaftlich beriet. 1908 ist Thoma in der Tuften eingezogen, im August 1921 trugen ihn sechs Jäger daraus zu Tal, Herzog Ludwig in Bayern führte die Pferde vor dem Leiterwagen mit dem Sarg des toten Dichters.

In gewisser Hinsicht war Ludwig Thoma im Volk am Tegernsee die längste Zeit ein Außenseiter. Seine ursprüngliche politisch liberale Gesinnung, seine spätere nationalistische Einstellung, seine an die destruktive Aufklärung des ausgehenden 18. Jahrhunderts erinnernde Weltanschauung und die Art, sie zu vertreten, die Beziehungen zu religiös indifferenten Leuten wie Georg Hirth († 1916), dem maßgebenden Mann in den stockliberalen und antiklerikalen „Münchner Neuesten Nachrichten",und zu Albert Langen († 1909), dem Gründer und Verleger des Thron und Altar bekämpfenden „Simplicissimus", hinderten ihn daran, sich in die überwältigende Mehrheit der Bevölkerung rund um den Tegernsee geistig einzureihen. Erst sein einzigartiges Werk voll gläubiger altbayerischer Innigkeit, seine „Heilige Nacht", zeigt ihn mit ihr innerlich eins und ganz bei ihr zu Hause und daheim.

Sicher nicht in Tegernsee zu Hause war die Schriftstellerin Hedwig Courths-Mahler (1950). Ihr Geburtsort liegt an der Unstrut, in Leipzig arbeitete sie als Verkäuferin, mit 17 Jahren schrieb sie den ersten ihrer 202 Unterhaltungsromane, alle gestrickt nach den Mustern der „Gartenlaube", dem bekannten Journal der Gründerzeit. Bis 1933 in Berlin unermüdlich schaffend und dabei recht gastfreundlich, kaufte sie sich 1933 in Tegernsee an, um für dauernd hierzubleiben und von da an nichts mehr zu veröffentlichen. Die Auflagen ihrer Romane gehen in die Hunderttausende und gaukeln vor allem ungezählten Frauen vor Augen, was sie sich im Leben wünschen und zu erreichen die Möglichkeit nicht haben. Auch ihre Töchter Stein-Birkner und Margarete Elzer schrieben. Erstere hat es auf mehr Romane gebracht als ihre Mutter. Auch die beiden Schwestern verließen den Tegernsee nicht mehr

Durch Ludwig Thoma kam der Norweger Olaf Gulbransson, ein Original in vieler Hinsicht, zum ersten Mal nach Tegernsee. Er stand dem Dichter durch den Simplicissimus recht nahe und war bedeutender Karikaturist, Buchillustrator, Plakatmaler und Porträtist. 1929 wurde er Akademieprofessor in München. Im gleichen Jahr erstand er den hoch über Tegernsee liegenden Schererhof, ein 500 Jahre altes Lehensgut des früheren Klosters Tegernsee. Mit 85 Jahren ist Olaf Gulbransson 1958 verstorben. Sein Sohn Olaf Andreas war Architekt und baute evangelische Gotteshäuser, darunter die Auferstehungskirche in Rottach-Egern. Durch einen nicht selbstverschuldeten Autounfall war er 1961 am Ende seiner Tage. Auf dem Egerner Friedhof erhielt er neben seinem Vater die letzte Ruhestatt.

Tegernsee hat seit 1894 ein protestantisches Gotteshaus. Nach dem Zweiten Weltkrieg entstanden in Gmund, Rottach-Egern, Kreuth und Bad Wiessee ebenfalls evangelische Kirchenbauten. Sie sind stumme und doch so beredte Zeugen von der Zersiedelung der konfessionellen Landschaft in einem Gebiet, das in den Zeiten eines Klosters Tegernsee nur einen Christenglauben kannte.

Endlos schier ist die Reihe von prominenten Beamten und Politikern, Professoren und Literaten, Sängern und Musikern, Industriellen und Kaufleuten, nicht zu vergessen von Vertretern des Adels und der sogenannten Gesellschaft, die sich am Tegernsee häuslich niederließen. Zu Egern siedelte sich der bayerische Kultusminister Anton von Wehner († 1915) an, in Gmund baute sich Bundeskanzler Ludwig Erhard († 1976) einen umstrittenen Bungalow. Die Sänger Leo Slezak († 1946) und Julius Patzak († 1974) verlebten viele ihrer schönsten Stunden in ihren Heimen zu Rottach-Egern, ebenso wie der Musikprofessor Wilhelm Stroß († 1966), Gründer des nach ihm benannten Stroß-Quartetts und der Schöpfer der „Musikalischen Ferienwochen“ am Tegernsee. Bundesminister Josef Ertl ist in Bad Wiessee daheim, die große Familie des Erzgießers Ferdinand von Miller auf dem Bayerhof in Wiessee-Holz, dann auf dem Kainzen- und Sterneggerhof am Dorfplatz von Altwiessee, wo das Wendelinsbrünnlein so beharrlich plätschert. Gleichfalls in Wiessee (Westsee) baute sich der weltbekannte Archäologe Adolph Furtwängler († 1907) ein Landhaus. Seine Söhne Wilhelm († 1954), der berühmte Dirigent und Komponist, und Walter (†1967) sind die Begründer des Segelsports am Tegernsee geworden. Krupp und weitere Industriemagnaten haben viel Geld in ihr Eigentum am Tegernsee gesteckt.

So manche adelige Leute besitzen ihre Villen in Rottach-Egern. Darunter sind die Familien von Sayn-Wittgenstein und von Schwerin, die der Grafen Spreti und der Gräfin Montgelas, während am Westufer des Sees wiederum die Herren von Maffei und von Malaisé ihres Besitzes sich erfreuen können.

Wie überall in der Welt hat es auch am Tegernsee manches gegeben, was wenig schön gewesen ist und daran erinnert, daß Menschen fehlen, daß sie immer wieder Opfer werden können von Unrecht und Gewalt, von Kriegen und von deren Folgen. In Bad Wiessee büßten am 30. Juni 1934 Ernst Röhm, Edmund Hein und andere Führer der SA ihre angeblichen hochverräterischen Pläne mit dem Tode. Auf dem Kriegerfriedhof von Gmund ruhen 350 deutsche Soldaten des Zweiten Weltkrieges, die in den Lazaretten des Tegernseer Tales nicht vor dem Tod zu retten waren. An der Prominentenmauer des alten Gottesackers von Egern fand 1945 Dr. Scheid, der erst 39jährige Chefarzt eines Tegernseer Lazarettes, ein frühes Grab. Deutsche Landsleute hatten ihn erschossen, weil er versuchte, mit den anrückenden Amerikanern Kapitulationsverhandlungen zu führen, um großes Unheil zu verhüten.

Man hat einmal den Tegernsee „Lago di Bonzo“ genannt, weil ihn und seine Ufer die politischen Größen der in vieler Hinsicht schrecklichsten Zeit der bayerischen und auch der deutschen Geschichte für sich allein zu beanspruchen schienen und weil es damals schwer zu sagen war, ob überhaupt ein kleiner Sterblicher wie du und ich an diesem schönen Fleckchen Erde das unbeschränkte Recht auch habe, unbeschwert und frei zu atmen und zu weilen.

Es ist wahr, daß sich das Tegernseer Land seit dem Entschluß König Max I. Joseph, das säkularisierte Kloster zur Sommerresidenz zu machen, zuerst langsam, später immer schneller verändert hat. Wo einstens ansehnliche Bauernhöfe und ärmliche Hütten kärglich bemittelter Leute das Bild der Landschaft prägten, wo früher nur das bayerische Idiom zu hören war, stehen heute ungezählte, nicht immer der Gegend angepaßte Villen und Pensionen, sprechen zu manchen Zeiten die „Tegernseer“ ein Deutsch wie man es im Rheinland und im Ruhrgebiet, in Hannover und in Hamburg spricht, nur nicht wie sonst in bayerischen Landen. Die Überfremdung und Verstädterung ist nicht aufzuhalten. Seit 1902 führt die Eisenbahn nach Tegernsee, heute zieht die Autobahn von München nach Salzburg nicht allzu weit davon vorüber. Das ermöglichte und erleichtert die Reise zum schönen Tegernsee im Sommer wie im Winter. Amerikanisch-Mondänes in Kleidung und Benehmen, in Musik und Unterhaltung drängt sich mitunter vor, als wäre es das Alleingültige auf Erden. Und doch! Wie in anderen Orten mit starker Fremdenverkehrs-Industrie steckt, verborgen hinter deren Errungenschaften und zweifelhaften Erscheinungen bloßer Zivilisation, auch am Tegernsee immer noch echte, bodenständige, althergebrachte Kultur.

Diese Kultur zeigt sich nicht an der Oberfläche des Tagesgeschehens in und um Tegernsee, nicht in der Spielbank und nicht am Golfplatz von

Bad Wiessee oder auch bei sonstigen Möglichkeiten des Sportes und des Zeitvertreibes zu Wasser und zu Land. Man erlebte sie beim ersten oberbayerischen Volkslied-Preissingen im Jahre 1930 in der Überfahrt zu Egern und 1933 bei der ersten Aufführung der Bauernmesse von Annette Thoma in der alten Kreuzwallfahrt hinten in Bad Kreuth. Man verspürt diese Kultur im „Komödispielen" der Bühnen in Gmund, Tegernsee und Egern. Mehr noch ist die kulturelle Vergangenheit am Tegernsee in den mannigfachen Bräuchen bei Kindstaufen, Hochzeiten und bei Bestattungen noch Gegenwart. Sie zeigt sich in den Herrgottswinkeln der Bauernstuben und in dem mit Dreikönigskreide geschriebenen C+M+B (Caspar, Melchior und Balthasar) an allen Türen in so manchem Haus. Der Seelenzopf an Allerseelen, das Paradeiserl im Advent, die Weihnachtskrippe, die österliche Speisenweihe zählen ebenso zum hergebrachten kulturellen Alten wie die Kräuterweihe an Maria Himmelfahrt und wie der Totenrosenkranz und manche andere Gewohnheit bei und nach dem Scheiden eines lieben Menschen. All diese Bräuche und ein reiches Liedgut aus längst vergangenen Tagen spannen einen weiten Bogen zwischen der Kulturwelt des alten Klosters Tegernsee und zwischen unserer kulturell so arm gewordenen heutigen Zeit. Möge noch recht viel vom überkommenen Alten am Tegernsee erhalten bleiben und das noch lange! Auch hier gilt das Goethewort: „Was du ererbt von deinen Vätern hast, erwirb es, um es zu besitzen!"

Die Äbte von Tegernsee

I. Von 746 bis in die Zeit der Ungarneinfälle in Baiern

1. Adalbert
2. Zacho
3. Meginhart
4. Isker
5. Megilo

II. Nach der Neugründung 978-1426

6. Hartwig, 4. März 978-8. August 982
7. Gozbert, 982-21. Januar 1001
8. Godehard 1001-1002
9. Eberhard I. 1002-9. Juli 1003
10. Beringer (Berengar), 22. Juli 1004-3. Februar 1013
11. Burkhard, Juni 1013-30. Oktober 1017
12. Ellinger, 1017-1026, abgesetzt
13. Albin I., 1026-23. Juni 1031
14. Ellinger, Juni 1031-3. Oktober 1041, abgesetzt, † 1056
15. Ulrich I. 1041-27. Mai 1042
16. Hernand, 1042-6. Mai 1047
17. Eckbert, 1046-1048, † 17. November 1058
18. Sigfrid, 1048-6. Mai 1068
19. Eberhard II., 1068-11. Mai 1091
20. Udalschalk v. Neuburg, 1091-13. November 1102
21. Aribo v. Neuburg, 1102-21. Dezember 1135
22. Konrad I., 1135 oder 1136-29. Juni 1155
23. Rupert I. v. Neuburg, 1155-22. Mai 1186
24. Albin II., 1186
25. Konrad II., 1186 16. Dezember 1189
26. Mangold v. Berg (-Andechs), 1189-1206, + 9. Juni 1215 als Bischof von Passau
27. Berthold I., 1206-15. Februar 1217
28. Heinrich I., 1217-1242
29. Berthold II., Schneck, 1242-1248, abgesetzt

30. Ulrich II. Portenhauser, 17. Juli 1248-27. Juli 1261
31. Rudolph, 1261-1266
32. Heinrich II., 1266-24. September 1273
33. Ludwig von Greisbach, 1273-9. Februar 1286
34. Heinrich III., 1286-9. April 1287
35. Marquard von Vöring, 1287-23. April 1323
36. Heinrich IV. von Rain, 1323-1339, † 1345
37. Sigibrand Geltinger, 1339-27. Juli 1347
38. Karl Hauzendorfer, 1347-2. Oktober 1349
39. Konrad III. Katzbeck, 1349-25. Juni 1363
40. Konrad IV. Eglinger, 1363-19. März 1372
41. Gebhard von Taufkirchen, 1372-13. März 1393
42. Oswald vom Thor, 1393-15. April 1418
43. Georg Türndl, 1418-17. Januar 1423
44. Hildebrand Kastner, 1423-1426, abgesetzt, † 5. Juni 1446

III. Seit der Reform von 1426 bis 1810

45. Kaspar Ayndorffer, 1426-17. Januar 1461
46. Konrad V. Ayrinschmalz, 26. Januar 1461-24. Januar 1492
47. Quirin I. Regler, 7. Februar 1492-31. Juli 1500, † 8. Juli 1510
48. Heinrich V. Kintzner, 1. August 1500-1. Februar 1512
49. Maurus Leyrer, 4. Februar 1512-1528, † 13. Juli 1534
50. Heinrich V. Kintzner, 3. Dezember 1528-25. November 1543, † 16. Dezember 1544
51. Augustin Stirtzenbrigl, 27. November 1543-10. Oktober 1556
52. Balthasar Erlacher, 16. November 1556-18. Februar 1568
53. Quirin II. Rest, 17. März 1569-18. Juni 1594
54. Paulus Widmann, 25. August 1594-22. Oktober 1624
55. Quirin III. Ponschab, 25. November 1624-1636, † 4. Mai 1660
56. Ulrich III. Schwaiger, 3. März 1636-14. März 1673
57. Bernhard Wenzl, 15. Mai 1673-1700, † 28. Februar 1714
58. Quirin IV. Millon, 12. Juli 1700-5. Juli 1715
59. Petrus von Guetrather, 20. August 1715-19. Dezember 1725
60. Gregor I. Plaichshirn, 29. Januar 1726-27. Mai 1762
61. Benedikt Schwarz, 13. Juli 1762-6. November 1787
62. Gregor II. Rottenkolber, 4. Dezember 1787-13. Februar 1810

Literatur

Acht, Peter: Die Traditionen des Klosters Tegernsee 1003-1242, in Quellen u. Erörterungen z. bayerischen Geschichte, München 1952.
Adalbert Prinz von Bayern: Max I. Joseph von Bayern, München 1957.
Adalbert Prinz von Bayern: Die Wittelsbacher, München 1979.
Amann, Brigitte: Die Buchdruckerei der ehemaligen Abtei Tegernsee, in Studien und Mitteilungen zur Geschichte des Benediktiner-Ordens 60 (1946) 99-189.
Anekdotenbuch für katholische Priester, I. 1787.
Angerer, Joachim: Die Bräuche der Abtei Tegernsee unter Abt Kaspar Ayndorffer (1426-1461), Ergänzungsband 18 d. Stud. u. Mitt. z. Gesch. d. Benediktiner-Ordens, Ottobeuren 1968.
Arbeo: Vita et passio Sancti Haimhrami Martyris, ed. B. Bischoff, München 1953.
Aretin, Johann Christoph: Briefe über meine literarische Geschäftsreise in die baierischen Abteyen, hrsg. v. Wolf Bachmann, München 1971.
Bauerreiss, Romuald: Kirchengeschichte Bayerns I-VII, St. Ottilien 1950-1970.
Bauerreiss, Romuald: Studien zu Metellus v. Tegernsee, in Stud. u. Mitt. z. Gesch. d. Ben.-Ordens 59 (1940) 96-104.
Bauerreiss, Romuald: Die älteste Kirche v. Tegernsee und ihre Stifter, ebd. 60 (1946) 9-26.
Bauerreiss, Romuald: Zur Verfasserschaft des „Spiel vom Antichrist", ebd. 62 (1950), 222-236.
Bauerreiss, Romuald: Das älteste Mönchsoratorium von München, ebd. 69 (1958) 84-89.
Bauerreiss, Romuald: Zur Glaubwürdigkeit des Dichters Metellus von Tegernsee, ebd. 71 (1960), 35-39.
Bauerreiss, Romuald: Ekkehard von Aura als Verfasser des Spiels vom Antichrist, ebd. 73 (1962), 41-53.
Bauerreiss, Romuald: Die kirchlichen Anfänge Münchens, in Der Mönch im Wappen, München 1960, 79-83.
Beck, Wilhelm: Tegernseeische Güter des 10. Jahrhunderts, in Archival. Zeitschrift, N.F. 20 (München 1914), 85-105.
Birlinger, Anton: Aus Schwaben (Sagen, Legenden, Volksaberglauben) I, Wiesbaden 1874.
Bischoff, Bernhard: Die südostdeutschen Schreibschulen und Bibliotheken in der Karolingerzeit, Wiesbaden ²1960.
Bitterauf, Theodor: Die Traditionen des Hochstifts Freising I, München 1904.
Bosl, Karl: Bayerische Geschichte, München 1971.
Buchner, Andreas: Geschichte von Bayern VI, München 1840.
Cramer, Peter A.: Ein glückhaftes Tal, Wiessee ²1975.
Die Abtei St. Walburg 1035-1935, Eichstätt 1935.
Dischinger, Gabriele: Johann und Joseph Schmuzer, Sigmaringen 1977.
Doeberl, Michael: Entwicklungsgeschichte Bayerns, München 1906.
Dressler, Fridolin: Schreibermönche am Werk, Wiesbaden 1971.
Eder, Christine Elisabeth: Die Schule des Klosters Tegernsee im frühen Mittelalter, in Stud. u. Mitt. z. Gesch., d. Ben.-Ordens 83 (1972) 6-155.
Fastlinger, Max: Die wirtschaftliche Bedeutung der bayerischen Klöster in der Zeit der Agilolfinger, Freiburg 1903.
Festschrift 1200 Jahre Schliersee, 779-1979, Schliersee 1979.

Fink, Wilhelm: Das Profeßbuch von Metten, München 1926.
Fink, Wilhelm: Beiträge zur Geschichte der Bayerischen Benediktinerkongregation, Metten 1934.
Freyberg, Max v.: Älteste Geschichte von Tegernsee, München 1822.
Friesenegger, Maurus: Tagebuch a. d. 30jährigen Krieg (hrsg. v. Willibald Mathäser), München 1974.
Geiger, Simon: Kloster Tegernsee, München 1936.
Geiger, Simon: Pfarrkirche Tegernsee, München ²1937.
Glückert, Ludwig: Ein bayerischer Reformabt des 15. Jahrhunderts, in Bened. Monatsschrift 9 (1927) 280-291.
Grabmann, Martin: Bayerische Benediktinermystik am Ausgang des Mittelalters, ebd. 2 (1920) 196-202.
Grabmann, Martin: Bernhard v. Waging († 1472), Prior v. Tegernsee, ein bayerischer Benediktinermystiker des 15. Jahrhunderts, in Stud. u. Mitt. z. Gesch. d. Ben.-Ordens 60 (1946) 82-98.
Grossmann, Paul / Wünnenberg, Senta: Tegernsee, München 1972.
Günthner, Sebastian: Richtigstellung eines vom Freiherrn v. Aretin in den Beiträgen z. Geschichte d. Literatur Bd. I, Stück II enthaltenen Berichtes über Tegernsee, Bayer. Staatsbibliothek, cgm 5684.
Günthner, Sebastian: Geschichte der literarischen Anstalten I u. II, München 1810.
Günthner, Sebastian: Biographie des Gregor Rottenkolber, Abtes des ehemaligen Benediktinerstiftes Tegernsee und Primas in Baiern, München 1811.
Hack, Carl: Tegernsee, München 1888.
Hallinger, Cassius: Gorze – Kluny, 2 Bde., Rom 1950/51.
Hampe, Karl: Das Hochmittelalter, München 1949.
Hartig, Michael: Die oberbayerischen Stifte, I u. II, München 1935.
Hartig, Michael: Die mittelalterliche Kunsttätigkeit des Klosters Tegernsee, in Stud. u. Mitt. z. Gesch. d. Ben.-Ordens 60 (1946), 218-231.
Hartig, Michael: Die Benediktinerabtei Tegernsee, München 1946.
Heim, Michael / Lampl, Sixtus: Tegernsee, Ottobeuren ⁴1976.
Heldwein, Johannes: Die Klöster Bayerns am Ausgange des Mittelalters, München 1913.
Hemmerle, Joseph: Die Benediktinerklöster in Bayern (Germania Benedictina II), Ottobeuren 1970.
Her, R.: Ein Hexenprozeß zu Schongau vom Jahre 1587, in Obb. Archiv 11 (1850/51), 126-144.
Heufelder, Emanuel: Predigt z. 1200-Jahrfeier der ehemaligen Benediktinerabtei Tegernsee, s. l. 1946.
Hilpisch, Stephan: Geschichte des benediktinischen Mönchtums, Freiburg i. Br. 1929.
Hirner, Franz Xaver: Egid Hellensteiner, Pfarrer von Egern, in Schematismus d. Geistlichkeit d. Erzbistums München und Freysing, München 1862, 292-295.
Holler, Richard: Über die Arznei- und Heilkunde des Klosters Tegernsee, in Stud. u. Mitt. z. Gesch. d. Ben.-Ordens 62 (1950) 16-25.
Hotzelt, Wilhelm: Translationen v. Martyrerreliquien aus Rom nach Bayern im 8. Jahrhundert, ebd. 53 (1935) 286-343.
Hubensteiner, Benno: Die geistliche Stadt, München 1954.
Hubensteiner, Benno: Land vor den Bergen, München 1970.
Hubensteiner, Benno: Bayerische Geschichte, Sonderausgabe, München 1980.
Hüttl, Ludwig: Der blaue Kurfürst, München ³1976.
Hüttl, Ludwig: Das Haus Wittelsbach, München 1980.
Innerebner, Georg: Die St. Quirinuskapelle in Bozen, in Der Schlern 23 (Bozen 1946) 390-396.
Kainz, Stephan: Die letzte Visitation i. d. Bayerischen Benediktinerkongregation, in Stud. u.

Mitt. z. Gesch. d. Ben.-Ordens 53 (1935) 344-375.

Kempf, Johannes: Froumund von Tegernsee (Programm des Kgl. Ludwigsgymnasiums in München), München 1900.

Kempf, Timotheus: Das tausendjährige Mönchsdeggingen, Öttingen s. a.

Kisslinger, Johann Nepomuk: Chronik der Pfarrei Egern am Tegernsee, in Obb. Archiv 52 Hft. 3 (1907), I-X u. 1-207.

Kisslinger, Johann Nepomuk: Die Gelöbnisse der Teilnehmer a. d. Treffen bei Sendling (1705) aus der Pfarrei Egern, in Altbayer. Monatsschrift 5 (1905) 144-147.

Kornmüller, Utto: Die Pflege der Musik im Benedictiner-Orden, in Stud. u. Mitt. z. Gesch. d. Ben.-Ordens 2 (1881) 210-212.

Kraft, Benedikt: Andechser Studien, in Obb. Archiv 73 u. 74, München 1937 und 1940.

Kramer, Maurus: Geschichte der Benediktinerabtei St. Georgenberg-Fiecht, St. Ottilien ²1977.

Lampl, Sixtus: Die Klosterkirche Tegernsee, in Obb. Archiv 100 (1975), 5-141; dazu Tafelband, München 1975.

Lechner, Gregor Martin: Die Illustrationsgeschichte von Abt Gottfried Bessels „Chronicon Gotvicense", in Stud. u. Mitt. z. Gesch. d. Ben.-Ordens 91 (1980) 115-138.

Lieb, Norbert: Klosterhäuser im alten München, ebd. 91 (1980) 139-181.

Lindner, August (Pirmin): Die Schriftsteller des Benediktiner-Ordens im heutigen Königreich Bayern, Regensburg 1880.

Lindner, Pirmin: Familia S. Quirini in Tegernsee, in Obb. Archiv 50 (1897) 18-130 und 50 Ergänzungsheft (1898).

Lindner, Pirmin: Historia monastica Tegernseensis, in Deutinger Beiträge 7 (München 1901) 178-258 und 8 (München 1903) 78-286.

Lübke, Anton: Nicolaus von Kues, München 1968.

Mathäser, Willibald: Bonifaz Wimmer und König Ludwig I. v. Bayern, ihre Briefe. München 1938.

Mathäser, Willibald: Andechser Chronik, München 1979.

Mayer, Hermann: Zwölfhundertjahrfeier der ehemaligen Abtei Tegernsee, Miesbach 1946.

Meeyer, Ernst Friedrich: Onomastikon Chronomastikon Hierarchiae Germanicae, Minden 1854.

Meyer, Otto: Feuchtwangen, Augsburger Eigen-, Tegernseer Filialkloster, in Ztschr. d. Savigny-Stiftung f. Rechtsgeschichte, Kan. Abt. 27 (Weimar 1938), 599-638.

Meyer, Werner: Klosterkirchen und Klöster in Bayern, Frankfurt a. M. 1965.

Mindera, Karl: Kloster Benediktbeuern, München-Zürich ²1965.

Mois, Jakob: Das Stift Rottenbuch, in H. Pörnbacher, 900 Jahre Rottenbuch, Weißenhorn 1974, 9-25 und 34-72.

Monumenta Boica VI: 1-354.

Müller, Karl Alexander v.: Tegernsees erste kulturelle Blütezeit, in Unterm weißblauen Himmel, München 1952, 61-95.

Münster, Robert: Fragmente zu einer Musikgeschichte der Benediktinerabtei Tegernsee, in Stud. u. Mitt. z. Gesch. d. Ben.-Ordens 79 (1968), 66-91.

Neunhundert Jahre Pfarrgemeinde Gmund am Tegernsee: Festschrift, Gmund 1975.

Neuwirth, Franz: Das Benediktinerstift Tegernsee als Miterfinder der Glasmalerei, in Stud. u. Mitt. z. Gesch. d. Ben.-Ordens 6, II (1885) 322-330.

Paul, Hermann: Die Gedichte Walthers v. d. Vogelweide, Tübingen ⁸1953.

Paulus, Nikolaus: Der Benediktiner Wolfgang Seidel, ein bayerischer Gelehrter des 16. Jahrhunderts, in Historisch-Politische Blätter 113 (1894), 165-185.

Pertz, Georg Heinrich: Annales Alamannici (MGH, Scr. I), Hannover 1826, 50-60.

Peters, Paul: Die Quirinalien des Metell von Tegernsee, Greifswald 1913.

Plechl, Helmut: Studien zur Tegernseer Briefsammlung des 12. Jahrhunderts I, in Deutsches

Archiv 11 (1955), 422-461; II, ebd. 12 (1956) 73-113; III, ebd. 12 (1956) 388-452 und 13 (1957), 35-114, 394-481.
Pöhlein, Hubert: Wolfgang Seidel 1492-1562, Benediktiner v. Tegernsee u. Prediger zu München, München 1951.
Pörnbacher, Hans: 900 Jahre Rottenbuch, Weißenhorn 1974.
Prinz, Friedrich: Frühes Mönchtum im Frankenreich, München 1965.
Prinz, Friedrich: Das Herzogtum der Luitpoldinger, in Max Spindler, Handbuch d. bayerischen Geschichte I., München 1967, 295-302.
Probst, Christian: Lieber bayrisch sterben, der bayrische Volksaufstand der Jahre 1705 u. 1706, München 1978.
Ratzinger, Georg: Forschungen z. Bayrischen Geschichte, Kempten 1898.
Redlich, Virgil: Beiträge z. Tegernseer Briefsammlung a. d. 12. Jahrhundert, in Stud. u. Mitt. z. Gesch. d. Ben.-Ordens 50 (1932) 556-563.
Redlich, Virgil: Tegernsee u. d. deutsche Geistesgeschichte im 15. Jahrhundert, München 1935.
Reformatoren vor der Reformation, in Hist.-Politische Blätter 134 (1904) 379-384.
Reichert, Franz Rudolf: Gottfried Beissel (1672-1749), Mainz 1972.
Reichlin-Meldegg, Adolfine: Die Historie von St. Quirinus, München 1890.
Reindel, Kurt: Herzog Arnulph und das Regnum Bavariae, in Zeitschr. f. bayerische Landesgeschichte 17 (1953/54) 187-252.
Riehl, Berthold: Studien z. Geschichte der bayerischen Malerei des 15. Jahrhunderts, in Obb. Archiv 49 (1895/96) 1-160.
Rottenkolber, Gregor: Acta abbatis Gregorii II. 1787-1803, in Deutinger Beiträge 8 (1903) 134-233.
Sandberger, A. und G.: Tegernseer Leben und Altstraßen im Bayer. Alpenvorland zwischen Inn und Isar, in Gesellschaft u. Herrschaft, München 1969, 35-49.
Sattler, Magnus: Ein Mönchsleben der 2. Hälfte des 18. Jahrhunderts, Regensburg 1868.
Sattler, Magnus: Chronik von Andechs, Donauwörth 1877.
Sattler, Magnus: Collectaneen-Blätter zur Geschichte der ehemaligen Benedictiner-Universität Salzburg, Kempten 1890.
Scharl, Benno: Beschreibung der Braunbier-Brauerey im Königreiche Baiern, München 1814, Berlin ²1913.
Scheglmann, Alphons Maria: Geschichte der Säkularisation, III, 1, Regensburg 1906, 774-821.
Scheingraber, Wernher / Bahnmüller, Wilfried: Das Tegernseer Tal, Freilassing 1974.
Schleich, Erwin: Die St. Peterskirche in München, in Obb. Archiv 83 (1958).
Schliersee 779-1979. Eine Chronik zum Jubiläum, Schliersee 1978.
Schmeidler, Bernhard: Studien zur Geschichtsschreibung des Klosters Tegernsee, München 1935.
Schmeidler, Bernhard: Abt Ellinger von Tegernsee 1017-1026 und 1031-1041, München 1938.
Schmitz, Philibert: Geschichte des Benediktinerordens, 4 Bde., Einsiedeln 1947-1960.
Schnabel, Robert: Pharmazie in Wissenschaft und Praxis, dargestellt a. d. Geschichte der Klosterapotheken Altbayerns vom Jahre 800-1800, München 1965.
Schrott, Ludwig: Herrscher Bayerns, München ³1974.
Schwaiger, Georg: Die Benediktiner im Bistum Regensburg, in Beiträge z. Geschichte des Bistums Regensburg 12 (1978) Sonderdruck.
Sepp, Johann Nepomuk: Altbayerischer Sagenschatz, München 1876.
Specht, Franz Anton: Eine Firmungsreise des Fürstbischofs Ludwig Joseph im Jahre 1786, in Deutinger Beiträge 7 (1901) 259-281.
Spengler, Johann Georg: Instructio Parochi, Augsburg ⁵1749.
Spengler, Karl: Die Wittelsbacher am Tegernsee, München ²1970.

Spindler, Max: Handbuch der bayerischen Geschichte, 6 Bde., München 1967-1975.

Spörlein, Johann: Gmund am Tegernsee, München und Zürich ³1975.

Spörlein, Johann: P. Leonhard Buchberger O.S.B., Pfarrer an der Zeitenwende, in 900 Jahre Pfarrgemeinde Gmund am Tegernsee, Gmund 1975, 71 f.

Strecker, Karl: Die Tegernseer Briefsammlung (Froumund), in Mon. Germ. Hist., Epistolae selectae III.

Strieder, Peter: Das gotische Münster in Tegernsee, Tegernsee s. a.

Sturm, Angelus: Die Benediktinermission in der Oberpfalz während des 30jährigen Krieges, in Stud. u. Mitt. z. Gesch. d. Ben.-Ordens 51 (1933) 218-230.

Stutzer, Dietmar: Die Säkularisation 1803, Rosenheim 1978.

Stutzer, Dietmar: Weingüter bayerischer Prälatenklöster in Südtirol, Rosenheim 1980.

Tabor, Lotte: Die Kultur des Klosters Tegernsee im frühen Mittelalter, Bottrop 1935.

Thoma, Eduard: Die Tegernseer Buchmalerei, München 1910.

Thoma, Franz Xaver: Petrus v. Rosenheim, in Stud. u. Mitt. z. Gesch. d. Ben.-Ordens 45 (1927) 94-222.

Thon, Christina: J. B. Zimmermann als Stukkator, München-Zürich 1977.

Tyroller, Franz: Abstammung und Verwandtschaft des Abtes Rupert I. von Tegernsee († 1186), in Stud. u. Mitt. z. Gesch. d. Ben.-Ordens 65 (1953/54) 114-145.

Tyroller, Franz: Bernhard v. Waging, Reformer vor der Reformation, in Festgabe für Kronprinz Rupprecht v. Bayern, München-Pasing 1953, 260-276.

Tyroller, Franz: Die Anfänge Münchens, Freising 1958.

Vignau, Ilka v.: Tegernsee, Schliersee, Leitzachtal, München 1980

Walther v. d. Vogelweide: Sämtliche Gedichte, hrsg. v. Karl Pannier, Leipzig ² s. a.

Wegener, Wilhelm: Genealogische Tafeln zur mitteleuropäischen Geschichte, Göttingen 1962/69.

Weinzierl-Fischer, Erika: Geschichte des Benediktinerklosters Millstatt in Kärnten, Klagenfurt 1951.

Wessinger, Anton: Kaspar Aindorffer, Abt in Tegernsee (1426-1461), in Obb. Archiv 42 (1885) 196-260.

Wessinger, Anton: Bayerische Orts- und Flußnamen, München ²1886.

Westenrieder, Lorenz: Beyträge zur vaterländischen Historie, Bd. 4 u. 5, München 1792 u. 1794.

Wilhelmseder, Virgil: Acta abbatis Benedicti Schwarz (1762-1787), in Deutinger Beiträge 8 (1903) 75-134.

Witzleben, Hermann v., Vignau, Ilka v.: Die Herzöge in Bayern, München 1976.

Wöhrmüller, Bonifaz: Literarische Sturmzeichen der Säkularisation, in Stud. u. Mitt. z. Gesch. d. Ben.-Ordens 45 (1927) 12-44.

Wünnenberg, Rolf / Wünnenberg, Senta: Staffelsee, München 1972.

Zacher, Gottfried: Das Kloster Tegernsee um das Jahr 1000, Leipzig 1935.

Zimmermann, Alphons Maria: Die Familia S. Quirini im Mittelalter, in Stud. u. Mitt. z. Gesch. d. Ben.-Ordens 60 (1946) 190-217.

Zimmermann, Gerd: Ordensleben und Lebensstandard, die Cura Corporis in den Ordensvorschriften des abendländischen Hochmittelalters, Münster 1973.

Register

36.–